MBA案例教学辅助教材

管理案例
教学实务指南

孙道军 郑苏晖 等 / 编著

中国市场出版社

China Market Press

·北京·

序

Preface

我们处在一个变革的时代，转型、重组、创新、升级，是几乎每个企业都在思考的重点话题。今天，这本《管理案例教学实务指南》得以出版发行，既是对我们历年努力探索 MBA 案例教学改革的又一沉淀，也是对我们积极参与社会经济变革和最佳管理实践的一次肯定。

与过往案例成果发布不同的是，本指南不仅把案例成果编辑成册，还对每个案例的教学应用进行了详细说明，从教学目的和用途，到启发思考、分析思路、理论依据、具体分析，再到教学计划，等等，内容丰富翔实。书中的不少案例已经是作者在教学实践中多次使用反复优化的结果，不仅对教学案例的开发有很好的示范作用，还对案例教学起到很好的实训作用。

在多年的教学实践中，我们深刻认识到，在商业管理学科的教学中，转向基于实践和应用的教学已经刻不容缓，针对决而必断的商业管理议题需要采用更加实战的方法，而不是偏重理论的简单宣灌。案例教学法能强化学员的情景洞察、知识应用、逻辑判断和思考过程，实际教学中可以培养学员过滤信息和处理数据、分析决策和实践应用、沟通表达和书面交流、人际交往和时间管理等方面的综合技巧和能力。

就此机会，谨向为本指南付出了艰苦努力的老师致以崇高的敬意，向为在教学应用中提供反馈的全体师生表示衷心的感谢。

目录

Contents

上篇 | 实体及金融服务业

上篇
实体及金融服务业

金科威与飞利浦的并购整合

摘要： 2008 年一篇题为《剑指深圳迈瑞 飞利浦医疗收购金科威》的新闻使中外众多医疗器械公司都绷紧了神经。被并购的金科威公司旗下金科威牌监护仪在中国监护仪市场排名第二。GE 和飞利浦均向金科威表示了收购意向，金科威最终选择飞利浦作为主并企业，并入飞利浦成为基础医疗事业部。在整合过程中，金科威与飞利浦联手制定并执行了一系列的整合策略，解决了文化差异、管理风格理念不同、团队动荡、人才流失等可能导致整合失败的关键问题。历经三年整合后，不仅原金科威的员工队伍保持稳定、员工得到了发展，而且飞利浦基础医疗事业部的年销售额平均增长率保持在 30% 左右，远远高于行业增长率，监护仪在 2012 年成为中国监护仪市场第一品牌，创造了 1+1>2 的协同效应。

关键字： 并购整合；人力资源整合；文化整合；协同效应

引言

飞利浦全球副总裁、医疗保健大中华区基础医疗部总经理曾进川看完了第三方权威调研机构提供的《中国 2013 年第 3 季度监护仪品牌市场占有率排名的调研报告》（CMM Data），脸上展开了会心的微笑。在中国监护仪产品市场占有率第一名的位置上，赫然显示着"飞利浦"三个字。已经连续 4 个季度，飞利浦牌监护仪在中国监护仪市场上占有率排名第一，超过了雄霸这个位置多年的深圳迈瑞生物医疗电子股份有限公司（以下简称 MR 公司）。读完报告，曾进川的目光不由自主地移向了办公桌上的"全球飞利浦优秀文化整

---

1. 本案例由中国传媒大学 MBA 学院孙道军、常小飞、臧岳共同撰写。作者拥有著作权中的署名权、修改权、改编权。
2. 本案例授权中国管理案例共享中心使用，中国管理案例共享中心享有复制权、修改权、发表权、发行权、信息网络传播权、改编权、汇编权和翻译权。
3. 由于企业保密的要求，在本案例中对有关名称、数据等做了必要的掩饰性处理。
4. 本案例只供课堂讨论之用，并无意暗示或说明某种管理行为是否有效。

合奖"奖杯。此奖杯是两年前，飞利浦集团对他以及他所带领的金科威团队在飞利浦并购整合金科威过程中做出突出贡献的认可和激励。今天，他能够带领飞利浦基础医疗业务团队助力飞利浦牌监护仪在中国市场实现市场占有率排名第一的目标，都归因于飞利浦与金科威成功的并购整合。想着这些，他的思绪飞到了5年前，深圳金科威实业有限公司在经历了13年的自主发展后，选择被飞利浦收购，由一家国内小型医疗器械企业变身为国际医疗器械行业巨头、老牌世界500强公司荷兰皇家飞利浦电子公司（以下简称飞利浦）的基础医疗事业部（Philips Value Segment Business）。它不仅保持了金科威在经济型医疗器械市场灵活有力的本地竞争优势，还注入了飞利浦在技术、品牌、质量、管理等方面的竞争优势，如今这一融合正在逐步结出丰硕的成果。

改革开放30多年以来，涉及中国企业的并购案很多，但堪称成功的屈指可数；当下，中国正值调整产业结构、转变增长方式、进一步向改革要动力的转型期，将会有更多的企业通过并购重组的方式实现发展。由此，曾进川不由想到，自己身为中华儿女，应为国家经济的转型尽一份义务，自己需要好好总结一下金科威与飞利浦并购整合过程中的种种经验和体会，并以恰当的方式进行分享。

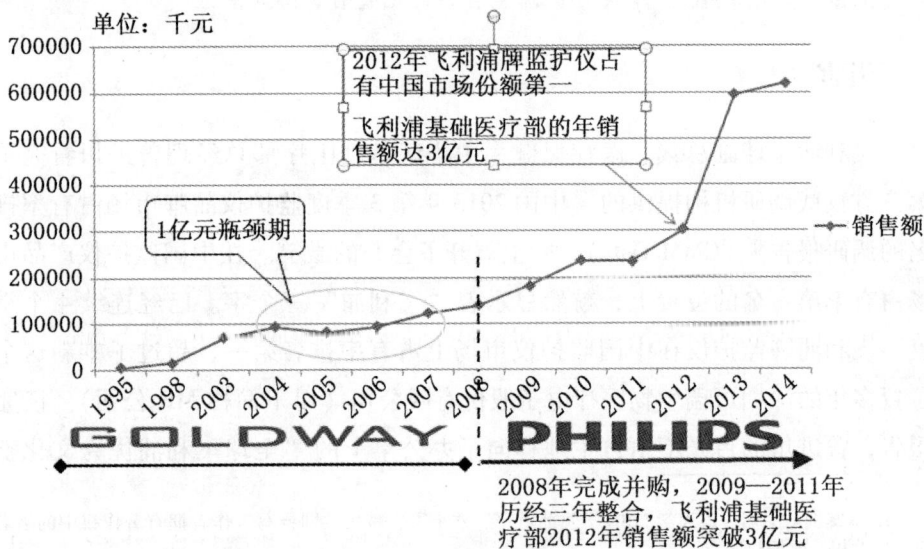

图1　金科威公司并购前后销售额增长趋势图

1 金科威并购前企业资源的积累过程

金科威的前身是一家由河北省邢台矿业集团（以下简称邢台矿业）投资成立的名为深圳嘉年的小型公司，主营电子产品的贸易服务。该公司因经营不善，濒临倒闭。1994 年初，邢台矿业聘请曾进川出任深圳嘉年总经理。接手深圳嘉年后，曾进川将"活下来"定为公司第一要务。由于他在病人监护仪市场拥有多年产品研发和市场经营的经验，并认定中国的经济型医疗设备的市场有发展，所以他将公司的主营业务由电子产品贸易服务转为医疗器械贸易服务。曾进川带领的团队经过一年的艰苦努力，1994 年深圳嘉年公司扭亏为盈。1995 年初，曾进川提出深圳嘉年公司彻底放弃原有的电子产品贸易服务，专注病人监护仪市场的发展规划。邢台矿业管理层果断同意了曾进川的主张，并决定改组深圳嘉年，引进创业团队持股，设立以专营医疗设备为主营业务的新公司——深圳金科威实业有限公司。金科威公司总投资额 300 万元人民币，邢台矿业持有 55% 的股份，总经理曾进川及其他公司创业者共同持有 45% 的股份。

轻资本的小型医疗器械公司金科威创立之初，专注于生产专业的经济型医疗设备，聚焦于中国基础医疗市场。当时，金科威的企业愿景是：成为国内优秀的医疗设备供应商。公司的产品战略是：以发展高品质、专业化的监护产品为主，辅助发展一些其他医疗诊断治疗器械。企业的口号是：专业做监护。

1996 年，金科威自主研发了第一款监护仪产品，随后每年在研发方面投入的资金占企业年收入的 10% 以上，金科威不断地推出有新技术含量、有竞争实力的监护仪产品，如 UT4000B 多参数监护仪、UT4000F 彩色监护仪等。金科威在技术飞速发展的过程中，通过了一项又一项的国际认证。2000 年 8 月通过德国 TÜV 的 ISO9001 和欧盟 EN46001 认证，2002 年 7 月通过 ISO9001 体系 2000 版审核认证（TÜVP.S），2003 年 4 月监护产品通过美国 FDA 认证，金科威公司成为国内首家通过美国 FDA 认证的监护仪生产企业。

在发展企业的生产和研发能力的同时，金科威在市场上不断加强营销渠道的发展，不断提高在二、三线市场经济型医疗设备的覆盖率。金科威在全国建立了 20 余家直属办事处，覆盖了大部分省份和地区，参与营销管理和售后支持的团队超过 150 人。经过不断的发展，金科威的渠道已经深入二、三线城市的县镇医院。

2001 年金科威拿到了"自营进出口权许可证",从此开始走入国际市场。到 2003 年,金科威年产值达到 7 000 多万元,其中国内产值 5 000 多万元、国际产值 2 000 多万元。金科威的产品不仅覆盖了中国 30 多个省市和地区,而且在国际市场上,产品行销到美国等 50 多个国家和地区。

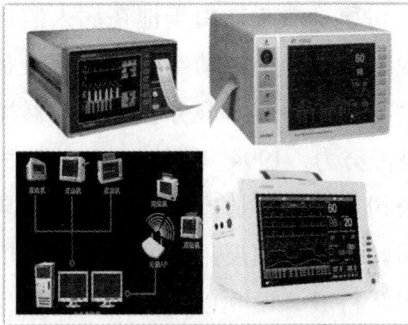

图 2　金科威更新换代产品图　　　　　图 3　金科威厂房图

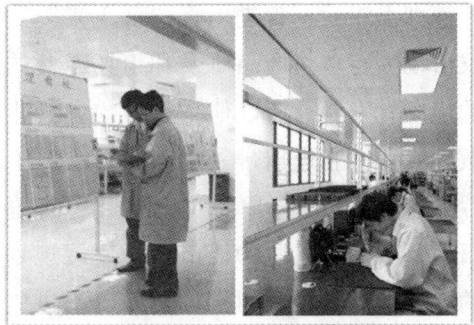

2　金科威瓶颈期发展战略选择

金科威经过不断的发展,坐上了中国监护仪产品市场占有率第二的交椅,2004 年金科威的年销售收入接近 1 亿元人民币。但 2004 年至 2008 年,金科威的销售收入却一直稳定在年 1 亿元人民币左右的水平,业绩增长缓慢。此时,金科威进入了企业发展的瓶颈期。

与此同时,中国的基础医疗市场处在快速增长期,根据 2005 年行业预测,世界医疗保健产业以每年 5% 的速度增长,而未来中国医疗保健领域的年增长速度将超过 10% ,有望成为继美国和日本之后,世界第三大医疗设备市场。在中国,尤其以二、三线城市或者中小医院为主体的基础医疗市场的增长潜力就更为可观。据报道,2006 年中国医疗器械市场规模已经达到了 17 亿美元,其中经济型医疗器械占 75% 左右,远高于全球 45% 的平均水平。根据 2006 年出台的《农村卫生服务体系建设与发展规划》预计:至 2010 年,中央财政重点支持的农村卫生服务体系建设项目总投资额将达 200 多亿元。可见,经济型医疗设备市场的发展空间是无限广阔的。

GE、西门子、飞利浦、美敦力等全球著名医疗器械企业都紧锣密鼓地在中国基础医疗市场开拓新的战线,并把中国基础医疗市场作为全球业务的主要增长点。一时间，跨国医疗器械的巨头们都在尽可能地寻求一条快速的本土化通道，分享中国基础医疗市场的盛宴。同时，本土的医疗器械企业也在拼命地扩张和发展自己，不遗余力地争抢这片有着巨大潜力的市场。MR 公司早在 2005 年就已经实现了税后收入超过 10 个亿，并且在中国的基础医疗器械市场一直占有领先地位；在中国的监护仪市场，MR 公司连续多年保持市场占有率第一。

面对高速发展的市场，金科威需要找到一种有效途径，突破企业发展瓶颈期，以更快的速度适应市场的变化和科学技术的进步。

金科威的管理层认为，制约金科威继续高速发展的因素有如下几方面：为了维护市场占有率，不断提高的营销费率；竞争公司不断推陈出新有竞争力的产品，对金科威占有市场的挤压；自身技术积累的不足导致高精医疗设备产品研发能力弱；管理机制的改良速度难以跟上企业快速扩张；资金不足限制了金科威通过并购其他企业获得企业资源的补充。

摆在金科威面前的解决途径有：寻找新的投资方、上市融资、与其他企业合并、收购其他同行业有价值的企业，等等。但是由于金科威的大股东是国有企业中国邢台矿业集团（后更名为冀中能源，以下简称大股东），所以，涉及股本结构改变的路径都受到了限制。上市融资将使金科威大股东的股份被稀释，故大股东不同意金科威融资；而大股东的主营业务是矿业，也不考虑对自己公司的第三产业金科威给予增资。此时，中国基础医疗的市场需求已经在快速成长，跟不上变革的速度就会错过中国基础医疗市场飞速发展的机会。

就在金科威的高层思考变革途径的时候，两家国际医疗器械行业的巨头——GE 公司和飞利浦公司都向金科威表示了并购的意向。经过对市场发展状况的分析，并结合企业自身的使命和追求，金科威的管理团队最终决定走"被收购"的扩张之路。虽然选择被外资 500 强企业并购，金科威公司将面临改旗易帜，但是金科威可以快速地绕过融资发展的障碍，获得在技术研发、质量管理、流程管理、信息管理等方面的企业综合能力的提升，借 500 强企业的更广阔的平台，继续发展"金科威人"多年追求的经济型医疗设备的健康事业。

3 金科威的"并购企业"抉择

2006 年 10 月，接到 GE 公司的邀请，金科威公司的管理团队到访 GE 公司中国总部，参观了 GE 在上海的办公区和研发区。经过交流，曾进川及随行的管理团队的深切感受是：GE 公司在中国医疗器械市场业已建立坚实的基础和强大的实力，对于并购金科威的目的，则更加偏重在中国基础医疗市场快速且大幅度地实现盈利增长的目标。

两个月后，飞利浦同样邀请曾进川及其管理团队到上海总部进行有关并购合作的深入交流。飞利浦传递给金科威管理层的信息是，收购金科威是飞利浦一个重要的全球战略布局，计划完成并购后，将金科威发展成为飞利浦集团的一个专门研发、生产经济型医疗设备的平台，这个平台将开拓全球经济型医疗产品市场。飞利浦并购金科威的目的，并非仅仅局限于发展中国的经济型医疗器械市场。飞利浦医疗保健事业部高级副总裁兼总经理 Deborah DiSanzo 曾经表示："金科威在提供优质医疗器械方面保持着良好的业绩，这对飞利浦现有的病人监护业务是一种补充，这些产品不仅满足中国市场的需求，而且还出口给全球范围内注重价格而又增长迅速的市场。"飞利浦同时向金科威的管理层表示了对于金科威人才队伍的高度重视，着重介绍了飞利浦的企业文化和员工培养和发展计划。

经过比较，金科威的管理团队发现，飞利浦和金科威的企业文化中都强调了对客户和员工的责任与关爱。飞利浦的愿景中有这样的部分："将飞利浦打造成为与我们志同道合之士施展才干的最佳平台。携手并肩，我们将为客户和股东创造卓越的价值。"这与金科威企业文化的重要宗旨"情在金科威"有异曲同工之处。"情在金科威"的文化内涵是共赢。金科威强调的是员工与企业共发展、经销商与企业共发展。金科威公司视员工为企业基石，在追求企业快速成长的过程中，金科威非常重视员工在企业工作的感受以及员工的个人发展。

同样是世界 500 强企业，同样是国际医疗器械巨头，同样是医疗器械领域最领先的企业，同样在国际和国内医疗器械市场上具有强大的企业竞争力，面对这样两家优秀的并购方，金科威何去何从？当时，对于选择主并方，公司管理层内部出现了严重的分歧。有的管理者偏向选择可能会给出收购价格较高的 GE 公司，而有的则要求加入给出收购价格不是最高，但希望将金科威打造成全球基础医疗平台的飞利浦。一时间管理层会议上，选择 GE 和飞利浦的两个阵营，各持己见，争论异常激烈，以至于金科威公司在几次并购整合决策会议上都无法对主并方的选择问题达成一致，被并购实现变革的进程受到了严重制约。

"我们决定通过被并购实现变革的战略，不仅仅要考虑股东的利益，更要考虑员工、客户的利益；同时我们必须考虑金科威追求的以监护仪为基础的经济型医疗设备事业可否延续下去并创造辉煌！"这是曾进川当年在金科威内部讨论被并购专题会议上的发言。一位金科威的副总经理说："在那次会议上，关于被并购的目标，曾总表达了对企业员工的利益最大程度的关心，表达了对金科威基础医疗事业延续与发展的无限重视！他以行动验证了以人为本、不舍目标的企业家精神。"经过对飞利浦和 GE 两家公司的并购动机的进一步了解和双边多次的沟通，最终金科威的管理团队选择了飞利浦——这个给出收购价格并非最高的公司。

4　金科威并购整合策略

并购对于参与并购的企业双方而言，机会与风险同在。完成了并购可以说仅仅是并购双方企业实现1+1>2 的目标的起点。如果整合失败，主并方飞利浦公司将面临支出了高额的并购成本，却背负上了更为沉重的来自被并购企业金科威的人力资本、企业运营等费用负担，将使得飞利浦公司的发展受到严重阻碍；对于被并购企业金科威来说，则存在着团队解散、品牌消亡或再次被出售的风险。并购完成后，金科威需要经历从一个自主独立的企业到飞利浦集团中一个事业部的转型。金科威员工也将面临由一个中国中小企业员工到外资企业员工的转型。所以，金科威公司在并购协议签署前，就已经制订了一系列的主动控制整合风险、促进整合成功的策略与计划。

4.1　树立"积极学习、主动变革"的氛围

2008 年 6 月，飞利浦与金科威完成了并购交易。在一次并购后的管理会议上，曾进川说："金科威以前发展得不错，并入飞利浦后，我们所有'金科威人'要给收购我们的飞利浦公司提供金科威的'售后'质量保证。"他用比喻的方式，形象地诠释了金科威被并购后，员工团队应具有的主人翁精神，号召大家在融入飞利浦后，要更加努力提升"金科威团队"的行业竞争力和

市场价值,为实现飞利浦基础医疗事业部的发展而努力。

曾进川曾经对员工说:"我们要了解飞利浦,也要主动地使飞利浦更多地认识我们。"2008年5月,我国汶川发生了大地震,全国人民都心系汶川。此时金科威向飞利浦发出邀请,建议共同开展"支援汶川、帮助灾区"活动。在随后的赈灾过程中,飞利浦公司的员工与金科威公司的员工共同开展了一系列的救灾工作:筹备物资、联系汶川、运送救助品等。在合作完成汶川救灾的工作中,金科威与飞利浦的员工队伍,在文化融合的进程中更进一步,双方的陌生感降低了,关爱度提高了,协同力增加了⋯⋯

"积极主动地学习先进的管理经验,在保持原有的企业能力优势的基础上,提高管理水平"是金科威在整合过程开始,给全体员工树立的理念。金科威的员工不仅在企业管理相关的领域,而且在个人能力方面,也为更好地融入飞利浦而努力着。在整合的过程中,金科威以管理者和主要技术骨干为先锋,开始了全员提高英语水平的"运动"。他们在繁忙的工作之余,努力地提高着英语的听、说、读、写能力,以便增进与飞利浦员工的交流效率。飞利浦也非常支持金科威员工的英语提高"运动",飞利浦公司出资支持了技术骨干和管理者到专业的英语培训机构进行培训。经过三年多的努力,现在金科威主要职能部门的员工基本具备了英语书面和口头沟通的良好能力,日常与飞利浦总部的书面和口头的沟通都是用英语进行。随着整合过程的深入,金科威也在信息管理、研发技术、质量控制、生产管理、营销管理等方面,全方位地积极地学习着,主动地改变着。

4.2 金科威如何逾越"文化天堑"

两家来自不同国家、有着不同发展历史、不同管理风格和制度的公司,必然在企业经营理念、决策方式、管理制度等方面存在差异。跨国并购的"七七定律"指出,70%的并购没有实现期望的商业价值,而其中70%的失败,是因为并购后的文化整合失败。

同样,金科威和飞利浦两家企业也面临着东西方文化的巨大差异问题,两家企业的员工在思维模式和沟通方式上都存在不同。同时,两家公司的经营和管理风格也存在巨大差别。例如,在制定绩效目标与绩效激励方面,金科威的员工队伍,在并入飞利浦后,感觉到了前所未有的压力。金科威是一家小型的创业型公司,考虑到公司还处在发展阶段,所以,每年都会把绩效考核指标制定得高一些,目的是鼓励员工不遗余力地去拼搏。但是,在绩效考核执行过程中，因为考虑考核目标制定得较高，最终在落实激励政策时会出现"少罚多奖"的现象。而作为世界500强的飞利浦公司，要求在制定绩效指标前要进行严谨地预测，达成绩效的结果要与年初制定的指标非常接近。并强调，指标确定后就要想尽一切办法达成。飞利浦在绩效考核方面有严格的规定，连续绩效考核不合格，经过辅导和帮助后，依然无法达到岗位要求的员工，不仅丧失继续提薪的机会，还会被劝退。这让金科威原来的员工队伍备感压力。另外，飞利浦作为一家有着百年历史的世界500强企业，拥有雄厚的技术实力、资本实力和经典严格的管理制度，飞利浦的员工已经适应各种严格的层级审批和决策程序。而金科威是快速成长的带有创业企业特色的小公司，所以快速决策是金科威的管理特点之一，并购前金科威的各种管理程序很简单，各级员工已经习惯了简单迅速的请示批准流程。例如，在监护仪产品退换货的管理标准和流程上，金科威的一线销售员工，在整合初期就很难接受。在原金科威公司，当客户出现监护仪产品的退换货需求，只需一线销售人员提出申请，部分层级领导审批，即可给客户退换货。这种管理模式，对客户需求的反应速度比较快，客户已经习惯了这种状况。而且，在金科威公司，退换货的标准也是相关领导灵活掌握的。这是因为，金科威公司作为一家创业型小公司，总是在各方面尽量迁就客户，以维系客户关系，更多地拿到订单。但是，并入飞利浦后，退换货有严格的审批程序和标准。无疑，这对企业发展是非常有利的。可是，在严格退换货管理的初期，原来金科威的客户和一线销售人员都出现了不满甚至抵制的情绪。再有，在产品定位上双方也存在巨大差异。飞利浦的产品集中于高端的医疗器械层级，所以，在产品设计上追求应用高端的科学技术，质量控制也执行高于行业的标准，这使得飞利浦产品的定价远远高于国内厂商的产品。而金科威面对的是中国的基础医疗市场，生产的是经济型医疗器械产品，所采用的技术是"大众"技术，质量标准执行"行业标准"，产品功能无法定制，但可大批量生产。面对双方在企业文化、管理风格等方面存在的巨大差异，金科威一时间很难完全改变自己以往的企业经营模式，对科学严格管理程序也需要逐步地适应。为了能够最大限度地减少并购后整合过程中，由于双方在企业文化和企业经营特点上的差异所带来的隔阂与摩擦，为了在并购后金科威仍然能保持经济型医疗器械商所特有的"快速决策"和"低成本控制"等企业运营特点，在并购前金科威向飞利浦方提出了"三年三不变"的整合原则，即："金科威"的企业名称三年不变、金科威的品牌三年不变、金科威的企业架构和员工队伍最大限度地保持三年不变。"三年三不变"的原则，在飞利浦管理层的支持下，在并购整合过程中得到了良好的落实。彼时，飞利浦也希望能尽量保持金科威原有的价值，而不是通过简单的"复制"飞利浦的流程和方法后直接"粘贴"到金科威身上。飞利浦在并购整合过程中推出了"轻接触"的概念指导整合过程，目的是要保留大部分金科威的管理方法，只对一些不可不改的地方，如财务制度等做相应的改动。

信任是双方都非常重视的合作基础。整合的过程是在双方相互信任、相互倚重的关系中，逐渐深入的。在并购过程中，双方的股权转让手续历时近 4 个月，直至 6 月才完成。但是，在股权转让手续还没有完成的时期，金科威就敞开了大门，邀请飞利浦方深入金科威。2008 年 4 月，是金科威新办公大楼的开幕典礼，在当时股权交易还没有完成的状况下，金科威邀请了相关的飞利浦管理人员出席大楼的落成典礼。在典礼上，飞利浦的管理层与深圳的政府主管官员进行了更深入的交流，这使得大家对未来金科威并入飞利浦后的发展增强了信心。在落成典礼上，独具中国特色的舞狮"采青"表演深深地吸引了来自外国的嘉宾，他们对于中国的文化有了更加直观和感性的认识，金科威敞开大门迎接飞利浦的赤诚，通过此次活动直接传递到飞利浦管理层的心中。

2008 年 5 月，整合伊始，飞利浦总部派人入驻金科威参与管理整合。使金科威的员工队伍感到诧异的是，飞利浦安排入驻金科威的员工只有一名，即整合经理兼财务总监何志昌先生（后代称何总）。何总到任后，立即启动了一个文化融合行动——"PMI WORKSHOP"。在这个项目中，飞利浦召集全球各个国家和地区的员工代表来到中国与金科威的技术和管理骨干进行面对面的沟通。大家一起分享不同国家的文化和企业管理特点。来自全球的飞利浦员工代表，向金科威的骨干传递跨国家、跨地区的文化融合经验，并介绍在飞利浦工作的感受和经历。虽然交流只有短暂的 3 天，但来自世界各地的飞利浦员工的热情与开放，使得金科威的员工感受到了飞利浦的多元文化和飞利浦企业对员工的感召力。在股权交接完成后，一个更令金科威全体员工都兴奋的活动"DAY 1"随即开始了。飞利浦大中华区集团总裁、飞利浦大中华区医疗保健事业部总经理都来到金科威，他们参与并主持了"DAY 1"活动，在活动中与所有的金科威员工一起分享交流，并为金科威的员工颁发了加入飞利浦公司的纪念品。晶莹的香槟衬托了欢乐祥和的氛围，飞利浦高层的真诚缩短了金科威员工与飞利浦的距离。文化整合活动之后，飞利浦和金科威的团队共同展开了全面系统性的整合工作。飞利浦基础医疗部的业务单元，按职能划分为14个板块，如生产、销售、质量、技术、财会等，每个单元都由原金科威和飞利浦公司的管理骨干、技术骨干共同组成专门的整合小组，制订整合计划。所有的整合计划都是在双方达成一致的情况下执行的。

飞利浦方对于整合的态度是：在整合前期，要站在指导和帮助的角度为金科威提供更多先进的管理理念和方法，而不是彻底改变和完全控制金科威。金科威给予员工的理念是，在保持金科威在经济型医疗设备市场上企业竞争力的同时，积极主动学习飞利浦先进的企业管理制度和流程，吸收飞利浦科学的管理方法，提升企业综合能力。金科威在整合过程中，逐步学习和接受飞利浦的制度、流程和理念；飞利浦则高度重视保持金科威在生产和经营经济型医疗设备产品方面的特点和优势，一场渐进式的整合就这样在两家有着巨大差异的企业间开展起来……

图4 "PMI WORKSHOP"文化融合活动　　图5 "PMI WORKSHOP"文化融合活动

4.3　金科威解决"幸存者综合征"危机

金科威的大多数员工从金科威创立伊始，就开始在金科威工作了。金科威公司年均人员流失率在9%左右，这个数字远远低于行业的平均人员流失率。"情在金科威"5个字，凝聚了13年来员工与金科威相互倚重、相互关爱的真挚感情……

但是，2007 年年底，当得知企业将被飞利浦并购的消息时，金科威的员工队伍中弥漫着担忧的情绪，很多人对被并购后企业的存亡、自身利益的改变存在着顾虑。"会不会被并购后我们的团队就被解散了？飞利浦会不会派来大量的技术骨干和管理者替代我们？我们还会像以前一样被信任和重视吗？"在对未来充满不确定的情况下，有的员工开始主动联系猎头公司或者同行业其他公司，准备如果并购后自己的利益受到影响，就选择新的公司和职位。一时间，金科威的团队中弥漫着一种不安的氛围，很多员工不能保持以往追求高绩效工作的状态，有的员工甚至消极怠工，等待改变。当年，人员流动率快速地提高了。并购后的"幸存者综合征"是所有并购案员工队伍中都会出现的棘手情况。员工队伍的消极情绪严重影响了团队的工作效率；人才流失，公司资源将受到重创，这直接威胁着飞利浦基础医疗事业部的整合成功。如何消除员工顾虑，稳定员工队伍？如何保留关键技术人才和管理人才？管理层明确地认识到消除员工疑虑，保留人才是整合成功的关键！飞利浦为了最大限度地消除金科威员工的抵触并照顾员工在被整合过程中的感受，在并购后两家公司整合伊始，飞利浦没有安排大量的飞利浦员工进入金科威关键岗位任职，也没有大范围地调整金科威的组织结构，只派了一名有并购整合经验的整合经理何志昌长期入驻金科威，这大大缓解了金科威员工"被替代"的危机感。甚至在整合初期，在飞利浦的员工与金科威员工的沟通过程中，飞利浦竟然禁止飞利浦的员工使用"收购"、"并购"等词语，而是用"合并"一词替代。可见飞利浦对于金科威员工的感情是多么尊重。

金科威同样重视员工队伍的稳定和企业关键人才的保留。曾进川和整合经理何志昌，要求整合的计划和进度透明化。每周各业务职能部门的整合骨干，会将上一周的整合进度对各个职能部门的员工进行传达，并把员工的意见反馈给管理层。每个月曾总和何总都会安排一次员工沟通大会。会上，曾总和何总会把管理层的精神、整合的策略及进展向大家传达。同时，员工如果有任何疑虑、意见和建议都可以在大会上提出来，曾总和何总会认真地给予员工答复。不仅曾总和何总保持着与员工的定期沟通，飞利浦集团全球层面的高级管理者，如前任首席执行官 Gerard Kleisterlee 先生、现任首席执行官 Frans van Houten 先生，都先后来到金科威。他们通过员工沟通大会直接与员工沟通，向大家传递飞利浦对金科威的重视，向大家传递飞利浦百年历史中对员工的关爱。

多种形式、多种渠道的直接沟通，使与整合相关的信息和公司的经营现状透明化，逐步消除了员工的疑虑，稳定了员工的情绪。在这个阶段，企业网站和企业内部杂志上也经常公布公司管理层的理念、员工的心声、企业的变化。对于技术骨干和管理骨干，飞利浦和金科威一起制订了"员工留任激励计划"（retention program），鼓励员工积极参与企业的变革，继续留在金科威。

作为备受员工瞩目的金科威高管团队的领军人物，曾进川在并购伊始就向所有员工宣布，自己不会在并入飞利浦后离开大家，将一如既往地与大家一起并肩奋战。在曾进川的带动下，高管团队没有人离开，积极发挥领导者群体的领队作用。在高管团队的影响下，各个职能部门的中层管理者和技术骨干也没有离开。

金科威的员工在企业并入飞利浦集团后，获得了更为广阔的职业发展平台、多层次的培训机会以及更加优厚的福利待遇。在金科威，有一些工作能力突出的员工，获得了转入飞利浦总部工作和交流的机会。

在并购整合过程中，虽然在并购整合的初期，原金科威员工流动率有一定的波动。但是，随着整合的深入，员工流动率逐渐降低并稳定在了以往的9%左右的水平。员工的工作状态持续稳定，员工队伍的氛围和谐积极。金科威虽然改旗易帜了，但员工的队伍还像以前一样团结友爱。

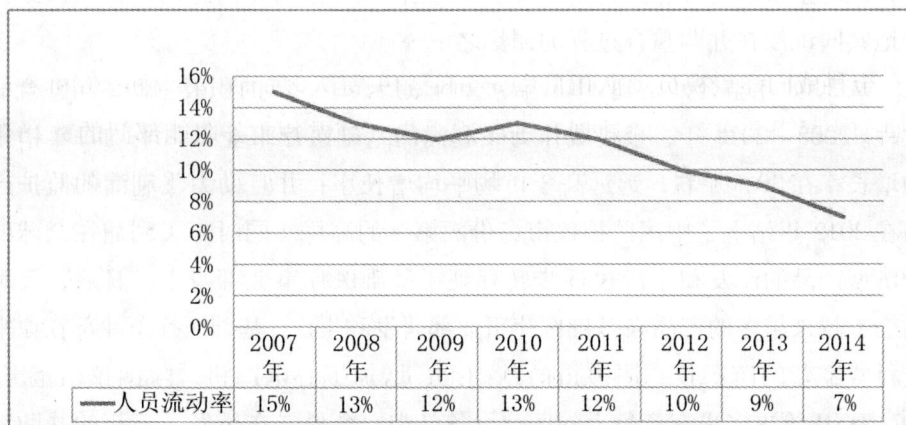

	2007年	2008年	2009年	2010年	2011年	2012年	2013年	2014年
人员流动率	15%	13%	12%	13%	12%	10%	9%	7%

图6　金科威公司被并购前后员工流动率变化图

5　金科威被并购后的现状

"曾总，总部就要给基础医疗部授予'飞利浦全球优秀文化整合奖'了。毕竟金科威是飞利浦在中国医疗领域里并购的第一家公司啊。回想并购整合这三年，我们一起克服了很多困难，在整合中一边处理各种摩擦，一边提升企业能力，使得基础医疗部业绩大幅增长，对总部的发展战略实现了有效支撑。"刚刚看过邮件的何志昌，在飞机上对邻座的曾进川说。"是啊，您作为整合经理，我们非常感谢您的贡献，是您将飞利浦丰富的整合管理经验带进来，促进了两个企业的良好融合。"曾进川回忆起过去三年中与自己的搭档、飞利浦派来的整合经理何志昌的配合，不无感慨地说。何志昌听了曾总的话，目光透过飞机舷窗，看着天际的一轮明月，深深地陷入了回忆。良久，他又缓缓地说："回想当初，总部把基础医疗市场作为公司的关键增长策略时，表现出了极大胆略，因为飞利浦在这个市场缺乏基础和经验，优势无从谈起，是否取得成功存在很大的不确定性。正因为如此，总部决定在中国收购一家从事基础医疗业务的公司时，把具有开拓创新性质的团队作为了最主要的衡量标准之一。当时的金科威不仅仅在基础医疗市场有优秀的表现，而且拥有一支能把公司从无做到有、从小做到大、有韧性的团队。当时，总部经过快速评估，认定你们这支队伍正是飞利浦开创基础医疗这个新市场所需要的，整个团队的价值并不亚于金科威牌监护仪在市场上排名第二的市场价值！"虽然，此时手表的时针已经指向了晚上 11 点，但曾进川与何志昌却仍然兴致勃勃地共同沉浸在并购整合过程的回忆之中……

从 2008 年整合开始到 2011 年，金科威历经了 3 年的积极主动参与整合的过程。2008—2012 年，金科威作为飞利浦的基础医疗事业部，平均每年销售额增长率在 30% 左右，远远高于市场平均增长率；并且助力飞利浦的监护产品在 2012 年站上了中国监护仪市场份额第一的高峰。同时，飞利浦在全球的经济型产品的研发和生产也逐步转移到了基础医疗事业部身上。日后，飞利浦会有越来越多的产品在基础医疗事业部研发和生产。基础医疗事业部在原来金科威经营的监护仪、阴道镜的基础上，增加了心电图机、除颤仪、超声、CT、DXR 等更多更有竞争力的医疗设备品类。金科威在历经了三年的并购整合过程后，完成了一个中国小型医疗器械企业向世界 500 强公司事业部的转型，原金科威总经理曾进川在新的岗位上带领着并购后重组的新团队，在基础医疗市场中继续大踏步地昂首前行。

表 1　金科威公司并购前后经营产品与销售额的变化（千元人民币）

公司变化	金科威	并购年	飞利浦基础医疗部					
年代	1995—2007	2008	2009	2010	2011	2012	2013	2014
年销售额		139 541	182 472	235 449	234 901	303 392	595 200	620 000
经营品种	监护仪	监护仪	监护仪	监护仪	监护仪	监护仪	监护仪	监护仪
	/	/	/	/	/	CT	CT	CT
	/	/	/	/	/	/	超声	超声
	/	/	/	/	/	/	/	DXR

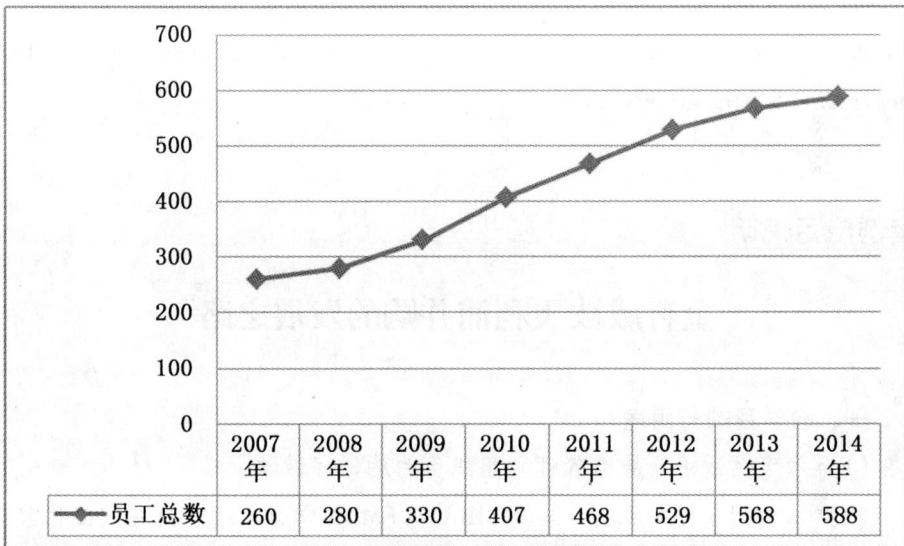

图 7　金科威公司并购前后雇员总数变化图（人）

M&A Integration Between Goldway and Philips

Abstract：In 2008, a news entitled "Philips takes a medical M&A to Goldway, threating to Shenzhen Mindray" has made many Chinese and foreign medical device companies heightened tensions. The acquired Goldway Company's monitor ranked secondly in the market of Chinese monitor production. GE and Philips have made a contact with Goldway about M&A, and finally Goldway chose

Philips as a major M&A business, and joined Philips as its Value Segment Business. In the process of integration, Goldway and Philips jointly developed and implemented a series of integrated strategies to address key issues, which may lead to failure of the integration, such as the cultural differences, management philosophy, team turmoil and the brain drain. After three years' integration, not only the original Goldway workforce remained stable and employees have been developed, but also the average annual sales growth of Philips Value Segment Business remained at more than 30%, which is far higher than the industry growth rate. So far, the monitors have become the first brand of Chinese monitor market in 2012, creating a 1 + 1 > 2 synergistic effect of M&A.

Key words：M&A integration；Human resource integration；Culture integration；Synergistic effect

案例使用说明

金科威被飞利浦并购的发展之路

一、教学目的与用途

（1）本案例适用于战略管理和组织行为的课程教学。

（2）本案例适用对象：主要为 MBA 和 EMBA 学员，适合有一定工作经验和管理阅历的学员和管理者，可用于企业高管人员的培训和企业内训。同时，也适用于工商管理专业本科生与硕士研究生。

（3）本案例的教学目的是帮助学生理解企业在并购整合过程中并购双方企业相互选择的关键因素，理解并购匹配性是并购整合成功的基础；理解人力资源整合和文化整合是并购整合的核心，掌握人力资源整合和文化整合关键策略及措施。

二、启发思考题

（1）金科威总经理曾进川决定选择飞利浦作为并购方的关键因素是什么？这一决定背后暗含了曾进川作为一名创业者所具备的特质是什么？

（2）如何理解本案例并购双方金科威和飞利浦（主要是飞利浦医疗业务

部）在企业文化、企业战略方面的匹配性？这种匹配性对整合结果起到了怎样的作用？

（3）如何理解本案例中并购双方企业的资源互补性？这种企业资源互补对并购后的协同效应起到了怎样的作用？

（4）金科威作为被并购方，在并购整合过程中的整合核心环节——"人力资源整合和文化整合"的过程中，制定了哪些策略值得推广，又执行了哪些行之有效的措施？

三、分析思路

在引导学生分析时，可以基于上述思考题和理论依据逐步深入，讨论以下几个核心问题。

（1）思考被并购方金科威的创业型企业特点及总经理曾进川在推动金科威发展过程中所表现出来的创业者特质（熊彼特式的创业者）。认识到"基础医疗业务"对飞利浦而言是缺乏基础并面临巨大风险的"新业务"，金科威团队的创业者特质是飞利浦选择金科威的重要原因之一。

（2）从并购匹配性理论分析本案例中并购双方的并购匹配性。理解即使飞利浦给出的收购价并不高，但是金科威最终选择了飞利浦作为主并企业，是因为与飞利浦在企业文化、企业战略方面具有匹配性，以及在企业资源方面具有互补性。具有较高的并购匹配性是并购双方选择的基础，是最终实现并购整合成功的基础。

（3）结合整合理论认识到，金科威作为被并购企业，主动争取到的"三年三不变"的渐进式的整合过程，是保持金科威原有的在中国经济型医疗市场上的竞争优势，不因整合带来的改变而降低公司盈利能力的有效措施。

（4）结合文化整合理论，解读金科威在文化整合中给员工树立"积极学习、主动变革"的精神；通过主动参与各种文化整合活动，增加飞利浦对金科威的认识等一系列措施，对双方跨越文化和管理风格差异，实现文化融合的促进意义。

（5）结合人力资源整合理论，认识到并购后的人才流失是导致整合失败的主要原因之一；解读金科威在面对"幸存者综合征"采取的一系列关键措施：公开透明、多途径地传递整合信息，让整合信息公开化、透明化，以消除员工的顾虑；总经理曾进川及其管理团队在并购后逐级发挥稳定员工队伍作用；并购后为员工创造更多的发展平台及更好的福利等一系列措施，对解决人员流失危机的意义。

（6）认识到金科威并购案中，被并购方以并购匹配性作为选择主并企业的标准的必要性；在整合中抓住人力资源整合和文化整合这两个关键环节，并制定正确的整合策略，是获得并购成功、创造出 1+1>2 的协同效应的关键。

四、理论依据与分析

1. 并购匹配性理论

（1）并购双方的并购匹配性中，战略匹配、资源匹配、文化匹配是 3 个主要方面

①战略匹配

并购双方的战略匹配更加强调的是：并购双方在并购发生的业务领域里具有相似的战略方向，并购对于并购双方都具有重要的战略发展意义。并购双方具有彼此认同的发展方向，可以产生来自并购双方的实现并购协同效应的积极性。在双方形成合力的基础上，可减弱并购双方在相互磨合过程中冲突、误解、猜忌等负面影响，促进双方融合。战略匹配是并购后双方形成一致的发展方向的基础。

飞利浦和金科威在战略上有共同的目标市场——基础医疗市场。飞利浦希望打造经济型医疗设备的生产经营平台，全面开拓全球基础医疗市场。金科威计划通过被并购融入世界先进的医疗器械公司，提高在中国基础医疗市场的竞争力，继而走向全球基础医疗市场。可见双方都把提升生产经营经济型医疗设备的企业能力，在基础医疗市场增加市场占有率，作为实现企业营业增长的战略。双方的并购战略具有协调性和相对一致性。

②资源匹配

企业之间所拥有的资源都存在着差异，由资源的特殊性可以导致企业竞争优势的差异性。资源匹配是指，来自一方企业拥有的独特资源可以对另一方企业在战略发展上的资源空白或者资源薄弱实现弥补的情况。并购整合的过程是将不同的企业资源融合的过程。并购双方企业拥有的资源和优势，在整合期间会出现互补、替代、协同、冲突等不同的关系，如果成功整合这些异质的资源而产生协同效应，就会促进企业创造价值能力的提升。资源的互补是促进协同效应的基础，是并购后的企业竞争力提升和企业价值创造的基础。

本案例中双方的企业资源具有互补性，是整合后实现 1+1>2 效应的基础。飞利浦在医疗器械研发技术、企业管理流程和制度、质量控制体系、全球的

医疗市场的渠道以及中国市场高端医疗设备客户资源、品牌优势等方面具有资源优势。该企业在经济型医疗设备研发经验、中国基础医疗市场渠道、对于中国基础医疗市场客户需求的理解等方面资源薄弱。金科威的优势资源在于：中国基础医疗市场的渠道、对中国基础医疗市场客户需求的把握、经济型医疗设备的生产、研发经验。该企业弱势资源在于：企业管理制度和流程、质量控制体系、技术研发能力、国际以及中国一线城市的营销渠道等。

③文化匹配

并购双方，由于企业成长经历不同、企业所在地域文化、民族文化不同等因素，必然有着不同的企业文化。在整合过程中，文化的差异是沟通和理解的最大障碍，会造成多种冲突，如：管理决策冲突、组织人事冲突、价值观冲突、沟通方式冲突等，这些冲突制约双方产生协同效应。有很多并购研究认为，并购整合过程是解决文化冲突所带来的一系列问题的过程。经过整合，两家企业的文化经过融合形成新的企业文化，这样的企业文化是并购双方企业都可以认同的文化。新的文化可以成为化解并购过程中一系列冲突、摩擦问题的基础，可以成为促进两家企业融合、促进并购后企业发展的强大动力。

文化匹配性低被认为是并购文化整合失败的主要原因之一。并购双方企业如果文化差距大，文化兼容性低，则并购中出现的矛盾就会更加普遍，产生的冲突更加难以调和，从而增加了并购整合的难度。有国外的学者指出，如果并购双方在管理风格、绩效评估系统、组织结构或企业文化等领域存在不兼容性，具有战略匹配性的并购产生的潜在收益就有可能被抵消（Lubatkin，1983；Marks，1982）。可见，文化匹配性是并购整合成功的重要基础之一。

飞利浦的愿景中提到：将飞利浦打造成为与我们志同道合之士施展才干的最佳平台。携手并肩，我们将为客户和股东创造卓越的价值。金科威用"情在金科威"体现企业文化的核心，强调共赢与真情。"情在金科威"代表着企业与员工，与经销商、客户共发展的意义，也诠释着金科威对社会、员工、股东、客户的责任。金科威视员工为企业基石，非常重视员工在企业工作的感受以及员工的个人发展。

通过对比不难看出，虽然影响两家公司文化形成的地域文化和民族文化大相径庭；虽然公司的性质与成长历史各不相同，但是，两家公司的文化核心有相似性。飞利浦和金科威共同强调了责任，包括对社会、股东、员工、客户的责任，尤其是重视员工、与员工共同发展的精神。两家公司相似的具有包容性的企业文化，是双方建立信任、彼此理解的基础。当双方出现管理风格不一致、沟通表达风格不一致等冲突时，文化的相容性为彼此消除误解、化解矛盾、达成一致，奠定了根本的基础。

（2）并购匹配是并购整合成功的基础

并购匹配是并购双方相互选择的基础，是整合成功的基础。并购双方在战略上有协同、在企业文化和管理制度等方面有互融性、在企业资源上有互补性，会使得并购协同效应更具备潜力。

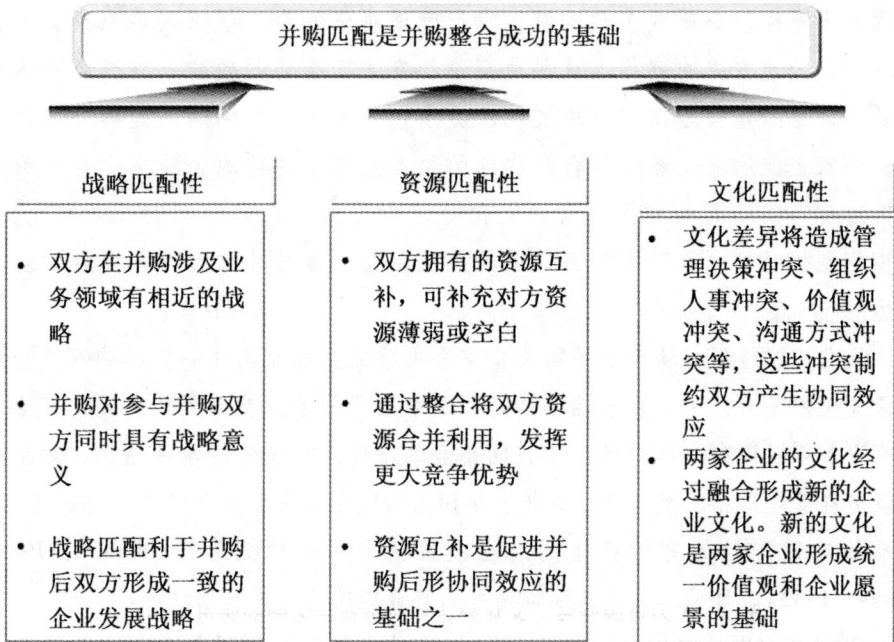

并购匹配是并购整合成功的基础		
战略匹配性	**资源匹配性**	**文化匹配性**
· 双方在并购涉及业务领域有相近的战略	· 双方拥有的资源互补，可补充对方资源薄弱或空白	· 文化差异将造成管理决策冲突、组织人事冲突、价值观冲突、沟通方式冲突等，这些冲突制约双方产生协同效应
· 并购对参与并购双方同时具有战略意义	· 通过整合将双方资源合并利用，发挥更大竞争优势	· 两家企业的文化经过融合形成新的企业文化。新的文化是两家企业形成统一价值观和企业愿景的基础
· 战略匹配利于并购后双方形成一致的企业发展战略	· 资源互补是促进并购后形协同效应的基础之一	

图 8　并购匹配性结构图

我国学者周小春对于学术界并购成功且实现价值创造的因素相关研究进行了归纳总结。战略管理领域的学者认为，"并购前并购双方的战略拟合度将影响并购创造价值"（Lubatkin，1987；Singh & Montgomery，1987）。也有的学者从组织行为学和并购整合两个领域寻找因素进行解释。组织行为学的学者主要考察并购双方的组织文化拟合程度（Datta，1991；Chatterjee et al.，1992）以及并购方管理层的并购经验（Hale-blian & Finkelstein，1999）对并购价值创造的影响。而并购整合学派则主要从并购整合的程度（Pablo，1994）以及并购后哪些资源应该进行整合对并购创造价值进行了解释（Capron&Pistre，2002）。

2. 并购整合中的关键策略

（1）人力整合与文化资源整合是整合的关键

并购整合是复杂的系统工程，包括：战略整合、技术整合、企业外部资源整合、财务整合、硬件整合、人力资源整合、文化整合等。整合过程中，各个系统的整合之间不是彼此孤立存在的，而是存在着相互关联、相互促进、相互影响的关系。企业文化提供了双方企业合作、融合、交流、沟通的基础，而人力资源作为企业的核心资源，它影响着企业各个职能部门的运转，也直接影响着并购整合的进程和质量。可见，文化整合的成功和人力资源整合成功是各项整合成功的基础，是并购整合系统中的核心。并购后的整合是实现协同增效的源泉，企业文化良好的融合以及企业人力资本的保持是并购整合成功的关键。

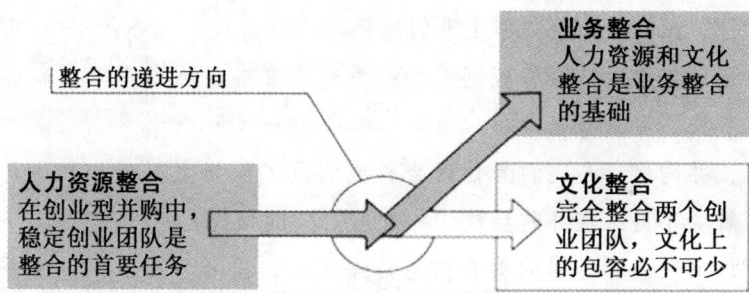

图9 人力资源整合、文化整合和业务整合之间的递进关系

（2）人力资源整合的意义及原则

并购过程中，组织的变革会使得被并购公司员工对于自己未来的利益，如岗位、待遇以及发展机会产生忧虑。对于未来的不确定性，会使得员工产生怀疑、忧虑的负面情绪，直接导致员工工作效率下降、工作的动力降低、情绪低落。在并购开始后，如果员工还不能从企业正面的渠道获得并购整合的进展信息以及并购可能带来的公司运营、员工管理的改变等信息，就会加重员工的不满和忧虑，并且这种负面的情绪将在被并购企业员工团体中扩散，引起整个企业团队的工作效率降低，人员流失率上升。

人力资源整合的原则：

①核心人员与关键人才的保留。企业的核心人员和关键人才往往掌握着企业发展的一部分重要资源，比如销售人员对于渠道与客户资源有控制力、技术人员掌握着本企业开发产品的关键技术、管理人员熟悉本企业管理流程和机制的核心内容等。如果企业的核心人员流失就有可能导致企业发展的关键资源流失，并且对于其他员工也有心理上的影响。所以，企业要明确传达给核心人才，关于并购后个人岗位、待遇以及发展机会的稳定性信息，消除核心人才的忧虑，确保关键岗位人才的稳定。

②把并购整合的信息通过公司的官方渠道及时传递给员工，避免消极情绪的加重以及消极氛围的扩散。当员工得知被并购消息后，在被并购企业的员工群体里，会存在广泛的心理危机，包括对本人利益的担忧、对本企业被并购决策的目的猜疑，等等。如果从正常的渠道不能得到关于整合的全面的客观的信息，员工个体的顾虑和猜疑会更加严重，还会影响整个员工群体的情绪，造成无法控制的状况。所以，多种渠道传播客观的并购整合信息，可以降低员工忧虑，降低导致由员工队伍不稳定造成的绩效下降，也可以从早期进行干预，预防员工流失率上升的趋势。

人力资源整合中，金科威制定了一系列的策略，解决"幸存者综合征"，稳定员工队伍，促进整合成功。

首先，并购前，与飞利浦协议金科威的员工队伍主要架构和成员保持三年不变，解决了员工在并购后被"扫地出门"的顾虑。

其次，采取公开透明的整合信息传递策略，向金科威员工传递并购整合的原则、进展。让信息公开化、透明化，消除员工的顾虑。传递信息的渠道有：每月一次的有整合经理和金科威总经理曾进川参加的员工沟通大会、金科威企业内刊、各个整合小组的骨干与本部门员工及时沟通整合进展，等等。

再次，逐级发挥管理团队的稳定作用，保证金科威原来的技术骨干、业务骨干、管理骨干不流失。金科威公司的总经理曾进川，也是公司的创始人，在与飞利浦的并购整合开始前，第一个表态不会离开自己的团队，会与大家一起接受变革，会像并购前一样对员工负责。总经理的态度带动了高级管理层的稳定，在管理层和核心人才稳定的环境下，整体员工队伍的稳定性增加了，并购后金科威的员工流失率与并购前持平。

最后，两家公司在并购后重视关爱员工、发展员工。为员工创造更好的职业发展平台、多层次的培训机会以及更加优厚的福利待遇。如：并购后推出了人员留任奖励计划，鼓励关键人才留任；安排员工转入飞利浦总部工作和交流。

（3）文化整合的意义及原则

跨国并购的"七七定律"指出，70%的并购没有实现期望的商业价值，而其中70%的失败源于并购后的文化整合。并购后，由于文化差异造成的两家企业融合过程中的冲突，是并购整合顺利进行以及并购双方达成协同效应的严重障碍。由于文化不相容，会导致双方员工对彼此的抗拒，被并购企业员工情绪消极，工作效率降低；因管理理念不同，管理人员离职；并购后文化凝聚力降低，无法形成合力等一系列问题。

应对文化冲突的文化整合的原则：

①加强并购双方对对方企业文化的了解，增进彼此的深层次的理解。双方员工对于两家企业文化的共同处与差异处的了解，可以增加彼此在工作中对于对方思维模式、沟通方法的理解，当碰到冲突时，双方因为明确彼此文化的差距，则比较容易确定冲突发生的根本原因，从而找到实现双方合作的方法。

②营造学习型组织氛围。树立正确的学习观念，通过学习和吸收对方企业运营管理的优点，从而加速自身能力的提高。学习型的组织氛围，可以很好地降低被并购企业员工对于"被改变"的抵触情绪，从而促进被并购企业在并购整合过程中对于变革的适应能力。

③营造相互尊重的氛围，避免伤害并购公司员工的感情。

④提高沟通的技巧。尤其面对跨文化的并购时，解决语言障碍、提高沟通效率和增进彼此的理解是减缓文化冲突的必要方法。

在本并购案中，首先，金科威的领导团队在整合过程中给员工树立了"积极学习、主动变革"的精神，倡议金科威员工团队发扬主人翁精神，这种精神转变被整合为主动参与整合，发挥了被并购方促进整合成功的积极作用。

其次，金科威提出的"三年三不变"的渐进式的整合方式，既保证了金科威原有的适应中国经济型医疗市场特点的企业经营特点，也逐步地吸收飞利浦的优势企业资源，提高自身的企业能力，最终平稳整合，创造价值。飞利浦作为主并方在并购整合过程中推出了"轻接触"（light touch）的概念指导整合过程，保留了大部分金科威的管理方法，只对一些不可不改的地方，如财务制度等，做了相应的改动，其目的就是"不因追求改变而损害被并购企业原有的优势"。

最后，金科威在文化整合中，以信任为基础，以主动融合为引擎，创造机会主动增加飞利浦对金科威团队的了解，积极参与飞利浦的各项文化整合活动。如：在股权转让手续还没有完成的时期，金科威方面就敞开大门，邀请飞利浦方深入金科威，参加金科威大厦落成典礼；鼓励员工积极主动地学习飞利浦先进的管理经验和职业素养，为更好地融入飞利浦努力。例如金科威在整合的过程中，发起的全员提高英语水平的现象；要求金科威的员工积极参加飞利浦集团的各项文化融合活动，如"PMI WORKSHOP"、"DAY 1"等活动。

五、背景信息

1. 并购企业——飞利浦背景介绍

成立于1891年的荷兰皇家飞利浦电子公司，是全球医疗保健、照明和优质生活领域的领导者，著名的世界500强企业。目前，飞利浦与GE和西门子公司为全球前三大医疗器械公司。2012年，飞利浦的全球销售额超过245亿欧元，其中医疗保健业务在公司整体业务的占比中超过38%。

由于飞利浦在漫长的发展过程中，积累了丰富但臃赘的产品线，使得飞利浦从1985年开始，出现了近20年的业务发展速度缓慢。在20世纪的90年代飞利浦开始了战略转型，逐步剥离了非企业核心业务，如通讯、电视业务等，逐步转型为以三大核心业务为主的集团公司。飞利浦的三大业务是：消费电子与小家电业务、节能环保照明设备、家庭医疗保健业务与医疗系统业务。转型过程中，飞利浦一边出售手机、电视等非核心业务，一边斥巨资并购与主营业务相关的公司，通过并购，快速地提升企业竞争优势，实现企业发展战略。其中，在医疗保健业务领域，飞利浦仅在2006年就完成了7项并购业务，次年年底，又宣布36亿美元的在美国并购医疗保健相关领域公司的计划。在逐渐战略转型的过程中，飞利浦也积累了丰富的并购整合经验。

在中国的医疗市场中，飞利浦与GE和西门子是高端医疗器械市场的主要占领者。飞利浦医疗系统提供丰富的设备和服务业务：磁共振系统、病人监护系统、肿瘤放疗系统、临床信息系统及维修服务和技术支持等业务。飞利浦拥有全球最为先进的医疗诊断设备技术，创造了多个技术第一的纪录，如：整合儿科分析、性别特异分析、15/16导联心电图分析等。飞利浦还拥有科学高效的企业管理体系。飞利浦在中国的医疗器械销售渠道分为三个层级：第一个层级是综合实力较强的三级医院如北京协和医院、上海瑞金医院、华西医院等，第二个层级是三级乙等医院、二甲医院以及分布在二、三线城市的具有一定规模的医院，第三个层级是分布在二、三、四线城市的中小医院。2007年前后，飞利浦公司把基础医疗市场的业务发展作为公司加速发展的重点战略之一。

2. 金科威被并购案并购价值创造评价

从2008年并购交易完成，随后整合开始，到2011年，金科威历经了3年的积极主动参与整合的过程。并购整合后，金科威的年营业额从2008年并购前的1个多亿，增长到2012年的3个亿左右，平均每年增长率在30%左右，这个增长率远远超过了中国医疗器械市场的年平均增长率。飞利浦的监护产品（含金科威监护产品）在2012年站上了中国监护仪市场份额第一的高峰（数据来自CMM DATA）。金科威的员工队伍在并购整合的过程中，人员流失率并没有提升，仍然保持在并购前的8%的较低水平。金科威在实现业绩高速增长的过程中，也为飞利浦扩展基础医疗市场的战略实现，产生了非常大的价值。飞利浦为了表彰金科威在并购整合过程中的良好执行，授予金科威"全球飞利浦优秀文化整合奖"。并且，并购后的金科威作为飞利浦经济型产品的生产、研发、经营的平台，在整合过程中，逐步实现了生产研发能力的提升、管理能力的提升以及营销渠道等企业能力的快速提升。金科威的主要产品在并购前的监护仪、阴道镜的基础上，增加了心电图机、除颤仪等更多、更有竞争力的医疗设备品类。

如果从并购后协同效应的获得、企业核心能力的提升、销售业绩的增长以及员工的福利保障和职业生涯发展等因素进行评价，我们基本可以认为，飞利浦并购金科威一案实现了并购价值创造，是一个成功的并购案例。

六、关键要点

（1）在经历近30年的资源型发展后，当前中国经济已经进入转变增长方式、调整经济结构的战略转型时期，并购无疑将在转型过程中扮演非常重要的角色，尤其是大量的创业型中小企业，都可能面临这样或那样的并购机遇。但并购不是一件容易的事情，根据商务部研究院对外投资合作研究所的研究表明，目前一件并购案从一开始到最后能够成功，全球的比例大概是25%；从锁定目标到交易成功，大概能够成功一半；从交割到整合顺利，并且运营获利，这大概也是一半。如何提高并购成功率，降低并购风险是大量创业型中小企业需要学习和思考的重要议题。

（2）并购整合管理就是组织为自己寻找到"门当户对、有志共创事业"

的并购合作伙伴，促进并购双方在人力资源、企业文化方面的整合，形成一支队伍、一个想法、一种业务的整合思想，全面提高公司市场地位的过程。

（3）被并购企业促进并购成功、实现价值创造的关键因素有两个：

①选择并购匹配性高的并购企业。在并购前的"目标企业"确定的过程中，往往是主并企业与被并企业"双向选择"的过程，所以被并方选择主并企业的策略，是影响并购后价值实现的关键因素之一。本案例中，金科威面对的两家并购公司都是世界老牌500强企业，都是全球范围内的医疗器械巨头，而飞利浦并不是给出收购价最高的企业，正是金科威的选择，开启了飞利浦收购金科威的成功大门。

②并购整合执行过程把握整合的核心环节——文化整合和人力资源整合。成功的并购整合可以将并购双方企业的资源有效地整合到一起，从而获得1+1>2的协同效应，实现并购价值创造。而其中文化整合和人力资源整合是整合系统中的核心，所以，整合执行需要保证文化整合和人力资源整合的成功。本案中，金科威在追求并购后价值创造、并购成功的过程中，在文化整合和人力资源整合过程中，都有明确的策略，并且整个管理层都给予高度的重视并参与其中。

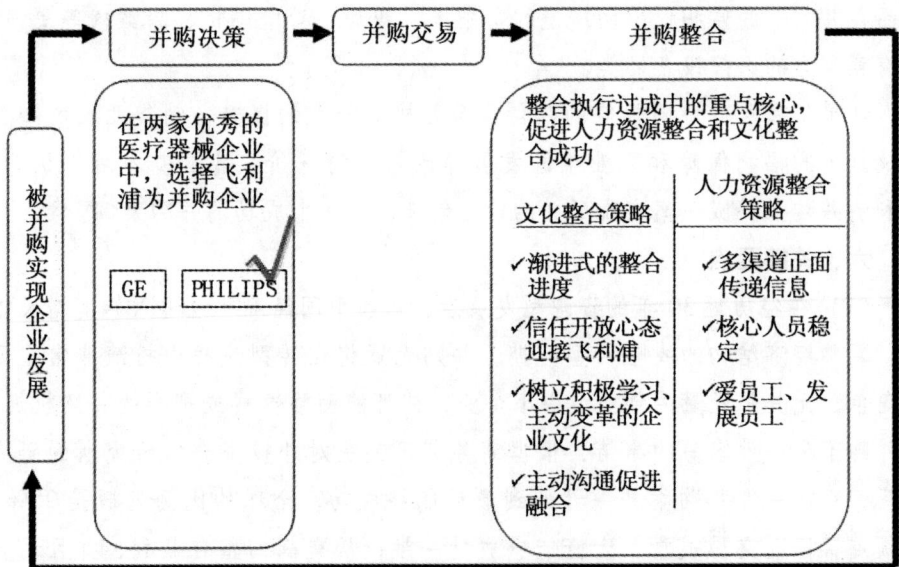

图10　金科威促进并购价值实现关键策略示意图

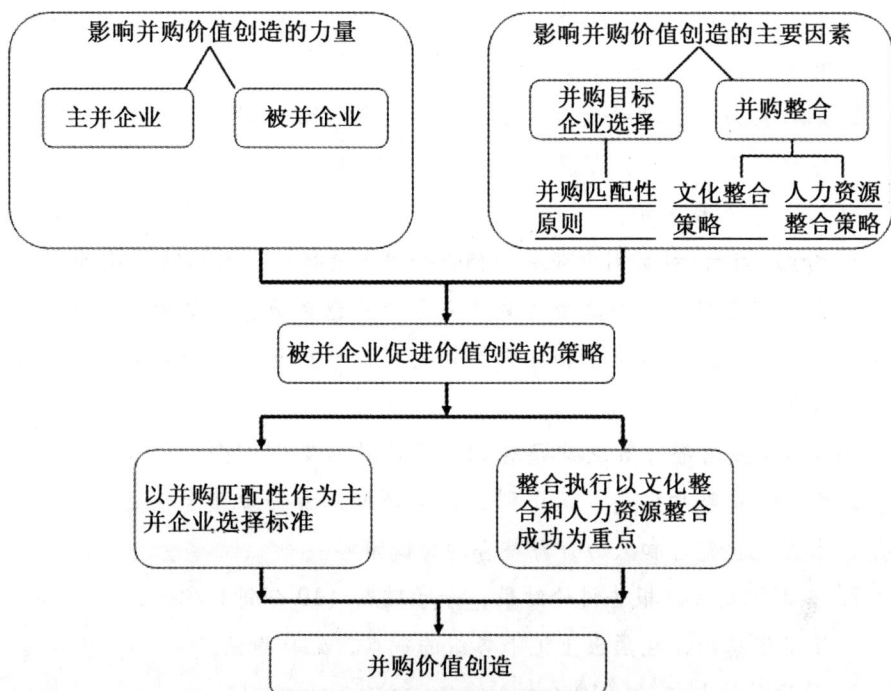

图 11　被并购企业促进并购价值实现逻辑推导图

七、建议的课堂计划

本案例可以作为专门的案例讨论课来进行教学。以下课堂教学建议，仅供教学参考。整个案例课分两个阶段，课堂时间控制在 70 分钟。

第一阶段（40 分钟）

1. 分组讨论（30 分钟）

阅读案例，讨论启发思考题：

（1）金科威总经理曾进川决定选择飞利浦作为并购方的关键因素是什么？这一决定背后暗含了曾进川作为一名创业者所具备的特质是什么？

（2）如何理解本案例并购双方金科威和飞利浦（主要是飞利浦医疗业务部）在企业文化、企业战略方面的匹配性？这种匹配性对整合结果起到了怎样的作用？

（3）如何理解并购双方的资源互补性？这种互补对实现并购后的协同效应起到了怎样的作用？

（4）金科威作为被并购方，在并购整合过程中的整合核心环节——"人力资源整合和文化整合"的过程中，制定了哪些策略值得推广，又执行了哪些行之有效的措施?

2. 各小组发言，报告讨论结果，分享观点（10分钟）

引导学生总结案例，在黑板上记下各组的观点，汇总看法。

第二阶段（30分钟）

1. 分组讨论，对案例中涉及的相关知识点进行梳理与总结（10分钟）

结合并购匹配性理论及金科威在并购企业选择方面的策略，讨论以并购匹配性为原则进行并购双方相互选择的意义，理解并购匹配性是最终实现并购整合成功的基础。

结合人力资源整合和文化整合相关理论及本案例中企业的文化整合与人力资源整合的策略和措施，认识到文化整合和人力资源整合在整合中的核心作用；掌握文化整合和人力资源整合的关键策略。

2. 各小组发言，报告讨论结果，分享观点（10分钟）

引导学生总结，在黑板上记下各组的观点，汇总看法。

3. 最后总结与归纳（10分钟）

在教师的带领下，引导全体学生进一步归纳对案例的观点和看法，总结案例所蕴含的理论原理和关键知识点。

从 0 到 1 的哲学

——HX 公司战略变迁之路

摘要：本案例通过描述 HX 公司的战略演进历程等，揭示了纵向一体化、横向一体化战略的内涵、优劣势、适用条件及如何转化为企业竞争优势等相关理论知识。HX 公司从"物业管理"起步，通过不断地参与市场竞争做大做强物业管理业务板块。但近几年来，随着竞争环境的不断变化，物业管理业务的市场竞争也更为激烈。与此同时，董事长项楠对于将公司做大做强的步伐并未停止，在外部环境不断变化的背景下，他敏锐地洞察市场变化，抓住机遇，不断地向物业管理上下游产业链进行公司价值链衍生，先后介入了写字楼经营、节能改造、产业园投资建设等业务板块。在内外部经营环境不断变化的背景下，HX 公司能否通过一体化战略来实现公司进一步的发展呢？

关键词：战略管理；一体化战略；增长型战略

引言

2015 年春节将至，HX 物业管理公司如期召开了本年度董事会会议。会议主要议题之一是，审议公司下一步战略规划。在听取了总经理李冉对公司现阶段发展以及对未来发展规划的陈述后，董事长项楠深深地吸了一口烟，皱了皱眉头说道："在各位共同努力下，公司近五年来取得了长足的发展和优异的业绩，当然，企业快速发展的背后，我们也遇到了一些难题，今天就想和大家一起讨论下。"项楠接着说，"由于目前两项业务资金投入过大，导致

1. 本案例由中国传媒大学 MBA 学院案例中心王忠、臧岳共同撰写，孙道军为指导老师，作者拥有著作权中的署名权、修改权、改编权。

2. 本案例授权中国管理案例共享中心使用，中国管理案例共享中心享有复制权、修改权、发表权、发行权、信息网络传播权、改编权、汇编权和翻译权。

3. 由于企业保密的要求，在本案例中对有关名称、数据等做了必要的掩饰性处理。

4. 本案例只供课堂讨论之用，并无意暗示或说明某种管理行为是否有效。

公司面临较大资金缺口和债务风险，目前，公司陷入了进退两难的局面。走好了，公司将会有更大的发展；走不好，公司将会面临着难以承受的危机。这是一个关乎企业命运的抉择，希望大家集思广益，一起找到最合理的解决办法。"

片刻的沉寂后，总经理李冉率先说道："公司当前开展的各项业务中，作为主营的物业管理业务运营良好，是公司的主要现金流的来源项目。与其相辅的节能改造业务，在降低管理成本和产品销售方面也能够为公司创造价值。主要是由于写字楼经营和产业园投资建设两项业务占用资金巨大并且投资回收期较长，造成了公司当前资不抵债的局面。就公司当前的资金状况而言，我们应当考虑放缓业务拓展步伐，稳定现有业务，以缓解公司的资金压力。"财务总监赵琼接着话茬说道："目前公司负债大于资产，且流动资产中95.10%都是不可变现资产，导致没有偿债能力归还债务本息，财务风险高于同行业水平。"财务总监的一句话，让在场的人员又一次陷入了沉思。

时间将近中午 12 点了。不知不觉中，会议已过了两个小时。会议室里烟雾弥漫，使得仅有的两位女士不断低咳。收缩业务、出售业务、继续融资，听完了大家发表的各自观点，项楠认为会议再继续下去也没有什么意义了，大家依旧没有讨论出来突破当前局面的有效办法。"大家还是先吃午餐吧，下午我们再继续讨论。"项楠说道。

看着陆续离开的背影，项楠再次深吸了一口手中的香烟。虽然他表现得很从容，但他是内心最不安的一个。自认为"能用钱解决的问题都不是问题"的他，面对当前的局面也开始犯难了——缺的恰恰是钱。

1 背景介绍

HX 公司创立于 2009 年 7 月，历经 5 年的发展跃升为注册资金 1 000 万元并拥有行业二级资质、从业人员近 500 人的中型公司，属于北京市物业管理协会会员单位，公司总经理为北京市物业管理专家组成员。旗下拥有注册资金 3 000 万元的全资子公司——北京 HXHY 资产管理有限公司。

公司主营业务是"物业管理"，目前拥有包括住宅、写字楼、商业、学院等业态的管理项目，管理面积约 150 万平方米。2011 年，公司通过了ISO19001 \ ISO24001 \ ISO28001 质量、环境和职业健康管理体系。公司所管理的"GTX"和"JRXY"两个项目分别于 2013 年和 2014 年度被评为"北京市优秀管理示范项目"。"ZQM"小区于 2012 年 12 月被评为"2012 年环境优美居住小区"荣誉称号；2013 年 2 月被评为"首都绿化美化花园式单位"荣誉称号。

短短的不到 3 年的时间，包括自建项目在内，公司累计管理了 6 个项目，这种发展速度在同行业中也算是较为快速的。其成功的主要原因在于信息渠道的掌握。每年平均以两个项目的承接速度取得了快速的发展，并且有明显的持续增加的趋势。从 2009 年管理两个项目递增至 2012 年的 6 个项目，管理面积约 150 万平方米。从 2009 年全年业务收入为 142.40 万元、业务支出 118.08 万元、全年累计实现利润 24.32 万元递增到 2014 年度全年业务收入为 3 806.24 万元、业务支出 2 993.95 万元、全年累计实现利润 812.29 万元。

随着项目管理面积、业态的不断增加，公司于 2012 年由"三级资质"顺利地晋升为"二级资质"，同时将注册资本金增资到 1 000 万元，这为公司的进一步发展奠定了坚实的基础。在这样的发展背景下，项楠致力于将公司打造成行业民营企业中优秀的物业管理企业，并制定了在 2016 年完成"一级资质"晋级的战略目标。在当前拥有管理项目住宅、写字楼、学院等业态的基础上，逐步介入工业园区、医院、商业综合体等业态的项目管理，扩大经营范围，提升管理能力和品牌知名度，持续实现价值创造。

2 公司战略升级

2011 年下半年，HX 公司主营物业管理业务已进入了稳定发展阶段。公司管理层开始谋划下一步的发展。作为物业行业的后进生，如何能够在这片红海之中脱颖而出，项楠陷入思考之中。如何实现差异化的业务发展呢？带着这个问题，项楠召集公司全体董事，就公司未来发展战略进行探讨。

会上，作为董事长的项楠，客观地表达和肯定了公司既往的发展业绩，并直接说道："公司发展到今天，离不开各位的努力。但我们不能仅仅满足于当前取得的成绩，要向前看。公司要不断地发展，就要有清晰的发展战略。我们要制定更优的发展战略，进一步探讨如何实现公司的价值最大化。"

总经理李冉说道："我们要不断提升物业管理业务的管理能力和市场拓展能力，多接项目，形成管理规模化的优势。通过规模优势实现管理成本降低，并在不断的实践过程中提升管理效率和加强成本管理，实现公司物业管理业务的效益最大化。"

"所谓开源节流，"董事长项楠接着说，"通过现有业务管理绩效的提升，降低管理成本，虽然能够提升经营效益，但毕竟是有限的。我们的目光要放宽，放长远。我们要在开源上多想想办法，实现多元化的发展，才能区别于其他同类公司而发展和创造效益。毕竟物业管理业务的收入是有限的。"

"在物业管理上，我们已经迈出了第一步，并取得了一定成绩。作为行业的资深人士，我们是靠着房子吃饭的。是否能够围绕房地产的开发建设和后期管理来进一步拓展业务范围？"

顺着项楠的思路，大家在积极地讨论着。

"我们就是靠房子吃饭的，干脆把上下游都打通吧。"董事张建华的一句随意的话，使得大家脑洞大开。

"围绕着物业管理业务的涉及范围，我们可以把租赁、居间业务也做起来。"董事苗进应声道，"我们具有优先获取房产信息的渠道，开展居间业务具有优势，况且佣金收入也是可观的。"

顺着这个思路，项楠把他心里已经想了很久的想法说了出来："目前住宅市场的开发已经趋近于饱和，部分开发商已经将开发中心转移至商业地产。况且基于土地的不可再生性和地理位置的资源优势，如果我们能够持有商业物业并经营，未来的市场空间和利润回报将会是相当可观的。我们可以考虑把长期、低价租赁写字楼对外经营作为一项业务。这样，我们不仅能够实现写字楼的经营、招商，还能同时实现物业管理。"

"方向是可行的，但单靠物业管理的收入，是不足以支撑租赁写字楼的前期投资的。"财务总监赵琼说道。

"资金我们可以想办法，可以融资、借贷，目前关键是第一个项目从哪里来。"项楠回应道。

之后的讨论大家自由发挥，讨论了项目的来源渠道、资金渠道……

会议如同预想的一样顺利，大家很快在发展战略上达成了一致。公司的发展基调不变，在物业管理主营业务的基础上进行业务领域拓展，围绕着物业管理上下游的业务展开。

公司发展战略就这样形成了。此后，公司的重点是在市场中寻求合适的商业资源。

3　商业地产经营业务的开展

"世上无难事，只怕有心人。"在一次商务接洽过程中，公司业务人员获知中关村的 ZKZY 大厦要整体经营权转让，这让项楠看到了中间的商机。地理位置优越、转让价格低、资源优势，并且还有可增加面积的空间，这个项目未来的盈利空间很大，基于对写字楼未来市场长期利好的判断，项目势在必得。

通过几轮接洽，最终公司拿下了该大厦的 20 年的经营权，HX 享有写字楼的招商、经营及管理，其利润的来源为市场租金与持有成本之间的差额。

然而，摆在面前最大的难题是资金从哪里来。

虽然项目具有明显的利润空间，但项目合同中约定首期租赁费要支付三年的租金。三年的租金，近亿元的投资，资金从哪里来呢？目前，企业的自有资金根本不能满足当下的需要，项楠和管理层只得另想他法筹措资金。经过几番周折，最终，项楠通过个人房产抵押和资金拆借的方式解决了棘手的问题。不过，这样冒险的融资方式也让企业和项楠个人承担了巨大的风险和高额的成本。

"屋漏偏逢连夜雨"，由于此前企业缺乏商业地产运营经验以及相关专业人才储备，使得项目开展情况并不顺利。项目空置期延长，造成了直接的经济损失。这一情况让项楠和整个管理团队始料未及。

在调整了招商策略和招商团队后，基于写字楼地理位置的优势和具有一定价格竞争优势的特点，写字楼的客户招商顺利完成，但时间滞后了半年。所带来的后果就是租金的损失和资金使用成本的增加，导致资金回收期较计划回收时间延后了一年半。

截止到 2014 年年末统计，负债 3 512.47 万元，基于招商期和装修管理期的租金损失，HX 公司的写字楼经营业务尚未产出直接经济效益，如图 1 所示。

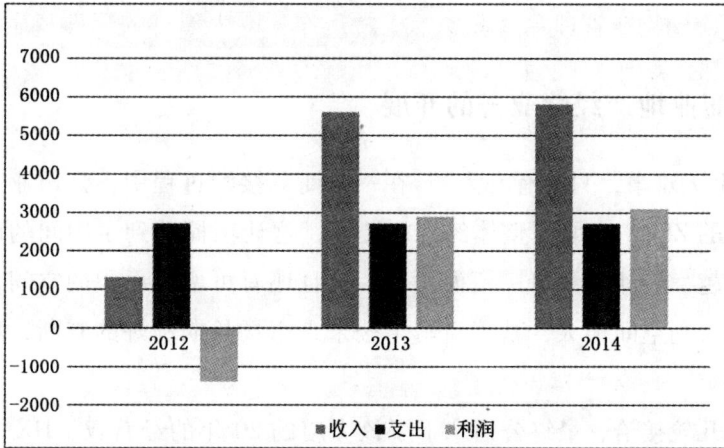

图 1　2012—2014 年收益示意图

全部投资回收期预测为 6 年，即到 2018 年该业务能够直接创造的经济效益，为公司的业务发展提供强有力的现金流支持，如图 2 所示。

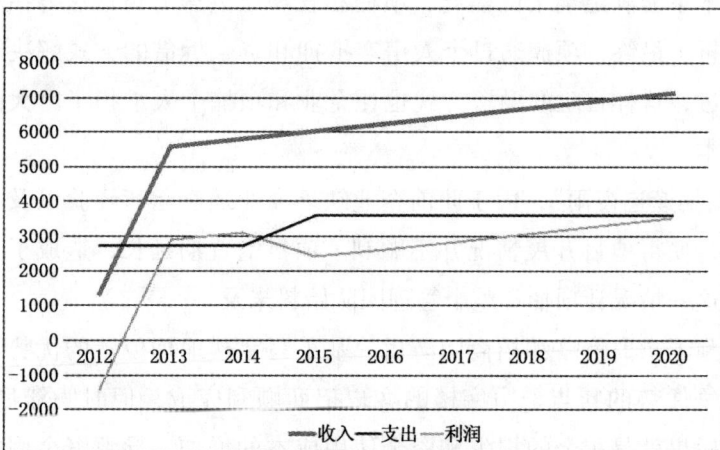

图 2　五年期效益预测

4　解决困难：寻找跳出资金困局的办法

面对强大的资金压力，公司的管理者都犯难了。如何解决？单靠物业管理的经营收入，也不能支撑商业地产经营的资金需求。虽然物业管理业务的资金流水能达到近 4 000 万元，但也不能全部投入到写字楼经营项目中，否则势必会影响到物业管理主营业务的正常运作，因为项目的管理和运营每天都在发生着资金的支出。面对这些问题，首当其冲想到的是开源节流。公司在物业管理业务增加的情况下，形成了项目规模化的管理优势，总部等的管理费用得到了有效的分摊，一定程度上已经降低了管理成本。在这种情况下，如何能够更进一步地降低管理成本呢？

物业管理的两大主要成本支出在于人员成本和工程维修及能源成本三方面。在人员成本上，通过不断的培训，提高人员的工作效率，有效减少不必要的岗位，降低雇佣人员成本。但这不能完全解决问题，因为物业管理属于劳动密集型业务，更多的工作需要通过人来完成。再怎么压缩，也是有限度的。工程维修成本，尽量地规范养护作业流程，注重保养，以减少不必要的损坏和支出。但随着设备设施的逐年老化，该项成本的降低是有限的，更有可能会一定幅度地增加。那么，只有从能源方面来降低管理成本了。

节能也是当前国家所倡导的。在确定了这个方向后，公司着手要求各项目进行能源损耗统计及数据分析。经过一阶段的分析，发现在灯光照明方面的能源支出较高。是否能够找到新的产品代替现有的产品而实现降耗呢？

带着问题，大家在市场上寻找。最终发现 LED 产品的节能效果很好。该类产品具有耐用性好、高效节能的特点。所谓耐用性好，是指该产品的保修年限和使用时间是目前市场上同类产品的 2.5 倍，而价格却是目前市场同类产品的 1.5 倍左右。

通过产品的自用为企业创造丰厚的利润。公司内部营销对成本的直接影响体现在能源费用的节省方面，截至 2014 年年底，公司所管理的两个项目作为试点，开始大批量更换节能设施，累计为公司节省能源费约 284 560 元，成本支出为 81 000 元，累计创造利润 203 560 元。

通过自用验证了产品的性能和节能效果，依照公司既定的战略方针，作为物业管理下游业务产品，公司将该项业务列入了发展计划。基于产品本身的质量和特点，使其在竞争上处于有利地位，降低了客户对价格的敏感度，为企业创造了丰厚的利润，同时企业提供全程的安装等客户服务，但企业不会因为此业务的增加而投入大量的人力、物力、财力。作为北京区域的代理商，2014 年下半年，初步对外开始推广该项产品。企业外部营销的利润体现在产品的销售及能源合同管理方面，截至 2014 年年底，累计对外销售产品总计180 000元，其中成本支出为 104 000 元，累计创造利润 76 000 元。

该项业务所创造的利润，内部营销占比较大，从节省项目日常管理开支方面能够为企业创造更大的效益，如图 3 所示。

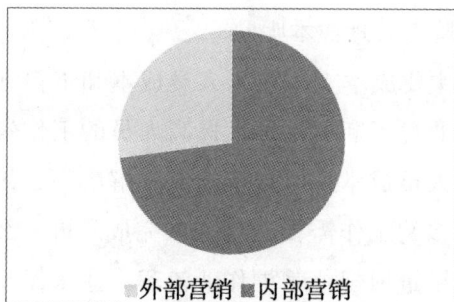

图3　内外部营销收益对比

5　新闻背后的故事

2014 年 6 月 23 日上午，如同往常一样，项楠早早地来到了办公室，泡上一杯热茶，打开电脑，上网随意翻阅着当天的新闻。突然，腾讯网的一条新闻吸引了项楠的眼球。"低空领域开放政策望近期出台，航空业潜力大。"大大的标题赫然在目。

项楠有着超于常人的商业敏感度。一条新闻、一番对话，都会让他捕捉到商业机会。"自己正好认识这方面的人，是不是可以摄入这个领域呢？"项楠自己筹划着。

想着他就拿起电话给对方打了过去。也许是早上刚刚上班的缘故，电话很快就接通了。一番客套后，项楠直接切入正题，向对方打听起来。

经过详细的调查了解，获取了相关的参考信息，项楠决定涉足这个行业。参与投资一家小型飞机制造商的股份，合作开展航空产业园区的开发和建设。作为房地产行业的从业人士，对于规划建设当然是最熟悉的，并且基于物业管理公司的专业性，未来产业园区的后期运营和管理也可以纳入物业管理的业务范畴。

项目如预期的一样开展起来。

基于对中国未来低空领域的民用开放的高增长预期（未来五年市场空间超过 300 亿元），公司出资 5 000 万元人民币成立全资子公司——HXHY 资产管理公司，并由全资子公司投入巨额的资金收购国内飞机制造商 10% 的股权，参与航空产业园区的开发建设。公司主要的战略目标是"在获取前期投资利润的同时，依托物业管理的经验优势，总公司可作为产业园区后期的物业经营企业与物业服务提供商参与产业园后期的运营管理，以期获得长期收入"。

但是，基于规划、建设的周期较长，截止到 2014 年年末，累计投入资金 5 000 万元，公司处于大量资金投入的前期阶段，尚未产生直接的经济效益。

写字楼业务负债 3 000 多万元，产业园投资 5 000 多万元，并且大量大额的资金都是通过融资获得的，资金的使用成本也相对较高。面对如此快速的业务发展和资金投入，公司陷入了资金周转的困境。

6　结语

如今，HX 公司的四项主营业务发展情况迥异：物业业务发展稳定，能为企业提供持续现金流；商业地产经营业务，未来盈利预期较高，但面临巨大的现金压力；节能改造业务，可为公司节约运营成本，但市场前景未知；产业园投资业务，变数较高，未来走向仍不明朗。面对如今的现状，项楠和管理层不得不做出抉择：是继续冒险前进，还是稳定前行？

今天的会议上，他们就必须拿出对策。

Philosophy of Zero to One
—— The Strategic Development Path of HX

Abstract：By describing the evolution history of HX's strategy, this case reveals the relating theoretical knowledge such as the connotation, advantages and disadvantages, applicable conditions and enterprise competitive advantage transformation of vertical integration, integration and horizontal integration strategy. Started from "Property Management", HX never stopped expansion in this field in market competition. As the competition environment fluctuating in recent years, property management business is facing more intense challenges than ever.

Meanwhile, Mr. Xiang Nan, the company chairman, did not stop steps of bringing company to be stronger. In the constantly changing external environment, he had a keen insight into the market changes and seized the opportunity to explore industry chain of value-adding both upstream and downstream in the property management business. The exploration leads company into more success in office property management, energy saving project, investment and construction of industrial parks and other business segments. Under internal and external business environment constantly changing background, will HX achieve further development through the integration strategy?

Key words: Strategic management; Integration strategy; Growth strategy

案例使用说明

从 0 到 1 的哲学
——HX 公司战略变迁之路

一、教学目的与用途

（1）本案例主要适用于战略管理的课程教学。

（2）本案例适用对象主要为 EMBA 和 MBA 学员，适合有一定工作经验和管理阅历的学员和管理者，可用于企业高管人员的培训和企业内训，同时也适用于工商管理专业本科生与硕士研究生。

（3）本案例的教学目的在于：通过分析和研讨，帮助学生理解和掌握战略管理的关键概念，运用相关战略分析工具系统地进行战略选择和构建。

二、启发思考题

（1）请梳理 HX 公司业务战略的变迁历程，并从中找出 HX 公司战略变迁过程中的重要节点。

（2）你如何评价 HX 公司的战略变迁之路？哪些内在因素保证了 HX 公司能够持续快速前行？

（3）请结合 HX 公司的发展历程，分析一体化战略的内涵是什么，它有哪些类型。

（4）HX 公司在内外部竞争环境变化的情况下，如何进行竞争环境分析和进行战略决策的？

（5）如果你是该公司的首席执行官，面对竞争环境的变化，你将选择何种战略带领公司进一步发展？依据是什么？

三、分析思路

教师可以根据自己的教学目标灵活使用本案例。这里提出本案例的分析思路供参考。

（1）一体化战略一直是战略管理研究的重点问题。战略管理理论对于一体化的内涵分析主要是借鉴了经济学相关研究成果，因此，要准确理解一体化战略的内涵，就要把握"产业链"、"上游"、"下游"等基本概念。一体化战略的概念，根据行业及企业价值链的延伸方向不同可分为纵向一体化和水平一体化；其中，纵向一体化又分为前向一体化和后向一体化两个方向。

（2）企业战略的形成是一个动态的过程，在企业不断的发展过程中，基于内外部竞争环境的变化，企业战略会不断地细化和明细。当企业发展到一定阶段，则会形成其主要的发展战略，因此，要从企业发展初期的战略和发展中期的战略两个角度来分析和理解企业战略的形成。

（3）在分析一体化战略要遵守哪些原则时，需要结合一体化战略的类型分别予以说明。

（4）一体化战略有其优势，也有其一定的局限性。在分析 HX 公司的一体化战略发展过程中的优劣势的同时，要重点分析一体化战略的协同性，并要分析一体化战略实现的路径及方式。

（5）从战略管理的角度看，HX 公司在实现快速发展的过程中，其核心在于根据内外部竞争环境的变化做出正确的战略选择和战略实施。在这两方面，要展开分析企业在对于战略环境分析、战略决策、战略执行及控制方面所采用的方法。这里主要涉及 PEST、波士顿矩阵、母合优势理论等战略分析、控制等方法。

四、理论依据与分析

1. 企业战略管理理论的发展过程及分类

企业战略管理理论随着环境变化而逐步演化。在不断演化和完善过程中，从战略管理发展到流派评述，许多研究者进行了不同角度和深度的研究和总结。1962 年，钱德勒的《战争与结构》一书以环境、战略与组织结构之间的相互关系研究正式揭开了现代企业战略研究的序幕。此后，很多文献都将安索夫于 1965 年出版的《企业战略》定义为现代企业战略理论研究起点，并从多方面对企业战略理论进行研究进而形成各类学派。

部分学者将西方战略管理理论发展归结为三个阶段，即 20 世纪 60—70 年代的古典战略理论时期、80—90 年代初期的竞争战略理论时期、90 年代中期以来的战略生态理论时期。古典战略理论时期，出现了设计、计划和学习三个理论学派；竞争战略理论时期，形成了行业结构、核心能力与战略资源三大竞争战略理论流派；战略生态理论时期，在技术创新加快导致产业环境的日益动态化、竞争全球化和需求多样化的背景下，企业生态理论呈现"关注利益者群体"的商业生态系统和"关注外部竞争环境"的战略网络研究两大趋势。

另有学者将企业战略理论发展划分为 4 个阶段：第一阶段是以巴纳德、安德鲁斯为代表的早期战略思想阶段，其认为战略工作与领导人有关，而日常事务与其他人员相关。第二阶段是以安索夫为代表的传统战略理论阶段，这一阶段形成了计划、设计和学习等不同学派。第三阶段是以 20 世纪 80 年代的核心竞争力理论和波特竞争力理论为发展方向，竞争战略理论开始出现，主要包括定位、核心能力和战略资源学派。其中，定位学派代表人物为"五力模型"创始人迈克尔·波特，其指出行业竞争关系主要有五种力量，即现有竞争者、潜在竞争者、替代品、购买者议价能力、供应商议价能力。基于"波特五力模型"，可采取总成本领先战略、目标聚集战略、差异化战略等。随着 80 年代世界经济格局的变化，战略研究进入了第四阶段，学者们开始重视企业中包括人、文化在内的其他因素，开始注重方向性和有效性，柯林斯在《从优秀到卓越》中也肯定了企业家在企业中的作用。

但不论如何划分，战略管理理论发展规律是一致的。从关注企业外部因素到关注企业内部因素，即从强调企业与外部环境匹配到强调企业核心资源能力构建；从追求外在、短期的竞争优势发展到追求企业持久的竞争优势，有助于企业优势建立及长期维持；研究对象系统化、微观化、全面化，研究方法、手段多样化、综合化，各领域之间互相学习、吸收，不断推进企业战略研究。

在战略管理理论发展中，研究者们将战略分类为"基于发展模式战略分类"、"基于竞争策略战略分类"和"基于竞争地位战略分类"。基于发展模式战略分类包括一体化战略、多元化战略、加强型战略、防御型战略。其中，一体化战略又分为前向一体化战略、后向一体化战略、横向一体化战略；多元化战略又分为集中多元化战略、横向多元化战略、混合多元化战略；加强型战略又分为市场渗透型战略、市场开发型战略、产品开发型战略；防御型战略又分为合资经营战略、收缩战略、剥离战略、结业清算战略。基于竞争策略战略分类包括成本领先战略、差异化战略、专一经营战略。其中，成本领先战略强调以低成本单位价格为敏感客户提供标准产品；差异化战略强调为对价格不敏感客户提供独特的产品与服务；专一经营战略强调提供满足小用户群体需求的产品和服务。基于竞争地位战略分类包括市场领导者战略、市场挑战者战略、市场追随者战略和市场补缺者战略。其中，市场领导者战略又分为开发新市场战略、保持份额战略、扩大份额战略；市场挑战者战略又分为正面（侧翼）战略、包围（迂回）战略、游击战略；市场追随者战略又分为寄生战略、有限模仿战略、改进战略；市场补缺者战略又分为创造战略、扩大战略、保护战略。战略分类根据不同的竞争态势有着不同类型的分类。按照管理层次分类，可以分为公司战略、业务战略、职能战略；按照发展态势可分类为增长型战略、稳定型战略、防御型战略、紧缩型战略、混合型战略；按照竞争方法又分为低成本领先战略、差异化战略和目标集聚战略。

2. 一体化战略

一体化增长战略分为水平一体化、纵向一体化战略；其中，纵向一体化战略又分为后向一体化、前向一体化等分级战略。其中，水平一体化战略是指企业在现有生产互动的基础上扩展市场份额；后向一体化战略是指企业将价值链向原材料、半成品方向延伸；前向一体化战略是指企业将价值链向最终产品方向延伸。

HX 物业公司在业务发展战略上采取了上述业务战略的组合模式。相对于一般的产品而言，物业管理的上游价值链是房地产开发和建设，其下游产业是各专业服务或产品的供应商。因此，HX 物业公司在业务发展上将价值链延伸至其上游产业的资产投资和建设、商业地产经营及其下游产业的节能改造业务，并且针对不同的业务采取不同的竞争策略，为公司的长远发展建立进退有据的地位，从而在产业中胜过竞争对手，如图 4 所示。

公司战略			
一体化发展战略			
物业管理业务 发展战略	商业地产经营业务 发展战略	节能改造业务 发展战略	资产投资和建设业务 发展战略
水平一体化发展战略	后向一体化发展战略	前向一体化发展战略	后向一体化发展战略

图 4　公司一体化战略布局

五、案例关键点

1. 理解案例所涉及的物业管理行业的上下游产业链的特征

房地产产业链是指从市场研究、项目定位、投资决策、土地获得、项目立项、规划设计、建筑施工、市场营销、物业管理的整个过程所形成的价值链条。物业管理属于房地产产业链的最末端。但相对于物业管理来说，其服务分包商、产品供货商等，又属于物业管理产业链的下游产业。

2. 理解一体化战略的内涵与内容

3. HX 公司一体化战略形成的路径

要探寻 HX 公司一体化战略形成的路径，就需要从企业创立之初所设定的发展型战略来进行逻辑分析。国内整个物业管理行业发展仅有短短几十年时间，尚处于不断完善和发展的过程中。随着行业不断的成熟和发展及行业竞争的不断加剧，对于中小型物业公司来说，依托单一的业务模式发展，其市场竞争力较弱并且盈利能力较弱。故在业务发展过程中，应根据企业发展的不同阶段，进行业务价值链的延伸。HX 公司的一体化战略的形成也是在企业不断的发展过程中，根据不同阶段及外部环境的变化而最终形成的。

六、建议课堂计划

本案例可以作为专门的案例讨论课来进行。以下课堂教学建议，仅供教学参考。整个案例课分两个阶段，课堂时间控制在 80 分钟以内。

第一阶段（45 分钟）

1. 分组讨论（30 分钟）

阅读案例，讨论启发思考题：

（1）请梳理 HX 公司业务战略的变迁历程，并从中找出 HX 公司战略变迁过程中的重要节点。

（2）你如何评价 HX 公司的战略变迁之路？哪些内在因素保证了 HX 公司能够持续快速前行？

（3）请结合 HX 公司的发展历程，分析一体化战略的内涵是什么，它有哪些类型。

（4）HX 公司在内外部竞争环境变化的情况下，如何进行竞争环境分析和战略决策的？

（5）如果你是该公司的首席执行官，面对竞争环境的变化，你将选择何种战略带领公司进一步发展？依据是什么？

2．各小组发言，报告讨论结果，分享观点（15 分钟）

引导学生总结案例，教师在黑板上记下各组的观点，汇总看法。

第二阶段（35 分钟）

1．分组讨论，对案例中涉及的相关知识点进行梳理与总结（15 分钟）

通过案例总结战略管理的基本概念和要点，企业战略形成的路径和企业战略分析和制定的方法等相关理论知识点，以及战略执行的对策措施等相关知识点。

2．各小组发言，报告讨论结果，分享观点（10 分钟）

引导学生总结，在黑板上记下各组的观点，汇总看法。

3．最后总结与归纳（10 分钟）

在教师的带领下，引导全体学生进一步归纳对案例的观点和看法，总结案例所蕴含的理论原理和关键知识点。

从"双品牌战略"到"多元化经营"

——日出东方品牌延伸面临的困境

摘要：2015 年是日出东方旗下两个品牌——太阳雨和四季沐歌走过的第 15 个年头。在 15 年的经营中，两个品牌一直致力于太阳能热水器的研发与生产，在该行业建立了广泛的品牌知名度。如今，面对太阳能行业的萎缩和竞争的加剧，两个品牌纷纷实施了品牌延伸的策略，以"阳光、空气、水"作为企业的核心业务，开始向空气能热水器和净水器行业延伸。在延伸的过程中，品牌经历了是否进行品牌延伸、往哪个方向延伸以及如何延伸的决策，目前也取得了一些成绩。但就目前的市场表现来看，实际的销售状况与企业的目标还存在一些差距，而在双品牌格局下如何进行品牌延伸也是企业面临的一个重要课题。

关键词：品牌延伸；品牌资产；多品牌战略

引言

2014 年对于日出东方而言注定是艰难的一年，被称为太阳能光热"第一股"的日出东方所推崇的"大光热战略"，正经历着零售市场严重下滑、半年时间两位高管离职、试图转型切入家电市场被质疑"不务正业"的多重考验。从日出东方股份有限公司公布的年中"成绩单"中我们发现，年初预计的2014 年太阳能热水器行业将触底回暖并没有出现在日出东方上半年的业绩中，2014 年上半年公司营业收入 14.26 亿元，去年同期营业收入 15.81 亿元，同比下滑 9.79%，其中零售太阳能热水器和面向房地产市场的工程太阳能热水器收入分别下滑 18.75%、25.5%，下滑幅度非常大。

早在 2012 年初的经销商大会上，一位南京地区的经销商便向日出东方董事长徐新建倒出了他积压许久的苦水："徐总啊，现在太阳能热水器不好做啊，你看我这业绩，一个月也卖不出几台，再加上太阳能热水器占地面积又大，我这挣的钱还不够贴店面费的！"徐新建何尝不知道这其中的困难，但为了加强经销商的信心，徐新建仍然安慰道："李总，困难总是有的，哪有什么产品打市场能一帆风顺的，但是就现在这个环境来看啊，太阳能产业绝对是符合未来的发展趋势的，未来还有很大发展空间等着我们去挖掘啊！""徐总，这个道理我明白，但是我们是生意人啊，就靠这个养家糊口了，怕是没等到太阳能火起来那一天我就得去要饭了。咱日出东方的产品太单一了，只靠一个太阳能在挣钱，你看那些大品牌现在都在生产别的家电，咱是不是也能多涉足一些领域啊，别把鸡蛋都装一个篮子里。"

实际上，面对太阳能热水器市场日益萎缩的局面，日出东方早已经开始酝酿多元化的产业布局，尝试生产与热水器有关的卫浴五金配件。2012 年，日出东方旗下的太阳雨开始生产空气能热水器；2014 年，净水设备也成了日出东方的一个主营产品。但对于日出东方而言，进行品牌延伸不光要考虑品牌向哪儿延伸、怎么延伸，同时也要考虑旗下两个品牌在延伸的过程中如何保持自身独特的战略方向、如何强化两个品牌之间的互补关系、如何继续发挥双品牌战略的优势等一系列的问题。但从具体的市场表现来看，日出东方对于这些问题似乎还没有找到最合适的解决方案。

1 公司简介

日出东方太阳能股份有限公司是一家致力于太阳能热水器、太阳能热水工程系统、太阳能采暖系统以及太阳能制冷空调系统等太阳能热利用产品的研发、生产与销售的企业，旗下拥有"太阳雨"和"四季沐歌"两个全国知名品牌，是全球太阳能热利用领军企业。公司秉承"创世界名牌，做百年企业"的企业愿景，奉行"健康可持续发展"的企业发展观，积极践行社会责任，在全球范围内推广可再生能源，实现"让阳光改变生活，用绿色还原世界"的企业使命。2012 年 5 月 21 日，日出东方在上交所 A 股主板成功上市，成为中国光热行业第一股。

太阳雨是日出东方创立的第一个品牌。自 1999 年创立以来，太阳雨就致力于新能源的开发和太阳能热水设备的研发，但由于商标注册遇到阻碍，导致太阳雨真正为日出东方所有花了整整八年的时间。四季沐歌正是在太阳雨八年的夺标路上应运而生的。2000 年，为了降低企业过分依赖太阳雨的风险，日出东方创立了四季沐歌，自此形成双品牌的格局。通过长期的品牌积累，太阳雨给人留下了亲和、大众化、富有激情的感受，而四季沐歌则给人绿色、品位、科技的体验，不一样的调性，自然会带来不一样的消费群体。两个品牌在市场上的相互竞争与合作，一方面扩大了企业的市场份额，另一方面也促进了企业技术的不断提升，正是这种良性的双品牌战略将日出东方推向了行业的领先位置。

2013 年，日出东方以用户需求为中心，以太阳能光热为基础，积极推行企业"大光热"升级转型战略，实现旗下两个品牌的相关延伸，以"阳光、空气、水"作为企业现在及未来事业的核心。目前，日出东方经营范围涉及太阳能光热系统、空气能系统、净水系统、卫浴五金等产品的研发、生产制造、销售及服务，围绕净水、热水、采暖、制冷、干燥等不同形态的用户需求，以其国际领先的集热、保热及热利用技术，为住宅、商业、公建、工业、农业等不同领域的全球用户提供阳光生活智慧解决方案。

纵观日出东方的发展模式，从单品牌到双品牌，再到品牌延伸，该企业向我们展示了一个企业做大做强的成长道路。如今，品牌延伸成了日出东方继双品牌战略之后的又一个重要战略，但品牌延伸一直是一把双刃剑，延伸好了便是一荣俱荣，一旦出现失误，企业将面临全盘皆输的风险。

2　品牌延伸：困境中的新出路

品牌延伸一直是许多企业在做大做强之后必然会选择的发展模式，对于日出东方而言也不例外。经历了 15 年的发展，日出东方已经成了太阳能行业的领军企业，但面对着市场的剧烈变化和竞争对手的挑战，日出东方不得不去思考如何扩大自己的规模，如何将自己的品牌向更广阔的领域延伸。因此，于日出东方而言，品牌延伸既是环境所迫，也是竞争所趋。

2.1　环境所迫：太阳能热水器市场不断萎缩

太阳能产业曾被认为是前途无量的朝阳产业，是市场追逐的热点。太阳能热水器在刚进入市场的时候，曾得到了广泛的市场关注和认可，市场份额不断上升；2008 年，随着家电下乡优惠政策的推行，太阳能热水器的销量大幅上升，市场占比达到顶峰，到了 2010 年，市场上已出现了 3 000 多个品牌共同竞争的局面。但太阳能热水器随后的发展却并未按照"朝阳"路线走，在短短的几年时间内从波峰跌入谷底，企业数量从3 000多家骤减至几百家。

据中怡康发布的数据显示，2013年1—5月，国内热水器市场零售量累计1 246万台，同比增长为14.37%，其中，储水式电热水器零售量累计708万台，同比上升12.8%；燃气式热水器零售量累计520万台，同比上升17.7%。市场份额方面，较去年同期相比，燃气式热水器市场份额上涨2.95%，达到37.0%；储水式电热水器仍是市场主流，占据59.3%的市场份额；太阳能热水器减少0.2%，市场份额仅为0.2%；即热式电热水器减少0.8%，为3.5%（见图1）。中怡康品牌总监左延鹊认为，太阳能热水器市场容量增长缓慢的原因在于其对使用环境的要求较高以及均价偏高等因素。

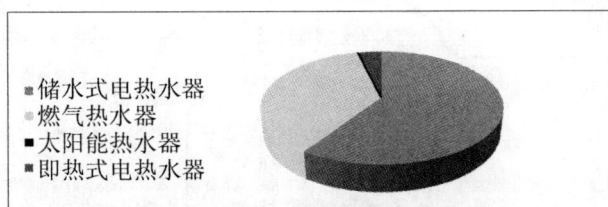

图1　2013年1—5月各类型热水器销量占比图

有业内人士分析认为，太阳能热水器"由盛而衰"的原因主要集中在以下四个方面：一是产品本身的技术门槛低，企业蜂拥而至抢占市场，恶性的竞争和过剩的生产力导致市场秩序混乱，产品质量良莠不齐，从而降低了太阳能热水器的吸引力；二是由于产品技术缺乏创新的持续支撑，使得太阳能热水器难以突破受天气影响严重和体积过大的技术瓶颈，这就极大地限制了太阳能热水器的使用范围；三是随着其他技术的发展和新能源不断被开发，越来越多的替代产品出现，使得太阳能热水器的节能优势不断被弱化，市场份额也不断被蚕食；四是自2008年起实行的家电下乡政策大大透支了农村地区未来几年的市场需求，使得一直是太阳能热水器销售的主力市场的农村地区也开始遇到了销售瓶颈。

尽管太阳能热水器市场不可能在短期内有所改善，但作为热水器市场的一个组成部分，太阳能热水器仍然能够在较长时间内占有一席之地，再加上当今全社会普遍重视节能环保，以及国家和地方政府一系列扶持优惠政策出台实施的情况下，整个太阳能行业依然会呈现出缓慢增长的势头。此外，专业的中国行业研究网市场调查分析显示，中国的广大农村，尤其是中西部的农村，太阳能热水器市场还存在着相当大的市场空白，这一部分市场蛋糕还有待发掘。因此，面对市场变化的机会和威胁，是继续在太阳能领域深耕细作还是在更广阔的空间里施展拳脚，成了企业必须做出的选择。

2.2 竞争所趋：竞争者在多个领域发起竞争

作为热水器生产商，日出东方不仅面临着来自行业内同品类品牌的竞争，同时在更广阔的领域内面临着其他类型热水器品牌（如 A.O 史密斯）和全类型家电品牌（如海尔）的竞争（见图2）。

图2 日出东方所处的竞争环境

在太阳能热水器领域，与太阳雨和四季沐歌相抗衡的品牌主要是皇明太阳能、清华阳光太阳能、桑乐太阳能、力诺瑞特太阳能等品牌。在市场大环境不甚乐观的情况下，这些太阳能产品生产企业纷纷开始拓展自己的业务领域，一方面加大产品技术创新的力度，围绕城市市场、工程市场、工业市场推出了物联网太阳能、分体壁挂式太阳能、全自动智能控制太阳能等新品，以适应各城市如雨后春笋般涌现的高层建筑；另一方面在原有技术的基础上，将品牌延伸至其他领域，开始尝试生产与卫浴、水处理、取暖等需求有关的各种产品。

在热水器领域，强势热水器品牌如 A.O 史密斯、阿里斯顿、万家乐、万和等均突破自己传统的生产领域，开始生产各种类型的热水器。这些企业大多是专业的热水器生产商，在多年专注于热水器的生产和研发过程中，它们不仅累积了丰富的生产经验和技术，同时也能够将专业化的品牌形象从自身强势的领域泛化到其他热水器类型之上，从而带动其他类型热水器的销售，并进一步巩固自己专业化的品牌形象。

在家电领域，诸如国内的海尔、美的和国外的西门子、惠而浦等品牌，它们凭借强势的品牌形象获得了更多的市场关注和更高的品牌忠诚度，消费者往往会因为对该品牌的信任而购买该品牌所有的家电。此外，这些品牌依托于它们大范围的产业布局使自己相对于其他企业而言更早实现了规模经济，这就使得品牌拥有更多的资源来进行产品技术研发和市场营销推广，从而进一步推动品牌在各个领域的发展。

面对来自不同领域的竞争对手纷纷开始向各个领域延伸，日出东方想要在市场中屹立不倒，品牌延伸似乎成了企业在困境中新的出路。

2.3 延伸与否：品牌延伸的利弊权衡

无论是环境所迫还是竞争所趋，是否进行品牌延伸已经成为目前摆在日出东方面前的一个重要抉择。如果不选择品牌延伸，那就意味着日出东方必须放弃那些盈利空间更大的市场，专注于太阳能热水器领域，通过加大对太阳能产业技术研发的投资来捍卫自己的地位，提高自己的竞争实力。但就目前的形势而言，要想突破太阳能热水器生产技术所遇到的瓶颈并非一朝一夕的事情，且单一产品线所带来的利润也不足以支撑企业开展更大规模的科研项目。如果选择品牌延伸，那么品牌延伸的利弊权衡又成了企业必须思考的另一个问题。

品牌延伸对于发展到一定阶段的企业来说既是一次机会，同时也是一场挑战。说它是机会是因为，通过品牌延伸，新产品能够凭借品牌因长期投资所形成的品牌资产和消费者对品牌的忠诚度，来以较低的成本迅速打开市场，并降低新产品失败的概率，从而使新产品能够在短期内给企业带来巨大收益；此外，随着新产品的加入，也能够给品牌注入更多新的活力，在慢慢扩大的产品线基础上逐渐提升品牌的综合实力和影响力。说它是挑战是因为，品牌延伸必须选择正确的方向进行，一旦出现失误，品牌原来建立起来的形象不但不会得到强化，反而会因为与原产品毫无关系的新产品的出现，使得品牌形象变得模糊，让消费者产生认知冲突。此外，一旦新产品在质量或者服务等方面出现问题，就有可能株连品牌下的其他产品，从而使整个品牌受到不可挽回的伤害。

对于日出东方而言，一面是日益萎缩的太阳能热水器市场，一面是虽有困难但也有希望的广阔空间。看来多年来过分专注于太阳能领域似乎已经成为日出东方进一步发展的绊脚石，在综合考虑各种因素之后，日出东方终于在 2013 年选择了"大光热"的升级转型战略,实现旗下两个品牌的相关延伸。

3 向哪儿延伸:企业未来的发展方向

选择了进行品牌延伸后,日出东方面临的第一个问题就是到底要向哪个方向延伸。为了既能够保持自己在太阳能领域的优势,又能够扩大企业的经营范围,日出东方选择了从三个方向进行品牌延伸(见图3)。

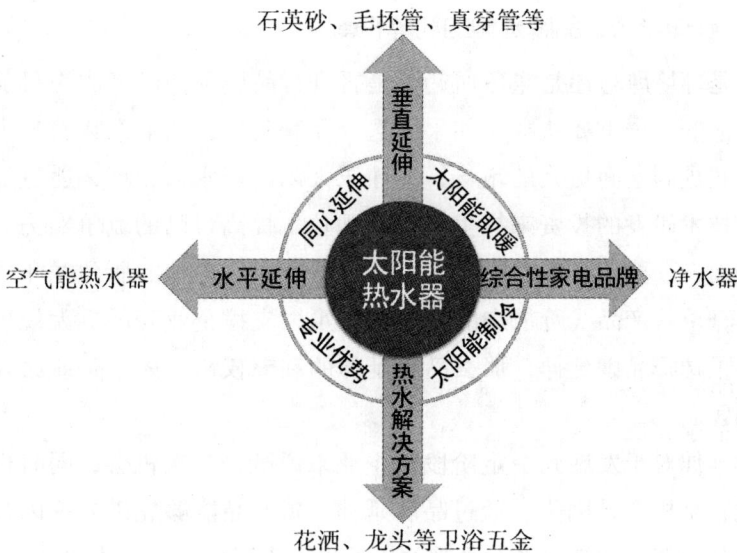

图3 日出东方品牌延伸的结构

3.1 同心延伸:强化专业优势,提升专业形象

日出东方旗下的太阳雨和四季沐歌自诞生以来就专注于研究太阳能的开发与利用,25 年的精耕细作让两个品牌掌握了开发和利用太阳能的核心技术。目前,公司在全国建立了北京、江苏、山东、河南、广东 5 个生产基地,具备多类型太阳能热水器及集热系统产品的制造能力和完善的工艺技术,已完全实现太阳能热利用全产业链的生产制造,并且能够同时研制生产全玻璃真空集热管、全玻璃热管、玻璃金属封接热管和平板集热器 4 种具有自主知识产权的核心集热部件。因此,在进行品牌延伸时,日出东方首先选择从自身最擅长的领域出发,以太阳能光热为基础,积极推行企业"大光热"升级转

型战略，在所掌握的太阳能开发和利用技术的基础上，积极研发太阳能取暖、太阳能制冷等设备，以形成一个综合性质的太阳能光热系统，为消费者提供全方位、节能、环保、系统的解决方案。

未来企业还会将自己的产业布局从消费领域延伸至生产领域，开展利用光电的建筑节能和太阳能发电等大型项目，从而推动企业从一个热水器产品品牌发展到热水系统解决方案供应商，最终成为太阳能光热等复合能源解决方案供应商。届时，企业不仅能够实现自己的百亿目标，同时能够凭借自己所掌握的技术极大地提升品牌的综合影响力，真正成为掌握太阳能产业核心科技的尖端企业。

3.2 垂直延伸：提供综合性的热水解决方案

由于太阳能热水器的生产加工相对比较简单，一个企业只要有储热水箱生产线，产品的其他配件，如真空管、支架等都可以进行社会化采购。因此，在太阳能热水器销售火爆的前几年，有的地方自发地形成了太阳能配件市场，但这些配件生产商为了牟利而粗制滥造，导致生产的配件质量良莠不齐。这就导致了在一段时期内市场上低于 1 000 元的太阳能热水器层出不穷，甚至连一些知名品牌也为了降低成本，采取在外贴牌定制"超低价热水器"的办法，以牺牲质量换取市场份额，给太阳能热水器市场带来了极大的影响。

为了能够保证产品的质量，同时配合企业的战略升级，日出东方加快了整合上下游资源，沿着价值链进行前向与后向的品牌延伸。在价值链前端，日出东方开创了国内太阳能企业全产业链先河，实现了"矿砂——高硼硅玻璃毛坯管——集热管——热水器"全产业链的全部生产，而在价值的后端，日出东方开始生产与热水器配套的各种五金卫浴（如花洒、龙头等），并通过与渠道商合作来强化服务的重要性，不仅向消费者提供硬件设备，同时通过服务商来向消费者提供居家的热水解决方案，整体提升顾客的使用体验。

3.3 水平延伸：多领域扩大企业的盈利范围

在围绕自己主营业务展开延伸的同时，日出东方还在更大的领域布局自己的发展战略。为了能够扩大自己的盈利范围，日出东方紧跟竞争对手的步伐，以"阳光、空气、水"作为企业现在及未来事业的核心，开始生产与洗浴、水处理等有关的各种商品，以满足消费者多元化的需求。

近年来，随着社会越来越重视环境保护和资源节约，以新能源作为主要动力的热水器成为市场的新宠。为此，日出东方在坚持自己科技、环保、节能等理念的基础上，开始尝试生产空气能热水器，试图凭借自己多年来在热水器行业建立起来的专业形象来抢占市场，为消费者提供更多选择。

在水处理方面，日出东方瞄准了近年来增长迅猛的净水器业务。在环境污染较为严重的今天，消费者越发重视自己的生活品质，用水和饮水安全成了老百姓最关注的问题之一。从中怡康发布的数据显示，2013 年，水家电整体零售额达到 186 亿元，同比增速 20.7%，而净水设备的规模在 95 亿元，同比增速 79.5%，增长速度远超其他重点家电（见图 4）。为此，日出东方也开始尝试生产净水设备，并与中国科学院城市环境研究所正式开启净水机膜技术项目合作之路，共同弥补传统净水的技术缺陷。

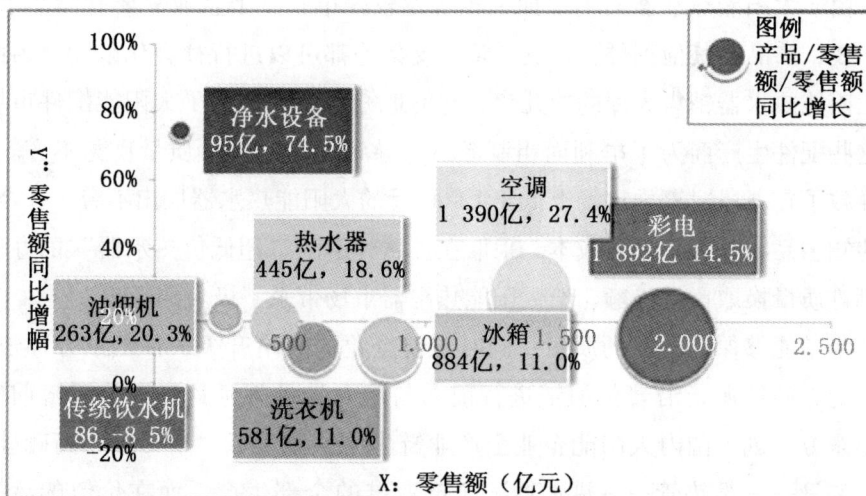

图 4　2013 年重点家电产品规模及增长

3.4　更宽泛的领域，更激烈的竞争

更广泛的延伸带来的不仅是更大的市场空间，同时伴随而来的是更加激烈的竞争。无论是在太阳能产业领域还是在热水器行业，抑或是新兴的净水设备领域，日出东方都面临着各种强大的竞争对手。在技术更新迅速、产业集中化程度越来越高的今天，企业想要成为某个领域的代表已经越来越困难，品牌的综合实力在消费者购买环节中所起的作用也越来越大。综合性的家电品牌凭借品牌的实力在延伸过程中更易获得成功已经是不争的事实，而专业

化的品牌在延伸中只能亦步亦趋地采取跟随策略，稍有不慎就可能沦为二、三线品牌苦苦挣扎。

确定方向容易，但战略实施却难，采取什么样的方式才能更高效地实现品牌延伸？如何摆脱束缚，打破常规，实现品牌和产品的差异化？如何在企业内部实现品牌间的优势互补？只有将这些问题解决了，才能真正地发挥品牌延伸的优势。

4　怎么延伸：双品牌优势如何延续

在明确了企业的品牌延伸战略和延伸方向之后，怎么去延伸成为摆在日出东方面前的又一个难题。为了能够在迅速延伸的过程中保证延伸的质量和成功的概率，日出东方旗下的两个品牌采取了一系列的方法措施。

4.1　以"阳光、空气、水"为核心的产品组合

目前，太阳雨和四季沐歌的主营业务由三个部分组成：太阳能热水器、空气能热水器、净水器，三者分别对应了人类生存不可或缺的三种物质——阳光、空气和水。而企业也将此作为联系三种产品的纽带，提高延伸产品和品牌原有产品之间的匹配度。

作为企业的核心业务，两个品牌的太阳能热水器在多年的经营中已经获得了广泛的社会认可，两个品牌在该领域也跻身领导品牌的行列。而在延伸的新品类中，由于空气能热水器和净水器都属于新兴商品，发展时间较短，技术上还未完全成熟，日出东方采取了模仿跟随的策略，抓住产品的核心利益进行研发和述求。从表1和表2中我们可以看到，太阳雨和四季沐歌的产品卖点与其他各大品牌相比，不存在本质上的区别。

表1　各大品牌空气能热水器诉求点对比

品牌	卖　点
格力	变频双级增焓压缩技术（高效） 能效比自动优化（节能） 防腐镁棒（耐用）
海尔	高效能热泵专用压机（高效） 超高 cop 值 超一级能效（节能） 金刚三层内胆（耐用）

品牌	卖　点
美的	双核动力（高效） E+蓝钻内胆（耐用） 首创 D 型外观水箱（外观）
派沃	智能双芯双胆技术（高效） 双电分离，绝缘保护（安全） 亲水铝箱（耐用）
四季沐歌	"双热芯"加热技术（高效） 双极定位"热管家"换热家属（节能） N–ODP 诺环盾（环保）
太阳雨	Q+系统技术，整机热效率提高 12%～20%（高效） 进口 PVC 覆膜板外观，色泽鲜艳，耐腐蚀，能够跟家居风格相融合（耐用、外观）

表 2　各大品牌净水器诉求点对比

品牌	卖　点
格力	人性化漏水保护技术，DP 节水专利，滤芯智能冲洗 多级渐进精滤，有效去除细菌 反渗透技术、RO 膜
海尔	自动冲洗，延长滤芯寿命 五级过滤 反渗透技术、RO 膜
美的	第三代 one–touch 一体式滤芯 4 层精确过滤，过滤精度高 反渗透技术、RO 膜
四季沐歌	太空活性炭滤芯，清甜放心水 五级高效过滤，航天级直饮水 反渗透技术、RO 膜
太阳雨	进口椰壳活性炭，可反复冲洗寿，命长 "纯净芯"技术，一步直饮 反渗透技术、RO 膜

4.2　贴牌生产，提高品牌延伸效率

品牌延伸意味着企业需要向市场提供多元化的商品，这要求企业需要在

内部新设立生产部门，扩大企业生产线，自主研发与生产，这些对于现阶段的日出东方而言着实是一个不现实的方案，它意味着企业需要一次性投入大量的资金来进行品牌延伸，这无疑会加大企业的负担，同时也会增加企业运营的风险，一旦失败，企业将面临血本无归的局面。考虑再三，日出东方还是选择了贴牌生产的经营模式。

2013年，日出东方分别投资5 000万元设立太阳雨节能电器有限公司和四季沐歌节能电器有限公司，从事节能电器、厨房设备、水净化设备和卫生洁具等产品的制造和销售。

4.3 着力实现渠道商向服务商转型

如今，家电行业的竞争进入了白热化的阶段，由于市场竞争者过多，而家电本身的生产技术又难以实现创新，因此，很多厂商都将竞争的目光投向了服务领域，日出东方也不例外。

为了能够从服务上取得竞争优势，太阳雨和四季沐歌正着力于打造一批服务商团队。与传统渠道商只是单纯地销售商品不同的是，服务商一方面扮演着中间商的角色，另一方面也扮演着企业服务人员的角色，不仅为消费者提供售前的咨询服务，同时也提供后期产品的安装、维修、护理等服务。此外，随着消费者对生活品质要求的提升，服务商也能够为消费者提供家庭热水处理的整体解决方案。通过这种"硬件"与"软件"的相互配合，不仅提升了消费者的使用体验，同时也能增加消费者的转化成本，提高消费者的品牌忠诚度。

4.4 利用两大媒体吸引不同消费群体

由于太阳能热水器的主要消费人群集中在农村地区，太阳雨和四季沐歌在早期的品牌传播活动中，主要是与中国覆盖面最广的央视进行合作，来提高品牌信息的传播范围和覆盖面。

如今，企业开始向净水设备和空气能热水器延伸。经过研究，企业发现，目前这两类产品的消费人群主要是城市地区的年轻消费者。为了能够吸引他们的关注，提升品牌的形象，四季沐歌开始与年轻受众最多的湖南卫视进行合作，正式签约《我是歌手》第三季顶级战略合作伙伴、《快乐大本营》和《金鹰剧场》年度合作伙伴。并在传播中着重突出了净水器本身，而非整个品牌，旨在提高延伸产品的曝光度和美誉度。

4.5 双品牌驱动，共同抢占市场份额

在早期的经营中，日出东方旗下两个品牌各有特色，在企业战略中承担着不同的任务，扮演着不同的市场角色。通过长期的品牌积累，太阳雨给人留下了亲和、大众化、富有激情的感受，而四季沐歌则给人绿色、品位、科技的体验，不一样的调性塑造了两个品牌不同的形象。

经过了十多年的发展，太阳雨与四季沐歌开始朝着相同的方向发展，不论是产品的外形和技术还是针对的市场和开发的渠道，两个品牌的发展战略开始出现同化的趋势。自日出东方的"大光热"升级转型战略实施以来，尽管两个品牌由独立的业务单位负责运营，但在日出东方总战略的指导下，两个品牌不约而同地选择向相同的方向、利用相同的方式进行品牌延伸，这样做的目的就是为了最大限度地抢占市场份额。

From "Dual-brand Strategy" to "Diversification"
——The Dilemma of Brand Extension for Richudongfang

Abstract：2015, the fifteenth year of Richudong's two brand – Sunrain and Sijimuge – has passed. During the fifteen years of operation, the two brands have been committed to the research and development of solar water heater, and have established extensive brand awareness in this industry. Now, facing the contraction of solar industry and increasing competition, the two brands have implemented the strategy of brand extension, and made the "sunshine, air and water" as the company's core business, began to extend to air energy water heater and the water purifier industry. In the process of brand extension, the campany has experienced three decisions: whether brand extension, which direction to extend and how to extend. At present, the company has also made some achievements. But according to the current market performance, there are still some gap between actual sales situation and the goal of the enterprise, and how to operate brand extension in the double brand pattern is an important subject faced by enterprises.

Key words：Brand extension；Dual-brand strategy；Brand equity

案例使用说明

从"双品牌战略"到"多元化经营"
——日出东方品牌延伸面临的困境

一、教学目的与用途

（1）本案例适用于品牌管理和市场营销等课程教学。

（2）本案例涉及的核心理论：包括有品牌延伸的相关理论、品牌资产理论和多品牌战略理论等。

（3）本案例适用对象：主要为 EMBA 和 MBA 学员，适合有一定工作经验和管理阅历的学员和管理者，可用于企业高管人员的培训和企业内训，同时，也适用于工商管理专业本科生与硕士研究生。

（4）本案例提供了日出东方集团品牌延伸过程中遇到的真实问题，包括以下几个具体的教学目标：

①帮助学生了解品牌延伸的方法原则，以及影响品牌延伸能否取得成功的主要因素。

②帮助学生学习品牌资产理论，并从品牌资产的角度来看待品牌延伸的优缺点，以及企业在品牌延伸过程中如何利用、维持和发展原有的品牌资产。

③帮助学生了解在双品牌格局下，企业进行品牌延伸时应该注意的问题。

二、启发思考题

（1）面对市场的变化和竞争的加剧，你觉得日出东方应该坚持在原有核心领域继续发展还是将品牌延伸到新的领域？从方向的选择上来看，你如何看待日出东方以"阳光、空气、水"作为核心的品牌延伸策略？

（2）影响日出东方进行品牌延伸能否取得成功的因素有哪些？在此基础上，你觉得日出东方在进行品牌延伸的过程中应该遵循哪些原则？

（3）日出东方的品牌资产包括哪些内容？品牌延伸策略会给日出东方的品牌资产带来哪些影响？日出东方如何利用原有品牌资产来帮助企业进行品牌延伸？又如何在品牌延伸过程中扩大原有品牌资产？

（4）你认为在双品牌格局下进行品牌延伸，企业应如何定义两个品牌之间的关系？两个品牌走相同的路线去抢占市场份额，或两个品牌向不同的领域延伸来形成互补，你觉得哪种策略更好？

三、分析思路

教师可以根据自己的教学目标（目的）来灵活使用本案例。在引导学生分析时，可以在上述思考题的基础上逐步深入，讨论一下几个核心问题。

（1）按照品牌延伸的决策步骤，根据品牌延伸的几种类型来分析日出东方的品牌延伸策略，对日出东方是否应该进行品牌延伸，以及应该往哪些领域延伸做出评价。

（2）了解影响品牌延伸成功的要素，结合案例中日出东方的做法分析其在品牌延伸过程中存在的问题，以及为了避免这些问题应该遵循哪些原则。

（3）从品牌资产理论的角度出发，找到日出东方多年经营积累下来的品牌资产，然后分析品牌延伸策略是否会稀释或强化这些品牌资产。

（4）利用多品牌战略的相关理论来思考如何架构和平衡一个母品牌下面的子品牌之间的关系，它们各自在品牌战略中扮演什么角色，担任什么任务。在此基础上讨论品牌之间如何实现内部的差异化，以形成相互补充、相互配合的战略关系。

四、理论依据及分析

1. 品牌延伸相关理论

（1）品牌延伸的决策过程

企业在进行品牌延伸的决策过程中大致会经历以下几个步骤（如图5）：

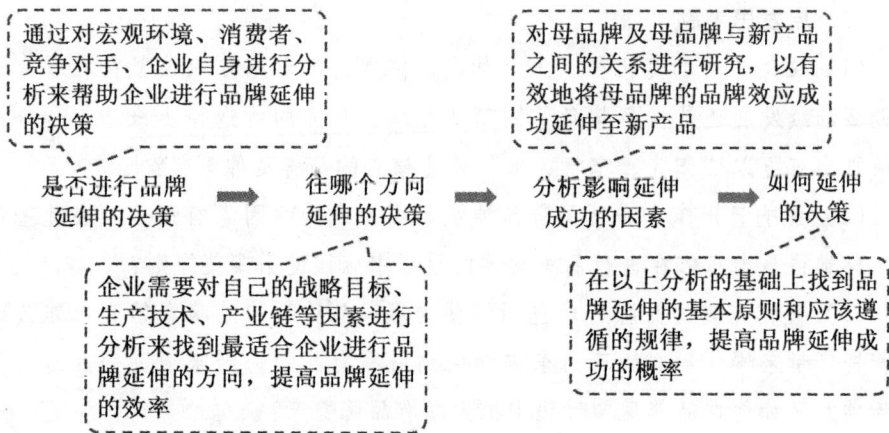

图5　品牌延伸的决策过程

（2）是否进行品牌延伸的决策

在开展品牌延伸之前，企业通常需要对市场环境、消费者情况、竞争态势和企业自身进行系统分析，以帮助企业做出是否进行品牌延伸的决策。首先，企业必须考虑宏观环境的需要和趋势，对整个市场环境进行分析，以便企业找到环境变化带来的机会和威胁；其次，企业要充分考虑消费者的情况，以找到消费者的需求、人口结构、统计变量、消费心理、消费行为等因素的变化趋势；再次，企业还要关注主要竞争对手的动向，了解相关竞争对手的产品策略，以寻求差异化；最后，企业还要对自身进行分析，明确自己进行品牌延伸的战略目标，并对原有品牌的资产价值进行调研，了解消费者对原有品牌的认知度、品牌联想、品牌记忆、满意度和忠诚度，以评估品牌目前的影响力是否足以支撑企业进行品牌延伸（如图6）。

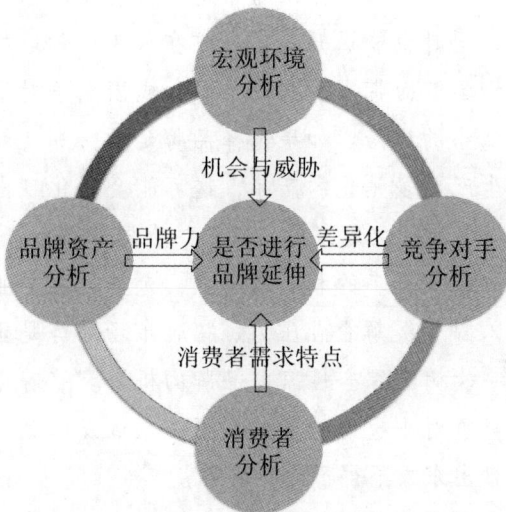

图6　是否进行品牌延伸的决策分析

随着市场的变化，日出东方面临着市场下滑、产业萎缩的局面。从整个宏观环境来看，由于太阳能热水器自身的特点限制了它的使用范围，而技术难以实现突破也是太阳能热水器进一步发展的阻碍，这些原因导致中国整个太阳能热水器的市场份额难以提升，要想在有限的空间里抢占更多市场份额已变得越来越难；从竞争的角度来看，尽管电热水器在能源消耗上不占优势，同时也面临一些政策导向问题，但凭借以前的市场基数以及不断提升的产品能效比，短期内老大地位很难被撼动，燃气热水器凭借节能的优势，入选节能产品惠民工程的推广目录，未来发展形势看好；从消费者的角度来看，消费者在购买热水器时对于热水器的外观、体积等因素的关注度越来越高，尤其是对于城市消费者来说，体积过大已经成为他们不选择太阳能热水器的重要原因；从企业自身来看，日出东方自成立以来就一直致力于太阳能产业，在太阳能热水器领域形成了良好的口碑，积累了丰富的品牌资产，这对于品牌延伸具有一定的支撑力，但与其他综合性的家电品牌相比，日出东方旗下两个品牌的影响力相对比较弱，这也让日出东方在进行品牌延伸的过程中面临了一个新的命题：如何通过延伸来进一步扩大自己的品牌资产。

对于日出东方而言，如果选择继续专攻太阳能热水器领域，势必就要求企业要进一步加强对太阳能开发利用技术的研发和创新，不断突破技术瓶颈，改良产品，不仅要满足市场的需求，更重要的是引领市场的需求，从内因到外因两个方面来不断改善太阳能热水器市场的经营状况，这样企业才可能继续获得理想的利润，同时也能提升日出东方在太阳能领域的地位。但这也会使企业面临着因市场萎缩而带来的利润下降，或因竞争对手的多元化扩张而使企业竞争力越来越小的风险。如果选择品牌延伸，那么就意味着企业必须花费更多的成本来生产更多元化的产品，这可能会弱化日出东方与太阳能之间的联系，模糊品牌长年树立起来的太阳能热水器专业生产者的专业化形象。但这也能给日出东方带来更多的利润增长点，尤其是在企业主营业务走下坡路的时期，这些收入对于缓解企业压力、扭转市场局势是至关重要的，且这也有能让企业拥有一次树立综合性家电品牌的机会。随着热水器市场的集中程度越来越高，而竞争对手也纷纷开始在更多领域发起竞争，选择多元化的品牌延伸已经成为日出东方不得不走的道路。

（3）往哪个方向延伸的决策

在进行品牌延伸的过程中，企业需要做出的第二个决策便是往哪个方向延伸。品牌延伸通常有三种形式：垂直延伸、水平延伸、同心延伸。企业需要对自己的战略目标、生产技术、产业链等因素进行分析来找到最适合企业进行品牌延伸的方向，以提高品牌延伸的效率。

①垂直品牌延伸：也称为纵向品牌延伸，分为前向延伸和后向延伸。前向延伸是向着品牌现有业务社会价值系统的输出方向进行的延伸，是将新业务推向作为品牌原有业务的产出的领域，即价值系统的后端；后向延伸是向着品牌现有业务社会价值系统的输入方向进行的延伸，是将新业务推向作为

品牌原有业务的投入的领域，即价值系统的前端。

②水平品牌延伸：也称为横向品牌延伸，是将品牌延伸到与原有业务单元呈水平并列状态的、基本经济用途或基本使用对象不同的新业务领域去的一种策略。企业生产新产品销售给原市场的顾客，以满足他们新的需求。水平品牌延伸的特点是，原产品与新产品的基本用途不同，但它们之间有密切的销售关联性。

③同心品牌延伸：指企业利用原有的生产技术条件，制造与原产品用途不同的新产品。如汽车制造厂生产汽车，同时也生产拖拉机、柴油机等。同心多元化经营的特点是原产品与新产品的基本用途不同，但它们之间有较强的技术关联性。

在垂直延伸中，日出东方以热水器为业务核心，在前向生产如石英砂、毛坯管、真空管等相关材料，在后向则生产如花洒、龙头等卫浴五金。向这个方向延伸，其最终就是将日出东方塑造成为一个热水专家的形象，为消费者或其他组织提供综合性的热水解决方案，完善基础设施建设。在这一领域，我国不乏许多专业的企业，如万家乐、万和等，它们的战略目标与日出东方如出一辙，使得这一领域的竞争相对也比较激烈。

在水平延伸中，日出东方以"阳光、空气、水"为业务核心，发展一系列相关的家电用品，如太阳能热水器、空气能热水器、净水器，等等。向这个方向延伸，其最终就是将日出东方打造成为像海尔、美的那样的综合性家电品牌。但近年来，由于很多家电的技术已经非常成熟，行业进入门槛较低，竞争非常激烈，导致家电利润"薄如刀片"的局面，再加上市场集中程度较高，许多历史悠久的家电品牌牢牢地把握着绝大部分的市场份额，这就加大了日出东方向这一领域成功延伸的难度。

在同心延伸中，日出东方以太阳能作为业务核心，发展其他以太阳能作为主要动力来源的家电产品，例如太阳能取暖器、太阳能制冷器，等等。向这个方向延伸，其最终就是将日出东方塑造成为太阳能领域的专业性企业，巩固自己的专业化优势。随着石油、煤炭等有限资源的开采受到限制，新能源的开发利用势必在未来会有更大的发展空间和巨大的潜力，但由于受到技术瓶颈的限制，使得企业短期内难以实现突破（见图3）。

（4）分析影响品牌延伸成功的因素

在进行品牌延伸的过程中，企业还要充分考虑影响品牌延伸的一些重要因素，包括有：

①母品牌特征。具体又包括母品牌实力、母品牌延伸历史、母品牌现有顾客态度、母品牌的用途与原产品类别产品属性的联系。

②母品牌与延伸产品之间的契合度。即消费者接受一种新产品作为某一品牌一部分的期盼程度以及逻辑上的合适程度，也即延伸产品与母品牌之间的共通性和匹配度。契合度越高，顾客认为母品牌拥有者制造延伸产品所在类别产品的能力越强，从而对其延伸产品持积极态度。

③延伸产品营销环境。延伸产品所处营销环境会影响品牌延伸的效果。公司对延伸产品的营销支持，如广告推广费等，以及公司营销竞争力，都显著影响品牌延伸效果。

④延伸产品的类别特征。如延伸产品的难度对延伸成功的影响，一旦顾客认为延伸产品具有难度，即技术或制造不容易实现，他们对品牌延伸的评价要高（见图7）。

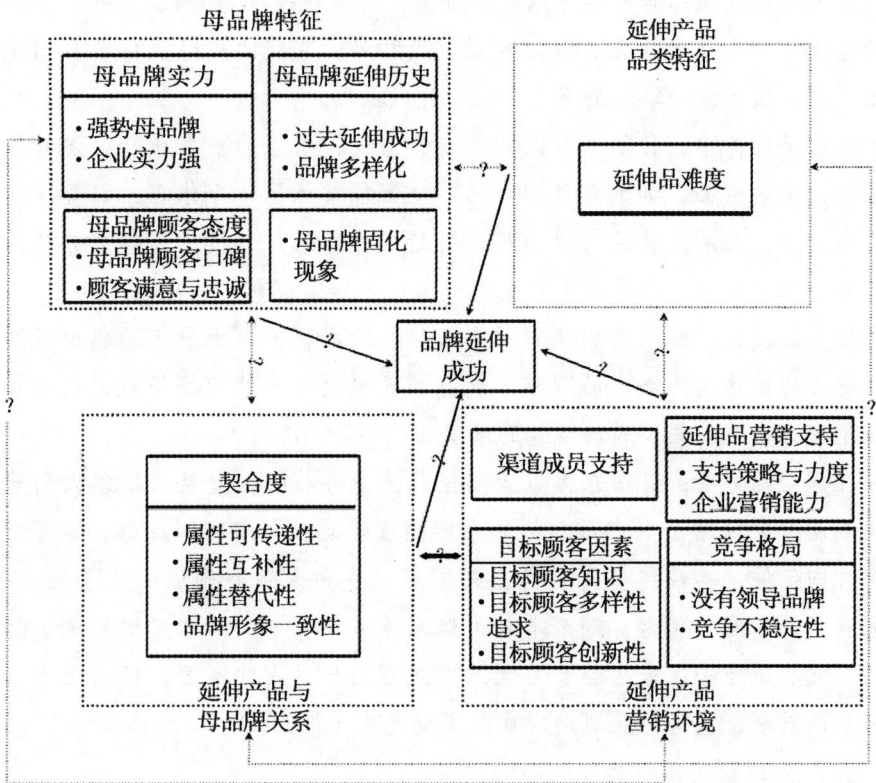

图7 影响品牌延伸成功的因素

由于多年来日出东方旗下两个品牌均致力于太阳能热水器领域，再加上太阳能热水器的核心消费人群集中在农村地区，这使得两个品牌在农村市场形成了丰富的品牌资产，而在城市市场，品牌的影响力则相对较弱，再加上"太阳能热水器专家"的品牌形象根深蒂固，这就进一步加大了品牌延伸的难度。

从企业目前延伸的产品线来看，目前两个品牌主要是向空气能热水器和净水器延伸。尽管企业将人类生存必需的三样物质——阳光、空气和水作为自己品牌延伸的方向，从战略上将延伸的产品联系起来，但实际上这三种产品之间的契合度并不高。例如太阳能热水器与空气能热水器，尽管都属于热水器，但是由于两者的技术完全不一样，而空气能热水器又属于新兴领域，消费者知之甚少，因此很难让消费者认可太阳能领域专家生产的空气能热水器。又如净水器与热水器完全属于两个品类的产品，这也成了品牌进行延伸的一个难题。

在宣传推广上，由于企业将太阳能热水器和净水器的消费者划分为两类人群，选用了不同的媒体渠道进行传播，太阳能热水器利用央视主攻大众化市场，而净水器则利用湖南卫视吸引年轻人的目光。这种策略短期内能够加速市场对于新产品的认可，但从长远看来，接触不同媒体渠道的消费者对于品牌的认知不同，这就不利于企业在日后塑造一个统一、强大的品牌形象。

（5）品牌延伸的策略和原则

尽管每个企业在进行品牌延伸时采取的方法策略不同，但都需要遵循一定的原则和规律。在《战略品牌管理》一书中，凯文·莱恩·凯勒总结了13条品牌延伸的规律：

①当母品牌具有有利的品牌联想，而且消费者感到母品牌与延伸产品相互匹配时，就能实现成功的品牌延伸。

②匹配包括许多方面，如产品相关属性和利益、非产品相关属性和利益。

③根据消费者的品类知识，顾客会基于技术或生产上的相通之处或更加表面的一些因素，形成对匹配性的感知。

④虽然高质量的品牌和平均水平的品牌都有自己的边界，但前者可延伸的范围比后者更大。

⑤如果一个品牌被视为某一品类的代表，该品牌就很难向该品类以外延伸。

⑥具体的属性联想在延伸时比抽象的利益联想更困难。

⑦消费者可能会对品牌延伸产生负面联想，而且，这种负面联想有时甚至是在其他正面联想的基础上产生的。

⑧如果某一品类被认为很容易生产，向这一品类实施延伸就比较困难。

⑨成功的品牌延伸不仅有利于母品牌形象，而且能为母品牌的进一步延伸创造条件。

⑩只有当母品牌与延伸品牌之间具有较强的匹配性时，一个不成功的品牌延伸才会伤害到母品牌。

⑪一次不成功的品牌延伸并不能阻止公司"原路退回"，再另外推出一个类似的品牌延伸。

⑫垂直延伸比较困难，通常需要子品牌战略的支持。

⑬对延伸最有效的广告策略，应该着重强调有关延伸的信息，而不是帮助人们回忆母品牌信息。

从目前的市场表现来看，日出东方的品牌延伸策略并没有达到理想的状况，尽管企业制定了明确的发展方向，也在某些领域取得了一定的成绩，但理想是丰满的，现实却是残酷的，无论是实际的销售数据，还是市场对品牌的认知程度，抑或业界对日出东方的评价，都给日出东方敲响了警钟。

对于日出东方旗下两个品牌而言，想要顺利地实现品牌延伸，首先企业也需要利用较长的一段时间，逐渐弱化原品牌与太阳能之间的关系，并与新的形象建立联系，塑造新的品牌联想和品牌形象；其次，企业需要将"阳光、空气、水"的战略融入品牌传播之中，加强消费者对品牌认知质量的同时，强化不同品类之间的关联度，让消费者在感知上将三类产品联系在一起；最后，成功的品牌延伸依赖于母品牌自身的实力，因此，企业要整合资源，提升母品牌的综合实力和社会影响力，这也是品牌延伸成功的根本。

2. 品牌资产理论

（1）品牌资产的内容及对品牌延伸的作用

品牌资产是指与品牌（名称与标志）相联系的，可为公司或顾客增加或削弱产品价值或服务价值的资产和负债。戴维·阿克在《管理品牌资产》一书中指出，品牌资产包括五个部分：品牌忠诚度、知名度、感知质量、品牌联想和其他品牌专属资产（包括专利、商标、渠道关系等）。

在15年的经营中，太阳雨和四季沐歌累积了大量的品牌资产，包括广泛的知名度、"太阳能热水器制造专家"的品牌形象,多年来专注于太阳能领域积累的技术和专利、与渠道成员建立起来的深厚感情等。这些品牌资产一方面有利于提升整体的品牌形象,为企业进行品牌延伸奠定基础,但另一方面也在一定程度上限制了企业延伸的方向和范围。

对于太阳雨和四季沐歌而言,广泛的品牌知名度、品牌积累的专属资产以及部分消费人群对品牌的忠诚都是品牌进行延伸的有力保障,企业在品牌延伸的过程中应尽可能地扬长避短,利用广泛的知名度来带动新产品的销售,利用忠诚顾客来形成口碑传播,利用技术优势来进行产品创新,利用与渠道成员建立起来的关系来帮助扩大新产品的分销覆盖面。而"太阳能热水器制造专家"的品牌形象可能会限制品牌延伸的领域,企业应有意识地弱化品牌与太阳能的联系,尽可能向消费者传递更加丰富的品牌信息,帮助消费者建立起新的品牌认知。

(2)品牌延伸对品牌资产的影响

品牌延伸得益于母品牌的品牌资产,但品牌延伸也会反过来对母品牌产生正面或负面的影响。好的品牌延伸能够丰富品牌的含义、提升母品牌的形象、吸引新的顾客群体、增加市场覆盖面、激活衰落的品牌、为后续延伸做铺垫等。而失败的品牌延伸则可能会损害母品牌的形象、挤占母品牌的销售、稀释母品牌的含义、削弱母品牌的品类认同等等。

因此,对于太阳雨和四季沐歌而言,在进行品牌延伸的过程中,首先要保证产品的品质,通过引进或研发新的技术来提升新产品的质量,因为好的产品是建设品牌的基础。其次,面对市场同质化的竞争,品牌在延伸过程中要注重产品创新,增加产品的差异化程度,针对不同消费人群的购买需求提供具有针对性、人性化的产品和服务。最后,好的产品要配套好的传播,在进行新产品推广时,企业一是要向消费者展示新产品与原品牌之间的关联性,增加消费者的心理接受度;二是要强调新产品的创新性,增加产品的差异化程度;三是要将每一次的传播作为拔高品牌形象的机会来对待,通过宣传新产品的特性来带动母品牌形象的提升。

3. 多品牌战略

多品牌战略,又称品牌化战略,反映了公司在销售不同产品时所应用的共同或特有的品牌元素的数量和性质,通常称为品牌架构。在一个企业的品牌组合中,往往有4种品牌角色:①侧翼品牌,指针对竞争者的品牌而定位的品牌,其作用是维持旗舰品牌的有利定位;②现金牛品牌,是在没有营销支持的情况下能够保住足够多的顾客并获得盈利的品牌；③低端入门品牌，在品牌组合中价格相对较低的品牌，其作用是吸引消费者的光顾，制造客流；④高端声望品牌，相对高价格的品牌，它能够增加整个品牌组合的声望和可信度。不同角色的品牌在品牌组合中担负着不同的任务，它们的共同目标就是通过相互配额来实现品牌资产最大化。

日出东方旗下拥有两个品牌——太阳雨和四季沐歌，它们分别由不同的团队运作。在品牌成立初期，两个品牌在市场上树立了不同的品牌形象，太阳雨给人以温暖、安全、稳定的感觉，而四季沐歌则给人绿色、环保、清新的感觉；同时，两者针对的目标市场也有所差异，太阳雨主攻城市市场，而四季沐歌主攻农村市场，这使得两个品牌之间形成了良性的"竞合"关系，通过配合促进了企业的发展。

如今，随着市场日益萎缩，两者扩大经营规模的需求越发强烈。在这样的背景下，四季沐歌开始担当起企业领导者的角色，在模式和战略上进行改进，而太阳雨采取的是跟随策略，沿着四季沐歌的扩张轨迹前进，这就使得两者的经营模式开始趋同，界限也日益模糊。两者无论是从延伸的产品线，或是采用的渠道，抑或经营的模式，几乎是一模一样。这种模式的确能够帮助日出东方在短期内抢占市场份额，但从长远的视角来看，这也会侵蚀两个品牌长年积累下来的品牌个性，毕竟同一细分市场的潜力是有限的，想要真正地扩大自己的市场份额，必然需要企业调整自己的品牌结构，实现内部品牌的差异化，针对不同细分市场来提供不同的产品。

因此，要想延续双品牌战略的优势，日出东方就必须对两个品牌重新做出战略部署，从品牌的定位到目标市场，再到品牌延伸后的产品组合，都需要精心设计。例如在品牌定位上，两者应继续强化最初建立起来的品牌形象，实现两者在企业内部的差异化；在目标市场上，两者应针对不同的消费人群进行渠道的选择和营销传播活动；在产品组合上，两者应根据自己的目标消费者的需求特点来进行有效的配套延伸，以增加品牌延伸成功的可能性和相互之间的差异性。

五、关键要点

（1）在进行市场宏观分析的过程中，由于不同因素对于不同行业企业的影响力大小是有所差异的，因此，在分析过程中，应着重分析那些对企业影响最大的因素。同时，在分析的过程中，不仅要描述环境的现状，还要预测环境变化的趋势，以及相应市场需求的变化。

（2）在专业化和多元化的选择中，并没有绝对正确或错误的选择，也并非一种极端的非此即彼的选择，因此在探讨的过程中，一定要结合企业自身的状况和具体的环境因素来做出选择。

（3）在品牌组合中，品牌之间最大的目标和任务是通过相互配合来实现整个品牌资产的最大化，品牌间应该建立起来的是一种相互补充的合作关系，而非相互替代的竞争关系。且在品牌组合之中，每个品牌必须有明确的战略地位和目标，而非一味地追求市场份额和分销覆盖面。

（4）差异化战略具有较强的主观性，是否存在差异不是由企业说了算，而是由消费者的感知决定的。因此，企业在进行差异化的过程中，重点不是从自己的角度出发来强调自己的差异点，而是从消费者的角度出发，来帮助消费者认识、认知并认可这种差异。

六、建议课堂计划

本案例可以作为专门的案例讨论课来进行。以下课堂教学建议，仅供教学参考。

整个案例课分两个阶段，课堂时间控制在 70 分钟。

第一阶段（40 分钟）

1. 分组讨论（30 分钟）

阅读案例，讨论启发思考题。

2. 各小组发言，报告讨论结果，分享观点（10 分钟）

引导学生总结案例，在黑板上记下各组的观点，汇总看法。

第二阶段（30 分钟）

1. 分组讨论，对案例中涉及的相关知识点进行梳理与总结（10 分钟）

通过案例总结分析出企业品牌资产所包含的要素，掌握品牌建设所需的过程与要点，了解品牌联想的意义与品牌定位理论。

2. 各小组发言，报告讨论结果，分享观点（10 分钟）

引导学生总结，在黑板上记下各组的观点，汇总看法。

3. 最后总结与归纳（10 分钟）

在教师的带领下，引导全体学生进一步归纳对案例的观点和看法，总结案例所蕴含的理论原理和关键知识点。

七、参考文献及深入阅读

［1］凯文·莱恩·凯勒. 战略品牌管理［M］. 3 版. 卢泰宏, 吴水龙, 译. 北京: 中国人民大学出版社, 2009.

［2］格雷厄姆·胡利. 营销战略与竞争定位［M］. 楼尊, 译. 北京: 中国人民大学出版社, 2007.

［3］菲利普·科特勒, 凯文·莱恩. 营销管理（中国版）［M］. 卢泰宏, 高辉, 译. 北京: 中国人民大学出版社, 2009.

［4］卡普兰·诺顿. 战略地图［M］. 广州: 广东经济出版社, 2005.

［5］王方华. 市场营销学［M］. 上海: 格致出版社, 2012.

［6］戴维·阿克. 管理品牌资产［M］. 吴进操, 常小虹, 译. 北京: 机械工业出版社, 2013.

［7］何海明. 中国品牌成长攻略 III［M］. 北京: 中国出版集团现代出版社, 2012.

互联网经济时代海尔的品牌营销探索

摘要：随着互联网经济时代的到来，以信息技术和网络技术为核心的第三次科技革命，正在颠覆性地改变工业革命所形成的经济形态和增长模式。在这一形势下，传统制造业面临着全新的挑战，能否适应市场环境的变化，推动营销战略的转型升级，成为品牌运营的关键。因而，开发传统企业应对互联网情境进行品牌营销战略调整的典型案例，具有很强的现实意义。

2012 年底，海尔集团宣布进入第五个战略发展阶段——网络化战略阶段，近年来一直积极探索传统企业在互联网经济时代的营销升级之路，在产品生产、价值模式、渠道建设、营销传播等各方面都做了很多尝试。

本案例旨在为"战略品牌管理"和"营销管理"等课程中探讨品牌营销战略决策提供一个案例分析素材，帮助学员了解相关理论的同时，进一步明确相关问题的分析思路和方法。

关键词：互联网经济；品牌战略；营销组合

引言

2013 年 12 月的一个冬日，青岛的海风中已有了丝丝寒意，海尔工业园创牌大楼的一间会议室里却正在进行着一场热火朝天的讨论。

刚刚结束晨会的几个年轻人正准备回工位，被品牌运营部小陈的一句问话引发了兴致："央视的年度经济人物颁奖，你们都看了吗？"大伙儿七嘴八舌地回应："看了啊！""格力够硬气，竟然跟小米定下了十亿的赌局！"……小陈兴致勃勃地追问："那你们觉得，谁会是最后的赢家？"

---

1. 本案例由中国传媒大学经济与管理学院吕艳丹、广告学院唐雨卉撰写，作者拥有著作权中的署名权、修改权、改编权。
2. 本案例授权中国传媒大学 MBA 学院使用，MBA 学院拥有复制权、修改权、发表权、发行权、信息网络传播权、改编权、汇编权和翻译权。
3. 由于企业保密的要求，在本案例中对有关名称、数据等做了必要的掩饰性处理。
4. 本案例只供课堂讨论之用，并无意暗示或说明某种管理行为是否有效。

在白电本部工作多年的老宋表示支持格力："小米的互联网思维我很赞同，而它目前为止的成绩也说明了它的确运用得很好。但好产品才是一个品牌立足于市场的根本点。即便苹果、三星也是代工，但它们掌握了对代工厂的话语权，因此可以最大限度地保证产品质量，而这一点是小米做不到的，所以它的产品总是受到诟病，长此以往将失去消费者的好感度和忠诚度。与之不同的是格力自身能够掌握和控制整个研发到制造的流程，长期的品质积累为品牌打下良好的基础，以小米目前的实力还无法与之抗衡。"力挺小米的小王听完之后不服道："互联网时代的改变是颠覆性的，消费者习惯于一切都在线上解决。格力若是坚持传统制造企业形态，不扩展物流渠道、不做电子商务、不针对消费者真正的需求设计制造，很快就会被这个时代所抛弃。"双方各执一词，争论不休。

小吴抛出的一个问题让大家安静下来："那如果咱们海尔加入这场战局，五年之后谁能获胜？""当然是咱们！"老宋和小王几乎异口同声，方才争得面红耳赤的两人相视一笑。老宋率先开口道："我们海尔本身是传统制造业起家，核心技术和研发流程完全由自己控制，且多年的用户口碑也为品牌打下牢固根基，这方面与格力一样，都具备过硬的实力，在市场中有自己独特的优势。"小王接着补充道："最重要的一点是，我们虽然是制造企业，却并没有固守老路，互联网的开放环境让我们能贴近用户需求并快速响应和满足。我们也像小米一样，让用户直接参与研发，制造他们真正想要的产品。智能化、定制化、物流网络这些符合时代趋势的业务我们都在发展，自然是其他传统制造业望尘莫及的。"众人听了纷纷点头："对，我们一定赢！"……

会议室里的争论虽然暂告一个段落，但每个海尔人的心里却并不平静，他们明白，虽然海尔并没有加入什么赌局，但市场无时无刻不是一场豪赌，海尔未来的输赢，就得看企业能否成功把握互联网时代的脉搏。

2014 年，是海尔集团成立的第三十个年头。三十岁，对于一个人来说，是从青涩走向成熟的分界点，而对于一个品牌，尤其是一个志在全球的品牌而言，则仅是刚刚开始。在互联网经济为传统制造业所带来的全新挑战之下，海尔是否能像以往一样，继续领先行业？

1　海尔集团的品牌发展历程

海尔集团创立于 1984 年，当时还是一个资不抵债的集体所有制街道小厂——青岛电冰箱总厂，设备陈旧、管理混乱，工厂濒临倒闭。张瑞敏出任厂长后，看准改革开放的机遇，引进德国利勃海尔电冰箱生产技术和优质管理，实施"名牌战略"，使工厂起死回生。当时很多企业努力上规模，只注重产量而不注重质量。海尔却没有盲目上产量，而是严抓质量，实施全面质量管理，提出了"要么不干，要干就干第一"的理念。当家电市场供大于求时，海尔凭借差异化的质量赢得竞争优势。加上海尔员工珍惜改革开放的机会、狠抓内部管理的内因，到1988年，海尔摘取了中国冰箱行业历史上第一枚质量金牌。

1991年12月，在青岛市委、市政府的支持下，海尔合并了青岛电冰柜总厂和青岛空调器总厂，成立海尔集团，进入了"多元化战略"阶段。1992年2月，邓小平同志发表南方谈话，要求改革开放"胆子要再大一点，步子要再快一点"。6月，海尔便贷款在青岛圈下了800亩地，准备建家电行业的第一个工业园。随后的1997年前后，国家政策鼓励企业兼并重组，一些企业兼并重组后无法持续下去，或认为应做专业化而不应进行多元化。海尔的创新是以"海尔文化激活休克鱼"思路先后兼并了国内18家企业，使企业在多元化经营与规模扩张方面进入了一个更广阔的发展空间。当时，家电市场竞争激烈，质量已经成为用户的基本需求。海尔在国内率先推出星级服务体系，当家电企业纷纷打价格战时，海尔凭借差异化的服务赢得竞争优势。这一阶段，海尔开始实行OEC（Overall Every Control and Clear）管理法，即每人每天对每件事进行全方位的控制和清理，目的是"日事日毕，日清日高"，这一管理法也成为海尔创新的基石。

1998年，随着改革开放的深化和全球经济的一体化，海尔开始启动"国际化战略"。2001年，中国加入世界贸易组织，随后的2002年，党的十六大提出了企业"走出去"的战略。海尔认为，走出去不只为创汇，更重要的是创中国自己的品牌。海尔提出"走出去、走进去、走上去"的"三步走"战略，以"先难后易"的思路实现国际化：走出去，就是出国创牌；走进去，就是成为本土化企业；走上去，就是成为当地的世界名牌。首先进入发达国家创名牌，再以高屋建瓴之势进入发展中国家，逐渐在海外建立起设计、制造、营销的"三位一体"本土化模式。这一阶段，海尔推行"市场链"管理，以计算机信息系统为基础，以订单信息流为中心，带动物流和资金流的运行，实现业务流程再造。这一管理创新加速了企业内部的信息流通，激励员工使其价值取向与用户需求相一致。

　　为了更深入地打入国际市场，从 2005 年开始，海尔整合全球的研发、制造、营销资源，步入"全球化品牌战略"阶段。与"国际化战略"阶段以企业自身的资源去创造国际品牌不同，"全球化战略"阶段强调将全球的资源为我所用，创造本土化主流品牌。至 2008 年，海尔已初步实现了全球化布局。在国内建了 12 个工业园；在海外的美国、巴基斯坦、约旦、泰国建了 4 个工业园。全球拥有 28 个制造基地、6 个综合研发中心、19 个贸易公司、58 800 个营销网点，海尔的产品已经在 100 个国家销售。

　　互联网时代的到来颠覆了传统经济的发展模式，市场和企业更多地呈现出网络化特征。2012 年末，海尔正式宣布品牌发展进入第五阶段——"网络化战略"阶段。网络化的市场体现为用户的网络化及营销体系的网络化，网络化的企业具体表现为网络化的组织和网络化的资源。在海尔看来，网络化企业发展战略的实施路径主要体现在"三无三化"：一是企业无边界，即企业需要打破原有的边界，搭建由利益攸关方组成的开放性平台，可以根据用户的需求按单聚散，亦即"企业平台化"；二是管理无领导，即为了跟上用户点击鼠标的速度，企业需要颠覆传统的层级关系，组建一个个直接对接用户的自主经营体，亦即"员工创客化"；三是供应链无尺度，从以企业为中心转向以用户为中心，探索按需设计、按需制造、按需配送的供需链体系，亦即"用户个性化"（见图 1）。

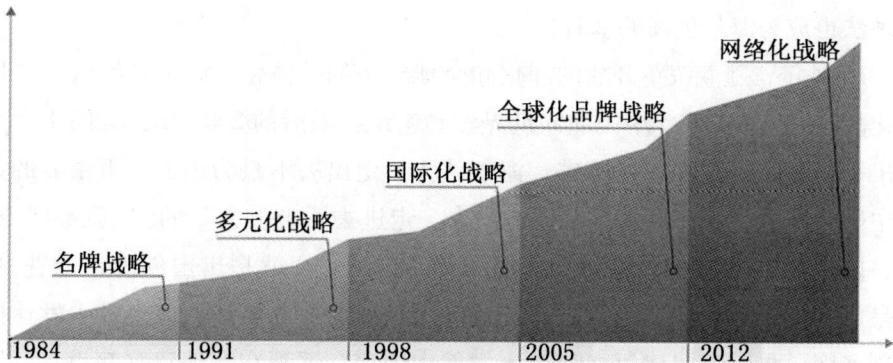

图 1　海尔发展战略时间轴

2 海尔集团"网络化战略"的实施

张瑞敏对互联网的关注最早开始于 2000 年左右,那时候他只是隐隐有一种感觉:企业要么触网要么死亡,但也不知道未来趋势到底是怎么样。直到在研究管理理论时偶然看到德鲁克一篇文章,给他的隐忧做了很好的诠释:德鲁克说互联网本身的贡献不会太大,但是它带来的附加价值不可估量,其中举了一个例子,互联网就好比是铁路,铁路本身贡献不大,但是因为有了铁路之后,整个经济体发生的变化是不可思议的。这个比喻给了张瑞敏莫大的启发,当时他就想到,这个互联网比铁路要厉害得多,到底要发生什么很难说。

张瑞敏始终坚信:"没有成功的企业,只有时代的企业。企业成功只是因为踏准了时代的机遇和节拍,而绝不应骄傲地停下脚步。一旦停下创新的步伐,就无法跟上时代的节奏,下一个柯达可能就是你。"为此,他在海尔已成为营收过千亿的大企业的今天,积极顺应时代的发展,调整海尔帝国前进的步伐,提出"网络化"发展战略。

在"网络化战略"的指导下,海尔集团在经营模式、管理理念、组织机构等各方面开展了一系列变革,在品牌架构和品牌形象上也进行了相应调整。

在品牌架构方面:

海尔集团旗下拥有海尔、卡萨帝、统帅、日日顺、AQUA、费雪派克六大子品牌。其中,"统帅"诞生于 1998 年,最初主要定位于针对海外消费特点研发的简约家电,销往欧美市场。2008 年开始,统帅的重心转向国内,2010 年中标家电下乡,并成为海尔日日顺自控品牌。2011 年,海尔将统帅进行了重新包装,面向倡导个性、时尚、简约生活方式的年轻消费群体,重新定位为"互联网时代的定制家电品牌",旨在通过按需定制、按需生产的方式快速满足互联网时代用户的个性化需求。2012 年,海尔进入"网络化战略"阶段之后,统帅更加强调简捷的商务模式、实用主义的功能设计,充分利用互联网平台,使得人们的个性化需求在便捷之中得到了满足,体会到了量身定制的贴心服务。

在品牌形象方面:

2013 年 7 月 28 日,海尔在"2013 海尔商业模式创新全球论坛"上正式发布了新的品牌标识及口号。新的品牌标识主要有三大变化。一是海尔主色彩从红色变为蓝色。在新的战略阶段，海尔向着提供专业服务及解决方案的科技形象转变，新的品牌主色彩随之转变为蓝色，以体现科技创新与智慧洞察的视觉感受。二是"I"上的点由方点变为圆点，以及字体整体优化。圆点象征着地球，体现海尔创互联网时代的全球化品牌理想，也表现了海尔对网络平台中每一个个体的关注，正是个体的智慧汇聚成海尔的网状平台。字体整体优化，以获得更好的视觉平衡。三是辅助图形为网格状，以象征海尔节点闭环的动态网状组织，网格没有边框，无限延伸，喻义网络化的海尔无边界，没有展级，而是共同直面用户需求的节点。海尔在互联网上发起的"海尔全球 slogan 征集"也正式揭晓，在近 40 万的口号中，一位网友提出的"你的生活智慧我的智慧生活"入选。这个口号体现了互联网时代，人与人之间、海尔与用户之间，交互无处不在（见图 2）。

图 2　海尔新品牌标识及口号

3　海尔集团"网络化战略"下的品牌营销探索

随着互联网渗透到人们生活的方方面面，信息的主动权正转移到终端用户手中，能否满足用户的需求甚至将直接决定企业的生死存亡。因此，如何以用户为中心探索品牌营销战略的升级之路，成为海尔在品牌发展到第五个阶段——"网络化战略"阶段需要解决的重要问题。

海尔集团轮值总裁周云杰提出要从两个方面思考："一个是要用互联网的方式做品牌，一个是要用品牌的方式做互联网。用互联网的思路做品牌是要把企业变成一个开放的平台，实现个性化定制。用品牌的方式做互联网是指用品牌的方式做电子商务，在前端给消费者提供一个参与设计的平台，在交易环节和消费者进行面对面的交流，在配送安装环节给予消费者贴心的服务，在使用过程中给消费者一个良好的体验。总而言之，就是要把品牌做到用户心里去。"

3.1 通过交互平台，把握用户需求

雷永峰是海尔空调事业部的技术负责人，这天，他翻看着根据用户关于空调新品设计的交互意见汇总而成的最新报告，越看越兴奋，忍不住在草稿纸上列出大量计算公式，并画出各种设计草图。直觉告诉他，在今天的空调事业部新品讨论会上，这些用户意见有可能会带来重大的突破。

上午十点，讨论会准时开始。雷永峰首先强调了用户交互的重要性："用户此前是比较被动的，企业推出什么就去买什么，但网络化时代就不一样了，传统的研发和与用户沟通的方式现在已经不可行了，只有用户参与设计了，做出来的产品才会受到用户的认可，沟通之后用户才会为产品提出更多建议。经过不断的改良，产品会越来越接近用户的需求；抓住了用户的需求，指标就自然而然达到了，企业的收入利润等就不会有任何问题。所以，咱们这一次的新品设计，务必要牢牢把握住用户的需求！"

接着，海尔空调交互团队的小陈把具体情况跟大家进行了介绍："截至目前，在咱们的用户交互平台上，共有 673 372 名网友提出了空调设计的构想和需求，主要涉及模式设置、控制方式、节能效果、空调外观等方面。比如，这位网友'快乐的海浪'提出：孩子调皮贪凉，老是把温度调低，经常感冒，怎么办呢？另一位网友'qingliang 999'表示：每个人回到家不是嫌太冷就是嫌不凉快，老调遥控器，空调就不能不用调？……还有一部分用户对产品的造型提出了很多有趣的创意，如'花瓣形出风口'、'圆形出风口'、'孔状出风口'、'分区域送风出风口'、'空穴来风'……"

事业部诸位同事的思维很快被网友们的奇思妙想调动起来，其中，"空穴来风"这个想法一下吸引了众人的注意，纷纷探讨这种设计的必要性和可行性："'空穴'怎么样才可以'来风'呢？""我们可以用风洞的形式来设计风道，这个形态会让人觉得风是自然而来的，是由空气到空气，而不是由一个设备感的机器带来的。""有意思！这种外观设计倒是跟传统空调完全不同，这样空调就不再只是空调，而成为一种艺术化的装饰品。""也不只是外形美观这么简单，风洞设计必须采用环形送风方式和空气射流技术，这跟传统空调在房间内混合冷热空气制冷的原理是不同的，可以实现在空调内进行冷热混合，吹出混合好的凉爽气流。""对，这样一来，吹出的风会更加自然舒适，

这不就正好解决了刚才很多用户提出的'空调病'烦恼么?"……

在用户交互意见的激发之下,大家的讨论越来越热烈,关于新品设计的构想也一点一点地浮出水面,比如:采用智能 APP、微信和语音控制,用户可以自主选择最方便的控制方式调节空调;根据不同群体和性别的用户提供不同的睡眠模式;根据每月耗电情况提供分析报告,给出使用习惯改善建议,实现最佳的节能效果;自动检测并清除室内的 PM2.5,等等。

技术部的小刘随即提出了疑问:"咱们这款产品在功能和结构上都有很大创新,基本颠覆了传统的空调产品,技术上是否都能达到呢?"

雷永峰答道:"这就要依赖我们整合的各种外部资源,一起合作去做研发、设计,只依赖自己的力量很多产品是做不出来的,这也就是我们海尔建立开放式研发互动平台的原因。比如空调的风量、噪音这些可能都要通过一流的外部研发资源帮助我们实现,模具或外壳材料等也需要供应商给我们提供。另外,消费者能否接受这样一款新产品,我们还需要做一些更广泛的调研。"说罢他交代空调事业部内负责和其他资源对接的小王,在海尔的在线商城、天猫旗舰店等网络开展调查,并把任务下发给各地的经销商,从实体店和服务点处收集消费者反馈。

经过近两年时间的反复研究和测试,以及与中国科学院深圳先进技术研究院、中国标准化研究院、腾讯微信、高通等一流专业资源的对接,这款被命名为"海尔天樽空调"的新产品终于被成功研发出来并正式投产。因其从设计到研发、命名、功能定位均来自于用户交互,是一款真正意义上"用户自己设计"的空调。2013 年 10 月 18 日,该产品对外发布之后,凭借独特的外观与智能的内涵获得了市场认可,12 月 26 日当日在全国八大电商平台售出 1 228 套,相当于各电商平台 1.5 万元以上售价的品牌空调一年半销量的总和。2014 年 1 月,在由中国家用电器协会指导、中国家电网主办的 2013—2014 中国高端家电趋势发布暨第五届"红顶奖"颁奖盛典上,海尔天樽空调荣膺唯一的空调类"红顶奖"奖项(见图 3)。

事实上,天樽空调并不是海尔第一个基于用户交互研发出来的产品,圆柱形机身的帝樽空调、柜门印有长颈鹿身高尺的匀冷冰箱、智能家居平台"U+"等都蕴含着消费者的智慧之光。正如周云杰所言:"互联网思维是不分互联网产业和传统产业的,互联网思维说到底是用户思维,用户思维就是和用户零距离、用户体验、用户参与的思维。"自 2012 年海尔宣布进入"网络

图3　海尔天樽空调

化战略"时代,用户交互理念就已深入到海尔品牌营销的每一个环节。在海尔官方网站上,专门设有"海尔创新空间",包含"海尔众创意"、"HOPE 开放创新平台"、"海尔社区"三大板块,致力于搭建一个企业、用户、外部研发和设计资源之间的互动平台(见图4)。

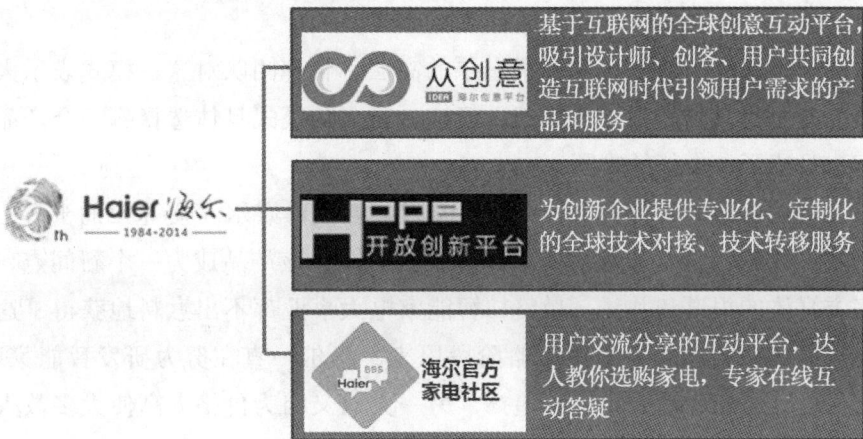

图4　海尔官方网站的"海尔创新空间"

德国营销传播专家克劳迪娅·雷姆(Claudia Rehm)曾在柏林的 IFA 展会上表示,"通过交互让用户体验产品是一种创新的营销模式,当前以海尔为代表的中国企业正在不断加强在全球市场与用户的交互体验，探索互联网时代企业创新发展的新模式"。目前，海尔的互联网战略不断深化，与用户的虚网交互体验不断优化完善，在产品的研发过程中，用户交互始终是不可或缺的一环，趋向成熟的线上线下交互模式将为"智慧家庭"的实现带来更多的灵感和支持。

3.2 借助"众筹"模式，降低用户购买成本

互联网金融的发展让线上"众筹"变成可能，这个概念诞生以来，多为初创企业筹集创业资金所用，或是为创意新奇的智能设备投入量产而生。

而海尔走上"众筹"之路，纯属偶然。2014年4月的一个中午，海尔商城的龚颖和几个同事在一起吃午饭的时候，聊起了养育孩子的事情。因为大家都是刚做父母没几年，碰到一起时常聊孩子，聊的时候就碰撞出了这个创意：一个能量体重和身高，还能保存和分析数据的智能秤，体量不大，使用方便。要是放在以前，大家说完也就完了，吃完饭，各自去做各自的工作。但因为众筹网站的兴起，几个人想到了众筹创业。

龚颖和团队的3名小伙伴说做就做。5月15日，他们在海尔内部网络上发起了这个众筹项目。当天11：15，10万元项目启动资金众筹到位。

说是偶然，也并非完全是一个巧合。项目负责人龚颖把它归功于一段时间以来，集团一直提倡大家做创客，鼓励创业，特别还提到了互联网众筹、众投等方式，所以发起这项目也有必然的因素。

内部试水成功的消息传到了海尔的高层，管理团队对这一模式表示大为看好，有意将其延展到公司外部，但这一新兴的模式具体选择哪一个产品来承担，又成了一个新的难题。

在公司内部的研讨会上，大家都希望能够拔得海尔"众筹"的头筹，因为这不仅意味着研发和营销资源的倾斜，更能让该产品成为一个新闻点，引起多方媒体的报道和关注。最终，智能家电大事业部不出意料地获得了这一资质。原因在于进入互联网战略阶段以来，海尔一直在努力研发智能家电，一方面受到思想新潮的年轻人追捧，另一方面又因为价格太高使大多数人处于观望之中。如果能够采取众筹的方式，可以令更多的消费者以自己能够接受的价格购买到新兴的智能家电。

海尔投入众筹项目的第一款产品名字叫作"空气魔方"，在京东众筹自2014年10月29日10点上线，截至11月28日24时，整一个月时间里，共获得7 565名支持者，筹资金额高达1 195万多元。而支持者的回报，是以低

于市场售价的众筹价，成为海尔空气魔方的首批使用用户，提前享受到四位一体、八种组合的室内智能空气解决新体验。

张瑞敏曾经说过："目前我国家电净利润率仅在2%~3%之间，薄得像刀片一样。"低利润的背后则是高成本，家电行业的成本主要来自于生产制造、渠道维护以及营销推广费用。海尔此次试水众筹的目的，一方面通过众筹的火热，将其作为一个宣传的通道，来炒作产品，节省营销费用；另一方面也希望能够通过众筹这样一种营销成本几乎为零的新方式，摆脱对于现有高成本渠道的依赖。

继"空气魔方"的火爆之后，海尔趁热打铁，于12月9日在京东众筹频道上线海尔 SmartCare 智能套装。人们出门之后总是担心家中水管漏水、门窗没有关好，海尔 SmartCare 可以对家里水、电、煤气以及非法入侵者进行实时安全监测，有助于缓解现代人群的"家居焦虑"情绪。

除了产品本身的出众表现，"1元 SmartCare 抱回家限额10 000名"主题活动也很有诱惑力。超高科技智能产品，在众筹模式下有可能以"一元钱"代价换回家，足足有一万名的超高"中奖"概率，令无数智能发烧友心动不已。最终，海尔 SmartCare 智能家居套装以1 001 685 元的筹资总额在京东众筹完美收官，创造了智能家居类众筹第一的不凡成绩（见图5）。

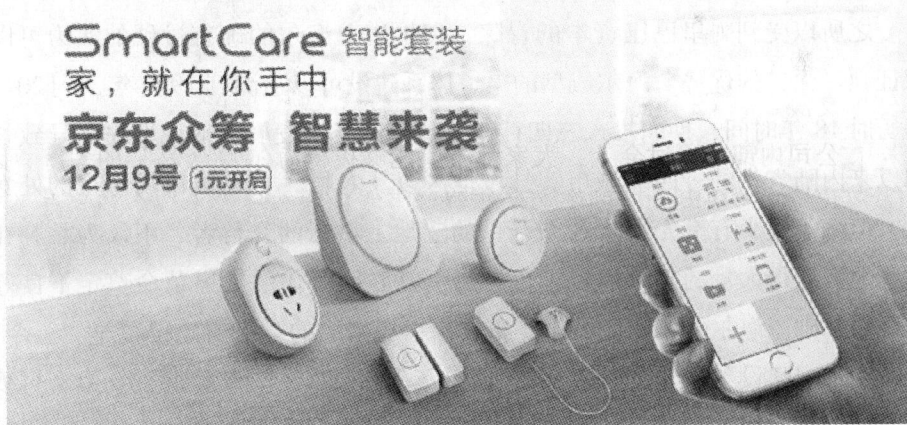

图5　海尔 SmartCare 京东众筹活动

3.3 虚实网融合，完善用户体验

"众筹"模式是海尔借道互联网，为低成本推广和销售开路，而互联网也同样看重海尔布局多年的实体销售网络。阿里巴巴早在 2013 年就与海尔签订了总额为 28.22 亿港币的投资，海尔提供大件物流的仓储、干线运输、配送等服务，阿里集团提供销售平台和推广渠道（见图 6）。

图 6　海尔集团与阿里巴巴集团达成战略合作

之所以受到阿里巴巴资本的青睐，在渠道上海尔的确有过硬的实力可以保证独一无二的优势。海尔成型的渠道体系建设可以追溯到 1996 年，到 2014 年历时 18 年时间，期间投入三四百亿元。中国经济发展的地域性失衡导致长期以来内陆省份的三四级城市、县域地区以及农村一直是被市场忽视的处女地。但海尔是少有率先在这片未开垦的宝地上耕耘的先行者，不仅为品牌在这些地区赢得大量的忠诚用户，也为当下互联网时代的渠道革命奠定下良好的运作基础。海尔强化物流概念、布局专卖店网络的举措实施得很早。至今，已经在全国建设了 7 600 多家县级专卖店、2.6 万个乡镇专卖店、19 万个村级联络站。与之相应发展起来的物流网布局中的 90 多个过站式物流中心、2 800 多个二级配送站能够在中国 400 个城市及 1 500 多个区县实现 24 小时送达，在 460 个区县实现 48 小时送达。为了能够让资源效率最大化，海尔计划将旗下提供渠道综合服务业务的上市公司日日顺打造为开放的物流平台，与"非

海尔"企业共享渠道资源，提供订单规划、存货管理、物流、售后等增值服务，所以，与阿里巴巴的合作也是一拍即合。未来，日日顺的目标是外来品牌代理占其业务总量的比例增长到50%甚至更高，成为与其他品牌双赢的社会化渠道。

而这一合作给海尔带来的最大收益是获得了互联网的交易和支付环节。海尔做的不仅仅是物流，而是想做"不仅把它送到，还要变成得到的过程"，就是把用户变成海尔的忠诚用户，这在海尔叫交付平台。海尔所提供的"智慧家庭"的概念，就是想做到但凡买了海尔的产品，就有机会让这个家庭的整个家居都由海尔提供解决方案。这一过程都是由日日顺发起和具体执行的。未来日日顺会成为海尔"流量"的重要来源之一，实施方法就是通过上门服务在第一现场接近用户、挖掘需求、采集数据。阿里巴巴就给了海尔让"流量"最大化的机会。引入阿里巴巴，切入其社会化电子商务生态体系，可以充分利用其天猫已有的7万品牌商家资源，打造覆盖各级市场的领先的家电及大件物品的物流及服务网络。海尔希望凭此共同建立行业领先的端到端大件物流服务标准，在家电及大件商品领域建立一套从购买、仓储物流、运输配送到上门安装服务的行业新标准。在渠道合作的基础上，2014年，海尔与阿里巴巴的合作进一步深入，推出拥有阿里巴巴家庭数字娱乐服务生态应用的海尔阿里智能电视。

海尔与阿里巴巴的合作，体现了其一直以来所实行的"虚实融合"战略，即"虚网做实、实网做深"。所谓"虚网"指的是信息网，"实网"指的是企业的营销网、服务网和物流网。"虚网做实"，就是在互联网上不仅仅是开展电子商务，更重要的是通过互联网搭建与用户零距离互动的平台，深度挖掘个性化需求信息，并转化为有价值的订单，实现"以服务卖产品"。"实网做深"，就是进一步完善营销网、物流网、服务网，形成一个覆盖全球的网络，实现与"虚网"的有效结合，第一时间满足用户的需求。

互联网经济时代，用户从被动接受产品转变为主动参与全流程体验，因此，企业必须以创造用户全流程最佳体验为宗旨。与互联网公司的深度合作，有助于海尔整合信息网、营销网、物流网、服务网的虚实双重优势，为用户提供全流程一体化的解决方案。

3.4 多元互动，积极与用户沟通

2014年1月，一条来自《南都娱乐周刊》主编陈朝华的微博把海尔推向

了互联网舆论的风口浪尖。该条微博爆料称，海尔发邮件通知媒体，今后不再向杂志投放硬广告。"由于我集团战略调整，截止到2014年1月18日海尔及卡萨帝品牌杂志硬广广告媒体业务不再发生，如有产品线发生硬广投放业务，由经办人埋单，海尔不会付费。请周知。"海尔在邮件中如是说。据悉，停止硬广投放后，海尔将继续投放杂志内文植入广告和新媒体广告。海尔成为首家放弃杂志硬广，转向新媒体广告的传统家电企业。

在海尔内部年会上，张瑞敏深度反思互联网思维对海尔的影响。他宣称，在未来的海尔，无用户全流程最佳体验的产品都不应生产，无价值交互平台的交易都不应存在。外界猜测，正是由于上述原因，海尔才改变广告投放策略。有评论称："今天，网络媒体、移动媒体与电视媒体所谓'三网融合'整出的'智能媒体'巨无霸将令当今纸媒丧失媒介属性而成为单纯的内容提供商。媒介属性弱化，硬广告价值自然下降，因此海尔放弃硬广告。而内容提供商地位犹存，所以海尔还会投放软文以及纸媒的电子版。海尔的账没有算错。张瑞敏的价值判断，方向也是正确的。"

对于电视媒体的投放，海尔也在不断地改进着自己的策略，更加注重不同传播模式的尝试与创新。2013年，海尔与中央电视台《交换空间》的合作就采取了新的形式。双方携手在全国六大城市进行业主及设计师招募，用户可在现场体验海尔的最新科技产品，为自己的家装增添创意灵感。而购买海尔家电并有家装需求的用户，将有机会被海尔推送到《交换空间》参与最终节目录制。在传统的大众媒体传播中注入线下的互动元素，既收获了传播的广度，又兼顾了体验的深度，有效提升了海尔"新服务"品牌理念与"新科技"品牌内涵的影响力。

至于新媒体，更是海尔近年来不断积极尝试的传播渠道，致力于追求基于大数据的精准互动传播。比如，为了进一步打开母婴市场，海尔打造"优知妈咪汇"互动社区，与"80后"独立时尚的新爸新妈进行互动。以"海尔婴儿家电，轻松享受做爸妈"为主题推出两支视频，分别从优知妈妈和超级奶爸的角度宣传新时代的育儿经。两支视频一则紧贴情感诉求、一则主打夸张搞笑的叙事风格，凭借内容与消费者生活的贴近、传播形式的新颖、与商城的联动激发了海尔商城上婴儿家电销量的大规模转换率。

又如，海尔通过对电子商务平台的用户数据分析发现，43%的用户来自三四级城市，其中约有一半为外出城市务工的群体。针对子女在外务工、老人空巢守家的现象，海尔商城推出"携孝之旅"活动，借"中国式感恩"的名义来宣传其在全国 2 576 个区县送货安装一步到位的服务。目前，相关视频在优酷已经获得 60 余万次点击观看，更多的人通过视频了解到海尔深入中国各地的"最后一公里"送达体验，为品牌树立了温馨形象并建立了良好的口碑。

此外，海尔 2013 年在互联网上发起了一场"海尔 slogan 全球征集"的大型网络互动活动之后，又于 2014 年在网络上征集新的海尔兄弟形象。利用社会化传播方式，通过事件话题、病毒内容、吐槽大会、最娱乐大奖等多种方式引发社会热议，在以"80 后"、"90 后"为主体的互联网环境中成功地进行了一次品牌营销。活动持续一个半月，虽然出现的各种恶搞始料未及，但互动和讨论效果却非常好，总覆盖人次 12.59 亿，用户交互量 8 781 364 人次，累计点赞数151 971次，交互作品 7 000 幅，80% 以上都是非常优秀的作品。海尔兄弟连续数天登上热门话题榜，勾起消费者的童年回忆，也让互联网的用户对海尔品牌形象有了更年轻化的认知（见图7）。

图7 "海尔兄弟"新形象征集活动传播平台

4 梦想与现实的交锋

海尔近年来的举措的确堪称大胆，2013 年因为内部改革已裁员 1.6 万人，张瑞敏在目睹了诺基亚的陷落和苹果的崛起之后，更感到互联网经济时代的危机重重，力图以"边破边立"的方式将改革进行到底。他曾在一篇文章中谈道："……在适应互联网时代的管理模式上，全世界都没有成熟的管理理论、管理思想和管理工具。小企业在这方面的实践还比较多，像海尔这种几万人的大型企业很少，挑战和风险都很大，甚至可能会毁于一旦……"

尽管这场变革已深入到海尔品牌营销的各个层面，但目前还尚未传递到企业的品牌形象上来，未能在消费者层面获得广泛的认知和认同。许多人只知道海尔是个"家电厂商"，殊不知海尔已经将自己定位为"美好住居生活解决方案提供商"，并提出要从"卖产品变为卖服务"；许多人只了解海尔"售后服务好"，殊不知海尔已走在个性化定制、智能化家居的路上；许多人只记得海尔"砸冰箱"的故事，殊不知海尔正致力于实现用户的全流程体验……品牌存在于消费者心中，未经有效传播的品牌价值为零。如何将互联网经济时代的"新海尔"形象传递给目标受众，是海尔未来品牌建设的重要课题。

随着新一代消费者成为市场目标，海尔已在尝试用年轻人的话语体系与他们沟通。对于"80 后"、"90 后"媒介接触习惯的改变及个性化需求，网络化定制、社会化传播确实是与年轻一代消费者沟通的有效方式。但在信息大爆炸的互联网时代，只有消费者主动的搜索、互动和分享，才能真正拉近海尔与新生代的距离，让这样一个有历史感的品牌焕发出新的活力。

"这是一个最好的时代，也是一个最坏的时代。"这个时代的好，在于互联网经济的浪潮让众多企业拥有了均等的机会，谁能捕捉到个性化、碎片化的用户需求，并快速响应，谁就能在竞争中获取先机；这个时代的坏，在于那些传统企业必须摒弃固有的思维和发展模式，迅速找到新的成长方式，并跟上时代步伐，而在这破立之间，是生与死的不同情境。

海尔对于时代变迁的洞察和领悟虽领先于其他企业，善于利用互联网思维由内向外改变传统制造业的现状，然而究竟是实业救国还是新兴的互联网为王，董明珠和雷军的豪赌还没有分出胜负，而海尔的未来也需要依靠时间的检验。

Haier's Brand Marketing Exploitation in the Internet Era

Abstract：With the booming of the Internet economy, the third information technology revolution, taking information technology and network technology as its core，is reshaping the formation and development mode of the economy formed in the

Industrial Revolution. As a consequence, the traditional manufacturing industry is up against new challenge, while the task brand marketing is to adjust itself to the market changes and drive the upgrading of marketing strategy. Thus, it has great practical significance to make case study on traditional industry's adjustment in brand marketing based on the Internet.

At the end of 2012, Haier announced that the company had stepped into the fifth development stage, that is, the networking strategy stage. In recent years, Haier, as a traditional company in the Internet era, has been making efforts to upgrade its brand marketing, and gained much experience in product manufacturing, value mode, channel building, marketing communication, etc.

This case study is carried out in order to provide certain case study materials in programs such as Brand Strategy Management and Marketing Management, which discuss how a company makes up brand marketing decision. Furthermore, students would benefit from this case study both in learning marketing theories and how to analyze the relevant aspects in brand marketing.

Key words：Internet economy；Brand strategy；Marketing mix

案例使用说明

互联网经济时代海尔的品牌营销探索

一、教学目的与用途

（1）本案例适用于战略品牌管理、营销管理等课程的品牌竞争战略、品牌资产激活、品牌营销组合等相关章节的案例讨论。

（2）随着时代的进步和发展，互联网改变了人们生活的方方面面，同时也冲击着传统制造业的发展。传统制造企业的发展遇到瓶颈，信息传递的快捷使得它们无法对其先进模式进行"专利保护"，核心竞争力变得不再"核心"，销售渠道变得更加多样化，传统传播手段越来越难以吸引消费者的注意。本案例力图通过提供海尔在互联网经济时代的品牌营销决策，实现以下几个具体的教学目标：

①促进学生思考市场环境变化对于企业品牌营销战略的影响。

②帮助学生深入理解品牌战略转变的原因和风险、品牌资产激活的方法、品牌营销组合升级的方向等问题，了解企业营销战略的决策思路。

③使学生能进一步明确相关问题的分析思路和方法。

二、启发思考题及分析思路

1. 海尔是世界上最大的白电制造集团，是当之无愧的市场领导者，那么它在互联网时代的品牌战略变革属于市场领导者的哪种战略？海尔为什么要采取这种战略？这对于目前海尔所处的市场而言，是否是一个合适的战略？为什么？

【分析思路】此问题涉及市场营销管理中的市场竞争地位理论，尤其是其中的市场领导者战略。

2. 作为一个传统的制造企业，海尔要向"平台服务商"转型，这对企业的品牌形象塑造有何影响？在此升级阶段，海尔应该如何善用品牌资产？

【分析思路】此问题应基于对品牌资产的理解，以品牌资产五星模型为基础，围绕相关的品牌理论如品牌元素、品牌形象等对海尔的品牌激活策略进行分析。

3. 经典的营销4P理论在互联网经济时代遭遇到了哪些挑战？海尔在品牌营销策略上的探索给你带来什么启发？

【分析思路】营销的4P理论是以企业为中心，而互联网时代自媒体的发展让用户能够与企业的交流更顺畅，消除了以往的沟通壁垒；同时，用户之间的信息流动也是即时性的，用户与企业之间的信息不对称地位被消解，以企业为中心的营销策略不再行之有效，互联网让企业真正地把关注点放在消费者身上，遵循4C模式，固守传统将可能会被消费者所抛弃。

4. 随着电子商务和物流行业的发展，市场上已有很多运作成熟的公司可以作为能够借助的外部力量，海尔为什么还要在企业内部大力发展电商平台和物流业务呢？

【分析思路】基于渠道组合（直接渠道和间接渠道）、渠道管理（包括对中间商的计划和管理）等相关理论。

5. 海尔为什么要调整媒体投放的策略？传统媒体和新媒体两种传播渠道各自有什么优势和劣势？在互联网的信息过载环境下，应该怎样做才能使传播效果最大化？

【分析思路】通过传统媒体和新媒体的特征分析海尔的媒体策略，从整合营销传播方案制定标准（覆盖率、贡献率、一致性、互补性、通用性、成本）方面权衡海尔的传播效果。最后通过整合营销传播理论分析在多媒体环境下企业应该如何让传播效果最大化。

三、理论依据及分析

本案例主要涉及以下几个理论要点：

1. 市场竞争理论中的市场领导者战略（用于启发思考题1的分析）

市场领导者（market leader）是指在相关产品的市场上市场占有率最高的企业。它在价格调整、新产品开发、配销覆盖和促销力量方面处于主导地位。它是市场竞争的导向者，也是竞争者挑战、效仿或回避的对象。市场领导者总体战略有三个方面：

（1）扩大市场需求量

处于市场主导地位的领先企业，其营销战略首先是扩大总市场，即增加总体产品需求数量。通常可以运用三条途径：

①发现新的用户。

②开辟产品的新用途。

③增加用户的使用量。

（2）保持现有市场份额

领导者企业必须防备竞争对手的进攻和挑战，保护企业现有的市场阵地。可以选择采用六种防御战略：

①阵地防御。市场领导者在其现有的市场周围建造一些牢固的防卫工事。以各种有效战略、战术防止竞争对手侵入自己的市场阵地。

②侧翼防御。市场领导者建立一些作为防御的辅助性基地，用以保卫自己较弱的侧翼，防止竞争对手乘虚而入。

③先发制人防御。在竞争对手尚未动作之前，先主动攻击，并挫败竞争对手，在竞争中掌握主动地位。

④反攻防御。面对竞争对手发动的降价或促销攻势，主动反攻入侵者的主要市场阵地。

⑤运动防御。市场领导者把自己的势力范围扩展到新的领域中去，而这些新扩展的领域可能成为未来防御和进攻的中心。

⑥收缩防御。市场领导者逐步放弃某些对企业不重要的、疲软的市场，

把力量集中用于主要的、能获取较高收益的市场。

（3）提高市场占有率

市场领导者实施这一战略是设法通过提高企业的市场占有率来增加收益、保持自身成长和市场主导地位。企业在确定自己是否以提高市场占有率为主要努力方向时应考虑：是否引发反垄断行为；经营成本是否提高；采取的营销策略是否准确。

海尔在智能领域和互联网领域的发展说明它采取的战略以运动防御为主，力图将新扩展的智能化领域变成未来的防御和进攻中心。海尔采取这种做法主要是基于市场竞争环境的变化。在互联网经济时代，传统制造企业的发展遇到了新的瓶颈，信息传递的快捷使得它们无法对其先进模式进行"专利保护"，先进的管理模式可以被模仿应用，高效的组织结构会被广泛地学习，似乎每家制造企业的核心竞争力都变得不再"核心"。制造企业制定战略的出发点变得模糊：是继续提高生产效率，还是扩大生产规模？这也是瓶颈的关键部分。在当今如此先进的生产管理模式下，产量再高，成本再低，产品再高端，却吸引不到更多的消费者。对于每一个希望能够做大做强的制造企业来说，转型升级已经刻不容缓，继续维持现有的模式将会面临更加被动的局面。

然而也要看到，互联网时代背景下，企业转型升级的同时也面临着无法预估的风险。海尔目前的举措有利亦有弊。利在于新的拓展领域内目前少有竞争者，海尔能够拥有先入优势；弊在于新的业务分散了企业的资源，可能对既有业务造成一定的冲击和伤害。新的盈利模式是否可靠，新的产品在市场上能否被接受，新的组织机构是否有效率，都是企业不得不深思熟虑的问题。盲目转型升级造成的失败案例比比皆是，但是总结起来会发现，转型升级成功与否需要看企业是否把握准了出发点，摸清楚了路径模式。当今有些制造企业已经尝试着从生产型制造跳出来，将消费者的需求放在首要的位置，获得了初步成功。如 IBM 从一个电脑硬件制造业王者转型升级为信息技术和业务解决方案提供商，其实质正是从客户企业管理层角度出发，为客户企业真正解决经营上的问题。再如，苹果公司的"定制化"使得满足需求的生产发展到现在的创造需求式生产，获得很大一批忠实的消费者，该公司现在已经在整个运作模式上远远领先于同行，不仅仅找到消费者的需求，更能够去引导消费者的需求。

2. 品牌资产激活相关理论（用于启发思考题2的分析）

品牌资产（brand equity）也称品牌权益，是与品牌、品牌名称和标志相联系，能够增加或减少企业所销售产品或服务的价值的一系列资产与负债。大卫·艾克（Aaker）提炼出品牌资产的"五星"模型，如图8所示。

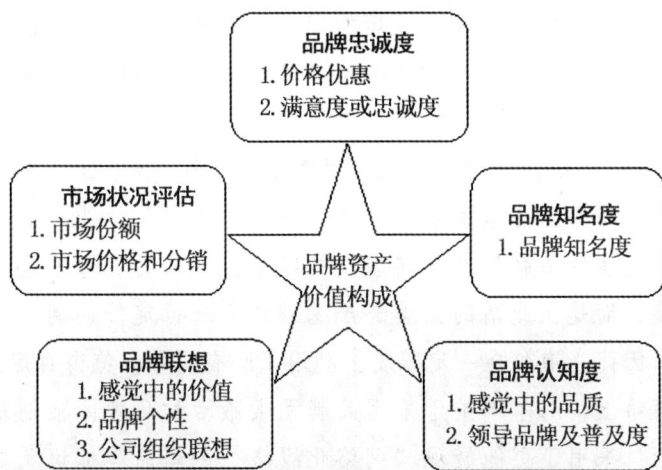

图8　大卫·艾克的品牌资产"五星"模型

消费者行为的变迁、消费者偏好的变化、新竞争者或新技术的出现会潜在地影响品牌资产，因此，需运用各种可利用的手段来扭转品牌资产流失的趋势，激活品牌。主要策略有：

（1）品牌元素激活

品牌元素（brand element）也称品牌特征，是品牌的表现形式和载体，主要包括品牌名称、标识、图案、颜色、包装和广告语等。品牌是通过品牌元素的有机组合进行表述和传递，品牌元素的选择通常要符合可记忆性、有含义性、可爱性、可转换性、可适应性和可保护性等标准。品牌激活的关键和首要策略是对品牌元素进行激活，即对品牌识别系统（brand identity system）进行创建或激活。

（2）品牌体验创新

企业的价值激活已经从以产品、服务为核心转向以顾客品牌体验（brand experience）为核心，而顾客购买中的互动参与、充满个性化的品牌体验已成为企业和消费者共同创造价值的源泉。因此，传统的以交易为主要特征、企业与顾客相分离的市场，已经转变为顾客、品牌社区和企业之间形成互动和交流的平台。

（3）强化公司品牌

企业的公司品牌（corporate brand）和产品品牌（product brand）既有联系，更有区别。企业的产品品牌激活策略，应当以强化公司品牌为前提。当消费者高度认同公司能力、实力、规模时，产品营销则事半功倍。公司品牌建设应先于产品品牌，因为公司品牌本身可以带动产品销售，能为产品品牌起强大的"背书"作用。

"网络化战略"阶段的海尔，在经营模式、管理理念、组织机构等各方面均进行了变革，而企业原有的品牌形象也面临"老化"危机。通过"五星"模型衡量海尔已有的品牌资产和转型期的举措，可以发现海尔并没有进行彻底的品牌重塑，而是在此前的品牌资产基础之上进行定位的调整，也就是激活品牌资产。因此，海尔在一定程度上利用了既有优势，值得肯定。

在具体策略上，海尔侧重于采用品牌元素激活和品牌体验创新。在品牌元素激活方面，采用了更能展现"网络化战略"的新品牌标识及口号。在品牌体验创新方面，除了子品牌统帅的个性化定制之外，还在产品研发设计、渠道建设、品牌传播等多个方面加强对用户需求的挖掘和用户体验的完善，致力于实现用户的全流程交互。但在强化公司品牌方面并没有太多举措，海尔集团为适应互联网浪潮而进行的变革尚未在公众层面获得广泛的认知和认同，海尔集团品牌与子品牌之间的关系也未能完全厘清。品牌资产的激活与品牌形象的更新并非朝夕之功，需要凭借营销和传播的配合使其达到最大效果，因此，海尔想要在原有资产基础之上树立新的形象，则还应加强和消费者的沟通与传播，并以实际的产品体验重塑消费者的认知。

3. 营销4Ps和4Cs理论（用于启发思考题3的分析）

20世纪60年代，4Ps营销组合，即产品（product）、定价（price）、分销（place）、促销（promotion）作为营销理论的经典，成为企业市场营销的基本运营方法。然而，随着时代的发展，消费者个性化日益突出，加之媒体分化、信息过载，传统4Ps渐受挑战。从本质上讲，4Ps思考的出发点是企业中心，是企业经营者要生产什么产品、期望获得怎样的利润而制定相应的价格、要将产品怎样的卖点传播和促销并以怎样的路径选择来销售。这其中忽略了顾客作为购买者的利益特征，忽略了顾客是整个营销服务的真正对象。

1990 年，以客户为中心的新型营销思路的出现，使顾客为导向的 4Cs 理论应运而生，其基本原则是以顾客为中心进行企业营销活动规划设计：

（1）瞄准消费者需求（consumer's need）

首先了解、研究、分析消费者的需要与欲求，而不是先考虑企业能生产什么产品。

（2）消费者所愿意支付的成本（cost）

首先了解消费者满足需要与欲求愿意付出多少钱（成本），而不是先给产品定价，即向消费者要多少钱。

（3）消费者的便利性（convenience）

首先考虑顾客购物等交易过程如何给顾客提供方便，而不是先考虑销售渠道的选择和策略。

（4）与消费者沟通（communication）

以消费者为中心实施营销沟通是十分重要的，通过互动、沟通等方式，将企业内外营销不断进行整合，把顾客和企业双方的利益无形地整合在一起。

张瑞敏认为，互联网时代为传统制造企业带来了一个非常大的空间，即转型为平台型企业，"创造顾客"的关键已转变为"交互用户"。因此，海尔集团进行了"交互用户"式的互联网化转型，相应地，品牌营销策略也由 4Ps 转向 4Cs。在产品上，利用用户交互平台将其转化为供应链的一部分，使其既是产品消费者，也是设计参与者、传播体验者，通过全流程的用户参与，达到用户服务无尺度、用户体验无尺度，最终实现用户需求的最大化满足。在价格上，了解消费者满足需要与欲求愿意付出多少钱，借助众筹模式，降低用户的购买成本。在渠道上，与阿里集团深度合作，整合信息网、营销网、物流网、服务网的虚实双重优势，为用户提供最大的便利性。在传播上，调整原有的媒体投放策略，积极与用户进行多元化的互动沟通。

4. 分销渠道结构、类型及管理（用于启发思考题 4 的分析）

分销渠道由五种流程构成，即实体流程、所有权流程、付款流程、信息流程及促销流程。实体流程是指实体原料及成品从制造商转移到最终顾客的过程；所有权流程是指货物所有权从一个市场营销机构到另一个市场营销机构的转移过程；付款流程是指货款在各市场营销中间机构之间的流动过程；信息流程是指在市场营销渠道中，各市场营销中间机构相互传递信息的过程；促销流程是指由一单位运用广告、人员推销、公共关系、促销等活动对另一单位施加影响的过程。

按流通环节的多少，可将分销渠道划分为直接渠道与间接渠道：

（1）直接渠道

指生产企业不通过中间商环节，直接将产品销售给消费者。直接渠道是工业品分销的主要类型。例如大型设备、专用工具及技术复杂需要提供专门服务的产品，都采用直接分销，消费品中有部分也采用直接分销类型，诸如鲜活商品等。

（2）间接渠道

指生产企业通过中间商环节把产品传送到消费者手中。间接分销渠道是消费品分销的主要类型，工业品中有许多产品诸如化妆品等采用间接分销类型。

生产企业在选择分销渠道时，必须对下列几方面的因素进行系统的分析和判断，才能做出合理的选择：

（1）产品因素

包括产品价格（单价越高，越应减少流通环节）、体积和重量（过重的或体积大的产品应尽可能选择最短的分销渠道）、产品的技术性（对于需要技术服务与支持的产品，应以生产企业直接销售给用户为好）。

（2）市场因素

包括批量大小（批量大，多采用直接销售）、消费者的分布（消费地区分布集中适合直接销售）、潜在顾客的数量（潜在需求和市场范围大，宜选择间接分销渠道）、消费者的购买习惯。

（3）生产企业本身的因素

包括资金能力（资金雄厚，则可自由选择分销渠道，建立自己的销售网点，采用产销合一的经营方式）、销售能力（生产企业在销售力量、储存能力和销售经验等方面具备较好的条件，则应选择直接分销渠道）、可能提供的服务水平、发货限额。

基于以上理论和渠道策略考虑因素，发展自身的销售网络和渠道对于海尔这样一个资金雄厚、能够提供较高水平服务的企业而言是较好的选择，并且随着消费者的购买习惯的变化，网络购物成为新的趋势，发展独立的物流和上门服务符合时代发展潮流，因此，海尔的渠道策略让它能够在互联网时代更好地生存下去并赢得与其他品牌的合作机会。

5. 品牌传播策略相关理论（用于启发思考题 5 的分析）

（1）传统媒体与新兴媒体的品牌传播优劣势比较

①传统媒体的优势和劣势

优势如，市场基础深厚，受众覆盖面广；广告运作规范，有较为成熟的传播效果评估方法；能直接送达受众，等等。劣势如，单向传播，缺少与受众的互动；受众碎片化，关注度降低；不能直接得到受众接受的反馈；缺乏针对性，等等。

②新兴媒体的优势和劣势

优势如，投放价格相对较低；双向传播、一对一互动传播；不受时空限制；针对性比较强，等等。劣势如，容易被受众忽视；权威性相对薄弱，受众的信任度偏低，等等。

（2）信息过载的形势下，应加强整合营销传播

IMC 整合营销是以消费者为核心重组企业行为和市场行为，综合协调地使用各种形式的传播方式，以统一的目标和统一的传播形象，传递一致的产品信息，实现与消费者的双向沟通，迅速树立产品品牌在消费者心目中的地位，建立产品品牌与消费者长期密切的关系，更有效地达到品牌传播和产品营销的目的。

IMC 强调与顾客进行多方面的接触，并通过接触点向消费者传播一致的清晰的企业形象。具有如下特征：

第一，在整合营销传播中，消费者处于核心地位。第二，对消费者深刻全面的了解是以建立资料库为基础的。第三，整合营销传播的核心工作是培养真正的"消费者价值"观，与那些最有价值的消费者保持长期的紧密联系。第四，以本质上一致的信息为支撑点进行传播。企业不管利用什么媒体，其产品或服务的信息一定得清楚一致。第五，以各种传播媒介的整合运用作手段进行传播。凡是能够将品牌、产品类别和任何与市场相关的信息传递给消费者或潜在消费者的过程与经验，均被视为可以利用的传播媒介。

分析海尔的品牌传播策略可知，海尔已注意到互联网经济时代消费者媒体接触习惯的变化，调整媒体投放的策略，以更好地与新一代消费者沟通。在传统媒体方面，停止投放杂志硬广，侧重于杂志的内容植入，继续投放央视，并积极探索与用户互动性更强的传播方式；在新媒体方面，广泛开展精准传播、视频传播、事件传播、社会化传播等多元化的传播方式。需要注意

的是，互联网传播环境下，信息过载的问题加剧，为了达到更好的传播效果，海尔需要在品牌传播的整合性上加强。

四、关键要点

（1）品牌资产是品牌理论的核心，企业建立自身品牌的过程就是不断积累品牌资产的过程，因此，了解品牌资产的构成要素以及激活品牌资产的方式非常重要。

（2）营销的4Ps及基于4Ps而衍生的4Cs理论，外加整合营销传播（IMC）的概念是企业营销活动的基础，把握营销的本质有利于应对市场的各种不同变化。

（3）企业的市场竞争地位处于不断的变动中，不同地位的企业有不同的战略和应对方式，因此，了解自身当前的情况和相应的战略选择将更有助于为企业做出前瞻性决策。

（4）消费品的分销渠道是影响销售的重要因素，了解产品性质、市场情况、企业实力等方面对分销渠道决策的影响将有助于理解不同行业的分销策略形成规律。

五、建议课堂计划

本案例适合于战略品牌管理和营销管理课程的案例讨论。战略品牌管理课程可考虑在讲授完品牌相关理论后安排讨论，而营销管理课程适合安排在市场竞争、整合营销传播等相应章节。

整个案例讨论的时间建议控制在80分钟。

1. 课前计划

将案例及讨论问题一次发给学生，给学生15分钟仔细阅读案例及相关资料，10分钟独立思考讨论问题，并要求学生独立给出问题讨论所涉及的营销理论。

2. 课中计划（共55分钟）

（1）4~5人形成一个小组，给每小组10分钟讨论时间（10分钟）；

（2）教师简要讲解各问题分析的框架及逻辑要点（5分钟）；

（3）给每小组10分钟的讨论时间，并形成问题分析要点（10分钟）；

（4）由不同小组成员发表问题分析要点及结论，教师结合各问题发言过程进行问题总结，归纳要点以及提取重点（30分钟）。

3. 课后计划

请学员分组就有关问题的讨论进行分析和总结写出书面报告。

六、参考文献及深入阅读

[1] （美）凯文·莱恩·凯勒. 战略品牌管理 [M]. 3 版. 卢泰宏，吴水龙，译. 北京：中国人民大学出版社，2009.

[2] （美）菲利普·科特勒，（美）凯文·莱恩. 营销管理（中国版）[M]. 13 版. 卢泰宏，高辉，译. 北京：中国人民大学出版社，2009.

[3] （美）戴维·阿克. 管理品牌资产 [M]. 吴进操，常小虹，译. 北京：机械工业出版社，2012.

[4] （美）戴维·阿克. 创建强势品牌 [M]. 北京：机械工业出版社，2012.

[5] （美）戴维·阿克，埃里克·乔基姆塞勒. 品牌领导 [M]. 耿帅，译. 北京：机械工业出版社，2012.

[6] （美）希尔，（美）琼斯，周长辉. 战略管理 [M]. 北京：中国市场出版社，2007.

[7] 翁向东. 本土品牌战略 [M]. 2 版. 南京：南京出版社，2008.

[8] 吴水龙，赵志强. 品牌资产激活策略探讨 [J]. 商业时代，2008（1）.

中华老字号的品牌升级
——百年张裕常青之道

摘要：本土品牌如何在全球一体化的背景下保持自身优势是多数国产品牌面临的困境，对于老字号品牌而言尤其如此，它们不仅面临着"中国制造"大多给人以廉价、低劣等不好的印象而被国外产品所取代，还同时遭遇品牌老化带来的困境。因而，在中国市场研究老字号品牌形象重塑或升级的运作典型案例，对于战略品牌管理和营销管理等课程的教学及管理实务的价值是显而易见的。

张裕是土生土长的中华老字号，却凭借与国际资本的联盟、在葡萄产地方面的投资，利用品牌的联合效应以及原产地的杠杆效应成功地为自己树立起了国际名望，同时通过国家公关行为打造自己独特的国宴用酒基因。张裕在品牌国际化、品牌重塑、传播创新等方面都做了很多尝试，是非常有价值的研究对象。

本案例旨在为战略品牌管理和营销管理等课程中探讨企业品牌转型提供一个案例分析素材，帮助学员了解相关理论的同时，进一步明确相关问题的分析思路和方法。

关键词：品牌形象；品牌重塑；品牌营销

引言

2010 年 6 月 24 日，张裕集团总经理周洪江收到了一张来自法院的通知

---

1. 本案例由中国传媒大学孔清溪、唐雨卉撰写，作者拥有著作权中的署名权、修改权、改编权。

2. 本案例授权中国传媒大学 MBA 学院案例中心使用，案例共享中心拥有复制权、修改权、发表权、发行权、信息网络传播权、改编权、汇编权和翻译权。

3. 由于企业保密的要求，在本案例中对有关名称、数据等做了必要的掩饰性处理。

4. 本案例只供课堂讨论之用，并无意暗示或说明某种管理行为是否有效。

单，他迫不及待地打开信函，判决结果是：维持"解百纳"商标归张裕所属的原判，驳回中粮酒业、中粮长城、王朝、威龙四家企业的联名上诉。

看到这一结果，周洪江长舒了一口气，在这场历时八年的商标之争中，张裕所做的努力总算没有白费，判决结果最终还是站在了他的一边。

在最终的判决结果出来之前，"解百纳"商标之争已经持续了八年多，张裕终于还是保住了该商标的所有权。当时争论的焦点就在于到底"解百纳"在消费者的认知中普遍表现出的是一个品类名称还是一个商标名称，张裕就这一问题和其他几家公司争执不下。而法院虽然在判决结果中将商标所有权判给了张裕，但对于它是品类名称还是商标名称这一核心问题不予以裁决。在通知判决结果的同时，也寄来一份调解协议，希望张裕能够与其他三家企业在使用权方面达成一致和解。

读完来自法院的所有文件后，周洪江向董事会做了汇报，董事会的成员也分成了两派。一方认为商标争夺战的本质并不是谁实质拥有商标的所有权，而是在实际市场投入时的使用权，如果出让商标的使用权就相当于白赢了这一场官司。另一方则认为与其他几家大企业联合作战，一起培育市场有助于将蛋糕做得更大。

眼看着双方各执一词僵持不下，周洪江忽然发言道："我们 2002 年拿到这个商标的注册权，此后的纷争便从未间断过，你们有想过当时的背景和现在有什么不同么？"一时间大家都陷入了沉默，周洪江接着道："虽然张裕一直在葡萄酒市场中处于领先地位，解百纳也是一个沿用历时悠久的子品牌，张裕凭借着自身的影响力和口碑培育了'解百纳'的消费群体，然而当时各种鱼龙混杂的品牌纷纷跟风推出解百纳葡萄酒，张裕的努力被其他品牌白白分了一杯羹，这就是当时我们急于将商标注册下来的最根本原因。"

有人问道："那当时的情况和现在到底有什么不同呢？"周洪江说道："现在商标案的判决结果出来了，我们是占据主动权的一方，而来跟我们洽谈合作的几家企业都是葡萄酒市场上的龙头企业，若只是授权他们使用，对解百纳的品牌形象不会有太大影响，并且正如他们所说，这可能帮我们打开共赢的局面。同时，由于这件商标案在业界已经闹得沸沸扬扬，如果我们肯做一些让步，不仅在生意上是一件有利的事情，对于整个公司的品牌形象也可能会有意想不到的好处。不过，决策毕竟要董事会成员一起来做，你们也可以说说自己的看法，或者直接表决。"

当天董事会便通过了商标授权的决议，而具体的授权细节经过了多次与其他三家企业的洽谈和内部的讨论才最终敲定。于是在 2011 年 1 月，"解百纳"商标案才迎来了历时九年之后的盖棺定论，张裕拥有"解百纳"商标的所有权，同时授权中粮酒业等 6 家公司无偿地使用该商标。媒体对这一悬案进行了大肆报道，并称张裕此举体现了包容性增长。张裕不仅收获了大量的媒体曝光，同时还赢得了人心和名望。

1 公司背景

周洪江接手张裕集团之后，一直承受着巨大的压力，让张裕这个经历了百余年风雨的品牌延续它的光辉岁月，是他一直以来肩负的使命和责任。看着窗外的景色，他忽然觉得百年时光似乎就在弹指一挥间。

张裕虽然成立于 1892 年，然而它的故事却要追溯到 1871 年的一个夏夜。其创始人张弼士在印度尼西亚雅加达出席法国领事举办的酒会，听闻一位法国人讲述了自己的经历：第二次鸦片战争期间他曾随英法联军来到烟台，发现那里漫山遍野长满野葡萄，宿营期间士兵们采摘后私自酿成酒，口味竟然不错。他甚至有过梦想，战后留在这里开办公司，专做葡萄酒生意。

此等闲话张弼士听后却多了一桩心事。此后，张弼士公务之余考察了烟台的葡萄园种植和土壤水文状况。1892 年，他斥资 300 万两白银，购下烟台东部和西南部两座荒山，雇佣 2 000 劳工开辟了 1 200 亩葡萄园，又在市区近海处购地 61 亩，建起一座两层的生产工作楼，创办了张裕酿酒公司。至此，中国第一座带有现代工业色彩的葡萄酿酒公司初现格局。

张弼士知道，在封建时代的中国，要想成就一番大业，不借助朝廷之力只能是纸上烟云。于是，在有幸得到慈禧太后召见时，张弼士趁机献上 30 万两白银，此事在朝野上下引起不小震动。张弼士此后做事一帆风顺，不仅得到了封赏，而且在宫内得了人缘，李鸿章为张裕亲批了执照。光绪皇帝的老师翁同龢当时名满天下，人品学问高人一筹，书法又精到。张弼士动了请他题写厂名的念头，以翁同龢的洞明练达，当然知道张弼士非等闲之辈，乐得送个人情，当下大笔一挥，朴茂凝重、气韵天成的"张裕酿酒公司"招牌写就，从此开启了张裕名满天下的百年经营之路。

历史风云变幻，民国时期封建制度瓦解，而张裕的名望却没有受到丝毫影响。1912 年，孙中山到张裕公司参观，并为张裕题赠"品种醴泉"，以鼓励实业兴邦之志。

张裕品牌的发展，是中西融合、国际化不断深化的过程。早期的酿酒葡萄，是从国外引进、再与烟台当地的野生葡萄杂交后选育出来的；百年大酒窖，采用了土洋结合的建筑方法，一百多年，不渗不漏、四季恒温。1915 年，张裕葡萄酒参加巴拿马万国博览会，夺得四枚国际金奖。"张裕"成为中国首批"中华老字号"之一。

新中国成立以后，人民政府接管张裕，先后投资 75 万元，用于张裕公司恢复和扩大生产，使濒临破产的张裕公司得以迅速发展。至 20 世纪 50 年代末期，公司已具有2 000吨酒的生产能力，为新中国成立前的 10 倍。1952 年，张裕公司的金奖白兰地、红玫瑰葡萄酒、味美思在全国第一届评酒会上被评为国家名酒，进入中国八大名酒之列。

1997 年，烟台张裕葡萄酿酒股份有限公司作为独家发起人，将集团下属的白兰地、葡萄酒、香槟酒、保健酒 4 个酒业公司及 5 个辅助配套公司的资产重组，折 14 000 万股国家股，同时发行 8 800 万股境内上市外资股（B股），募集成立了烟台张裕葡萄酿酒股份有限公司，并在深圳证券交易所上市，成为中国葡萄酒行业第一家股票上市公司。2000 年 10 月，股份公司又成功发行3 200万 A 股，并于 26 日在深交所上市。

2 舶来品的本土之困

张裕的发展历程一路四平八稳，鲜少经历较大的起伏，但要让百年品牌永葆生机，不仅需要稳定的经营，更需要与时俱进。随着中国经济体制的改革和国际化程度的加深，各种行业都受到了不同程度的冲击，尤其对于葡萄酒这种本来就属于舶来品的行业而言。

国内的葡萄酒行业自 2013 年以来进入了寒冬，产量以及销量都出现不同程度的下滑。张裕自然也不免遭受影响，2013 年年报显示，张裕营收和净利继续"双降"，营收同比降幅为23.44%，净利润同比降幅为38.38%（见表 1）。

表1　2011—2013 年葡萄酒行业主要企业收入及市场份额

公司名称	2013 年		2012 年		2011 年	
	营业收入（亿元）	市场份额（%）	营业收入（亿元）	市场份额（%）	营业收入（亿元）	市场份额（%）
张裕	43.21	10.59	56.44	12.87	60.28	15.67
中国食品	14.75	3.61	31.08	7.09	29.54	7.68
威龙	7.11	1.74	7.98	1.82	8.36	2.17
通天	1.76	0.43	6.58	1.5	8.3	2.16
中葡股份	5.52	1.35	6.19	1.41	5.37	1.4
莫高股份	3.65	0.89	3.61	0.82	3.63	0.94
通葡股份	0.85	0.21	0.84	0.19	0.95	0.25

　　国产葡萄酒份额自2011 年后持续走低，除却国内经济衰退和"三公"消费的限制之外，进口葡萄酒的大举进入也是重要原因之一。海外葡萄酒的大量进口分散了中国葡萄酒产业需求，使中国的龙头企业无法扩大市场份额（见表2）。

表2　中国葡萄酒进口量统计

年份	葡萄酒				进口额占行业总收入的比例（%）
	国产量（万千升）	行业总收入（亿）	进口额（亿）	进口量（万千升）	
2010	102.39	317.48	48.125	28.34	15.16
2011	115.7	384.6	87.06	36.16	22.64
2012	138.16	438	98.875	39.44	22.57
2013	117.8	408	97.25	37.68	23.84

　　在普通消费者的认知中，葡萄酒属于舶来品，其文化正统源自欧洲大陆，但实际上葡萄酒的酿造和饮用在中国本土始于汉代引自于西域。《史记·大宛列传》中记载："宛左右以蒲陶（即葡萄）为酒，富人藏酒至万余石，久者数十岁不败。俗嗜酒，马嗜苜蓿。汉使取其实来，于是天子始种苜蓿、蒲陶肥饶也。"不过由于葡萄栽种的地域限制和交通运输能力不足，葡萄酒没能得到大面积的推广，没有成为大众饮料。因此，葡萄酒文化在古代中国的普及

有很大的局限性。

直到 1892 年张弼士创建张裕葡萄酒厂，中国葡萄酒业开始工业化生产。然而大多数酒厂在长时间的内外战争中遭到严重的打击，逐渐衰落下去，纷纷倒闭。新中国成立之后，葡萄酒业得到政府的重视，才慢慢复兴，但直至 20 世纪 80 年代，我国当代葡萄酒行业才正式展开新的篇章。因此，古代的葡萄酒文化未能很好地传承，当代葡萄酒文化又尚未成型，这期间的断层严重影响着我国葡萄酒文化的生发。

与此形成对比的是海外葡萄酒产业已经经历了数百年的发展，产量巨大，实力强劲。欧洲种植葡萄的历史传统非常悠久，绝大多数葡萄栽培和酿酒技术都诞生在欧洲。以法国、意大利、德国为代表的欧洲葡萄酒生产商，合计的产量是中国本土产量的 10 倍以上。其中尤以法国红酒最为闻名，法国不但是全世界酿造葡萄酒种类最多的国家，也出产无数闻名于世的高级葡萄酒，其口味种类极富变化。

本土葡萄酒企业曾经的竞争优势得益于对中国葡萄酒行业的尽早布局。在国际企业尚未给予关注的情况下，本土葡萄酒企业抓住了市场先机，对本土需求充分满足，构建起本土企业在中国市场的经营优势和品牌优势。然而这样的优势是在国际供应商没有参与到中国葡萄酒市场竞争的情况下实现的，必然要经历一个与全球统一的葡萄酒市场融合的过程。

随着中国市场对葡萄酒的需求越来越强劲，刺激了越来越多的国际葡萄酒企业进入中国，加大在中国市场的布局，从而对中国市场格局的瓜分和影响越来越强烈。在这种产业背景下，目前出现的以张裕为代表的中国葡萄酒本土企业市场份额持续下降，影响力弱化，实质是葡萄酒行业构建统一的全球大市场导致的必然结果。

从这个意义上讲，中国本土葡萄酒生产企业目前所受到的挑战是深层次、结构性的。海外葡萄酒占全世界葡萄酒产量的 90%，但目前只占中国市场的 25%。只有海外和本土葡萄酒各自的市场份额与它们的产能及品牌质量相一致的情况下，海外葡萄酒对中国本土葡萄酒的冲击才能终结。中国葡萄酒市场的格局之变才刚刚开始，中国本土葡萄酒企业过去的竞争优势已经消失，正在接受全球厂商统一市场下的更加激烈竞争的挑战。只有在全球厂商挑战下再一次建立新的竞争优势，中国本土葡萄酒企业新的确定性和成长才能具备。

3 品牌形象升级"三步走"

3.1 外资力量为品牌形象背书——中西合璧的联姻

时间转眼到了2014年，整个葡萄酒市场持续低迷，张裕却实现了上半年的逆势增长，其中有三项指标非常惹眼。

（1）张裕上半年实现营业收入23.02亿元，公司二季度主营业务收入和净利润均出现了不同幅度的反弹，分别同比增长14.86%和6.23%。主营收入和利润双双增长，证明这种增长趋良性；同时，利润增长率不到收入增长率的一半，企业单纯追求利润的时代已经结束。

（2）从产品结构看，上半年张裕葡萄酒业务实现销售收入17.65亿元，同比下滑9.28%，但起泡酒在上半年微幅增长2.01%，实现销售收入2 057.03万元。显然，一些个性化的产品已经逐渐被中国消费者接受，新研发上市的小众酒种未来有很大的机会，也值得行业重视。

（3）销售费用也大幅下降，2014年上半年销售费用为4.86亿元，同比减少16.74%。主要是因为根据市场状况，适当压缩了营销投入所致。

听罢市场部和销售部的汇报后，周洪江点点头，说道："今年成绩不错，看来我们的战略调整颇有成效。老谷，你觉得是哪些策略带来的这些收益?"

市场部经理谷德周说道："受到消费结构的影响，我们采取了'稳步发展中高档葡萄酒，大力发展低档葡萄酒、白兰地以及自有品牌进口酒'这一策略。同时，一、二线市场在高速发展之后面临饱和的局面，因此，在渠道方面我们选择了向三、四级城市倾斜，重视该市场的终端建设和渠道扩张。"

周洪江补充道："这些战略当然有助于我们在市场中取胜，但百年的品牌积淀和早年我们引进的'洋'基因也是功不可没。若是没有强大的品牌形象做后盾，渠道下沉和中低端路线很容易让品牌丧失原有的高端形象。所以，尽管'下沉'策略帮助我们在市场中逆势增长，但品牌形象的维护依然不能掉以轻心。另外，你也提到自有品牌进口酒的作用，我觉得这对于我们是一个很好的机会，一方面我们是保持着中华老字号的品牌基础，另一方面我们也能满足消费者对于进口酒的需求。"

周洪江口中的引进"洋基因"贯穿了张裕品牌发展历程的始终。葡萄酒行业有其特殊性，西方葡萄酒的文化、国际化以及工业化起步较早，特别是一些欧洲旧世界葡萄酒品牌的历史积淀更为深厚，葡萄酒酿造技术更为精湛，这就要求本土葡萄酒品牌不断与其进行交流，将西方葡萄酒文化、技术与我国文化及国情相融，以合中西之完璧。

在张裕成立早期，便是从国外引进酿酒葡萄再与烟台当地的野生葡萄杂交，从而培育出自己的酿酒葡萄；建筑的百年大酒窖，综合了中国土法和国际建造法；聘请的第一任酿酒师，来自奥地利的酿酒世家。在技术上，从法国、意大利、澳大利亚等欧美国家引进酿酒专家、葡萄种植专家，定期开展技术交流活动。

资本方面和品牌联合方面，自2005年股权制度改革后，张裕吸纳了四成国际资本，意大利意迩瓦公司持股33%，国际金融公司持股10%；此外，烟台市国资委持股12%，张裕员工组建的裕华公司持投45%。2006年，张裕还与法国历史最悠久的干邑白兰地厂商法拉宾干邑公司，正式展开从技术到贸易的全方位合作。除了技术层面上的合作，张裕还聘请美国宾夕法尼亚大学的校董凯利先生担任高级国际营销顾问，借鉴其经营管理方面的经验。

张裕在“请进来”的同时，不仅仅是向国际葡萄酒企业和品牌学习，更重要的是要通过“请进来”而“走出去”。2001年，张裕率先与国际葡萄酒巨头卡斯特联姻，借助卡斯特的资本、技术以及品牌优势，提升张裕的品牌形象，并借机主攻欧洲市场。2006年，张裕正式成立烟台张裕先锋国际酒业有限公司，代理帝萨诺、苔丽雅、格洛凯等国际葡萄酒知名品牌以及相关葡萄酒系的产品，不仅与自身的酒种形成互补，而且为张裕搭建了一个贯通中外市场的平台。2009年，张裕正式成立了以自身为核心的七大国际酒庄联盟，囊括新西兰张裕凯利酒庄、法国波尔多拉颂酒庄、法国勃艮第斐拉帝酒庄、意大利西西里张裕先锋酒庄等四大国际酒庄，以及北京张裕爱斐堡国际酒庄、辽宁张裕黄金冰谷冰酒酒庄、烟台张裕卡斯特酒庄等三大国内合资酒庄，进行优质酿酒葡萄产区和酒庄酒布局。

作为张裕市场部的资深元老，谷德周见证了张裕在2000年之后国际化的一系列措施，他也慨叹道:“虽然我们是本土品牌，但反而是借助了这些‘洋’基因才让我们在市场上不至于陷入被动，纯正的‘中华老字号’似乎真的不太适用于葡萄酒行业。”

周洪江沉吟半晌，对谷德周的话只同意了一半：“老谷，你说得没错，但你要知道，海外基因只是手段，并不是目的。我们在技术上引进国外的资深酿酒师、在营销上聘请国际营销顾问出谋划策、在资本上借势国际巨头打造国际品牌形象，是为了借此提升了品牌的知名度，实现'走出去'、活跃于国际舞台的战略目标。在国际化合作的过程中，品牌的归属权问题一定是必须守住的底线。为了走上世界舞台，国际化当然是必需的，但中国的本土属性决不能丢，这也是中方控股占了绝对主导权的原因。否则张裕将不成为张裕，我们品牌本身积累了百余年的资产将毁于一旦。"

3.2 文化积淀为品牌形象加固——酒庄里的生意

不等谷德周回应，周洪江忽然想起另一件事情，说道："自从去年高端餐饮消费开始走下坡路，我们在国内的几大酒庄都产生了不小的赤字，准备近期开个筹备会议，商量一下酒庄的下一步战略。"

张裕 2013 年上半年的财报显示，其高端酒庄子公司北京张裕爱斐堡国际酒庄有限公司以及辽宁张裕冰酒酒庄有限公司出现亏损。一起亏损的还有提供原料的新疆天珠葡萄酒业有限公司。其中，爱斐堡酒庄和冰酒酒庄的亏损额度总计 4 367 万元。

2009 年，以张裕为核心的七大国际酒庄联盟正式成立，一举囊括新西兰张裕凯利酒庄、法国波尔多拉颂酒庄、法国勃艮第斐拉帝酒庄、意大利西西里张裕先锋酒庄等四大国际酒庄，以及北京张裕爱斐堡国际酒庄、辽宁张裕黄金冰谷冰酒酒庄、烟台张裕卡斯特酒庄等三大国内合资酒庄。仅 2013 年之内，张裕宣布其投资 6 亿元打造的张裕瑞那城堡酒庄在陕西开业；同时，宁夏张裕摩塞儿十五世酒庄与新疆张裕巴保男爵酒庄也连续开业。如此的密集程度打破常规。与此同时，张裕还有烟台丁洛特酒庄、可雅白兰地酒庄正在建造，与已经开业的张裕六大酒庄一起，将形成国内八大酒庄集群，为目前国内最大的酒庄产业布局。未来，张裕还将在世界其他优质酿酒葡萄产区继续进行酒庄布局，整合国际资源提升酿造技艺，为消费者提供各具特色的世界各国顶级酒庄酒。

针对早期建成的国内四大酒庄，张裕推出了"圈子营销"的新理念和新模式。

3.2.1 张裕卡斯特酒庄：首创"整桶订购"的旅游文化式酒庄

2002 年，张裕同法国卡斯特在烟台合资建设的酒庄，是国内第一座专业化、国际化的酒庄。这个酒庄的产品，主要定位在中高端的政务、商务人士，张裕正在着力把它打造成一个旅游文化式的酒庄。张裕卡斯特酒庄的主要特色在于其革命性地推出了"整桶订购"的营销模式,这一国内首创的个性化营销模式,为消费者提供了一个享受个性化服务的平台,让消费者可以根据个性需要来选择和参与产品工艺过程,定制酒庄酒。

3.2.2 张裕爱斐堡国际酒庄:引入期酒营销的"国际酒庄新领袖"

北京张裕爱斐堡国际酒庄,是由意大利、美国、法国、葡萄牙、中国等五个国家的资本共同投资建设的,国际葡萄酒组织提供了全方位的技术支持。这个酒庄集酿酒、旅游、休闲及葡萄酒知识培训功能为一体,定位为"国际酒庄新领袖",它的消费人群是社会各个领域的领袖级人物。

在国际市场上,期酒因为具有稀缺性、奢侈性、收藏性的特点,代表着"金字塔尖"的消费,备受国际知名酒庄推崇。中国作为新兴的奢侈品消费大国,对高端葡萄酒有着巨大的需求,而国内葡萄酒高端品牌的缺位,根本无法满足消费者的需求。因此,张裕在爱斐堡引入了期酒营销模式,一方面投资者可以通过提前预订享受葡萄酒的增值;另一方面生产商可以提早获得资金上的支持。关于"储酒领地",这种模式的创新之处在于,一旦成为"储酒领地"的领主,将获得酒窖储酒位的 10 年使用权,并享受专业的葡萄籽油SPA、住宿、餐饮等一系列私人度假服务。

3.2.3 张裕黄金冰谷:专注于情感营销路线的时尚型酒庄

张裕与加拿大奥罗丝公司合作,在辽宁的桓龙湖畔共同打造了世界最大的冰酒基地。它的定位是时尚型酒庄,专注于情感营销路线,消费人群是那些享受生活、注重情感的白领、时尚人士。目前,包括加拿大、德国、奥地利在内的世界冰酒,每年产量合计为 1 000 吨,而张裕冰酒酒庄每年的产量就可以达到 1 000 吨,对全球冰酒市场格局带来了巨大冲击。中国与加拿大、德国一起,正逐渐成为国际市场上最主要的冰酒供应者之一。

3.2.4 张裕凯利酒庄:"高尔夫+葡萄酒"的贵族休闲型酒庄

张裕也凭借自主品牌的影响力,在国外著名酿酒葡萄产区联合建立贵族休闲型酒庄——新西兰张裕凯利酒庄。这个酒庄定位于中高端白领、时尚人群以及外籍人士,针对高尔夫俱乐部这个特殊渠道,推出了"新西兰张裕凯利长相思干白"及"张裕大师级馆藏解百纳"两款产品,配合"新西兰张裕凯利酒庄干红",组成针对高尔夫特定人群的高端葡萄酒系列。目前,中国打高尔夫球的人群已达到 100 多万,从消费心理考虑,高尔夫人群本身属于精英阶层,对使用的物品均要求显示出其独特的品位,满足其在圈子进一步彰显身份的要求，打高尔夫球和喝红酒是其生活中必不可少的一部分。因此，极具差异性的"高尔夫+葡萄酒"的营销模式，符合目标消费群的心理需求。未来两三年内，张裕将在全国 100 家高尔夫球场建立葡萄酒营销网络，推行这种极具特色的体育营销方式。

谷德周犹疑半晌，缓缓开口道："周总，有些话不知当讲不当讲。"周洪江笑道："跟了我这许多年，有什么好顾忌的么，想到什么就讲，大家一起做生意，没有什么上下级，市场的反应就是真理。"

谷德周说道："酒庄的经营，我们相比国内其他厂商算是有一定的资历，然而和国外动辄愈百年的酒庄文化相较之下，还是太过年轻。张裕的'酒庄酒'与国外的'酒庄酒'相比，历史性和专业性都还不够。"

周洪江颔首道："你考虑得很有道理，酒庄的经营并非一蹴而就，所以对我们而言，酒庄生意贵在坚持。'七分原料，三分工艺'，这是葡萄酒界公认的标准。并非任何地方都拥有种植酿酒葡萄的独特自然环境，所以抢先对原料产地跑马圈地对张裕而言非常重要。优秀的葡萄酒庄园的建立也与优质的葡萄种植基地紧密相连。即便现阶段有所亏损，我们也不能太过短视地放弃酒庄这个大生意，把经营策略调整好，高端葡萄酒的未来还要依靠酒庄品牌的支撑。"

谷德周点点头："我知道酒庄的存在不仅仅是为了企业短期的盈利，更重要的是依赖这张文化牌为品牌形象长期投资，只是用于长期投资的工具若是能够带来额外的利润自然更好。"

"我明白你的想法，"周洪江接道，"既然是长期的投资项目，眼光就可以放长远一点，我们当然要追求酒庄的盈利，不过现在的要务，是做好布局，等带动张裕的品牌形象提升后，该来的利润自然会来。"

3.3 国家公关为品牌形象增值——声名远播的国宴用酒

说罢周洪江拍了拍谷德周的肩膀："你别忘了，我们还是国宴用酒，如果不是深厚的历史和文化做积淀，国宴中能有我们的一席之地吗？"

拥有 120 多年历史的张裕葡萄酒，与中国国宴的因缘始于新中国成立之初。1949 年 9 月，中国人民政治协商会议第一届全体会议的闭幕晚宴上，葡萄酒被选作宴会用酒，而张裕则是那个年代唯一能够出现在国宴场合的国产葡萄酒。这是新中国成立后的首次国宴，由此开启了葡萄酒作为 60 年国宴用酒的序幕。

1951 年，周恩来总理对《关于接待工作今后的改进方法》进行了批示，亲定国宴酒为：国产葡萄酒、绍兴酒、啤酒、烟台张裕公司制的白兰地、北京大喜公司制的香蕉酒。而到 1984 年则正式确立了葡萄酒的国宴用酒地位，外交部明确规定"国宴一律不再使用烈性酒"，葡萄酒作为国际交流的"第二语言"，受到前所未有的重视。

挑选国宴用酒是一个极其严格而苛刻的考题——一方面，它的品质要能代表一国最高水平；另一方面，丰富的文化内涵也同样不可或缺。

2003 年前，钓鱼台国宾馆国宴用酒定的是法国酒庄酒，一瓶标价上万元。时任外交部领导知道后说："钓鱼台不能只用一种外国酒，因为如果请的是与法国关系不好的国家元首，你用法国酒可能就被对方认为不友好了。"后来，钓鱼台国宾馆请来一流的品酒师，对包括张裕卡斯特酒庄酒和张裕解百纳在内的 11 种世界名酒进行"盲品测试"，结果张裕卡斯特酒庄酒和张裕解百纳分别排名第二和第五，只比那个价格高很多的法国酒稍微低一点，而口味和品质远远高于许多世界名酒。从此，张裕作为国宴用酒走进了钓鱼台，频繁出现于外交场合与国际舞台。

近年来，随着中国国际地位的上升，世界各国越来越注重与中国的合作交流，每年来华访问的元首与国际会议不断增加。张裕爱斐堡酒庄酒在近年来已经 30 余次登上国宴餐桌。上海世博会开幕式国宴、第三次金砖国家领导人三亚峰会国宴、二十国集团财长会议国宴，以及第十二次上海合作组织峰会国宴、美国总统奥巴马访华国宴、俄罗斯前总统梅德韦杰夫访华国宴、法国前总统萨科奇访华国宴、德国总理默克尔访华国宴、加拿大总理哈珀访华国宴以及今年 6 月俄罗斯总统普京访华国宴……各国政要都品尝了张裕爱斐堡酒庄酒。

2010 年 10 月 26 日，在上海世博会联合国馆迎来联合国经济和社会事务部活动周开幕式，中国国际文化传播中心执行主席龙宇翔代表中国将一瓶张裕百年酒窖干红葡萄酒赠予联合国，联合国副秘书长沙祖康接受了这份特殊藏品。据了解，这瓶收藏证书编号为"0019451024"（联合国成立日）的张裕百年酒窖干红是联合国迄今为止收藏的第一瓶也是唯一一瓶中国红酒。

张裕在国际舞台上崭露头角，吸引了西方媒体与专家的目光。投资大师罗杰斯表示"一直以来只要有机会我就会喝张裕葡萄酒"。英国皇家品酒师乔纳森·雷访问了张裕爱斐堡，并在英国《每日电讯报》撰文评价张裕称："没有理由认为中国人酿不出好酒。他们有多样的风土、高品质的葡萄、欧洲的顾问和投资、先进的酿酒设备，更重要的是，他们有获得成功的渴望。"

从国宴款待奥巴马、梅德韦杰夫、卡梅伦等大国元首，到"股神"巴菲特爱不释手的中国礼物，再到联合国唯一珍藏的中国葡萄酒。张裕百年酒窖干红作为中国葡萄酒百年工艺与精神积淀的结晶和代表，不仅展现了一种独特的中国葡萄酒风味，更是古老的中国文化的使者与符号象征。张裕百年酒窖酒已经成为中国国家形象的一张"名片"，在中国对外交流中扮演着重要角色。

4　百年佳酿情如梦

张裕从创始之初到现在，已经走过了 120 多年。经历了战争的洗礼、社会的变革，其自身也在发生着很多改变——从纯粹的民族产业到外资的融资，从一个本土企业到成为备受瞩目的国家名片。然而，张裕的未来还面临着各种挑战，如何让老字号在岁月中常青是张裕延续其百年梦的关键。

名酒行业的黄金时代已不在，数千亿市场一片乌云笼罩。2010 年后，随着经济走势的下滑，葡萄酒行业的未来似乎也并不明朗。

互联网在中国迅猛发展，带来了人们生活方式的变化，更推动了传统商业模式的变革。新媒体是新时尚，葡萄酒是时尚品，所以，当葡萄酒遇上新媒体，必将掀起行业波澜。也买酒、酒美网等新媒体与葡萄酒的结合，已经彻底终结了葡萄酒行业的暴利时代。微信的快捷分享，能让无数菜鸟都变成小半个专家。因此，品质和品牌的力量将在今后发挥更大的作用。

与此同时，来自国外葡萄酒品牌的竞争依然是阻碍国产葡萄酒规模扩张的主要力量。国产葡萄酒明显存在文化底蕴上的不足，这影响了国产葡萄酒品牌附加值的提升。并且从当前国产葡萄酒行业现状来看，行业本身还难以形成合力来引导国民对于国产葡萄酒价值的进一步认知。但实际上 2011 年在北京举办的一场盲品比赛中，来自宁夏产区的葡萄酒击败了法国波尔多名庄酒，一定程度上说明了中国葡萄酒这些年来所取得的发展。可这些信息也仅在行业内流传，没有进入消费者认知。

张裕以其自身的力量在努力地突破这些前行路上的障碍。一方面跑马圈地，以最好的原产地配最富经验的酿酒师，保证旗下产品的口感和质地。竞争品牌大举宣传其全产业链运作时，张裕选择建立农户技术服务体系，把全产业链运作落到实处；二线葡萄酒品牌大量从国外进口低质原酒时，张裕选择布局 25 万亩葡萄基地，由每一颗葡萄开始掌控酒品质量；面对"解百纳"商标之争，张裕选择了包容。另一方面以酒庄为文化原点，辅以博物馆营销三张牌的对外辐射——品牌文化推广（历史文化牌）、酒文化推广（葡萄酒文化牌）和产区城市特色推广（酒城牌），为品牌打下颇具质感的品位调性。坚持张裕的百年传承、中西合璧、不断创新三个基本不变的基调，在日趋同质化的葡萄酒市场中走出一条与众不同的道路，打造与众不同的品牌形象，在竞争的蓝海中寻求突破之道。

"爱国、敬业、优质、争雄"的企业精神是张裕人的立业之本。随着中国葡萄酒市场的急速膨胀，许多民族品牌越发的浮躁与盲目，中国葡萄酒行业需要张裕这样一个拥有百年积淀、步履沉稳的领导者。从创建伊始的"实业兴邦"到"国家名片"，从葡萄品种的引进到行业标准的建立，张裕一直用其最稳健的步伐践行着行业领袖的使命和义务。但面对国际酒业巨擘的强力攻势、国内葡萄酒品牌的混战，以及中国消费者仍未成型的葡萄酒消费文化，张裕这个搏在风口浪尖的陈酿，还需太多抉择。

The Brand Upgrade of the Old Brand of
China——The Path to Evergreen of Century Changyu

Abstract：How to maintain their advantage in the trend of global integration is the plight for most domestic brands, especially those time-honored ones. They are facing the dilemma of being replaced by foreign brands due to the negative impression of Made in China, which means cheap and poor quality, and brand aging. Therefore, it is obviously significant for teaching and management practice in Strategic Brand Management and Marketing Management to study typical cases of brand image remodeling and upgrading of the time-honored brands in China.

Changyu, a homegrown China time-honored Brand, successfully established international fame by brands combination effect and leverage effect of origin through alliance with international capital and investment to grape source area. At the same time, they created unique state banquet wine gene, through national public relations behavior. Changyu has made many experiments in brand internationalization, remodeling, communication and innovation which are very valuable to study.

The purpose of this case study is to provide a case of brand transformation for the student to understand relevant theory, clarify the analysis and analytical approach for further study.

Key words：Brand image；Rebranding；Brand marketing

案例使用说明

中华老字号的品牌升级
——百年张裕常青之道

一、教学目的与用途

（1）本案例适用于战略品牌管理、营销管理等课程关于品牌形象、全球品牌战略、品牌联盟、品牌重塑以及品牌传播相关章节的案例讨论。

（2）随着全球一体化节奏的加快和中国经济地位的上升，本土品牌为了应对外资品牌的冲击，寻求更广阔的生存空间，有了进一步提升品牌形象的需求。本案例通过提供张裕的品牌形象升级策略，实现以下几个具体的教学目标：

①帮助学生明确提升品牌形象的方法和策略、如何利用既有的品牌资产、效率最大化地传播品牌，以及品牌建设过程中的文化战略等问题。

②使学生能够深入理解战略品牌管理及营销管理的相关理论，了解企业营销战略的决策思路，明确品牌形象升级的决策要素等。

③帮助学生明确品牌联想建立的途径和方法。

④帮助学生了解相关理论的同时，进一步明确相关问题的分析思路和方法。

二、启发思考题及分析思路

1. "中国制造"通常被冠以"山寨"、"廉价"、"低劣"的印象，而张裕却成功地树立了自己的高端形象，请总结张裕使用了哪些手段和方法。它们为什么能发挥作用。

【分析思路】张裕通过3个手段完成了自己的品牌形象升级——首先是引

进外国的技术、人才和资本，为品牌赋予混血基因，让外资成为品牌的品质背书；其次是效仿国外的酒庄营销，打造独特的文化历史传承，并与国外品牌建立品牌联盟，凭借酒庄文化塑造品牌形象；最后通过国宴用酒占领国家公关的高地，利用媒体的影响力增加品牌的曝光度和高端调性。

2. 老字号品牌随着时间的推移，可能都会面临品牌老化的危机，但张裕充分利用中西结合的优势，借助酒庄文化重塑了品牌形象。然而，品牌重塑过程可能会丧失原有的品牌资产，从这方面来看，企业应该如何在重塑品牌的同时又延续了自身的原有资产呢？张裕的做法给了你什么样的启示？

【分析思路】从张裕的背景分析其品牌重塑的必要性，结合品牌资产等理论评价其品牌重塑过程决策中的得失。

3. 与国际巨头卡斯特的合作给张裕带来了什么好处？又存在着什么样的潜在风险？张裕应该如何化解和规避这些风险？

【分析思路】此问题应结合品牌联盟的概念、优劣势等进行分析。张裕与国际巨头卡斯特的合作涉及本土资产与外资的联合，与其本身的"中华老字号"形象形成了一定的冲突，因此存在着稀释其既有品牌资产的风险，以及资产运用不当而造成的股权旁落的风险。

4. 对于葡萄酒而言，生产基地意味着品牌中的什么要素？张裕对葡萄酒基地的统筹管理中，是如何建立生产基地与品牌的相关联想的？

【分析思路】由于葡萄酒品类的特殊性，其品质基础与原料有较大的相关性，而原料的生产又与原产地息息相关，所以对于葡萄酒品牌而言，原产地的品牌杠杆作用明显，这也是张裕跑马圈地的重要因素之一。后一问则涉及品牌联想相关概念及外延。

5. 国宴用酒从哪些方面帮助张裕提升了品牌形象？

【分析思路】此问题涉及品牌营销的几种要素，以及分别对品牌形象的提升作用，尤其是人物、事件等方面。

三、理论依据及分析

本案例主要涉及以下几个理论要点：

1. 品牌重塑的概念、类型及手段（用于启发思考题 1、2 的分析）

品牌重塑，顾名思义是指品牌的再塑造，是指推翻以前品牌在人们心中的形象，通过重新定位目标消费群体、提高产品质量和服务、运用品牌营销等手段，重新推广品牌形象、提高品牌知名度进而逐步产生品牌号召力，形成品牌效应和品牌核心价值的过程和活动。

品牌重塑的主要类型有：为改变老化的品牌形象、赢得新客户而进行的品牌重塑；为战略转型或进入新市场而进行的品牌重塑；为业务多元化而进行的品牌重塑；为重组与并购而进行的品牌重塑。

张裕的品牌重塑主要是应对全球化趋势、进军国际市场的需求，因此，对应以上的"为战略转型或进入新市场而进行的品牌重塑、为业务多元化而进行的品牌重塑"两种情况。

当企业战略发生重大转型或进入全新市场时，产品与产品组合、目标客户群、品牌定位、营销模式等都会发生巨大变化，这就要求直接面对客户的品牌能够包容这些变化。如果品牌原有的定位与内涵无法包容这些变化时，就必须对品牌进行重塑。品牌重塑决不仅仅是更换品牌标识那么简单。品牌重塑的本质是对品牌核心价值、品牌定位和品牌个性的重塑。尽管企业战略发生重大转型或进入全新市场时进行品牌重塑是一种必然选择，但在具体操作时仍需保持谨慎。创建一个强势品牌往往需要巨额的资金投入和几十年的苦心耕耘，贸然去改变原有的品牌标识或品牌定位肯定会使企业面临很大的风险。

在企业发展的过程中，有可能面临业务多元化的问题，这种战略层面的转变使原本聚焦于专业领域的品牌在品牌形象和品牌定位方面无法包容多元化业务，此时就必然要对品牌进行重塑。品牌形象和品牌定位是企业经营战略的一种外在表现形式，品牌形象和品牌定位必须能够真实反映企业经营战略。

2. 跨国品牌联合的概念、动因及风险（用于启发思考题 3 的分析）

品牌联盟是指两种或两种以上的品牌，为实现特定的战略目标，通过一定的合作方式，相互借助，共担风险、共享利益而形成的一种独特的网络式品牌联合体。其中一种品牌可以借助其他品牌来丰富自己品牌的内涵，以实现"1+1>2"的效应。对一些强势品牌而言，通过品牌联盟的方式，不仅可以获得直接的收益，还能进一步增强本品牌在市场上的影响力。联合品牌是品牌联盟的特殊形式。

跨国品牌联合，即不同国家的品牌跨越国界实施品牌联合策略。作为企业拓展国际市场的有效方式，跨国品牌联合的案例在当今国际市场中并不少见。通过跨国品牌联合，合作企业不但实现了优势互补，降低了营销成本，同时也冲破了国际贸易壁垒，提升了自身品牌权益。

品牌联合的动因主要有三个：

（1）提高品牌资产价值

首先，合理的品牌联合能够提升各联合品牌渗透对方品牌消费市场的能力，扩大被对联盟品牌熟悉的消费群体接受的可能性。其次，品牌联合可以扩展和改善合作品牌的联想，从而提高合作品牌的资产。一个品牌通过与另一个品牌的联合，使消费者对两个品牌的联合信息进行整合，可能使消费者对两个品牌的联想内容更加丰富，也可以对联合品牌的联想进行强化和提升。扩展品牌联想的内容，能够增强品牌的差异性和相关性。

（2）实现优势互补和资源共享

企业资产可分解为企业所拥有的各自不同的独特技巧和资源，这种独特技巧和资源在市场竞争中形成企业的核心竞争优势。联合品牌中的各个品牌要素，可能在某些方面具有自己独特的优势。而且一个品牌所具有的某种优势有可能恰恰是另一个品牌缺乏并且是必需的。双方分享各自的客户资源，充分利用各自的品牌优势，联合发动一系列合作推广活动，谋求品牌建设和市场拓展的"双赢"。

（3）降低品牌营运成本

在开拓市场方面，联合品牌可以降低促销费用，促销费用双方共担，加之各自品牌早期的广告和促销活动对联合品牌又助了一臂之力，双方的促销费用都大大降低。

跨国品牌联合的风险：

（1）匹配性风险

体现在品牌匹配性、产品匹配性以及战略目标的匹配性等方面。合伙品牌的积极态度以及品牌之间的匹配度对品牌联合评价有影响作用。品牌匹配度是消费者对进行品牌联合的两个品牌的产品类别和品牌概念的互补或者相似性的感知。当两个品牌联合在一起时，如果两个品牌的形象不一致，就会给消费者带来疑惑，进而对联合品牌形成消极的品牌信念。品牌联合中，产品的匹配性包括合作品牌产品类别的相同或相似性，也包括产品类别的互补，合作产品的匹配性在消费者对联合品牌感知中起着重要的作用，它直接影响到品牌联合的效应与消费者对联合品牌的评价。

（2）机会主义行为风险

合作双方的机会主义行为带来的风险。所谓机会主义行为，就是指"自我利益的狡诈追寻行为"，即经济主体由于自身的有限理性和市场的不确定性以及信息的不对称导致其在追求私利的同时，对他人利益造成损害。在品牌联合中，这种机会主义行为表现为过分追求短期回报以及合作品牌的"损人利己"行为。合作品牌的"损人利己"行为表现为一方品牌通过损害另一品牌利益来谋求自身利益，这种行为会出现一方受益、另一方受损的情形，在极端的情况下，甚至会出现一方将另一方排挤出产业市场的严重局面。我国日化品牌合资失败的众多例子很好地说明了这一点。

（3）变化产生的风险

这里包含合作双方资产的变化，如合作品牌遭受财务危机或破产危机、合作品牌进行的战略重新定位，以及合作协议的突然中止或市场态度的突然转变。这些变化都可能对品牌联合产生影响。如果一个品牌的所有者在品牌联合实施过程中决定改变在主要市场部门的定位和战略，那么这可能会破坏双方在战略上业已形成的协调。同时，消费者市场态度的变化也会给品牌联合带来巨大的威胁。

（4）文化差异导致的风险

文化差异导致的风险表现在两个方面，一是宏观方面的不同国家的不同民族文化和商业文化的差异，另一方面是微观方面的不同品牌企业的企业文化差异导致的风险。合作品牌来源国的民族文化是影响跨国品牌联合成功与否的重要因素。跨国品牌联合所涉及的是两个或多个不同国家的品牌，它们之间的跨界合作，必然要受到品牌来源国民族文化的影响。除了品牌来源国的民族文化差异，合作双方企业的企业文化差异也是存在潜在风险的另外一个重要方面。潜在品牌联合的伙伴企业的态度与价值观可能与本企业存在诸多差异，不能低估这种企业文化之间的分歧造成摩擦的潜在可能。可以说，跨国品牌联合中文化的整合比业务上的整合更关键，因为文化的整合牵涉到消除员工的顾虑并建立一种新的观念，而这是一个相当复杂而漫长的过程。

3. 原产地效应概念及作用机制（用于启发思考题 4 的分析）

原产地效应，即品牌原产地效应，是指由于商品原产地的不同而使消费者对它们产生了不同的评估，从而对商品形成的一种无形壁垒。原产地效应是产品的原产地影响消费者对产品的评价，进而影响购买倾向。品牌原产地形象与品牌信念和品牌购买意向均呈正相关关系，但品牌原产地形象与品牌信念间的相关系数大于品牌原产地与品牌购买意向间的相关系数。

原产地效应的作用机制：

（1）光环效应（the halo effect）

消费者对产品的评价来源于内在线索和外在线索，出于信息的不对称，当内在线索难以获得时，消费者就会转向外在线索，此时原产地效应就是一个很重要的影响因素；根据原产地效应当形成一定的态度之后如果是正面积极的，产生的情感因素进而推及对原产地其他产品的评价和认知，有学者概括出原产地效应的光环效应——首因效应——品牌效应——概况效应——新的"光环效应"的动态循环过程。

（2）总结性构念模型

消费者对某个国家或地区的产品或品牌很熟悉时，他们会从产品制造地和在某一品牌名称下销售的产品属性的感觉中抽象出该国或地区的形象，进而影响消费者对品牌或特定产品的态度。

4. 品牌联想相关概念及品牌联想的几个维度（用于启发思考题 5 的分析）

品牌联想是消费者看到一特定品牌时，记忆中所能被引发出对该品牌的任何想法，包括感觉、经验、评价、品牌定位等；而这些想法可能是来自于消费者在日常生活中的各个层面，例如：消费者本身的使用经验、朋友的口耳相传、广告信息以及市面上的各种营销方式等。上述不同的来源，均可能在消费者的心中树立起根深蒂固的品牌形象，进而影响消费者对该品牌产品的购买决策。

品牌联想是任何与品牌记忆相联结的事物，是人们对品牌的想法、感受及期望等一连串的集合，可反映出品牌的人格或产品的认知。品牌联想涉及以下几个方面：

（1）联想数量（number of associations）

消费者心目中对品牌名称所构成的联想集合是衡量品牌权益的一项变数。因品牌所唤起的种种联想与品牌之间即构成了一联想网状结构，而其中每一联想内容与品牌之间的联结就是联想过程。所以，若一品牌所拥有的联想数量越多，表示这些联想对该品牌提供了更多样化的联结途径，则消费者越容易借由这些节点来唤起对该品牌的记忆。

（2）联想的净正面性（positive associations）

消费者对于品牌所拥有的联想集合，其中有的是正面的，但也有部分是负面的。一般而言，市场力高的品牌均拥有相当多的正面联想，而较高市场力的品牌，具有相对比例较多的正面联想；较低市场力的品牌，则具有相对比例较多的负面联想。因此，联想的净正面性能够有效地区分这些品牌市场力的高低。

（3）联想的独特性（uniqueness of associations）

在一个品牌的联想集合之中，某部分是与该产品类别所具有的联想相同的，也就是说品牌与该产品类别之间需要拥有一些共有的联想，当共有联想的个数增加时，则此品牌在此产品类别内将渐渐成为一个典型的品牌，也就是此品牌渐渐会被标准化产品的特性联想在一起，如此将会帮助此品牌容易地被回想，以及容易地被纳入顾客的购买考虑集合之内。若品牌与该产品类别之间的共有联想数量越多时，则表示该品牌在此产品类别内已逐渐成为一个代表性、典型性的品牌，这将帮助消费者在购买该类别产品时，容易地联想起该品牌，进而纳入消费者的购买考虑内。

在一个产品类别内具有许多的竞争品牌，因此有许多联想是在品牌间所共同拥有的。不同市场力的品牌之间拥有多数目的共有联想，有利于该品牌被正确地分类至该产品类别中，但其在此产品类别中，也必须具备在竞争品牌间能够脱颖而出的某些独特联想。而此独特联想也就是能在同一类别内指出该品牌联想特性的衡量项目之一。

（4）联想的来源（origin of associations）

消费者对品牌的了解，均来自于不同的管道；消费者品牌联想的来源，扮演着重要的角色。联想的起源分为直接经验（例如试用、实际购买使用）与间接经验（例如广告、口碑）。以直接经验为基础引发的联想，在消费者心中具有较确定的意义，也将会在消费者的记忆中构成较强烈的印象。在间接经验来源方面，可分为两种，一为口碑，一为广告。以消费者的观点来看，口碑来源具有较高的可信度。而广告是推销的手段之一，消费者对广告来源的可信度相对地较低。

（5）联想的喜好程度（favorability of associations）

消费者对一品牌所产生的联想集合，可能包含正面与负面。而此联想内容会形成消费者对该品牌的整体态度。联想内容中关于品牌属性与利益的内容扮演着满足消费者需求的重要角色，因此，评定消费者对品牌联想的整体喜好度，亦即探讨消费者所被诱发的联想内容是否满足消费者对该产品的需求；除非消费者对该品牌评估之后喜爱这些品牌联想，否则该品牌联想有多特别并没有什么太大的意义。因此，高权益品牌所引发的联想将会使消费者对其拥有较高的整体喜好度。

（6）联想的强度（strength of associations）

品牌联想可借由联结至品牌节点的强度来描绘其特性。联想的强度可视有关品牌的信息是如何进入消费者的记忆中（编码）以及其是如何被记忆为品牌形象的一部分（储存）。强度是在编码中处理所接收到的信息总数或数量（例如一个人回想到多少信息），以及在编码中处理所接收到的信息本质或质量（例如一个人回想信息的方法）的函数。

张裕的整合营销传播手段在增加品牌联想数量以及独特性方面一是建立中华老字号的百年传承形象，二是借助外资联姻树立国际化形象，三是宣传创新文化和精神、打造与时俱进的形象；在正面性方面，以国宴用酒、国家名片身份，在消费者心目中形成高端、商务的联想；而在联想来源方面，以酒庄的定制和体验营销让消费者获得直接的联想，有助于增加联想的强度和整体的喜好度。

四、关键要点

（1）品牌的生存既依赖于企业内部经营环境，又依赖于市场和外部环境。品牌需要随时去适应和调整，因此，品牌可能随时面临重塑或转型的问题。

（2）原产地效应属于品牌次级杠杆作用中的一个元素，对于不同的产品品类其影响程度不同。对于葡萄酒产品而言，原产地效应的影响效果非常明显。

（3）整合营销传播的核心在于通过各个与消费者的接触点，不断地强化和增加在消费者心目中的品牌联想。因此，品牌联想的概念和维度也是在营销中需要掌握的重要理论。

五、建议课堂计划

本案例适合于战略品牌管理和营销管理课程的案例讨论。战略品牌管理课程可考虑在讲授全球品牌战略、品牌联想及定位等相关理论后安排讨论，而营销管理适合安排在整合营销传播等相应章节。

整个案例讨论的时间建议控制在80分钟。

1. 课前计划（共 25 分钟）

将案例及讨论问题一次发给学生，给学生 15 分钟仔细阅读案例及相关资料，10 分钟独立思考讨论问题，并要求学生独立给出问题讨论所涉及的营销理论。

2. 课中计划（共 55 分钟）

（1）4~5 人形成一个小组，给每小组 10 分钟讨论时间（10 分钟）；

（2）教师简要讲解各问题分析的框架及逻辑要点（5 分钟）；

（3）给每小组 10 分钟的讨论时间，并形成问题分析要点（10 分钟）；

（4）由不同小组成员发表问题分析要点及结论，教师结合各问题发言过程进行问题总结，归纳要点以及提取重点（30 分钟）。

3. 课后计划

请学员分组就有关问题的讨论进行分析和总结，写出书面报告。

六、参考文献及深入阅读

[1]（美）凯文·莱恩·凯勒. 战略品牌管理［M］. 3 版. 卢泰宏，吴水龙，译. 北京：中国人民大学出版社，2009.

[2]（美）菲利普·科特勒，（美）凯文·莱恩. 营销管理（中国版）［M］. 13 版. 卢泰宏，高辉，译. 北京：中国人民大学出版社，2009.

[3]（美）戴维·阿克. 管理品牌资产［M］. 吴进操，常小虹，译. 北京：机械工业出版社，2012.

[4]（美）戴维·阿克. 创建强势品牌［M］. 北京：机械工业出版社，2012.

[5]（美）戴维·阿克，埃里克·乔基姆塞勒. 品牌领导［M］. 耿帅，译. 北京：机械工业出版社，2012.

[6]（美）希尔，（美）琼斯，周长辉. 战略管理［M］. 北京：中国市场出版社，2007.

"王刚班"班组何以人才聚集涌现
——中航工业沈飞的秘诀

摘要： "王刚班"是在全国有知名度的、中航工业沈飞以"王刚"名字命名的一个铣工生产班组。这个班组不仅出现了一个夺得全国职业技能大赛冠军、荣获全国技术能手和全国知名的"铣工专家"王刚，还涌现了多个全国和省市的技术能手或标兵，有多人在全国和省市各种技能大赛中夺得过冠军或名列前茅，形成了一个"铣工专家"群体聚集涌现在同一个生产班组的"王刚班"现象。案例通过描述沈飞公司"王刚班"的成长过程，引导人们分析"王刚班"人才集聚涌现的原因，思考沈飞公司在高技能人才队伍的培养中，通过团队建设和打造高绩效团队，促进员工集体成才的措施，启发人们深入理解团队建设、影响塑造高绩效团队的关键因素和打造高绩效团队的原理和方法。

关键字： 班组；团队与团队建设；塑造高绩效团队的关键要素

引言

2009 年 1 月的一天，沈阳市迎来了入冬后又一轮降雪。临近中午，雪后初晴，中航工业沈阳飞机工业（集团）有限公司（以下简称沈飞）的厂区，一片银装素裹。

1. 本案例由中国传媒大学经济与管理学院的皇甫刚、臧岳撰写，作者拥有著作权中的署名权、修改权、改编权。本案例的所有部分都不能以任何形式与手段擅自复制或传播。

2. 本案例授权中国管理案例共享中心使用，中国管理案例共享中心享有复制权、修改权、发表权、发行权、信息网络传播权、改编权、汇编权和翻译权。

3. 由于企业保密的要求，在本案例中对有关名称、数据等做了必要的掩饰性处理。

4. 本案例只供课堂讨论之用，并无意暗示或说明某种管理行为是否有效。

5. 本案例的编写，受到国家自然基金项目资助，项目编号：71072022。同时，沈飞公司人力资源部的刘学东为本案例资料的收集提供了帮助。

此时沈飞数控加工厂的厂长办公室里，上任不久的厂长姜明，在布置完当天的工作和处理完各种事宜及案头文件后，略感疲惫。他抬头看见墙上钟表的指针已指向 11：30，随手便拿起一份报纸翻阅起来。当目光扫视到一篇《我国制造业工人队伍高技能人才匮乏 整体素质亟待提高》的报道分析文章时，姜明的目光不由地停顿下来。仔细读罢，作为在沈飞工作多年，又在沈飞数控加工厂担任厂长近两年的姜明不禁颇有共鸣，感同身受。姜明起身走到窗边，凝视着窗外如画的北国风光，陷入了深思……

这几年伴随着国家经济的快速发展，沈飞的发展也迈入快车道。沈飞在生产规模不断扩大的同时，新设备的投入加大，企业制造核心能力得到显著增强，这一点数控加工厂尤为明显。但是，在技术设备更新加快的同时，工人队伍的建设却存在不同程度的不足，部分工人素质及技术的提高未能及时跟上，高技能人才也相对匮乏，这些问题已成为制约企业制造水平进一步提高、实现跨越式发展的一个重要影响因素。进入 2009 年，沈飞公司生产任务更重了，作为沈飞生产能力的核心骨干力量——数控加工厂，承受的压力越来越大，工期紧、任务重、难度高的生产任务越来越多。面对这种形势，工人队伍建设不足、高技能人才相对匮乏的问题越发突显出来。

"怎样才能在数控加工厂打造一支技术过硬的工人队伍呢？看来我们厂班子要好好研究研究这个问题了，要找到相应的措施，不遗余力地培养高技能人才！同时设法创造出促进人才辈出的氛围和机制，不断提高工人队伍的整体素质。"姜明思索着，转身回到办公桌前，看到桌面上刚刚下发的公司文件——2008 年沈飞劳动模范表彰的决定及名单，目光不禁落到了名单上的一个名字——王刚。

王刚是姜厂长非常熟悉的数控加工厂的一名铣工技术能手，近年来连续在公司、中航工业和省、市各种技能大赛取得优秀成绩，荣获公司和省、市"青年技术能手"与"技术标兵"的称号。在刚刚过去的 2008 年，王刚不仅获得了沈飞青年职业技能大赛铣工状元、沈阳青年职业技能大赛状元，而且在第四届"振兴杯"全国职工职业技能大赛中，一举夺得铣工青年组全国冠军，由此也荣获了"全国青年岗位能手"和"全国技术能手"的称号。

看着王刚的名字，姜厂长一边思考着数控厂目前的生产形势和问题，一边回想起王刚这几年的成长，慢慢地心中有了一些想法……

1 背景

1.1 中航工业沈阳飞机工业（集团）有限公司

中航工业沈阳飞机工业（集团）有限公司（简称沈飞）隶属于中国航空工业集团公司，是以飞机制造为核心主业，集科研和生产为一体的大型航空科研制造企业，是我国重要的歼击机研制生产基地。公司始建于 1951 年 6 月 29 日，现有职工近 15 000 人。60 多年来，沈飞共研制出多种型号数千架歼击机，创造了中国航空史上一个又一个"第一"，为我国航空武器装备的发展做出了重大贡献，被誉为"中国歼击机的摇篮"。

目前，沈飞以航空制造为主业，形成了航空武器装备多机种系列化的制造能力。在民机产业发展上，实现了以支线客机、转包生产和通用飞机等民机大部件及民品生产研制为主营业务，并逐渐涉足国际风险合作项目。先后与波音、空客、庞巴迪、中国商飞等公司建立了良好的合作关系，转包生产了波音 787 方向舵、波音 757 尾段、空客 A320/340 登机门、中国商飞 ARJ21 尾段、发动机吊挂和 C919 后机身、垂尾等民机大部件，被波音公司评为"金牌供应商"。

数控加工厂是沈飞的一个重要分厂，有 1 000 多名员工。

1.2 王刚的成长

王刚近年来的成长可以说倾注了数控加工厂和沈飞公司领导多年来的关怀和培养。

早在 2007 年上任数控加工厂厂长之前，姜明就对数控加工厂里有一名年轻的技术能手王刚有所耳闻。让姜明注意到并格外关注王刚，却是起自评选 2007 年度厂十佳青年时产生的一个争议。

原来姜明到任之前，王刚就连续获得了沈飞公司青年岗位能手、中航工业技能竞赛优胜奖、沈阳市"百千万"职业技能竞赛第二名和沈阳市技术标兵等荣誉与称号。因此，2007 年年底姜明及厂领导班子极力推举王刚为厂 2007 年十佳青年。然而，在审定厂十佳青年名单时，有人反映基层对王刚有些不同的意见和议论，并讲他有"挑活儿"现象。姜厂长为慎重起见，更为了抓人才、促成才，特意深入工段了解情况。

调查后发现，原来王刚在沈飞和沈阳获得了一些荣誉，同班组中有些人不服气，甚至嫉妒、说风凉话。而针对王刚有"挑活儿"现象这一问题，有铣工班老工人反映说："情况不属实。因为王刚技术好，班里净给人家安排一些'难活儿'。你有所不知，这些所谓的'难活儿'对技术要求高，往往耗时还长，可给的工时定额少，很不合理，也不公平，往往忙活了一整天才能给到几个工时，长此以往，你说谁能没个想法？"

当姜厂长找到铣工班组的班长，询问为什么总是将"难活儿"分给王刚时，铣工班长解释道："这现象的确有，不过厂长你也知道，这一年多来咱们厂的生产一直超负荷运转，我们铣工班的生产任务一直很重，时不时有一些难加工的工件。这些'难活儿'，往往时间要求紧。王刚手快、技术好，没办法，往往只好将这些活儿都安排给他了。厂长，我也有难处啊。"接着铣工班长又讲道："我知道，这些活儿难干，耗时还长，而且每次的工件和加工要求很少有一样的，厂里给出的工时标准，有时可能不太符合实际，导致不够合理和公平，王刚有些意见，我非常理解，我已不止一次向厂经管办反映，要求解决。但是这些'难活儿'差别太大，厂经管办讲由于没有相关标准和依据，分配工时定额时，比较头疼，有时很难给出一个令各方面都满意的结果。讲王刚挑活儿的其实是少数人，要么是对王刚获得的不少奖项嫉妒、不服气，要么是不了解情况。"

真相原来如此。

姜明随即一面交代铣工班班长"还是要发挥好王刚的作用，平时要多与他沟通，关心他"，一面找来经管办主任，会同主管生产的副厂长一起会商，要求拿出妥善解决这个问题的方案，并要求经管办主任今后此类'难活儿'的工时安排分配，首先要与基层班组及工人沟通一下，听取意见，再斟酌决定。结果，王刚顺利当选为数控加工厂2007年度的十佳青年。之后，姜明又找到王刚，在勉励的同时，解释了工时定额的问题及其解决措施，并期望王刚能够与大家分享自己的经验和技术，带动大家都来学习、钻研，不断提高技能水平，使大家都能成为技术能手。

一年后，即2008年，王刚不仅完成了各项生产任务，包括出色地完成了几项以前数控厂从未做过的难度大、时间紧的部件加工任务，而且不负众望，接连获得了沈飞青年职业技能大赛铣工状元、沈阳青年职业技能大赛状元，特别是在第四届"振兴杯"全国职工职业技能大赛中，王刚一举夺得铣工青年组全国冠军。由此，王刚又荣获"全国青年岗位能手"和"全国技术能手"的称号。王刚的表现，赢得了数控加工厂和整个沈飞公司广大职工的赞誉和好评。

2008 年年底，尽管按照沈飞公司劳动模范的条件，王刚还不能完全符合要求，但在沈飞党委副书记庞真的直接关心下，数控加工厂和沈飞公司以特殊人才和特殊业绩的方式，将王刚推选为 2008 年沈飞公司劳模候选人。最终，经过评选，王刚荣获了 2008 年度沈飞公司劳动模范的荣誉。

2 组建以王刚为核心的团队，任命王刚为铣工班班长

经过一番思考，姜明决定在四工段铣工班试点建立高难度产品攻坚团队。王刚作为技术骨干来牵头，抽调班里一些技术能力强的工人，共同组建攻坚团队。一方面充分发挥王刚技术骨干的作用，集中力量，集体攻坚克难；另一方面由王刚带队，传帮带，来提高整个团队的技术能力和技能水平。

第二天，在数控厂的厂务会上，姜明对大家谈了自己的想法。多数人都表示赞同，但也有人有些顾虑。四工段的工段长说："姜厂长，在铣工班让王刚组建一个团队，可这个团队与他所在班组是个啥关系，别到时候出来两个领导，这恐怕就不好办了。"

"你这个担心，我考虑到了。我想这样，生产的计划、安排和日常工作仍由班组长来负责。遇到难度高的任务或技术难题时，王刚来牵头，带团队集体攻关，你们班组长给予配合。当然，你们也要关照，做些工作，做好协调。"姜明的话打消了四工段工段长的顾虑。

几个月的实践证明，这是个好办法，有效应对了工期紧、难度高的生产任务要求，提高了效率和生产质量。王刚在姜明的勉励和支持下，在工段长和班组长的积极指导下，带领攻坚团队，连续出色完成了多个难度颇高的生产任务，攻克了几个技术上的难题，其中有一项成果为公司节约了近百万元的成本。而且，姜明观察到，王刚在团队中不计私利，主动与大家分享自己的经验和体会。因此，这个团队在王刚传帮带的影响下，形成了相互切磋、互相学习和钻研的氛围，大家的水平都得到了显著提高。带团队的初步尝试，也使王刚积累了一些班组管理的经验。

不久，王刚所在铣工班的班组长借调去工段工作，需要有人代理班组长工作。由于几个月来的表现和能力赢得了上上下下的认可，王刚顺理成章地成了代理班长。

自从王刚担任代理班长伊始，他对自己的要求就越发严格起来。王刚给自己定下"每天上班早到一小时、下班晚走一小时"的要求，将团队管理的经验推至全班组的管理，改变了铣工班的面貌。这期间，王刚本人不仅再次赢得沈阳市"百千万"职业技能竞赛第二名，获得"沈阳市技术标兵"称号，还被评为辽宁省有突出贡献高技能人才。同时，铣工班先后有多人获得了沈飞公司青年技能比赛、沈阳市"百千万"职业技能竞赛等比赛的好名次，获得了"沈飞公司技能标兵"、"沈阳市技术标兵"和"沈阳市技术能手"的称号。

几个月后，铣工班班长被正式上调到工段工作，姜明任命王刚正式接任铣工班的班长。

3 分歧——姜厂长葫芦里卖的是什么药

2009 年 10 月底的一天。在一次例行的厂务会议上，厂工会主席焦威东提出了一个设想："王刚的表现和他担任四工段铣工班组班长后带领员工互帮互学、共同提高的成绩，大家都有目共睹。为了促使四工段铣工班的每个人不断提高技能水平，使人人成才，激励他们再上一个台阶，借以带动我们数控厂工人整体技能水平的不断提高。我提议用王刚的名字来命名四工段铣工班。这个荣誉不仅对王刚本人和四工段铣工班的进一步成长是一种激励，对全厂员工也是一种鞭策。树立这个标杆，对我们厂的班组建设、人才队伍建设，大有裨益。"

焦威东的提议，引起了热议。多数人表示赞同，认为这是加强数控厂班组和人才队伍建设的一个好主意；但也有人表示了不同的意见，认为厂里在这方面没有过先例，这样做是不是把王刚拔得过高了，反而不利于四工段铣工班的成长。与会人员你一言我一语，意见未能达成一致。这时，大家看了看厂长姜明。姜明却始终一言未发，只是在认真倾听两方面的意见，没有表态。最后，姜明说道："此事暂议到此，先放放吧。我们都再考虑考虑。"

会后，焦威东觉得诧异，心想姜厂长一贯热心和大力倡导人才队伍的建设，关心、支持王刚的成长及铣工班的建设，这不是他的风格嘛，姜厂长葫芦里到底卖的是什么药呢？

其实，对焦威东的提议，姜明是认可的。但是，姜明没有现场直接表态，主要是因为：

一是姜明有更深入的想法：出一个王刚，不能解决数控加工厂工人队伍素质整体亟待提高的问题。只有创设出促进人才辈出的氛围和机制，才能在数控加工厂打造一支技术过硬的工人队伍，根本性地提高整体工人队伍的素质。一个生产班组不能自然而然地成为一个具有战斗力的团队。用王刚的名字命名四工段铣工班组简单容易，但是，并不能因此就可以简单容易地使四工段铣工班成为互帮互学、人人争当"王刚"、人人成才的团队。将一个生产班组打造成为一个团队，仅靠一两个明星工人是不行的。

二是姜明认为，作为班组长，王刚的个人能力和品行毋庸置疑，但是，姜明经观察发现，王刚的铣工班还存在一些问题：并不是班组所有成员都对王刚形成了一致的认可，班组内的团结性也有些问题，有些人始终难以与班组其他成员彼此相容和团结相处，班组成员之间还不能做到人人都彼此信任、相互认同、心理相容。例如：有个别工人，技能和技术能力一直难以提高，这些人或是不具备一个铣工的素质条件，或是本人对铣工工种不感兴趣，已多次提出调离铣工岗位的愿望；有个别人对王刚始终不认同、不接受，与王刚保持距离；也有个别人对王刚的技术能力和成绩不以为然，私下讥讽，或是嫉妒，或是不服气。另外，还有人不认可王刚的管理方式和方法，对其有意见，不服其管理。

因此，要把这个班组打造成一个促使人人成才、技术技能过硬的团队，姜明认为，条件还不成熟，还需要做些工作。

4 姜厂长措施的效果

经过考虑，姜明厂长对四工段铣工班采取了有针对性的系列措施。

这些措施的实施很快就使四工段铣工班的优势和生产能力显示出来：铣工班生产任务不仅完成得出色，大家也成长迅速，技术和技能水平提高很快。整个班组以王刚为核心，形成了浓郁的团结互信、相互切磋与学习、共同钻研业务的浓烈气氛，争先提高技术与技能成了大家共同的目标追求。年底，王刚又连续被评为厂十佳青年和沈飞劳动模范。

2010 年的春节后，姜明厂长报请沈飞公司批准，数控厂正式命名四工段铣工班为"王刚班"。

命名后的几年来，"王刚班"不仅在生产中屡创佳绩，还呈现出人才聚集涌现的现象：截至 2012 年年底，"王刚班"共计有 9 人次获得了国家级和辽宁省、沈阳市的技能比赛冠军，3 人次获前五名以上的名次；2 人次获得全国技术能手；3 人次获得辽宁省五一劳动奖章，2 人次获得沈阳市五一劳动奖章；7 人次获得沈阳市技术标兵；10 人次获得沈阳市技术能手；3 人次获得公司级技能带头人；12 人次获得公司级技术能手。"王刚班"集体也接连获得了公司、集团、沈阳市多项嘉奖，其中包括沈阳市工人五一先锋号、沈阳市先进集体、沈阳市学习型标兵班组、沈阳市创新型班组、中航工业六型示范班组等奖项。"王刚班"成了沈飞所有分厂中铣工工种技术水平最高、能力最强的班组，在沈飞出现了"铣工专家"群体聚集涌现在同一个生产班组的"王刚班"现象。这个"王刚班"现象，也使不断涌现出的技能专家和技术骨干，不断被充实到其他工段的班组中去，带动了数控厂铣工加工水平的整体提高。

伴随着"王刚班"的成长，王刚个人的技术能力也在不断提高，继续多次赢得了省、市多项比赛的佳绩，比如沈阳市"百千万"职工职业技能大赛铣工第一名和辽宁省"技师杯"职工职业技能大赛第一名。在 2012 年 8 月全国"振兴杯"职工职业技能大赛铣工决赛场上，王刚再一次夺得了铣工成年组全国冠军的桂冠，成了国内唯一在全国"振兴杯"青年组和成年组两项大赛上的夺冠者。

5　姜厂长到底采取了什么措施使"王刚班"班组人才聚集涌现

原来，针对王刚任班长的铣工班组现状，姜明认为，将铣工班组打造成为人人成才、技术过硬的团队，不能仅靠一两个或几个明星员工。只有整个班组成员能够彼此高度信任和认同，同时大家有一致的事业愿景，并都认同王刚的核心作用，这个班组才能充分相容、团结，形成一个有共同目标追求的团队，才能发挥出王刚的核心带头作用，大家互帮互学，彼此促进和提高。

姜明的措施和手段并不复杂，只是对王刚的班组成员进行了调整：

（1）将两名技术能力差、要求改换工种的员工调出班组，安排其他工作；

（2）将三名对王刚不认可，也难以与大家相容的员工调至其他班组；

（3）从全厂中选出几位潜质好、爱好铣工工种，且愿意向王刚学习、相信认同王刚的年轻人，调入王刚的班组；

（4）任命复员军人黄新阳担任副班长，协助王刚工作，完善班组管理。

通过调整王刚的铣工班内部成员结构，完善人员搭配，强化班组管理，使王刚的铣工班组成员具有共同的事业愿景和追求，又彼此信任、互相认同，能够良好互动和相容，大家又高度认同以王刚为领导的团队核心，最终姜厂长这些看似简单的措施，打造了一支团结奋斗、共同提高的生产团队。

Why Do Skillful Technicians Come from "Wang Gang team" in Succession——The Secret of SAC

Abstract："Wang Gang Team" is a nationwide famous production team named after Wang Gang, a worker from AVIC Shenyang Aircraft Corporation (SAC). This is the team that has cultivated not only the national well-known "Miller Expert" — Wang Gang, champion of the National Occupation Skill Contest and winner of national technical experts, but also many skillful technicians and pacesetters, many of whom have won champions or topped the list in various skill contests. This appears a "Wang Gang Team" phenomenon because of increasingly gathered "Miller Experts" in the same production team. Based on this phenomenon, through analyzing the strategies taken by SAC to promote the development of "Wang Gang Team", this case will guide us to think about SAC team building, as well as to help us understand the principle of team and team building.

Key Words：Work group; Team and team building; Key factors of high achievements team

案例使用说明

"王刚班"班组何以人才聚集涌现
——中航工业沈飞的秘诀

一、教学目的与用途

（1）本案例适用于组织行为学的课程教学。

（2）本案例适用对象：主要为 MBA 和 EMBA 学员，适合有一定工作经验和管理阅历的学员和管理者，可用于企业高管人员的培训和企业内训，也适用于工商管理专业本科生与硕士研究生。

（3）本案例的教学目的是帮助学生理解团队、团队建设和塑造高绩效团队的原理和要点，了解和掌握团队、团队建设和塑造高绩效团队的关键知识点及其措施。

二、启发思考题

（1）对于命名王刚的铣工班为"王刚班"的提议，为什么姜厂长没有立即采纳？

（2）你认为打造王刚的铣工班组使之成为人人成才的团队，要解决什么关键问题？

（3）如果你是姜厂长，你认为应该采取哪些措施来解决这个问题？

（4）群体和班组有什么区别？影响团队建设和塑造高绩效团队的主要因素、关键要点是什么？

（5）"王刚班"集体成长、人才聚集涌现的现象，揭示了团队建设的什么道理及原理？说明了打造高绩效团队的关键要点是什么？

三、分析思路

一个企业，尤其是大型企业，出一个冒尖人才不是奇事，但是，在一个班组内出现人才聚集涌现的现象确实耐人寻味。

"王刚班"成长的经历揭示出团队建设的原理和塑造高绩效团队的关键要素以及相关知识，直观、生动，对于启发 MBA 学员理解和把握相关理论及实践方法，很有意义和教学使用价值。当然，案例中也涉及员工发展和培养的职业生涯管理原理，以及集体荣誉的精神激励和荣誉产生的规范作用等相关理论原理。但是，本案例应聚焦在团队建设的原理和塑造高绩效团队的关键要素这些知识点上，主要围绕团队建设的问题展开讨论。

建议在引导学生分析时，可以在上述思考题的基础上逐步深入，从以下几个步骤展开讨论。

（1）引导大家分析对于命名王刚的铣工班为"王刚班"的提议，为什么姜厂长没有立即采纳。分析王刚的铣工班现状存在的问题，讨论这些问题的本质反映在团队建设的哪些关键点上。

（2）带领大家讨论打造王刚的铣工班使之成为人人成才的团队，要解决什么关键问题，应该采取哪些措施。

（3）理论回顾，引导学员整理团队建设和塑造高绩效团队的理论原理和要点，讨论影响团队建设和塑造高绩效团队的主要因素和关键点。

（4）在明确团队理论及其要点的基础上，再返回讨论案例，分析"王刚班"集体成长、人才聚集涌现的现象所揭示的团队建设原理，总结打造高绩效团队的关键要点。

四、理论依据与分析

团队是由数名彼此高度承诺、协作完成某一共同目标的员工组成的特殊群体。高效团队的特征，研究一般认为包括这几个方面：优秀的领导为核心，共同的事业愿景，清晰的团队目标，成员相互信任与认同，共同承担责任，选拔适合、胜任的成员（个人能力、性格、偏好与工作性质、角色相匹配），以集体为基础的绩效管理与奖酬体系等特点。

在团队建设方面，要想打造一个高效团队，选择适合的团队成员是前提。选择团队成员要按工作职责要求，考虑工作角色的需要，同时还要高度重视成员间能够相互信任与相容，这样将有利于团队能够形成共同的愿景追求，彼此高度协调配合，共同承担责任。所以，团队成员的选拔、配置和成员能够相互信任与相容，是构建一个高效团队的两个关键点和重要措施。

另一方面，团队核心的领导作用，也是影响团队效能的重要因素。配备一个优秀领导为核心的团队，也是构建一个高效团队的重要措施之一。

总结、分析本案例，姜厂长和沈飞公司领导珍惜人才，不放过任何一个发现和促进员工成才的机会，在王刚成长发展上采取了有力的组织措施，比如主动沟通，了解真相，解决问题，为王刚成长铺路；及时奖励和鞭策，鼓励员工的发展。这些理念和做法，终于促使王刚成长为全国知名的铣工专家。

但是，姜厂长认为，出一个王刚不能根本解决数控加工厂乃至沈飞公司工人队伍素质整体亟待提高的问题。只有创设出促进人才辈出的氛围和机制，才能在数控加工厂打造一支技术过硬的工人队伍，根本性地提高整体工人队伍的素质。为此，姜厂长采用团队管理及组织的形式，先在铣工班成立以王刚为核心的团队，结果不仅证明了这是攻坚克难的一个好办法，同时王刚的影响也使团队成员都得到了提高，王刚也得到了锻炼，积累了团队管理的经验。在此基础上，姜厂长命名王刚为铣工班班长，力图进一步发挥以王刚为核心的传帮带作用，在铣工班形成相互切磋、互相学习和共同钻研的氛围，促进了整个班组整体的进步与提高。

  然而，在对待提议用王刚的名字来命名四工段铣工班这件事上，姜厂长一方面认可这种做法不仅对王刚本人和四工段铣工班的进一步成长是一种激励，对全厂员工也是一种鞭策，对全厂的班组建设、人才队伍建设有积极作用。但是另一方面，姜厂长不是草率行之，而是有更深入的想法：生产班组是企业最小、最基本的组织单位，是正式群体 Group 的概念，不是团队 Team 的概念。一个生产班组不能自然而然地成为一个具有战斗力的团队。用王刚的名字命名铣工班简单容易，但是，并不能因此就可以简单容易地使四工段铣工班组成为互帮互学、人人争当"王刚"、人人成才的团队。将一个生产班组打造成为一个团队，仅靠一两个明星工人是不行的，还需要做些工作。因为姜厂长发现，王刚的铣工班中，有个别工人的技术和技能一直难以提高，这些人或是并不具备一个铣工的素质条件，或是本人对铣工工种不感兴趣，多次提出调离铣工岗位的愿望；有个别人对王刚的为人始终不认同、不接受，与王刚保持距离；也有人对王刚的技术能力和成绩不以为然，私下讥讽，或是嫉妒，或是不服气。另外，铣工班的班组管理工作也有待加强。

  经过分析和思考，姜厂长认为，这些现象反映的本质是，一个团队中，成员有没有一致的事业愿景追求，能不能够彼此信任及相容，有没有一致认同的团队核心等问题。只有这个铣工班组的成员有一致的事业愿景追求，彼此信任，并认同以王刚为核心的团队，这个班组才能充分团结、相容，有共同目标追求，形成一个相互切磋、互相学习和共同钻研的团队和团队氛围，才能促进整个团队成员整体不断进步与提高。

  为此，姜厂长对王刚的班组采取了调整措施：一是将两名技术能力差同时也期望改换工种的员工调出，安排其他工作；将三名对王刚不认可、难以与大家相容的员工调至其他班组；从全厂中选出五位潜质好，且好学上进、热爱铣工工种的年轻人，调入王刚的班组。二是任命复员军人黄新阳担任副班长，协助王刚工作，强化和完善班组管理。

  姜厂长的换人、选人措施，通过完善王刚铣工班的成员结构与搭配，打造了一个能够彼此信任与良好互动相容、有一致的目标追求，且高度认同以王刚为核心的共同奋斗的团队。在这个基础上，进一步命名"王刚班"，不仅给予了王刚个人崇高的组织荣誉，也赋予班组团队集体荣誉，从而促成班组成员互帮互学，集体提高。最终，在王刚的带领下，在副班长黄新阳的配合管理下，"王刚班"成了人人成才、技术过硬的团队，形成"铣工专家"群体涌现在"王刚班"的现象。

通过总结、分析和归纳,"王刚班"的人才聚集涌现现象,在于抓住了团队建设和塑造高绩效团队的 3 个关键要素:

1. 信任

即成员彼此信任。信任是团队成功的重要因素。信任是合作的开始,也是团队管理的基础。一个不能相互信任的团队,是一支没有凝聚力的团队,也是一支没有战斗力的团队,一个高效的团队必须以信任为前提。

姜厂长通过完善班组建设,调整王刚铣工班成员结构与搭配(团队成员的选拔)等措施,打造了一个彼此信任、良好互动相容的共同奋斗的团队。

2. 共同目标追求

即成员一致的事业愿景和共同目标追求。姜厂长调整王刚班组成员结构与搭配(团队成员的选拔)等措施的结果,也使王刚班组成员有了一致的事业愿景和共同目标追求。

3. 坚实、赢得高度认同的团队核心

王刚的能力、技术和获得的声誉是他成为团队核心的基础条件,但是这并不能自然而然地使王刚成为大家高度认同的团队核心。姜厂长通过给予王刚领导团队的锻炼,赋予其经验,进而任命王刚为铣工班班长,再通过调整王刚铣工班成员结构与搭配(团队成员的选拔)等措施,使王刚得到了班组成员一致的高度认同,坚实了班组团队的核心。这样才得以充分发挥出以王刚为核心的传帮带作用,形成相互切磋、互相学习和共同钻研的团队氛围,最终促成班组团队不断进步与提高。

五、关键要点和知识点

群体是指在共同目标的基础上,由两个以上的人所组成的相互依存、相互作用的有机组合体。

团队是指一种为了实现某一目标而由相互协作的个体所组成的正式群体。

生产班组是企业基层最基本的组织单位,是正式群体的概念,不是团队的概念。一个生产班组不能自然而然地形成一个具有凝聚力和战斗力的团队。

高效团队特征。即以优秀的领导为核心,具有共同的事业愿景、清晰的团队目标,成员之间相互信任与认同,共同承担责任,胜任的成员(人的能力、性格、偏好与工作性质、角色相匹配),以集体为基础的绩效管理与奖酬体系等。

构建一个高效团队，选择适合的团队成员是前提。选择团队成员不仅要按工作职责要求，考虑工作角色的需要，还要高度重视成员能够相互信任与相容，这样将有利于团队能够形成共同的愿景追求，彼此高度协调配合，共同承担责任。因此，团队成员的选拔、配置和成员能够彼此相互信任与相容，是构建一个高效团队的两个关键点。

另外，团队核心的领导作用也是影响团队效能的重要因素。配备一个以优秀领导为核心的团队，也是构建一个高效团队的重要措施之一。

班组有一个得到广泛认同的核心，班组成员有共同的事业愿景追求和团队目标，大家彼此高度信任和认同，由此可以打造、形成一个有共同目标追求的团队，形成相互切磋、互相学习和共同钻研的团队氛围，借此可以促进团队成员互相学习、共同钻研、集体进步与提高，这是"王刚班"人才聚集涌现的根本原因。

六、建议的课堂计划

本案例可以作为案例讨论课来进行。以下课堂教学建议，仅供教学参考。整个案例课分两个阶段，课堂时间控制在55分钟。

第一阶段（30分钟）

1. 分组讨论（20分钟）

首先阅读案例的前4部分，再讨论启发思考题：

（1）对于命名王刚的铣工班为"王刚班"的提议，为什么姜厂长没有立即采纳？

（2）你认为打造王刚的铣工班使之成为人人成才的团队，要解决什么关键问题？

（3）如果你是姜厂长，你认为应该采取哪些措施来解决这个问题？

2. 各小组发言，报告讨论结果，分享观点（10分钟）

引导学生总结案例，在黑板上记下各组的观点，汇总看法。

第二阶段（25分钟）

1. 分组讨论启发思考题（10分钟）

（1）群体和班组有什么区别？影响团队建设和塑造高绩效团队的主要因素、关键要点是什么？

（2）"王刚班"集体成长、人才聚集涌现的现象，揭示了团队建设的什么道理？说明了打造高绩效团队的关键要点是什么？

2. 各小组发言，报告讨论结果，分享观点（10 分钟）

引导学生总结，在黑板上记下各组的观点，汇总看法。

3. 阅读案例最后部分，了解姜明厂长的做法，与汇总各组的看法对比分析，总结与归纳关键知识点（5 分钟）

在教师的带领下，引导全体学生进一步归纳对案例的观点和看法，同时对比姜明厂长的做法，总结和归纳案例所蕴含的理论原理和关键知识点。

疾驰的动车组
——宜信公司企业文化建设之路

摘要：本案例描述了宜信公司企业文化建设之路。2006 年，唐宁先生创办宜信公司。经过九年的发展，宜信公司已经在国内 182 个城市（含香港）和 62 个农村地区建立起强大的全国协同服务网络，企业员工总数超过 4 万人。在企业发展的各个阶段中，首席执行官（CEO）唐宁始终坚信"人人有信用，信用有价值"的核心价值观，并将企业文化视为保持公司持续发展的核心竞争力。在唐宁的关注和指导下，宜信公司企业文化团队从无到有、从小到大。经过几年的摸索，企业文化建设工作在思维上、行为上、制度体系上不断创新，逐渐梳理出了一条文化产品化、文化战略化的企业文化建设创新路径，最终在企业内形成了多样化的文化产品群落及多元化的文化生态体系，支持企业战略落地，为企业的可持续良性发展提供了保障。

关键词：企业文化；互联网思维；企业核心价值观

引言

2015 年 3 月 28 日，北京奥加饭店的会议室内人头攒动，宜信公司 4 位高级副总裁（同时也是企业文化建设委员会代表）、50 余位来自公司各部门的文化负责人及企业文化团队的成员齐聚一堂，共商 2015 年企业文化工作的工作规划与思路方法。

1. 本案例由中国传媒大学 MBA 学院案例中心臧岳、王梦佳、崔春虎共同撰写，孙道军为指导老师，作者拥有著作权中的署名权、修改权、改编权。感谢宜信公司企业文化与 CSR 中心徐秀玲、刘静、马叶、王艳军对案例开发工作的支持。
2. 本案例授权中国管理案例共享中心使用，中国管理案例共享中心享有复制权、修改权、发表权、发行权、信息网络传播权、改编权、汇编权和翻译权。
3. 由于企业保密的要求，在本案例中对有关名称、数据等做了必要的掩饰性处理。
4. 本案例只供课堂讨论之用，并无意暗示或说明某种管理行为是否有效。

"我经常被问到这样一个问题，你们宜信用了 9 年的时间，发展到现在的规模，成为互联网金融行业的龙头，这背后到底有什么秘密？"一股温婉而坚定的声音响彻整个会场。"当我一次次被问及这个问题时，我便静下来认真地思考，宜信公司发展的动力到底是什么？"

宜信高级副总裁、企业文化与 CSR 中心负责人徐秀玲与在座所有人分享自己的感悟时说道："有一天，我突然意识到，宜信就好比一列疾驰在铁轨上的火车，CEO 唐宁自然是火车头，指引着企业前进的方向，为企业提供发展的动力。不过，当这列火车载上 4 万人的时候，恐怕再强的火车头也难以支撑。此时的宜信更像是一列动车组，每一节车厢都有自己的动力源泉，一节节车厢连接在一起保证了整列火车持续前进，而承载动车的铁轨则是指引企业前进方向的核心价值观。如今，我们每一条事业线、每一个营业部、每一个子部门都仿佛一节动力组，而这些链接在一起的动力组就构成了宜信这列快车，这列动车在价值观的铁轨上不断前行，这正是宜信能走到今天的原因。"徐秀玲的一番话，深深地打动了所有与会者。

"说到这里，有一个问题不知道大家是否思考过：是什么原因促使每一条事业线、每一个子部门、每一个营业部乃至每一名员工都愿意持续不断为企业输送动力？我相信，对于这个问题，每个人的答案可能都不一样，而吸引我加盟宜信、留在宜信的原因，都源于四年前与唐宁在桥咖啡的那次会面。"

1　背景介绍

2006 年，唐宁先生秉承着"人人有信用，信用有价值"的理念在北京创办了宜信公司。公司成立 9 年以来，宜信逐渐成为服务于中国高成长性人群和大众富裕阶层，致力于普惠金融、财富管理及互联网金融三大创新领域的旗舰企业。目前，宜信公司已经在全国 182 个城市（含香港）和 62 个农村地区建立起强大的全国协同服务网络，公司员工总数超过 4 万人。不仅如此，宜信公司还通过大数据金融云、物联网和其他金融创新科技，为客户提供全方位、个性化的普惠金融与财富管理服务。

2010 年 4 月，国际顶级创业投资机构 KPCB 对宜信进行了千万美元级的战略投资（KPCB 曾投资谷歌、亚马逊、美国在线等企业）。2011 年，IDG 资本和摩根士丹利亚洲投资基金（MSPEA）与宜信公司达成战略合作。这两家机构携手 2010 年初加入宜信的 KPCB，联合向宜信注资数千万美元。2014 年

12 月，宜信公司当选北京市网贷行业协会会长单位，CEO 唐宁当选为协会会长。2015 年 1 月，宜信公司当选中国小额贷款公司协会副会长单位。

作为互联网金融的先行军，P2P 行业自诞生起就引来了众人的关注。数年来，P2P 行业市场地位从边缘到主流，公众态度也从观望进入了热捧。2014 年，随着政策的明朗，互联网金融在我国的发展态势十分迅猛，各类 P2P 平台如雨后春笋般成立，BAT 以及多家互联网公司也纷纷加入战局。截至 2014 年年底，我国网络信贷 P2P 平台数达到 1 500 家，行业全年成交额达 2 020 亿元，累计借款人超过 50 万，累计投资人达到 78 万。然而，在行业快速发展的背后，同时暗藏着隐忧，"某某 P2P 公司卷款跑路"、"行业间恶性竞争"等类似新闻屡屡见诸报端。

作为全球目前规模最大的 P2P 平台，宜信公司不但见证了整个行业的发展，更是经历过早期客户对行业的怀疑与观望、行业不规范带来的舆论危机、远程管理导致的文化稀释，以及内部人才被高薪挖角等一系列"成长的烦恼"。

2　桥咖啡的两小时

2010 年 9 月，唐宁经朋友介绍认识了即将从长江商学院毕业的徐秀玲。此时，宜信公司各项业务进入快车道，企业人才缺口很大，几乎每天都有几十名新员工加入宜信。唐宁有一个习惯，常在清华大学附近的一个咖啡馆与候选人相约见面，早年宜信管理团队的很多成员都在这家"桥咖啡"留下过足迹。

虽然是面试，但更像是一次畅谈，唐宁和徐秀玲两人从小谈到大，从过去聊到未来。转眼间两个多小时过去了，唐宁突然问道，"秀玲，准备什么时候加盟宜信呢？"

徐秀玲被这突如其来的问题搞得有点蒙，她显得有些犹豫，"加盟宜信？咱们连工作岗位和职责都没谈到，我具体做些什么事呢？"

"你刚刚不是说想做能够改变组织和影响世界的事情么，宜信就在做这样的事。"唐宁接着说，"你来做企业文化。宜信要真正做大做强，除了用高科技和独特模式把控风险、支撑信用之外，更重要的是文化。模式可以被复制，技术可以被颠覆，只有文化是不可复制的，是企业独有的资产。文化是宜信的核心竞争力，是唯一的核心竞争力，而非之一。"

这个阶段的宜信，在经过了创业早期的发展后，进入了第二个发展阶段，业务类型从单一的 P2P 转向了普惠金融和财富管理两大板块。对于这样一个两端业务特点迥异、管理分散的企业，企业文化究竟应该怎么做？在这样一个人员流动性高、员工平均年龄不超过 30 岁的企业，又该如何保障企业在高速成长中文化不被稀释呢？作为互联网金融行业的门外汉、企业文化建设的生手，唐宁究竟看中了自己的什么？一个又一个疑问萦绕在徐秀玲的心头。

虽然这份工作充满了挑战和不确定性，但徐秀玲被互联网金融行业未来的前景以及唐宁的真诚所打动，毕业后她便正式加盟宜信，并成立企业文化研究中心，着手开展工作。

3 抉择面前唐宁坚守价值观

徐秀玲在就读长江商学院之前，曾在中央电视台担任主编，并未涉足过企业文化的领域。企业文化究竟是什么？宜信文化建设应该从何处下手？徐秀玲在翻阅了大量关于企业文化的资料后，依然没有找到明确的方向。此时，总裁助理刘大伟在了解到相关状况后，建议徐秀玲去公司业务部门和基层营业部走一走，这样一来可以帮她尽快熟悉公司业务情况与 P2P 行业的特征，二来也可以让她对公司文化现状有个基本的了解。

徐秀玲欣然接受了建议。

一趟走下来，徐秀玲有不少发现。当时，公司普惠金融和财富管理两大部门业务类型差距很大，进而在员工、客户与市场等多方面均存在着巨大差异，而这种相异的业务类型使公司内部产生了文化区隔。此外，各地基层营业部，因处在不同区域，地域文化带来的差异在公司内部同样十分显著。上述情况导致公司总部的信息不能畅通地传达给一线的同事，甚至有些同事还不知道公司的总部在北京，这令徐秀玲心头有些沉重。

"究竟是要建立宜信的统一文化，还是发展不同业务的子文化？"徐秀玲在管理会中汇报了调研情况。对于这样的疑问，各部门总监的态度各不相同。有些人认为："公司就需要有统一的价值观和文化，这是企业的魂，是推动企业发展的不竭动力，也是企业所有员工共同遵守的最高目标、价值标准、基本信念和行为规范。如果目标和信念都不统一，怎么能指望所有人拧成一股绳！"

不过，也有些人认为："不同文化的存在就有其合理性，没有必要太过在意。再者说，我们两个业务端职能和服务客群差距很大，没有必要遵循统一的文化，这也不现实。况且，公司正处在高速发展的阶段，大家齐心合力把业务做好才是关键，不能本末倒置，把精力放到这些'虚'的工作上。"

突然，唐宁打断了大家的争论。"我想问大家两个问题：是什么让你们加盟宜信？是什么能够让一个对于广大国人非常陌生，甚至非常恐惧的'人人有信用'的概念星火燎原？大家想一想，就是我们对市场和用户有和别人不一样的认识，我们对于人性最核心的基本假设和别人不一样，我们相信'人人有信用，信用有价值'，我们要做以人为本的企业。这就是我们的价值源泉，我们创业的初心。这个价值源泉，这个初心，我们的核心价值观，必须是统一的。"

说到这里，唐宁不由得回想起在美国的那段经历。"在华尔街工作的那些年，我逐渐理解了信用体系对美国社会和经济的影响，也看到了信用体系崩溃时给美国经济带来的近乎毁灭性的打击。在那时候我就暗自许下诺言，一定要回到中国，健全我们自己的信用文化和信用体系。创业这些年，我一直坚守着这份信念，未来五年、十年、三十年乃至一百年，只要我还在，宜信还在，我们这份信念就不能丢，信用文化就不能丢。"

唐宁环视了大家一圈后，继续说道："从另外一方面讲，文化与战略、与发展本来就密不可分，两者之间的关系应该是共生、互助与引领。对于宜信来讲，无论是普惠金融还是财富管理，其实这两项业务的核心都是信用文化。"

在唐宁的支持下，公司高管团队的 10 名成员组成了宜信公司企业文化建设委员会，唐宁亲自担任组长。一个月的时间，徐秀玲和文化团队收集了有关宜信的各类宣传报道、管理层讲话稿，并从中筛选出了 2 000 多个与价值观有关的高频关键词。关键词出炉后，唐宁与企业文化建设委员会的成员经过多轮筛选，终于从备选词条中确定下来六个词：诚信、专业、创新、以人为本、共享价值、宜人宜己。

价值观的内容是出来了。"可是，就这么干巴巴地抛出六个词吗？是不是可以有个让人一目了然的载体，来承载宜信的核心价值观？"徐秀玲心想。

经过一番讨论，"宜信价值观小屋"终于浮出水面。诚信、专业、创新就是这座小屋的三大基石，以人为本、共享价值是小屋的两大支柱，宜人宜己就是屋顶，普惠金融与财富管理这两大核心业务是窗户，如图 1 所示。

图 1 宜信核心价值观小屋

为了让价值观小屋更好地落地，徐秀玲提出了"文化落地三部曲"工程，希望借助文化落地工程让核心价值观从"知、信、行"三个层面真正植根于员工当中。徐秀玲和企业文化团队分别将 2012 年、2013 年、2014 年的主题定为：文化总动员、文化在我心、文化伴我行，力求用三年时间从共同认知、全员认同和行为指导三个维度实现价值观小屋的落地。

2012 年 6 月，随着宜信小屋出炉，公司内部各类文化传播活动风生水起，价值观小屋被贴在文化墙上，印在胸卡里，文化手册也人手一本。大家都知道了，也看见了这些内容，但这就足够吗？大家是否真心认同这些观念呢？从文化团队了解到的情况看，文化认同似乎并没能形成。

"怎样才能让价值观在宜信人中形成共鸣和认同？"秀玲面临着一道新难题。随着她的思考，时钟也拨到了 2013 年，揭开了"文化三部曲"中的第二篇章："文化在我心"。

4 思路转变定调文化产品

此时，企业文化部经理刘静提出了一个大胆的设想，建议在全公司范围进行一次全员文化调研，并根据调研结果进一步规划与完善文化建设工作。几经选择后，刘静确定了业界较为权威的丹尼森组织文化模型，并依托此模型开始设计调研的环节与问题。为了保证调研工作能够顺利进行，获得员工的支持，刘静还精心策划了一个成长故事会的小环节，以免受访者觉得枯燥。

方案确定后，徐秀玲和刘静满心欢喜地找到唐宁进行汇报。汇报过程中，唐宁始终眉头紧锁，一句话也没说。直到刘静把整个方案汇报完之后，唐宁沉了沉说："我认为，调研是必要的，你所提到的丹尼森模型听起来也很专业，但这并不适合现阶段的宜信。你们想过项目执行的效果么？考虑过用户的感受么？其他部门同事为什么要配合你的调研？他们能得到什么？收获什么？"唐宁一连串的问题使得办公室的气氛瞬间凝固了。他接着说道："我个人觉得成长故事会这个点子反而比干巴巴的调研好很多，文化就应该看得见、摸得着、能感知、能体验。现在公司发展太快，大家对公司的认识还是停留在原来的阶段，你们可以从讲成长故事作为突破口，以此让同事们正确地认识宜信的现在与未来。"

唐宁连珠炮式的提问，让徐秀玲和刘静一时间难以招架，两人郁闷地离开了唐宁的办公室。离开办公室后，两人相约先各自思考再进行讨论。

傍晚，徐秀玲主动给刘静拨了一个电话，"是不是我们没有找准用户的需求和他们要的东西，因此我们的目标和方法并不匹配。唐总经常和我说，文化是做人的事，关注点在人，应该关注人的需求，然而，以往大家总围绕着文化内容做文章，可不就难以被大家所认同了。因此，我们应该转换思路，以用户的视角思考问题，真正了解用户的需求，咱们得让用户先尝到文化的甜头，这样他们才能真正重视文化，之前那种从上而下的文化宣贯方式似乎已很难奏效。"徐秀玲接着补充道，"针对故事会这个项目，我认为，这里面承载了三个方面的诉求，即组织的战略需求，把价值观渗透到基层员工当中；用户的需求，让员工把积蓄已久的心声表达出来；以及我们文化团队的诉求。在活动设计前，我们要充分考虑这三方面诉求，再入手来设计活动。"

听到秀玲这番思考后，刘静不由得恍然大悟："我理解了，其实我们文化工作针对的用户，从广义上来讲，包含组织和个体，对上要接战略需求，对下要接基层员工，如果能把两端用户都服务好，让管理者重视文化、让员工正确认识文化，文化的意义就实现了！我觉得用户这个说法，感觉特别像在开发产品。我们可不可以借鉴一下产品模式，打造咱们自己的文化产品？"刘静顺着秀玲的思路继续提出想法。

"文化产品"这个词，让徐秀玲产生了共鸣，"对，文化产品。文化是个形而上的东西，当我们把文化做成了产品，那么我们卖的就是体验，是关于文化的体验，这样文化就变实了，不再那么虚无缥缈了。太好了，我们就做文化产品。"

5　用户思维设计文化产品

有了对文化产品的基本思考和对"成长故事会"的定位后，刘静带着项目组开始进行策划。该从哪里入手设计文化产品呢？刘静为此犯了难。不仅如此，还有个问题摆在她们面前：此时，企业文化团队仅有 6 名员工，如何能够覆盖宜信两万人呢？每场都安排同事去现场显然不太现实，而脱离了文化团队的协助，又如何让项目保质保量地完成？如何能够满足全国各地的需求呢？

此时，又是徐秀玲的一句话，点醒了刘静和在场的团队成员。"唐总说过，只有产品化才能解决标准化和规模化的问题。想必大家都买过宜家可装卸的家具吧，想要让客户 DIY，首先要配备一个很具体的说明书，每一个部件都要标准化。"徐秀玲以宜家举例说，"既然我们现在把成长故事会当作一件产品来做，在产品设计前就要充分了解用户的需求；产品设计时，一切都要从方便用户、用户喜闻乐见的角度来构思；产品投入市场前，我们要反复进行测试，服务要细致入微，当然活动的内容要有意思、有趣味，能做到这些，自然就不用愁项目难推进了。"

根据徐秀玲的建议，项目组便开始研究产品设计及运营思路。围绕着"成长"的主题，项目组设计了一个大框架，包含三个环节：宜信的成长、我和团队的成长、相约宜信 8 周年。"宜信的成长"用"读宜信月刊"的方式来引入。"我和团队的成长"用分享的形式来呈现，在这个环节中应用了外交大使、头脑风暴等引导技术，根据参会者的情绪曲线来设计具体的流程，并通过 6 个问题的设置来激发参会者表达情感的欲望，这些问题皆根据用户访谈提炼出来。"相约宜信 8 周年"则是一个具有仪式感的环节，所有的参与者都能够带走一份纪念品，并且留下一封写给自己的信，写下对宜信 7 周年时的成长体验，写下自己对 8 周年的期待，收藏在盒子里，等待 8 周年的时候开启。

2013 年 6—10 月，短短 120 天时间里，"成长故事会"覆盖了宜信 105 个业务团队和 15 个职能部门，共举办 245 场，产生了 1 470 个优秀宜信人的故事，覆盖了 10 535 位宜信同事。就这样，"成长故事会"让文化落到了实处。"成长故事会"成了 2013 年宜信公司内最热的话题，无论走到哪里都能听到有关于此的讨论。在 2013 年宜信年会上，CEO 唐宁为企业文化团队颁发了支持部门的最高奖项"战略支持奖",并明确提出"用文化来支撑战略"的文化定位。

不仅如此,"7 周年成长故事会"的成功,还为企业文化团队沉淀下了一套文化产品设计与运营的思路——"产品化模型"(见图 2):从需求出发,以战略为指导,以用户为导向,寻找战略需求和用户痛点之间的结合点,挖掘战略传达的核心信息,匹配相应的承载形式,以引导式平等对话的方式鼓励参与者深入体验,以标准化的流程设计和工具化的方式解决复制性与规模化的问题,使得每个参与者成为内容的生成者和传播者,通过大众传播与人际传播营造出一个动态生长的信息场,最终形成产品的良好口碑。

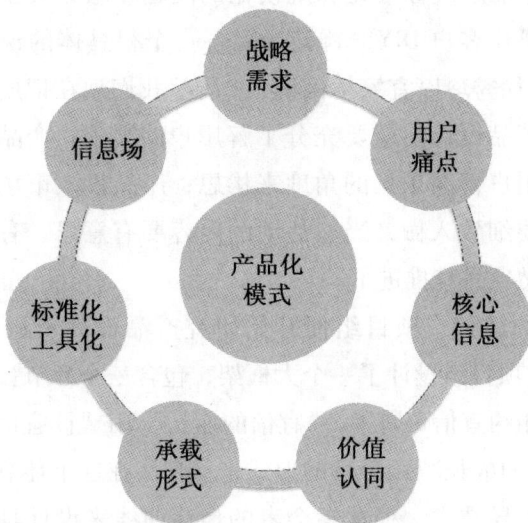

图 2　文化产品化模式图

6　产品化反哺价值观落地

第一个文化产品就能取得如此收效,徐秀玲和文化团队的同事们颇感欣慰。"但如何能让这股文化风继续刮下去?如何让文化更好地支持战略和业务呢?如何让'产品化模式'发挥更大的作用呢?"徐秀玲在项目复盘会上提出了新的目标。

"我读过成长故事会的简报,里面有不少好素材,不少感人的故事,不少鲜活的人物案例啊!我们能不能把这些故事收集起来,选出些好的再进行深度传播呢?"拥有多年企业文化咨询经验的王艳军说道。

"好主意!"徐秀玲兴奋地说,"我们可以借助成长故事会的余温,围绕故事会所收集的素材设计些产品,大家讨论下,我们能做些什么产品?"

此时正值国内互联网金融行业飞速发展,然而,在行业快速膨胀的背后,却暗藏着巨大的隐忧——个别 P2P 平台卷款跑路、行业高薪恶意挖角情况时有发生,整个行业弥漫着一股浮躁的气息。在此背景下,宜信自然也难免受到这些负面因素的影响,公司人员流失率持续走高。

"咱们是不是可以把成长故事会收集的故事编成一本书,用我们宜信人自己的故事来阐释企业核心价值观。之前,价值观小屋难以在员工间形成共鸣的原因就是价值认同,我们对价值观的阐释太普世了,没有贴上宜信特有的标签,也反映不出互联网金融行业的特征,自然大家就难以认同。"刘静说。

此时,王艳军提出了另一个建议,"还有一种方法是演讲,也可以考虑。在我以前的公司里,老板的一次演讲就能激励大家半年,特别振奋人心。"

"演讲和出书,两个建议都不错,而且两者之间是互补的。一个是自下而上的榜样影响,让同事们自己去言传身教,告诉大家怎样去行动起来;另一个是自上而下的价值观落地,让价值观小屋再往下走,告诉大家方法论,用故事影响你周边的人。"秀玲满带肯定地说道。

有了成型的文化产品设计思路和成长故事会的成功经验后,企业文化团队的同事们对这两款新产品的前景充满了信心。

经过几个月的筹备,《赢在宜信的 28 条》和 BEST 演讲大会两款产品正式出炉。活动一经推出便在公司内掀起了新一轮热潮。一时间,"学榜样、做榜样"之风在公司内盛行,"28 条"中的人物成为大家竞相模仿的对象。就这样,这两款文化产品再一次取得了成功,及时浇灭了行业虚火给企业带来的潜在影响。伴随着这两款文化产品的成功,"文化伴我行"活动告一段落,员工对企业核心价值观的认知更为深刻,也逐渐形成了认同与共鸣。

7 健全文化管理体系,促文化生态多样性

从 2012 年宜信价值观小屋出炉,到 2013 年成长故事会,再到 2014 年《赢在宜信的 28 条》,宜信文化落地三部曲工程一步步变为现实,企业文化建设也越来越见章法。在文化产品化思维的指导下,宜信文化团队又相继创造出了文化大使训练营、内网宜家人等一系列文化产品,并将所有的文化产品

汇聚在一起，形成了一套《宜信企业文化手册》，最终构建了一个有实有形的宜信"文化产品群落"。

在丰富的文化产品作为保证的基础上，徐秀玲提出了企业文化建设工作的三项主要任务：一是企业核心价值观梳理与落地；二是文化团队组织建设与人才发展；三是文化传播与文化影响力建设。为了保证这三项任务能够顺利开展，企业文化团队设计了一套保障体系，一是企业文化管理峰会，用于培训基层文化接口人；二是年度文化建设奖，用于激励企业文化建设出色的单位和个人；三是建立企业文化信息化平台，用于各级企业文化工作者的信息沟通与共享，如图3所示。

此外，有了日益健全的文化管理体系和深入人心的核心价值观作为保障，以总部价值观及公司战略为核心的"多样化的文化生态圈"正在宜信逐步形成，不少业务部门主动策划特色文化活动，并提出了部门内部的个性文化主张。

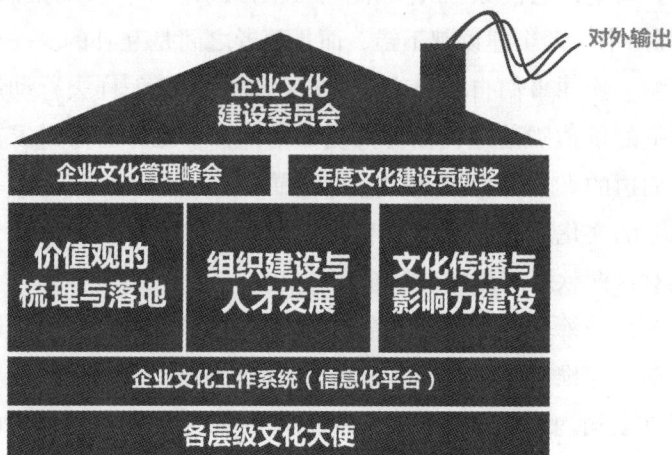

图3　宜信公司企业文化建设体系蓝图

8　结语

"这几年来，宜信文化团队从小到大，文化产品从无到有，文化的类型从单一到多样，文化的地位从轻到重，文化管理体系日益完善。很多外人认为，宜信的文化建设搞得风生水起，但我们深知这些还远远不够，我们要让文化宜信这列动车组在企业核心价值观的铁轨上不断前行，让每一条事业线、每一个子部门、每一个营业部乃至每一名员工都能够伴随这列车快速前行。不仅如此，我们还要让'人人有信用，信用有价值'的理念渗透到整个 P2P 行业、整个中国金融服务业乃至当今中国社会大环境当中，这正是我加盟宜信时想要做的事情，'用文化影响组织、改变世界'。"徐秀玲这番深情的结束语，让会场内近百位宜信文化工作者无不为之动容与振奋。

正如徐秀玲所说，宜信公司经过九年的发展，已经成为普惠金融、财富管理领域的领先者，然而，宜信人并不满足于此，他们还要让文化宜信这列快车在互联网金融的大道上，跑得更快、更稳、更持续。

2015 年 3 月举行的部门年会上，宜信公司 CEO 唐宁提出文化在企业中的定位要从业务支持转变为战略引领，并且明确了"科技宜信"的 5 年战略导向。面对文化定位的升级和新的内外部环境，徐秀玲和她的文化团队又该如何应对？我们且拭目以待。

Speeding CRH Train
——Culture Construction Road of CreditEase

Abstract：This case describes culture construction road of CreditEase company. Stewart downing founded CreditEase in 2006. After nine years of development, CreditEase has built a strong collaborative service network in 182 cities of China (including Hong Kong) and 62 rural areas across the country, the company staff more than 40 000 people. In enterprise development stages, CEO Stewart downing has always been firmly believe the core values："everyone has credit, credit values much"; at the same time, keeps the enterprise culture as the core competitiveness of company's continual developing. With Stewart downing's attention and guidance, CreditEase enterprise culture team grows out of nothing. Through several years, the enterprise culture construction work on the thinking, behavior, system innovation, gradually to comb out a cultural transition, cultural strategy of the enterprise culture construction innovation path, finally formed a variety of cultural products businesses in community and diversified cultural ecology system; meanwhile, supports the company to come ture their business strategy and provides the safeguard for enterprise's sustainable healthy development.

Key words：Corporate culture；Internet thinking；Enterprise core values

疾驰的动车组
——宜信公司企业文化建设之路

一、教学目的与用途

（1）本案例适用于组织行为学和企业文化的课程教学。

（2）本案例适用对象：主要为 MBA 和 EMBA 学员，适合有一定工作经验和管理阅历的学员和管理者，可用于企业高管人员的培训和企业内训，也适用于工商管理专业本科生与硕士研究生。此案例亦可用于企业文化工作者参考使用。

（3）本案例教学目的是帮助学生理解企业文化、企业核心价值观的基本概念和要点，了解和掌握企业文化建设路径以及企业文化管理体系的构建方法等相关理论知识点和实施对策，并对企业文化与战略两者间的关系形成一定认知。

二、启发思考题

（1）请梳理宜信公司企业文化建设历程，并从中找出宜信文化建设过程中的重要节点。你如何评价宜信文化建设之路？哪些内在因素保证了宜信这列文化动车组能够持续快速前行？

（2）如果你是 CEO，在企业初创期，你会坚持统一的价值观，还是会鼓励公司内部子文化的形成？为什么？宜信价值观的形成，受到了哪些因素的影响？

（3）为何价值观小屋在落地过程中遇到了困难？你如何看待宜信"文化产品"的概念，在当今企业环境中是否适用？你是否认同文化应该看得见、摸得着，是可感知、可体验的理念，为什么？

（4）请分析徐秀玲提出的企业核心价值观梳理与落地、文化团队组织建设与人才发展、文化传播与文化影响力建设这三项任务的原因。你如何看待宜信文化管理体系的实际价值和意义？

（5）你如何理解宜信公司文化定位从"战略支持者"到"战略引领者"的角色改变？你认为企业文化与战略之间的关系应该如何？

三、分析思路

教师可以根据自己的教学目标（目的）来灵活使用本案例。这里提出本案例的分析思路，仅供参考。

（1）引导学生梳理宜信公司企业文化建设发展路径以及关键节点（见图4），思考宜信企业文化建设关键节点间的偶然因素和必然联系，并根据上述偶然因素和必然联系对宜信企业文化建设工作进行综合评价，找出宜信文化动车组能够保持快速前行的原因。

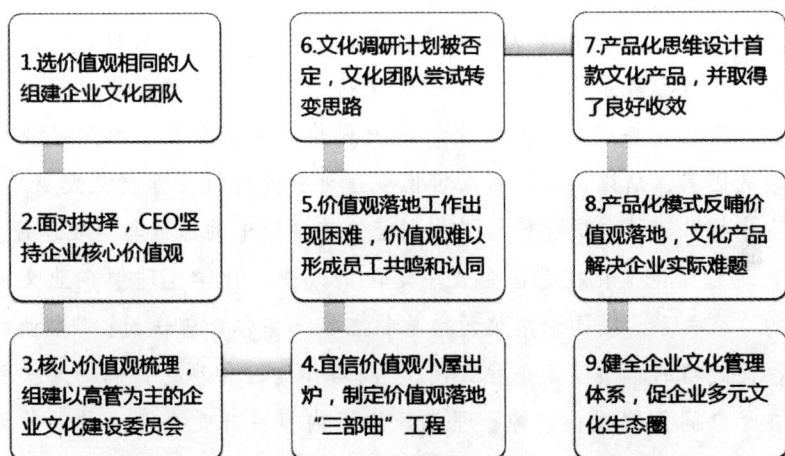

图4　宜信公司企业文化建设路径与关键节点

（2）让学生思考在企业初创期，唐宁为何始终坚持统一的文化和核心价值观。对于这个问题，可以引导学生从三个维度进行思考：一是 CEO 过往的经历和创业初心；二是文化和价值观在企业中起到的作用及意义；三是宜信公司所处互联网金融行业特点及中国信用体系现状。通过多层面的思考，让学生理解影响企业文化形成的基础因素（见图5），和文化与价值观对一家企业的意义与价值所在。

图5　影响企业文化形成的基础因素

（3）引导学生分析，宜信价值观小屋落地工作遇到困难以及文化产品化在宜信取得成功的原因。对于上述问题，可以从两个维度进行思考：其一，文化的下沉需要实际载体作为支撑，而口号、标语这类视觉、听觉载体的传播力与影响力不断变小；其二，当今社会背景下，互联网思维日渐成为社会主流文化，"80后"、"90后"员工成为雇员主体，这一代人的个性主张与"60后"、"70后"一代大相径庭，传统的文化宣贯方式难以再有良好收效。所以，充分考虑"80后"、"90后"员工的文化需求，根据用户思维设计的文化产品自然取得了成功。

（4）引导学生思考宜信文化管理体系的作用和意义。通过讨论，让学生理解企业文化管理体系的形成是企业文化持续发展的必然需要，是保证文化统一性和延续性的基础。企业文化和价值观是一家企业能够做到基业常青的不可或缺的因素，所以，不断推动价值观落地就是保证企业持久发展的根基，而文化人才梯队建设与文化传播工作则是价值观落地的保证与重要途径。

（5）通过讨论文化在宜信企业中定位的改变，让学生理解企业文化和战略之间的本质关系。美国通用公司前总裁杰克·韦尔奇曾说过："企业的根本是战略，而战略的本质就是企业文化。"战略作为一种观念，制约着文化，其重要性在于它同价值观、精神、理想等意识内容一样是企业成员的共识。企业通常由战略管理实现使命和达成愿景，企业战略反映着企业宗旨和核心价值观，有着深刻的企业文化烙印。反之，企业文化作为企业价值观引领并服务于企业的战略。从企业文化的内容来看，企业使命和企业愿景为企业战略的制定提供了基本依据、发展方向和长远目标。文化定位的改变是宜信公司战略发展的必然需要，也是企业对文化价值的更高追求。

四、理论依据与分析

1. 企业文化相关理论[1]

（1）企业文化的概念

企业文化是一个组织由其价值观、信念、仪式、符号、处事方式等组成的特有的文化形象。企业文化是在一定的条件下，企业生产经营和管理活动中所创造的具有该企业特色的精神财富和物质形态。它包括文化观念、价值观念、企业精神、道德规范、行为准则、历史传统、企业制度、文化环境、

---

[1] 百度百科：企业文化 http://baike.baidu.com/view/4152.htm。

企业产品等。其中，价值观是企业文化的核心。企业文化是企业的灵魂，是推动企业发展的不竭动力。它包含着非常丰富的内容，其核心是企业的精神和价值观。这里的价值观不是泛指企业管理中的各种文化现象，而是企业或企业中的员工在从事商品生产与经营中所持有的价值观念。

（2）企业文化的要素

企业文化五因素论是美国的特雷斯·迪尔和阿伦·肯尼迪在《企业文化——现代企业的精神支柱》一书中提出的。他们认为，企业文化是由企业环境、企业价值观、英雄人物、文化仪式、文化网络五个因素组成的。

①企业环境是指企业的性质、经营方向、外部环境、社会形象、与外界的联系等方面。它往往决定企业的行为。

②企业价值观是指企业内成员对某个事件或某种行为好与坏、善与恶、正确与错误、是否值得仿效的一致认识。价值观是企业文化的核心，统一的价值观使企业内成员在判断自己行为时具有统一的标准，并以此来选择自己的行为。

③英雄人物是指企业文化的核心人物或企业文化的人格化，其作用在于作为一种活的样板，给企业中其他员工提供可供仿效的榜样，对企业文化的形成和强化起着极为重要的作用。

④文化仪式是指企业内的各种表彰、奖励活动、聚会以及文娱活动等，它可以把企业中发生的某些事情戏剧化和形象化，来生动地宣传和体现本企业的价值观，使人们通过这些生动活泼的活动来领会企业文化的内涵，使企业文化"寓教于乐"。

⑤文化网络是指非正式的信息传递渠道，主要是传播文化信息。它是由某种非正式的组织和人群组成，它所传递出的信息往往能反映出职工的愿望和心态。

（3）企业文化的意义与作用

企业文化就是一家企业发展的根基，其重要性和意义不言自明。企业文化的意义和作用主要可归纳为以下几个方面。

①企业文化能激发员工的使命感。不管是什么企业都有它的责任和使命，企业使命感是全体员工工作的目标和方向，是企业不断发展或前进的动力之源。

②企业文化能凝聚员工的归属感。企业文化的作用就是通过企业价值观

的提炼和传播，让一群来自不同地方的人共同追求同一个梦想。

③企业文化能加强员工的责任感。企业要通过大量的资料和文件宣传员工责任感的重要性，管理人员要给全体员工灌输责任意识、危机意识和团队意识，要让大家清楚地认识企业是全体员工共同的企业。

④企业文化能赋予员工荣誉感。每个人都要在自己的工作岗位、工作领域多做贡献，多出成绩，多追求荣誉感。

⑤企业文化能实现员工的成就感。一个企业的繁荣昌盛关系到每一个公司员工的生存，企业繁荣了，员工就会引以为豪，会更积极努力地进取，荣耀越高，成就感就越大，越明显。

（4）企业文化的形成

每家企业的文化都各不相同，具有浓厚的企业特色。不同地域的企业文化差异巨大，而有些相同地域的企业，因为所处行业不同，其文化也是千差万别。由此可见，影响企业文化形成的因素十分广泛，主要可分为内部因素和外部因素，如图6所示。

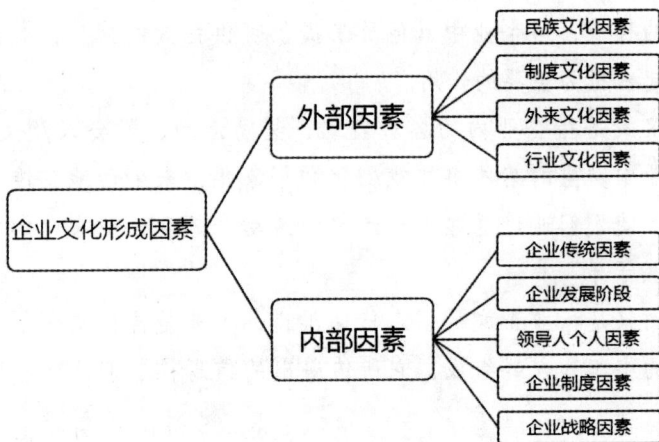

图6　影响企业文化形成的因素

2. 企业文化落地相关理论

（1）企业文化落地

企业文化落地实际上就是价值观与行为的匹配性建设过程，是员工对企业的价值观体系从认知、认同到践行的过程。企业文化落地的目标是，让全体员工对企业核心价值观产生认知、认同、共鸣，最终实现指导个人行为的作用。

（2）企业文化落地方法

企业文化落地 4R 路径指的是一套从入眼、入脑、入心到入手"四步走"的文化落地路径，如图 7 所示。

图7 企业文化建设 4R 路径

华夏基石管理咨询公司提出了"知信行"的文化落地模型，如图 8 所示。首先从"知"的层面入手，形成全体员工对企业核心价值观的认知；其次，在"知"的基础上，形成"信"，使员工对企业文化和核心价值观达到深度认同，形成共鸣；最后，在实现员工对企业正确文化认知后，把文化建设工作提升到"行"的层面，促进全员依照企业核心价值观指导个人行为，使企业核心价值观成为企业内部员工践行的行为准则。

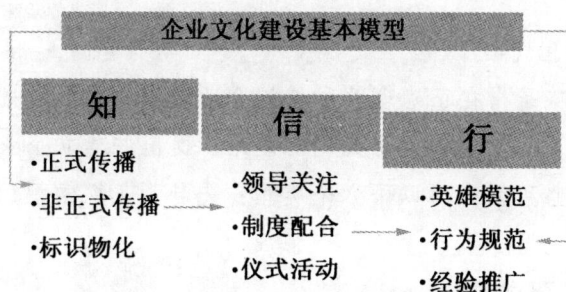

图8 华夏基石企业文化建设基本模型

就本案例而言，宜信公司在价值观小屋出炉后所制定的文化落地"三年三步走"策略与华夏基石文化建设基本模型不谋而合。第一年"文化总动员"，通过文化上墙、文化宣讲等活动让所有员工对企业核心价值观产生认知。第二年"文化在我心"，通过"成长故事会"这款文化讲述自己故事的文化产品，形成员工个人对企业核心价值观的自传播和内部群体间传播，使员工对价值观产生认同与共鸣。第三年"文化伴我行"，通过"28 条"和"BEST 演讲"两款产品，树立员工身边的榜样，形成人人"学榜样、做榜样"的氛围。

3. 企业文化与企业战略

(1) 企业文化与企业战略

企业管理作为一种手段,从管理职能上看,可以分为"软"与"硬"两个系统;若从管理战略上看,可以划分为"软战略"与"硬战略"两个系统。企业文化战略属于"软战略"的范畴,它的制度与实施从属于企业整体的发展战略。由此可见,日常运营管理中,企业战略与企业文化两者均占据着不可或缺的地位。

战略作为一种观念,制约着文化,其重要性在于它同价值观、精神、理想等意识内容一样是企业成员的共识。企业通常由战略管理实现使命和达成愿景,企业战略反映企业宗旨和核心价值观,有着深刻的企业文化烙印。反观,企业文化作为企业价值观引领并服务于企业的战略。从企业文化的内容来看,企业使命和企业愿景为企业战略的制定提供了基本依据、发展方向和长远目标。企业文化与战略两者间的关系主要表现在以下三方面:互融与促进、制约、非相关。就本案例而言,宜信公司企业文化与战略两者间的关系属于互融与促进。

(2) 企业文化战略

企业文化战略是指在正确理解和把握企业现有文化的基础上,结合企业任务和总体战略,分析现有企业文化的差距,提出并建立企业文化的目标模式。企业文化战略可划分为以下六个类型:先导型、探索型、稳定型、追随型、懒惰型和多元型。

(3) 麦肯锡 7S 模型

麦肯锡 7S 模型,是麦肯锡顾问公司研究中心设计的企业组织七要素,指出了企业在发展过程中必须全面地考虑各方面的情况,包括组织结构(structure)、制度(system)、风格(style)、人员(staff)、技能(skill)、企业战略(strategy)、共同的价值观(shared values)。

7S 模型既包括企业中的硬件要素,又包括企业中的软件要素。战略、结构和制度被认为是企业成功的硬件要素,而风格、人员、技能和共同的价值观被认为是企业成功经营的软件要素。麦肯锡 7S 模型认为企业的软件要素和硬件要素同样重要。其中,共同价值观在 7S 模型中的地位尤为关键,将其他6 个关键要素串联到一起,如图 9 所示。

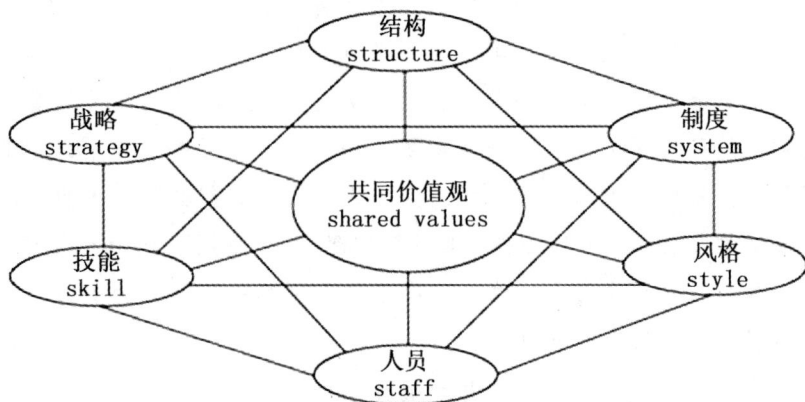

图 9　麦肯锡 7S 模型

（4）核心竞争力钻石模型

钻石模型认为，企业核心竞争力由核心因素企业文化和人力资源、创新能力、组织管理能力、市场营销能力、战略管理能力、生产服务能力等六大外围因素构成（见图 10）。在企业实际经营工作中，可以通过采用强化企业文化管理的方法，实现对其他企业能力的提升。

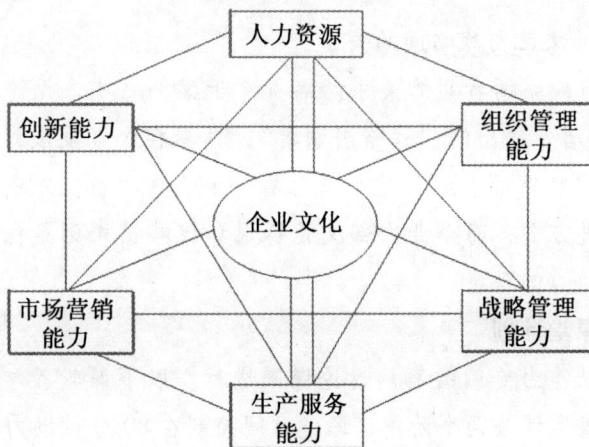

图 10　核心竞争力钻石模型

五、案例关键点

1. 宜信企业文化形成的背后原因

要探寻宜信企业文化形成的背后原因，就需要从唐宁所提出的"人人有信用、信用有价值"企业理念作为切入点来看。就当今的中国而言,整个金融行业发展仅有短短几十年时间,而互联网金融行业更是这两年才兴起,因此,互联网金融行业乃至整个中国金融业发展不健全的问题十分显著。在行业急速发展的环境下,监管缺失等问题——浮现。从另一个方面讲,中国社会信用体系并不健全,信用问题成为人与人、人与组织间的一大阻隔。拥有多年外海留学经历和华尔街工作背景的唐宁深知,"信用"之于一个人、一家企业、金融行业乃至全社会的意义。有了这个深刻的认知作为支撑,唐宁便从始至终坚守企业核心价值观。

2. 宜信文化产品思路形成的背后成因

如今,"80后"、"90后"员工逐渐成为企业雇员中的主体,这一代员工与"60后"、"70后"一代员工有着明显区别,他们个性主张更为显著。因此,传统自上至下的文化宣贯方式对"80后"、"90后"一代自然难有良好收效。同时,社会传播环境也在逐渐改变,以往一对一单线传播途径已经过时。如今,信息传播趋向于双向互通与多向扩散。上述环境的转变客观上推动了宜信文化产品化的发展。以互联网思维为导向、用户需求为核心的文化产品既满足了"80后"、"90后"员工的需求,同时也适应社会传播环境的转变。

3. 宜信企业文化与战略间的关系

企业文化与战略两者间的关系始终贯穿于案例之中,无论是前期"战略支持者",还是唐宁提出的"战略引领者",两者在企业发展过程中的关系都密不可分。从"宜信动车组"这个概念看,企业核心价值观是轨道,指引着企业正确的前进方向,而企业内部文化诉求和战略需求则是保证各节车厢都不断提供内在动力的源泉。

六、建议课堂计划

本案例可以作为专门的案例讨论课来进行。以下课堂教学建议,仅供教学参考。整个案例课分两个阶段,课堂时间控制在80分钟以内。

第一阶段(45分钟)

1. **分组讨论(30分钟)**

阅读案例,讨论前面提到的5道启发思考题。

2. **各小组发言,报告讨论结果,分享观点(15分钟)**

引导学生总结案例,教师在黑板上记下各组的观点,汇总看法。

第二阶段（35 分钟）

1. 分组讨论，对案例中涉及的相关知识点进行梳理与总结（15 分钟）

通过案例总结企业文化、企业核心价值观的基本概念和要点，企业文化建设路径以及企业文化管理体系构建方法等相关理论知识点和对策措施，以及企业文化与企业战略两者关系关联的相关知识点。

2. 各小组发言，报告讨论结果，分享观点（10 分钟）

引导学生总结，在黑板上记下各组的观点，汇总看法。

3. 最后总结与归纳（10 分钟）

在教师的带领下，引导全体学生进一步归纳对案例的观点和看法，总结案例所蕴含的理论原理和关键知识点。

下篇

传媒及互联网企业

下篇

世熙传媒的电视节目模式引进与创新

摘要： 十年前，中国电视人对"节目模式"这个词几近陌生，而今，它已是业内最热门的话题。世熙传媒涉足电视节目模式引进与其创始人刘熙晨先生密不可分。刘熙晨，1991 年毕业于中国人民大学新闻系广播电视专业，1991—1994 年任职于中国教育电视台新闻部。1994 年调到北京电视台，曾做过编导、策划、编辑，新闻评论等工作。1996 年，刘熙晨跳出体制，下海经商，做过代理商、广告活动策划等。2000 年 6 月创立北京环球视业电视节目策划有限公司。2004 年 11 月，北京世熙传媒文化有限责任公司成立，注册资金 300 万元，刘熙晨任公司总经理，公司拥有一支节目策划、生产、包装、发行的精英团队。2009 年 3 月，公司更名为北京世熙创意国际文化传媒有限公司。

2006 年，世熙传媒获得英国广播公司（BBC）*Strictly Come Dancing* 中国地区独家节目模式授权，携手湖南卫视和香港 TVB 联合制作了中国版《舞动奇迹》，在内地和香港同步播出，这是世熙传媒授权且做成功的第一个模式节目。世熙传媒成为中国第一个引进、制播国际节目模式的民营传媒企业。之后，世熙传媒趁热打铁又做了《舞动奇迹》第二季。

2012 年 7 月，世熙传媒与广西卫视合作的《一声所爱·大地飞歌》全国首届民歌选秀大赛播出，它是广西卫视举办的第一个音乐选秀类节目。

2013 年，歌唱选秀类节目的扎堆和国外综艺节目模式引进的"井喷"现象引起了行业部门的关注。同年 10 月，国家新闻出版广电总局下发了《关于做好 2014 年电视上星综合频道节目编排和备案工作的通知》，这对包括世熙

传媒在内的模式节目版权引进公司带来了重大挑战。

2013 年以来，世熙传媒价值链的调整与创新有序进行，现已形成以电视节目内容制作与模式研发为核心的 8 个业务群，包括内容制作、模式研发、模式购销、广告营销、选角经纪、新媒体、培训教育和产业投资。2013 年制作了 9 档电视节目，2014 年制作的节目达到 15 个。世熙传媒与湖南卫视、北京卫视等一线卫视与制作方进行了实质性的合作；与广西卫视开展战略合作，为广西卫视提供多档模式节目，包括《猜的就是你》、《完美箱遇》等；引进风靡全球的加拿大喜剧默片秀《lol》的版权，打造国内首档喜剧默片秀节目《乐乐》，并在辽宁卫视播出；着力打造"中国梦"系列模式集群；推出一些适合地面联播甚至城市台特色的模式节目，如《才貌双全》、《争分夺秒》等。

从 2013 年开始，世熙传媒加快在新媒体方面的战略布局，形成手游、电商、两大网站（C21 中文版和 ChinaWit）、项目管理系统四大板块。

2013 年、2014 年，世熙奖·中国节目模式大赛的连续举办，顺应了国际电视节目运营模式化的潮流，旨在打通中国节目创意与制作的整个链条，推动国内电视节目制作的产业化与品牌化，让更多优秀的创意走向荧屏、走向世界，全面推动中国节目模式的进步。同时，模式大赛还是世熙传媒的重要品牌活动和模式研发工作的一个重要补充，具有对中国模式市场原创新生力量的培养和激励的重要作用。2015 年 6 月 7 日、8 日，上海电视节与世熙传媒联合主办首届"中国模式日"，旨在让中国的内容生产者对模式有更深入的理解，对模式节目的研发、生产流程有深刻的认知。

世熙传媒把内容产业和资本市场紧密结合，利用资本的杠杆来扩大节目制作数量和产业规模。2013 年 5 月，世熙传媒完成了首轮 4 000 万元的融资，联手广东广电基金渗入产业链上游，这也是电视节目模式行业内的首次融资。2014 年 4 月，又进行了第二轮融资，除了广东广电基金追加投资，北京市国有文化资产监督管理办公室所属的北京文创产业基金、红杉资本也入资世熙传媒，累计达 8 000 万元。近期，世熙传媒计划在创业板或中小板上市。

世熙传媒的价值链初具规模，但发展尚不完善，内容制作与模式研发的水平离国际一流水平还有差距；电视衍生产品开发刚起步，新媒体业务的盈利模式有待形成，国外市场开发有待加强。总之，世熙传媒的价值链整合之路任重道远。

关键词：世熙传媒；节目模式；价值链

引言

中国节目模式市场近十年发展迅猛，从早先的《舞动奇迹》到《超级女声》、《中国达人秀》；从《开心辞典》到《以一敌百》；从《我爱记歌词》到《挑战麦克风》；从《非诚勿扰》到《百里挑一》；从《职来职往》到《非你莫属》；从《中国好声音》到《中国最强音》；从《爸爸去哪儿》到《奔跑吧，兄弟》。无论中央电视台、省级卫视还是众多地方频道，都把娱乐节目的制作与播出作为重要内容。无论是明星娱乐还是平民娱乐、草根娱乐，大凡有影响的娱乐节目，无不是对国外节目模式的引进和模仿，出现了国外节目模式引进的"井喷"现象，许多引进模式节目在中国掀起收视热潮。2014 年，中国播出的模式节目总数达 63 档，新引进节目模式达 35 个，中国正在成为继英国、荷兰、美国、以色列之后的节目模式产业新兴市场。

1 刘熙晨与世熙传媒的节目模式引进

世熙传媒涉足电视节目模式引进与其创始人刘熙晨先生密不可分。刘熙晨，1991 年毕业于中国人民大学新闻系广播电视专业，毕业后分配到北京教育台工作，1991—1994 年任职于中国教育电视台新闻部；刚去半年就开始嚷嚷着要做"教育新闻联播"，结果还真做成了。1994 年，他调到北京电视台，当时全国就有两个新闻评论节目，中央电视台是《观察与思考》，北京电视台是《18 分钟经济·社会》栏目，19：30 播，一周一期，一期 20 分钟。一年之后，他做了一个很轰动的原创类节目，叫《悬赏打假》，具体的操作就是把《中华人民共和国消费者权益保护法》第四十九条"假一罚二"的条款通过媒体放大让观众熟知。这个节目获得了"全国好新闻一等奖"，是当年获奖节目中唯一的地方台节目。刘熙晨在北京电视台做得顺风顺水，可是他说："我要真正了解自己心里想要的，进到市场里边去，换一种工作方式，做更多节目。"就这样，刘熙晨办理了离职手续，开始了创业之路。

1996 年，刘熙晨跳出体制，下海经商，做过代理商、广告活动策划等，2000 年 6 月创立北京环球视业电视节目策划有限公司，推出电视新体裁"FTV–心情电视"，在全国 60 多家电视台播出，反响热烈。经过团队的多番论证和研究，他找到一个突破口——关于性教育的深夜访谈节目，确定节目定位后找各路的专家开始研究选题：艾滋病传播途径、无性婚姻、早恋等话题。刘熙晨还在形式上做了一个很好的设计——漂亮的面罩，来减轻当事人的心理负担。很快，刘熙晨做出了 10 期样片，并在 2004 年的世界艾滋病日举行的小型论坛上播出，得到了大家的一致认可。第二天，一家很有影响力的媒体报纸，在第二版的通栏位置发了一则《中国第一档性节目开播》的报道，"性节目"与"性教育节目"仅两字之差却有本质的不同，有关部门要求暂缓播出，再加之当时世熙传媒还没来得及办制作经营许可证，节目被彻底地停滞下来。当时刘熙晨已经制作了十几期样片，发行了 40 多家地面频道，甚至已经找好了冠名商，整体投入大概五六十万了，停滞的损失对于一个刚刚成立的公司来说是巨大的，但他还是在坚持，一年的时间里一边忙着制作经营许可证，一边不停地寻找机会。2004 年 11 月，北京世熙传媒文化有限责任公司成立，注册资金 300 万元，刘熙晨任公司总经理，公司拥有一支节目策划、生产、包装、发行的精英团队。2009 年 3 月，公司更名为北京世熙创意国际文化传媒有限公司（以下简称世熙传媒）。

2005 年，刘熙晨偶然看到国外一档明星跳舞节目，后得知这是英国 BBCWorld（BBCW）公司出品的 *Strictly Come Dancing*。在与节目制作方取得联系后，他了解到这是一个模式化节目，已经发行到全球 20 多个国家和地区。其中，由美国 ABC 电视台引进并改造后的 *Dancing With the Stars* 第一季播出时，平均每期吸引了 1 700 万人次收看，稳坐当年美国收视率冠军。刘熙晨听了觉得这个节目很好，想着是不是也可以学着在国内实践一下。当时听说模式的版权方会来人做指导，还有整集的录像带可以观赏，他感觉这很有价值，第一次感知就很强烈，于是立即找人谈合作。刘熙晨很快联系了 BBC 在亚洲的公司，在北京见了面。他用最短的时间咨询了有关节目授权和制作的问题，版权方人员拿了几页纸的介绍，将模式的概念和节目的核心制作理念灌输给他，那是他第一次听到"节目模式"这个概念。虽然当时版权方的版权已经授权给了 20 多个国家和地区了，但在中国却没有人发掘它的价值，没有先例。他认准时机立即拍板买了下来。从 2005 年 10 月到 2006 年 5 月，他花了大半年时间才把整个合作谈下来，合同有几十页，细节十分严格、考究。当时国内没有先例，从授权价格、授权期限到双方的权利义务等，每一条细则，如模式的授权方面、成片节目的播出范围、包不包括点播权、能不能在海外播出、对引进节目的服务是怎样一个范围，等等，都要世熙传媒自己摸索。世熙传媒引进的是 *Strictly Come Dancing* 整套的节目制作流程，包括"制作宝典"、飞行制片人的指导，也包括模式方呈献给制作方的一些节目样片成片。这整个的一套打包才叫作模式授权，不能分割。

世熙传媒打算找江苏卫视合作，一个多月过去了没有回应；世熙传媒又找到浙江卫视，想在北京制作，传输到浙江卫视播出。世熙传媒与浙江卫视终于达成协议，由浙江卫视出资将 *Strictly Come Dancing* 的中国大陆制作权买下，并将中文名定为《与星共舞》。但当世熙传媒准备了两三个月，已经拿下了爱国者数码相机 800 万元的冠名，打算开始建组、制作，发布会都开完了。可东方卫视宣布要做《舞林大会》的卫视版，从地方选拔扩大到全国规模。《舞林大会》是上海文广新闻传媒集团（SMG）制作的一档以明星舞蹈竞技为主题的真人秀节目。该节目第一期于 2006 年 2 月 12 日在上海新娱乐频道播放。《舞林大会》最初是以"主持人舞蹈大赛"为主题，参赛选手为上海本地主持人。由于在上海地区取得收视佳绩，最高收视率达到 15.9，故在 2006 年 10 月继续举办了全国版《舞林大会》。东方卫视的《舞林大会》第一季从 10 月做到 12 月，收视率一直处于第一的位置。

东方卫视抢先开播同类节目后，世熙传媒虽一再公开声明，只有他们才拥有 *Strictly Come Dancing* 的正式版权，但《与星共舞》的冠名商还是临时取消了对节目的广告投放，世熙传媒与浙江卫视的合作被迫终结。刘熙晨决定，为 *Strictly Come Dancing* 寻找新东家。最后，世熙传媒找到了湖南卫视，双方一拍即合。2006 年 5 月，湖南卫视的人刚去过英国，就是想找这个节目模式，英国版权方说已经授权给了一家中国公司，就是世熙传媒。碰头后大家聊得很合拍，7 月份做了节目的发布会，当时正好是《超级女声》大火的时候，世熙传媒原本计划以超女为主角做一届，但由于这个模式的节目制作时间战线拉得比较长，又是周播，没有协调好和电视台的时间档期，于是决定延后一年再做。而此时，东方卫视已经做得风生水起了。

刘熙晨问时任湖南卫视台长的欧阳常林："你们到底做不做，要不要签协议？"欧阳常林说先不签协议，还让世熙传媒给国家广播电影电视总局发函先维权。刘熙晨觉得这事多半不靠谱，欧阳常林大概看出了刘熙晨的心思，撂下一句话："如果他们做得不好，世熙传媒当然会做；他们做得很好，世熙传媒更要做。"这等于给世熙传媒吃了颗定心丸。湖南卫视给世熙传媒搭配了最好的团队，由电视台自己制作。刚开始引进模式时，湖南台不愿意见飞行制片人，担心其会阻挠电视台对模式的改动。做《舞动奇迹》时，英国来的飞行制片人来中国 3 天，只在台里开了 1 个小时的会，其余时间都由刘熙晨陪着旅游。世熙传媒一开始站在电视台的立场上，但随着对模式理解的深入，世熙传媒越来越站在模式方的立场上协调关系。湖南卫视推出了《舞动奇迹》第一季，2007 年总决赛以 2.18% 的收视率、4.38% 的收视份额、2.1 亿的收看观众位居全国电视节目收视第一。这是世熙传媒授权且做成功的第一个模式节目。之后，世熙传媒趁热打铁又做了《舞动奇迹》第二季。

同时，世熙传媒做了相应的版权维权，他们向国家广播电影电视总局、商业部、中国版权保护中心、中共上海市委都发了函。据说，这些函最后都转到了国家广播电影电视总局并做了工作。两年之后，《舞林大会》再做时就进行了很大的变动和调整。

2009 年年底，湖南卫视与青海卫视达成深度合作协议，湖南卫视将对青海卫视进行节目、团队和主持人的输出，以及频道的包装策划等。同时，由湖南台与青海台共同出资成立第三方公司，负责青海卫视的具体运营。此后，世熙传媒与湖南卫视的合作形式变为"引进模式+制作方+播出平台让出制作权"。世熙传媒开始大力投入节目制作，酝酿了一档名叫《百万梦想》的节目，这是又一次传统电视走向制播分离的落地实践。

2009 年，世熙传媒和湖南卫视联手，共同完成了全民卡拉 OK 节目《挑战麦克风》的模式化，并将节目模式销往泰国。在与湖南卫视成功合作后，2011 年年初，浙江卫视主动找到刘熙晨，让他推荐几个节目模式，最终双方把目标锁定在 BBC 一档当红节目 *Tonight's The Night*（就在今夜）上。这一节目以如何实现普通人的梦想为主题，草根是其中的主角。在与版权方多次沟通后，浙江卫视《中国梦想秀》随之诞生。节目前两季严格按照原版模式进行操作，第三季在圆梦大使周立波的加入下，节目模式有了全新升级。另外，节目组也按照国际规范的节目模式操作流程制作了一个"节目模式宝典样本"，包括灯光、舞美、音响、节目设计与流程等多个方面。

2012 年 7 月 13 日，世熙传媒与广西卫视合作的《一声所爱·大地飞歌》全国首届民歌选秀大赛揭开面纱。广西卫视的定位为"美丽天下"，广西作为少数民族地区，更有着丰富的民歌资源。在 2012 年选秀节目市场竞争异常激烈的情况下，广西卫视斥重金购买 *True Talent*（《舍我其谁》）节目版权，旨在结合综艺类节目发展趋势和民歌文化特点，在中国发掘"舍我其谁"，寻找那些真正有着美丽声音，能"飞歌大地"的人。据介绍，《一声所爱·大地飞歌》是 2012 年率先获得国家广电总局批文的选秀节目，同时也是广西卫视举办的第一个音乐选秀类节目。

模式节目 *True Talent*（《舍我其谁》）是英国 Zodiak 传媒集团于 2011 年研发的，2011 年在瑞典 TV3（瑞典国家电视三台）晚间黄金时段首播的节目，它以"用心歌唱"的精神征服了全国观众，收视份额高达到 30.5%，比同时段平均收视率高出 75%。以往中国引入的节目模式，几乎清一色是先在国外授权成功才来到中国。此次《一声所爱·大地飞歌》的开播，是 *True Talent* 模式国际授权的第一站。他们要把这个模式先在中国做大做出影响力，然后再销往欧美市场。正因如此，模式方也留给联合承制方世熙传媒和广西卫视相对较大的改造空间。

汪炳文先生，湖南广播电视台前副台长、湖南省电视艺术家协会副主席兼秘书长、湖南广播电视台副总编辑，《快乐大本营》和《超级女声》等著名节目的创办人、世熙传媒副总裁，带领近 40 人的团队驻扎南宁 3 个月，与广西电视台的导演组在前期策划、真人秀拍摄、现场执行等流程中有分工，有配合。汪炳文强调团队在与电视台配合的时候应该"不分彼此"，因为首要目标是保障节目品质。"不求所有，但求所用"。第一季《一声所爱·大地飞歌》3 000 万的投入开创了广西电视台建台以来最大的投入，也给广西电视台带来了前所未有的关注度。广西卫视副总监蒋维透露，第二季《一声所爱·大地飞歌》不仅得到了中共广西壮族自治区党委、主办方南宁国际民歌艺术节组委会的支持和国家新闻出版广电总局的认可，活动冠名等招商签约也翻了一倍。此外，广西电视台演播设施也全面升级。录制《一声所爱·大地飞歌》的 1 000 平方米演播厅音响系统已经升级至演唱会规格，引进自德国的音响令声场控制和声音还原更为精准。为保证声音质量，选手用的麦克风都和《我是歌手》是同一品牌。由于前 4 期节目中基本靠灯效做出舞台效果，广西电视台为此新采购了 170 多台电脑灯，还请到原版节目的灯光师来到现场指导，为每位选手量身打造灯光方案。为配合灯光，由横向舞台改为纵向舞台，有效增加了舞台的有效面积和画面的纵深感。内容、理念、技术等方面的升级，保证了节目的水准。节目顺利通过国家新闻出版广电总局评审，从 2012 年 7 月 10 日起正式进入黄金时段播出。

在第二季的筹备阶段，世熙传媒和广西卫视就邀请英国的飞行制片人参与讨论。飞行制片人与节目主创团队一起构思了第二季的改造方案，而这些创意也将被记录到节目制作手册上，是对模式某种程度上的完善。在全国卫视每年保持有 10 档左右的选秀节目的情况下，广西卫视的影响力也冲刺到了前四名的位置，仅次于《中国好声音》《快乐男生》《中国梦之声》，收视率闯入全国前十，继而成为广西卫视的第一品牌节目，且成功推送 4 个节目上了春晚舞台。广西卫视也从全国卫视排名在 20 名开外的位置闯入全国前七。

从 2013 年 1 月起，世熙传媒与广西卫视签署的 3 年战略合作协议开始执行。按照协议，世熙传媒将为广西卫视制作两档周播节目，节目由世熙传媒先垫资制作，按播出的收视率考核结算，并参与广告分成。除了《一声所爱·大地飞歌》与身份识别类节目《猜的就是你》，世熙传媒还在 2013 年下半年为广西卫视提供多档模式节目。其中，引进自 Zodiak 公司的 *You've Got To Be Kidding Me*（译为《大梦想秀》）是一档主打儿童与成人游戏对抗竞技节目，于 2013 年 8 月强势登陆广西卫视；由世熙传媒联合广西卫视别出心裁的相亲类节目《完美箱遇》，也于 2013 年 9 月与观众见面。

2　世熙传媒的价值链调整

2013 年，歌唱选秀类节目的扎堆和国外综艺节目模式引进的"井喷"现象引起了行业部门的关注。2013 年 10 月，国家新闻出版广电总局下发被称为"加强版限娱令"——《关于做好 2014 年电视上星综合频道节目编排和备案工作的通知》，明文规定：坚持自主创新，加强引进管理。各电视上星综合频道每年播出的新引进境外版权模式节目不得超过 1 个，当年不得安排在 19：30—22：00 之间播出。这是继 2012 年元旦起实施"限娱令"、2013 年 7 月推出"限歌令"后，国家新闻出版广电总局针对群众反映强烈的部分上星频道电视节目过度娱乐化、格调低俗、形态雷同、创新不足等倾向而制定的一系列管理措施。国家新闻出版广电总局的这一纸禁令，给包括世熙传媒在内的模式节目版权引进公司带来了重大挑战。世熙传媒价值链的调整与创新迫在眉睫。

经过精心策划，2013 年 8 月，第十二届四川电视节宣布，电视节期间联合世熙传媒共同举办首届中国电视节目模式大赛，以顺应国际电视节目运营模式化潮流，推动国内电视节目制作的产业化与品牌化。世熙传媒邀请到 Drive TV、Trinity Force、Hartswood Films、spresso、ZODIAK、C21 等几十家公司的代表前来交流。节目模式大赛遵循国际化评选标准、市场化运作规律，最大限度地鼓励中国电视人的原创力。2013 年 7—10 月，世熙奖·首届中国节目模式大赛共收到来自电视台、社会机构、高校、视频网站的 200 多份作品，涵盖真人秀、喜剧、选秀、生活服务、游戏竞技等各大类。进入决赛的 8 个节目方案都在世熙传媒的帮助下制作了节目概念片，模式版权属于原创者，世熙传媒拥有节目模式的营销权。参赛的原创者纷纷表示，希望能与世熙传媒一起，将自己的创意结晶搬上荧屏。获奖的 8 个模式原创者当场授权世熙传媒在全球范围内的独家营销权。

2015 年 6 月 7 日、8 日，上海电视节与世熙传媒联合主办首届"中国模式日"，旨在让中国的内容生产者对模式有更深入的理解，对模式节目的研发、生产流程有深刻的认知。此次"中国模式日"的一个特色活动便是由世熙传媒、中国社会科学院新闻与传播研究所、C21 Media 联合举办的世熙奖·第二届中国电视节目模式大赛的决赛。模式大赛自 2014 年 8 月启动以来，主办方共收到了 300 多份作品，其中《十个礼拜嫁出去》《你的婚礼、我的梦想》《世界我来了》《一镜到底》等节目入围决赛并进行现场演示，来自中外多位评委评判打分，最后决出了各奖项。有的入围决赛的作品得到了平台方的认可，已经进入了制作孵化阶段。模式大赛顺应了国际电视节目运营模式化的潮流，旨在打通中国节目创意与制作的整个链条，推动国内电视节目制作的产业化与品牌化，让更多优秀的创意走向荧屏、走向世界，全面推动中国节目模式的进步。同时，模式大赛还是世熙传媒的重要品牌活动和模式研发工作的一个重要补充。模式大赛的举办，对于中国模式市场原创新生力量的培养和激励作用无疑是巨大的，而其呈现出来的创意无疑彰显了中国原创的能量和潜力。

2014 年 6 月 10 日，由世熙传媒联合 C21 中文版电视内容资讯网站"Content China 电视全球通"共同举办的首届中国优秀节目模式"世熙奖"在上海揭晓。此次"世熙奖"以节目的独特性、原创比重、可复制性、商业价值等多个维度为评选标准，是首个针对"中国原创"进行评选的奖项。评选范围为 2012 年至 2014 年 6 月，全国不含港澳台的电视台、视频网站已播出的中国原创节目模式，参评节目共 140 多个，经过初评、复评和终评后，共 3 个节目获得四大奖项，其中，湖南卫视的《变形计》成最大赢家，斩获"最佳真实娱乐节目模式"和"年度最佳模式"。天津卫视的《非你莫属》获得

"最佳竞技真人秀节目模式",河南卫视的《汉字英雄》获得"最佳演播室游戏节目模式","最佳喜剧节目模式"、"最佳多媒体节目模式"则空缺。

作为湖南卫视重点研发的生活类角色互换节目《变形计》,以"角色互换"为形式,重在写实,粗加编辑后"原汁原味"播放,获得了高收视和好口碑。好的模式节目都具有独一无二的模式点,在每一季中将这个模式点进行纵深挖掘,而不是开枝散叶地加入各种元素,正如很多国际大牌制作人所强调的:Less is more。

近两年来,国内非戏剧类喜剧节目模式增多,特别是 2014 年以来出现了扎堆荧屏的现象,为此"最佳喜剧节目模式"成为最富有悬念的奖项。但经过三轮评选,依据节目的独特性、原创比重、可复制性等标准评审,"最佳喜剧节目模式"最终空缺。无独有偶,尽管《土豆周末秀》《以德服人》《我是传奇》都获得了相当高的网络点击率和人气,但距离真正意义上的"多平台节目模式"仍有一定距离,因此,"最佳多平台节目模式"同样空缺。

节目模式研发分为两种,一种是平台客户定制,一种是将创意搜集起来并结合国际流行趋势和国内需要给客户推送方案。2014 年,世熙传媒模式研发中心承担着 10 档原创节目的研发任务。10 个原创项目出炉的标志不是只有创意就行,而是需要成型的可以向平台推介的方案。2014 年世熙传媒在做的节目数量达到 15 个,着力打造多档大型项目,比如大型亲子纪实节目《爸爸我来了》、大型音乐节目《音乐大师课》等。《爸爸我来了》讲述孩子去探望在海外工作的爸爸的故事,力图用感动的故事提供另外一个观察中国梦的视角。该模式来源于日本节目《远方的爸爸》,由世熙传媒与日本模式方联合研发,并由韩国创作团队制作,是一档涉及中日韩三国创意的节目,2015 年 3 月在江苏卫视开播。

2014 年,世熙传媒一是要做出第一档互联网原创模式节目《十个礼拜嫁出去》,节目为纯互联网思维制作,将明星的终身大事放在网上进行,网友可以实时参与互动。后续将触角伸向国内媒体从未涉足的领域,引进风靡全球的加拿大喜剧默片秀《lol》的版权,打造国内首档喜剧默片秀节目《乐乐》。在 2014 年法国戛纳春节电视节上,《乐乐》成为中国第一档登上戛纳电视节户外大屏的中国电视节目,全天滚动播出。《乐乐》糅合了国际流行的高端喜剧默片风格,也加入了本土原味的喜剧元素,配以精良的制作水准。《乐乐》不仅赢得驻足观众的阵阵爆笑,还吸引多家海外电视机构洽谈购买,其中东南亚地区超过 5 家。2014 年 10 月，《乐乐》在辽宁卫视播出，世熙传媒由此明确了喜剧类节目在观众心目中的重要位置。世熙传媒在传播方面也做出了大胆创新，《乐乐》在电视、视频网站、移动端等全终端发布。《乐乐》不仅是一款娱乐内容产品，不但有明星参与，更广邀青年文化先锋作品以及青年编剧参与其中。《乐乐》的首度亮相引来了高校学子们的高度认可和一致好评。在国内，《乐乐》已获优酷土豆、爱奇艺、搜狐视频、腾讯视频等视频网站的青睐和追捧，并有包括湖南卫视在内的多家一线卫视与制作方世熙传媒进行实质性的合作洽谈。二是要着力打造"中国梦"系列模式集群。三是推出一些适合地面联播甚至具有城市台特色的模式节目，如《才貌双全》、《争分夺秒》等。

《音乐大师课》是世熙传媒和以色列 Keshet International 公司联合研发的一档少儿音乐成长类节目，节目原版为 Master Class。《音乐大师课》挑选 6 ~ 13 岁拥有音乐天赋的少年入学"音乐大师课"，真实记录学生们从入学分班、经典课堂、歌唱特训到毕业晚会的成长全过程，致力于打造少年音乐课堂，传承经典。节目完全去掉比赛的因素，将"跨界听课团"拓展至文学、艺术、社会、教育等各个方面的专家，而不仅仅局限在音乐人士。节目组在 10 个月的时间内，从 6 000 多名孩子中挑出了 16 个纯净的"天籁之音"，并对他们做出了与当下潮流完全逆势而行的规定：上节目不化妆、出名后不代言等。一切只为将孩子们的功利心降到最低点。在 12 期的节目中，韩磊、曹格、林志炫、杨钰莹 4 位"音乐老师"与 16 位少年展开亲密互动，在"音乐老师"的全程呵护下，完成百首中外经典歌曲的传唱。以往的音乐类节目给人的印象多是比赛、选秀、一夜成名，但《音乐大师课》并没有这些，不选秀、不PK、不淘汰，让节目回归单纯的音乐和歌唱。2015 年 3 月，《音乐大师课》在北京卫视开播。世熙传媒旨在打造一档另辟蹊径的节目，在改变和探索中得到受众和媒体的认可。

3　围绕内容打造新媒体业务平台

从 2013 年开始，世熙传媒加快在新媒体方面的战略布局，已形成手游、电商、两大网站（C21 中文版和 ChinaWit）、项目管理系统四大板块。未来，世熙传媒所有的新媒体业务有望形成完整而开放的半闭环。

2013 年 9 月，世熙传媒旗下网站 Content China 与 C21 Media 正式确立全

球独家战略合作。成立于 2000 年的 C21 网站是全球最大的数字媒体信息服务商 C21 Media 旗下的专业网站，致力于国际电视行业信息资讯服务。身为行业翘楚，用户遍及好莱坞各大工作室、全球知名电视台及节目制作和发行公司，每月吸引逾 7 万名独立用户，注册用户 3.5 万人。Content China 借助 C21 Media 在电视行业的强势品牌，立足于中国本土市场，为中国电视媒体工作者提供全球电视传媒资讯和数据，通过视频、音频、文字、会议和报告等多种方式为行业人士提供最全面、及时、权威的业界新闻、数据和深度分析，意欲打造国内最大的全球电视内容资讯平台。

2013 年 11 月 19 日，国际电视及节目市场的领军人物 Wit 机构与世熙传媒达成合作，携手打造中国版全球电视节目模式动态信息监测与服务平台 ChinaWit。Wit 创始人兼总裁 Virginia Mouseler 与世熙传媒董事长 CEO 刘熙晨，同天在四川电视节首届中国电视节目模式大赛现场对外宣布，这是世熙传媒国际化路线的重要里程碑。该平台是电视行业数据及研究服务领域的先行者，通过节目模式日报（Daily）、周报（Weekly）、亮点节目模式追踪（Cool）、最新节目监测（Fresh）和功能强大的在线数据库等多种方式，面向国内各大播出机构、制片方、发行商、赞助商、电视从业人员等专业人士发布全球最权威的节目模式及受众信息，同时依托 Wit 与 3C Media（世熙传媒）雄厚的研究实力和丰富的研究成果，为客户提供包括定制研究在内的高质量行业研究服务。

1996 年 Virginia Mouseler 创办了 The WIT，这是世界上最广泛的电视节目，包括网络电视节目的信息来源。The WIT 的报告和在线服务被全球很多电视台、制作人、发行方应用于研发自己的新节目或收购节目。The WIT 每天都有一个报告发给所有用户，在这份"日常报告"中，The WIT 提供所有最新电视节目和模式节目的信息。"The Fresh TV"是一个在线数据库系统，里面涵盖了超过 40 个国家的最新电视节目信息；"The Cool TV"则非常专业地分析时下电视行业的流行趋势；"The Wit spotter"是一个优质的、在新信息服务中介绍电视业、社交媒体和全球品牌内容里最好最新的创意。在"积极借鉴国际电视传媒有益经验、培育塑造具有国际影响力和竞争力的节目品牌"理念的影响下，ChinaWit 平台在国内电视传媒行业率先启动中国电视节目模式动态信息监测机制，向中国以外地区提供专注于中国电视市场节目模式及受众信息服务，同时还在平台内开设相关板块，搭建中国品牌节目走向国际电视市场的桥梁。ChinaWit 平台于 2014 年 6 月全面投入使用，为相关机构和人员提供了解全球电视市场节目发展态势的窗口，帮助他们掌握先进的电视理念，从而提升节目质量和创新研发能力。同时，该平台的面世也有助于相关机构和人员做出有效决策。ChinaWit 正式投入使用前，3C Media 向市场投放多种特色产品，其中包括定期向相关用户发送动态信息监测日报。

2013 年年底，世熙传媒与曾开发了江苏卫视《一站到底》节目手游的深圳网易达公司合资成立了广东世熙信息技术有限公司（以下简称广东世熙），公司由世熙传媒控股，主要业务为开发与电视节目相关的手机游戏以及手机端各种相关 APP 产品。从手游切入，广东世熙是世熙传媒打通电视大屏幕和手机小屏幕的主体。《爸爸去哪儿》《一站到底》等节目手游的出现启发了市场，但节目与游戏结合不够深入，甚至只借用节目品牌而实质内容并无联系的做法使得国内电视节目与手游尚处于浅层次结合的阶段。期望在节目策划期间就参与进来，将技术、运营、节目制作等各方面资源整合起来，真正实现电视节目与手机游戏的深度植入。

《舞动全城》是世熙传媒 2014 年的重点节目之一，同名手游是广东世熙传媒 2014 年第一个重磅项目。据黄洋介绍，该款游戏将与电视节目达到全方位的深度融合。游戏中植入了电视节目中的经典场景、台词、道具、舞步，其中，舞步的双向互动是该款游戏的亮点，节目中明星的舞步通过游戏的真人动作捕捉功能植入游戏中，游戏中的虚拟舞步也可以在节目中通过选手真实地跳出来。此外，节目中的剧情也可以植入到游戏中。《舞动全城》手游与节目一起在 2014 年 9 月推出，手游根据每一期节目主题和内容同步更新。

《舞动全城》手游由完美世界出品，广东世熙传媒负责运营，该款游戏的诉求不仅是在节目播出期间增加观众黏性，在节目结束之后仍独立运营。该公司也会通过手游的渠道来发行这款游戏，因为除了跟节目的深度互动之外，这款游戏具有独立的系统和用户成长性，其社交系统相当完善，有独立发展的空间。而广东世熙的长远目标是"打造一个视频娱乐的互动平台"。

北京世熙信息科技有限公司是世熙传媒控股的电商公司，该公司联合旅游卫视推出的交友类节目《完美箱遇》衍生出来的拉杆箱正在淘宝售卖，这是 2014 年年初成立以来面世的第一款产品。拉杆箱是《完美箱遇》节目的核心道具，尽管销量不算火爆，但中国的娱乐品牌授权市场潜力巨大。公司目标是打通娱乐产品与电商的关系，核心业务是版权授权，即打通中国所有娱乐品牌的授权，并进行品牌衍生增值管理。该公司已整体拿下了某卫视所有节目的版权授权，2014 年 7 月份，该公司搭建的国内第一个娱乐品牌版权交易平台正式上线，电视节目品牌商与电商之间可以通过这个平台完成透明的品牌授权交易。公司后续还会拿下一些电视剧、电影等娱乐产品的衍生品品牌授权。为此，公司已组建完成了一支来自京东、阿里等知名电商企业的 15 人团队，且团队还在扩编中。中国娱乐品牌授权行业在 5 年之内会非常成熟，而世熙传媒做节目品牌的电商授权在国内是第一家，并希望将这个时间缩短。

2013 年戛纳秋季电视节前夕，C21 品牌落地中国。这家全球最大的数字媒体信息服务商选择了世熙传媒作为其中国合作伙伴。C21 网站诞生于 2000 年，致力于国际电视行业信息资讯服务，网站主要通过视频、音频、文字、会议和报告等多种方式为行业人士提供新闻、数据和深度与分析，用户遍及好莱坞各大工作室、全球知名电视台及节目制作和发行公司，每月吸引逾 7 万名企业高管级独立用户，注册用户达 3.5 万人。

世熙传媒拿到了 C21 网站中文版的代理权，及时将 C21 网站上的国际电视行业信息翻译成中文并制作成适合国内用户需求的产品。据世熙传媒新媒体事业部总经理李海波介绍，C21 中文版网站运营将近一年，已搜集了 6 000 多名包括电视台台长、总监、总编室人员、制作公司在内的用户，并每周免费给这些用户推送周报。世熙传媒也在搜集国内电视行业热门信息翻译成英文提供给 C21 英文网站，以资源置换为主的方式完成与 C21 的互通合作。

2013 年四川电视节首届中国电视节目模式大赛现场，世熙传媒宣布将携手全球著名模式节目信息平台 Wit 打造中国版全球电视节目模式动态信息监测与服务平台 ChinaWit。Wit 成立于 1996 年，该公司向全球用户提供关于最新电视节目和模式节目信息的日报、月报、季度报、年报等服务，定期举办会议、全球模式大赛等线下活动，用户在线上还可以产生有关节目模式方面的交易。ChinaWit 的模式与 Wit 基本相似，但不仅仅是 Wit 的汉化，还会加入中国市场的部分，网站于 2014 年年底上线。未来，C21 中文版和 ChinaWit（一个咨询网站、一个模式网站）将会打通，形成周报、月报、定制报告，甚至白皮书、会议、活动等整套的产业链服务。

世熙传媒先后成立了广东世熙信息技术有限公司和北京世熙信息科技有限公司两大控股子公司，在电视节目与手机游戏以及娱乐品牌的授权方面寻找内容的增值空间。2014 年 5 月，项目管理系统在世熙传媒内部进行试用，经过反馈，该系统正式上线后，公司项目的整个流程，从节目模式引进或开发到节目立项、制作、拍摄、后期、销售、市场推广、形成反馈和调研报告，所有部门的动态、预算、整个产业链的对接和信息交流都在项目管理系统上实现。在此基础上，项目管理系统为公司提供大数据支持、合理节目成本。此外，客户管理系统等一系列信息化管理手段也将启动。

4 世熙传媒的业务群

2013 年以来，世熙传媒在价值链方面做出了重大调整与创新，现已形成以电视节目内容制作与模式研发为核心的 8 个业务群。

（1）内容制作。世熙传媒拥 2 个子公司、5 个工作室和 3 个制作团队，构成了多层级多元化的制作力量。创新的人才机制和工业化的生产流程，确保在市场竞争中拥有内容制作的核心竞争力。

（2）模式研发。世熙传媒内设模式中心，承担模式研发和内容产品的策略研究工作。从 2013 年起举办中国电视节目模式大赛，借鉴国际节目创新的先进方法，立足于中国原创节目模式的孵化和输出。

（3）模式购销。世熙传媒的内容运营网络覆盖全国 34 个上星电视频道、200 多家地面频道及视频网站，与全球著名节目模式公司建立了紧密、有效、相互信任的合作关系，创立了一套成熟、规范的提案流程，保护节目模式的技术秘诀，为客户提供从模式授权到节目制作等在内的全案服务。世熙传媒积极开拓海外市场，将内容产品成片销售至海外，并代理中国优秀节目模式的海外行销，为客户创造最大化的产品价值。

（4）广告营销。基于自身强大的电视节目模式授权及研发优势、全面广泛的节目发行平台、优秀的节目制作团队、经验丰富的执行团队，世熙传媒提供最优质的广告营销专业服务，实现品牌与节目内容的完美融合，助力品牌宣传实现最精准的线上线下有效互动传播。

（5）选角经纪。世熙传媒拥有选角工作室，以国际操作理念及标准开展影视项目的艺人选角、合同洽谈与执行、艺人资源开拓与维护、素人资源演艺事业拓展、艺人及素人资源档案库的建立与维护等相关工作。

（6）新媒体。汇聚了前沿互联网技术开发、互动营销、移动互联网等新媒体方向的国内外优秀人才，凭借国际化的新媒体技术开发、社交网络及电子商务运营团队和国内优秀的手机 APP 娱乐产品的开发、发行及内容服务资源，将世熙传媒在电视节目领域的核心优势充分拓展到新媒体平台。主体业务涵盖媒体资讯及数据库网站开发运营、社交网站运营、节目 APP 及手游开发、电子商务、衍生产品开发。具体新媒体业务如图 1 所示。

图 1　新媒体业务

（7）培训教育。世熙传媒依靠专业顾问团队与多家电视台结成模式咨询及制作业务战略合作伙伴，提供覆盖全球的国际专业培训。世熙传媒先后创办了中国人民大学·世熙电视及多媒体创新研究中心、社科院·中国世熙电视节目研发中心，旨在研究国内外电视及多媒体视频节目的最新现状和发展趋势，开展国际和国内交流活动，传播业界在节目创意和制作方面的最新理念和经验，共同培养一批传媒变革时代的创新人才。

（8）产业投资。世熙传媒投资业务延伸至 TMT、综艺垂直网站、文化产业园区等领域。联合英国 C21 Media 开设 Content China 电视全球通网（网址 http：//www. contentchina. net），为中国客户提供最新的中文全球电视行业资讯；联合美国相对论公司布局中美电影、电视节目市场。相继成立北京世熙网络科技有限公司、上海观熙传媒文化有限公司、北京魔码文化传媒有限公司、广东世熙信息技术有限公司等子公司，逐步完善在文化产业链的布局。

5　资本助力，世熙传媒发展提速

2013 年 5 月，在第九届中国（深圳）国际文化产业博览交易会上，世熙传媒完成了首轮 4 000 万元的融资，直接联手投资公司广东广电基金渗入产业链上游。广东广电基金是广东省第一支广电产业投资基金，成立于 2011 年 10 月，由广东省广播电视网络股份有限公司与广东中广投资管理有限公司共同发起创立。2013 年广东广电基金投资世熙传媒时，世熙传媒尚处于资金窘困期，但当时世熙传媒手中已经引进了多个优质模式，为了增加自有资金，同时为了扩大再生产，刘熙晨决定向资本市场靠拢，"广东广电基金在这种形势下投资世熙传媒，显示出了长远的眼光和魄力"。选择这个投资方的原因是，它对产业的理解与世熙传媒一致。此外，它的加入将会带来后续资源的整合。广东广电基金所掌控的有线数字系统将为世熙传媒的内容提供播出平台，与广东卫视的合作也在后续计划中。携手广东广电基金不仅是世熙传媒的首度融资，也是电视节目模式行业内的首次融资，主要用于人才战略、节目制作、模式资源整合、节目推广、品牌管理等方面。

与第一轮融资不同，第二轮融资时世熙传媒已有多种选择。在这种情况下，世熙挑选基金的原则是，首先要有满意的估值，其次看重投资方所能带来的相关资源。北京文创产业基金除了投资世熙传媒外，还投资了手机电视、文化演出等周边企业。刘熙晨认为，在北京市国有文化资产监督管理办公室（简称北京市文资办）的牵线协调下，企业之间可以进行资源整合，形成新的合作，比如促成世熙节目优先在手机端的进驻。2014 年 4 月，世熙传媒又进行了第二轮融资，除了广东广电基金追加投资，北京市文资办所属的北京文创产业基金首次投资节目内容生产企业，入资世熙传媒；红杉资本也入资世熙传媒，累计达 8 000 万元。

除了融资，世熙传媒在 2013 年还率先获得了民生银行提供的 1 500 万元信用贷款。2012 年，世熙传媒的整体收入还不到 4 000 万元，在这种情况下中国民生银行只选择给一家内容制作商提供贷款，且不需要抵押，非常具有开拓性。2014 年，中国民生银行继续与世熙传媒深入合作，贷款额度至少 1.5

亿元。除此之外，北京银行总行也向世熙传媒提供了 2 亿元的意向性授信。世熙传媒在贷款使用方面非常严格，如何使用、什么时候使用，财务部与制作中心都有明确的评估，每个岗位都要有成本意识。

为了更进一步推动金融资本与优质文化创意企业的高效对接，2013 年 11 月 6 日，由北京市文化创意产业促进中心、中国民生银行携手清科集团举办的第二届中国文化金融创新峰会在北京国航万丽酒店举行。峰会现场公布了 2013 北京最具投资价值文化创意企业 30 强，世熙传媒以"模式引进+模式自主研发+模式节目制作+广告营销+品牌授权"的全链条运营机制备受业内肯定而入选，这直接促成了世熙传媒的第二轮融资。世熙传媒属于文创产业中的核心产业，当时北京市文资办最看重公司的业务是"围绕内容的深度营销"，包括模式、广告、艺人、新媒体等。在电视内容生产领域，世熙传媒的总体考量名列前茅，而且作为一家民营企业，世熙传媒的股权关系比较简单，符合他们的投资诉求。

世熙传媒获得的外部资金中，融资部分主要用于团队建设和市场营销，银行贷款主要用于具体项目的周转。借助金融资本的力量，世熙传媒的节目数量、产业规模不断扩大，2013 年共制作 9 档电视节目，整体收入升至 1 亿元；2014 年制作的节目达到 15 个，预期收入规模超过 3 个亿。除了传统的制作收入、版权收入，2014 年对广告团队进行了扩张，希望广告收入能实现质的飞跃，整体占比达到 30%。当初世熙传媒计划在 2015 年年初进行股改，引进新的战略合作伙伴，增资扩股，并计划在 2015 年年中递交上市材料，主攻创业板或中小板。

应该看到，世熙传媒的价值链虽初具规模，但发展尚不够完善，内容制作与模式研发的水平离国际一流水平还有差距；电视衍生产品开发刚起步，新媒体业务的盈利模式有待形成，国外市场开发有待加强。总之，世熙传媒的价值链整合之路任重道远。

The Import and Innovation of Television Program Format of 3C Media

Abstract: A decade ago, China's TV presenters are unfamiliar with program format. Even the word is almost a stranger to it, and now, it has been the industry's most popular topic. 3C Media in the introduction of television program format is inseparable from its founder Mr Liu Xichen. In 1991, he graduated from Renmin University of China radio and television, journalism department of professional. From 1991 to 1994, he took office in education television news. In 1994, he transferred to the Beijing television station, served as director, planner, editor and news commentary, etc. In 1996, Mr Liu Xichen jump out of the system, and went into business, doing agency and advertising activities planning, etc. He founded Beijing universal television program planning co., ltd in June 2000. In November 2004, Beijing 3C Media Cultural Co., Ltd was established, registered capital of 3 million yuan, Liu Xichen, served as general manager, the company has a series production packing issue of the elite team. In March 2009, it changed its name to Beijing 3C creative International Cultural Media Co., Ltd.

In 2006, 3C Media gained the exclusiveprogram format authorization in China from the TV program Strictly Come Dancing of British Broadcasting Corporation (BBC). Combing Hunan satellite TV and Hong Kong TVB, it made a Chinese version called *Dancing Miracle*, broadcasting live on the mainland and Hong Kong. It was the first format program that 3C Media was authorized and succeed in doing. Since then it becomes the first private media enterprisein the introduction, programing and broadcasting. Soon after, 3C Media taking the hot iron made *Dancing Miracle* again in the second quarter.

In July 2012, 3C Media made the first folk song competition of China cooperating with Guangxi TV *Yi sheng suo ai · Da di fei ge*. It is the first music talent showholding by Guangxi TV.

In 2013, the phenomenon of the blowout from the gather of singing talent show and import of foreign variety show format caught the attention of the industry sectors. In October the same year, the state general administration of press and publication, radio and television issued about the notice of comprehensive programming and filing work of star integrated channels in 2014, this has brought serious challenges to program copyright import company including 3C Media.

Since 2013, the adjustment and innovation of value chain in 3C Media carry through orderly. Now it has been formed with the core eight business groups of TV content production and pattern development including: content production, pattern development, format procurement and marketing, advertising marketing, casting brokerage, new media and training education. In 2013 it made 9 television programs. Programs created in 2014 increased to 15. 3C Media has carried on the substantive cooperation with first-tier satellite TV stations such as Hunan satellite TV, Beijing TV. It carried out strategic cooperation with Guangxi TV for format shows, including the *Guess is You*, *Perfect Box Eencounter*, etc. Introducing the copyright of fashionable Canada silent comedy show *Lol*, and creating the domestic first silent comedy show *Lele*, Which were broadcast in Liaoning TV. Striving to build the Chinese dream series format cluster, 3C Media introduced some format shows suitable for the ground broadcast even with city TV stations characteristic, such as *Be As Wise As Fair*, *Race Against Time*.

Since 2013, 3C Media sped up the strategic layout into two sites of mobile game and electric business (C21 Chinese version and ChinaWit), and four major sections of project management system.

In 2013 and 2014, the 3C award · China program format contest held in a row, conforming to the trend of our international TV operation pattern, designed to get through the chain of the originality and manufacture of Chinese TV show, promoting industrialization and branding of domestic television program manufacture. Presenting more good ideas to the screen, to the world, comprehensively promoting the progress of Chinese program format. At the same time, the format competition is the important supplement of brand activities and pattern development of 3C Media, It has important role to the cultivation and incentives of the original new forces of Chinese format. On June 7, 8, 2015, Shanghai TV festival and 3C Media hosted the first China Formats that aims to make the Chinese content producers have a more in-depth understanding of format and have a profound cognition to the process of research and development, production of format shows.

3C Media, combining the content industry and capital market, use the leverage of capital to increasethe number and expand the scale of programming. In May 2013, it got 40 million yuan of the first round of financing, with the fund of Guangdong radio and TV to join into the upstream industry chain. It is also the first time for TV format industry financing. In April 2014, it finished the second round of funding. In addition to additional investment of the fund of Guangdong radio and TV, the fund of Beijing cultural and creative industry, which belong to the State - owned Cultural Assets Supervision and Administration Office of Beijing Municipality, and Sequoia Capital invest 3C Media, total of 80 million yuan. In the near future, this company will be listed on the GEM or SME Board.

The value chain of 3C Media taking shape gradually, but the development is still not perfect, the level of content production and pattern development has a gap with the international first-class. Television derivative product development has just started, the new media business profit format needs to be formed, and foreign market development needs to be strengthened. All in all, there is still a long way to go for the integration of the value chain of this company.

Key word：3C Media；Program format；The value chain

案例使用说明

世熙传媒的电视节目模式引进与创新

一、教学目的与用途

（1）本案例适用于战略管理课程教学。

（2）本案例适用对象：主要为 EMBA 和 MBA 学员，适合有一定工作经验和管理阅历的学员和管理者，可用于企业高管人员的培训和企业内训，也适用于工商管理专业本科生与硕士研究生。

（3）本案例的教学目的是帮助学生理解战略管理的基本原理和要点，了解和掌握电视产业价值链的构成、电视产业价值链的抉择在战略管理中的地位、电视节目模式引进与创新的对策措施。

二、启发思考题

（1）中国本土原创节目竞争力不强的原因是什么？

（2）如何认识节目模式引进与原创的关系？

（3）世熙传媒产业价值链整合的背景是什么？

（4）世熙传媒举办中国电视节目模式大赛，设立"世熙奖"的战略意图是什么？

（5）世熙传媒两轮融资的战略意图是什么？

（6）世熙传媒价值链调整与创新的目的是什么？如何评价其形成的业务群？

（7）世熙传媒为什么要开发新媒体业务？

三、分析思路

教师可以根据自己的教学目标（目的）来灵活使用本案例。在引导学生分析时，可以在上述思考题的基础上逐步深入，讨论以下几个核心问题。

1. 中国本土原创节目竞争力不强的原因

目前国内大量的节目制作还停留在凭借个人激情边探索边制作的手工作坊式操作阶段，有优秀的制作执行力，却没有执行的规范，制作过程中充满不确定性。一方面，由于中国电视人尚未熟练掌握和运用电视节目创意的科学方法，使创意工作规范化、科学化、流程化，更多时候是依靠个别人的一时灵感，具有明显的个人色彩。另一方面，中国电视业缺乏针对节目创意的有效的市场机制和成熟的市场平台，则是最深层的制约因素。长期以来，国内电视机构忽视节目创意的市场价值，节目创意不用花钱，对他人的创意采用拿来主义顺理成章，而不是像欧美国家，好的创意一旦成功，就会给创意者带来巨大回报。一个好的节目出现之后，电视机构之间相互"跟风"抄袭，挑战观众的审美极限，过度消耗节目资源，使节目生命周期大大缩短。

中国电视节目市场最大的问题在于对创意的尊重不够充分，缺乏成熟市场机制，比如版权意识淡薄就是亟须解决的问题。欧美的模式节目产业依靠诚信和行业自律。一般而言，节目创意者会把知识产权卖给销售商，销售商再卖给电视台，每卖一次的收入都会与版权所有者分成。而在中国，这方面的法律保障是欠缺的，行业内部也没有形成自律之风。除了对未引进节目的盗版和抄袭，国内电视台抄袭弊病还表现在对他台热播节目的模仿，而这样只会过度消耗资源与题材，导致节目生命周期缩短。中国电视节目在创意能力和制作水平上均低于国际水平，一个很重要的原因就是缺少市场化机制。长期依靠"无偿使用"、"借鉴"等借口低质抄袭国外创意，虽然在短时间内能给电视台带来一些效益，但长远来看，却是阻碍了中国电视前进的脚步。

2. 节目模式引进与原创的关系

电视节目模式引进是节目市场化生产的起步，引进海外电视节目模式可作为我国电视业学习国外先进、科学的节目生产机制、创新节目形态的一种过渡性选择。通过节目模式引进，学习优秀国外优秀节目制作的理念与方法，可实现节目创意研发、节目制作流程和标准的升级再造，建立起原创节目的开发机制，最终形成自己的节目模式体系。

3. 世熙传媒的价值链调整的背景

2013 年，歌唱选秀类节目的扎堆和国外综艺模式引进的"井喷"现象引起了行业部门的关注。2013 年 10 月，国家新闻出版广电总局下发被称为"加强版限娱令"的《关于做好 2014 年电视上星综合频道节目编排和备案工作的通知》，明文规定：坚持自主创新，加强引进管理。各电视上星综合频道每年播出的新引进境外版权模式节目不得超过 1 个，当年不得安排在 19：30—22：00 之间播出。这是继 2012 年元旦起实施"限娱令"、2013 年 7 月推出"限歌令"后，国家新闻出版广电总局针对群众反映强烈的部分上星频道电视节目过度娱乐化、格调低俗、形态雷同、创新不足等倾向而制定的一系列管理措施。国家新闻出版广电总局的这一纸禁令，给包括世熙传媒在内的模式节目版权引进公司带来了重大挑战。

4. 世熙传媒举办中国电视节目模式大赛，设立"世熙奖"的战略意图

2013 年 8 月，第十二届四川电视节联合世熙传媒共同举办首届中国电视节目模式大赛。共收到来自电视台、社会机构、高校、视频网站的 200 多份作品，涵盖真人秀、喜剧、选秀、生活服务、游戏竞技等各大类。进入决赛的 8 个节目方案在世熙传媒的帮助下制作了节目概念片，模式版权属于原创者，世熙传媒拥有节目模式的营销权。2014 年 8 月 22 日，世熙奖·第二届中

国电视节目模式大赛正式启动，面向所有热爱电视的创意人士征集优秀电视节目模式，所有获奖作品将在戛纳电视节进行全球营销。大赛按照国际化和市场化的方式来运作，为参赛者提供一个创意研发与创意输出的平台，旨在顺应国际电视节目运营模式化潮流，推动国内电视节目制作的产业化与品牌化。

5. 世熙传媒的价值链调整与创新的目的以及如何评价其形成的业务群

世熙传媒的价值链调整与创新的目的是为了适应国内电视环境的变化，主动求变。一是中国电视娱乐节目正在从单纯地从国外学习和引进模式走向集合国内外优秀的创意和制作资源联合开发，进而为今后独立的模式研发和输出打下基础。二是国内电视产业链正在从原先简单的售卖收视率向以内容为核心的内容产业上下游不断拓展，进而形成一个完善的市场化视频内容产业生态圈。

目前，世熙传媒的业务群还只是针对未来电视传媒产业的一种规划性布局，是在以内容为核心的前提下尝试各种可能性。

6. 世熙传媒两轮融资的战略意图

2013 年 5 月，在第九届中国（深圳）国际文化产业博览交易会上，世熙传媒完成了首轮 4 000 万元的融资，直接联手投资公司广东广电基金渗入产业链上游。这不仅是世熙传媒的首度融资，也是电视节目模式行业内的首次融资。首度融资主要用于人才战略、节目制作、模式资源整合、节目推广、品牌管理等方面。2014 年 4 月，世熙传媒进行了第二轮融资，除了广东广电基金继续追加投资，北京文创产业基金、红杉资本入资世熙传媒。第二轮融资时世熙已有多种选择，在这种情况下，世熙融资的原则是，首先要有满意的估值，其次看重投资方所能带来的相关资源。而北京市文资办下属的北京文创产业基金投资了手机电视、文化演出等周边企业，企业之间可以进行资源整合，形成新的合作。

7. 世熙传媒开发新媒体业务的原因

从 2013 年开始，世熙传媒加快在新媒体方面的战略布局，已形成手游、电商、两大网站（C21 中文版和 ChinaWit）、项目管理系统四大板块。2013 年 9 月，世熙传媒子公司北京魔码文化传媒有限公司成立，旨在建立具有持续生产优质内容、资源整合运营能力的影视业垂直门户及中国影视业综合媒体平台。同月，世熙传媒子公司上海观熙文化传媒有限公司成立，专注于节目制作。同月，世熙传媒子公司广东世熙信息技术有限公司成立，主要业务为开发与电视节目相关的手机游戏以及手机端各种相关 APP 产品，开发了江苏卫视《一站到底》节目手游、《舞动全城》手游，植入了电视节目中的经典场景、台词、道具、舞步。此外，节目中的剧情也可以植入到游戏中。广东世熙的长远目标是"打造一个视频娱乐的互动平台"。同月，世界一流的媒体信息内容网站 C21 的中国版 Content China 电视全球通上线，Content China 电视全球通通过视频、音频、文字、报告、活动等多种方式为行业人士提供最新、最全的新闻、数据和深度分析。通过手游、衍生品的售卖等实现品牌价值最大化，在电视节目与手机游戏以及娱乐品牌的授权方面寻找内容的增值空间。2013 年 11 月，世熙传媒与全球电视节目模式深度研究公司 The Wit 合作，打造中国版全球电视节目模式动态信息监测与服务平台 ChinaWit，为中国电视业从业者提供定制报告和顾问咨询。这是世熙传媒国际化路线的重要里程碑。

2014 年年初，世熙传媒子公司北京市世熙信息科技有限公司成立，主营娱乐产品的品牌授权与商品销售，构建电视节目品牌版权交易平台，借助这个平台电视节目品牌商与电商之间可以完成品牌授权交易。2014 年 9 月，世熙传媒子公司北京魔码文化传媒有限公司成立，旨在建立具有持续生产优质内容、资源整合运营能力的影视业垂直门户及中国影视业综合媒体平台。同月，上海观熙文化传媒有限公司成立，专注于节目制作。同月，与美国相对论传媒签署协议开展战略合作，双方共同开发、制作和购买在中国和全球市场发行的华语电影和电视节目，是世熙传媒开拓国际市场迈出的重要一步。

四、理论依据及分析

1. 价值链理论

价值链由美国哈佛大学商学院迈克尔·波特教授（Michael Porter）1985年在《竞争优势》中提出，"每一个企业都是在设计、生产、销售、发送和辅助其产品的过程中进行种种活动的集合体，所有这些活动都可以用一个价值链来表示"。"价值链中的价值是客户对企业提供给他们的产品或者服务所愿意支付的价格"。价值链包括企业基础设施、人力资源管理、技术与开发和采购四项支持性活动，以及进料后勤、生产、发货后勤、销售和售后服务五项基本活动，九项活动的网状结构构成了价值链。企业价值链构成如图 2 所示。

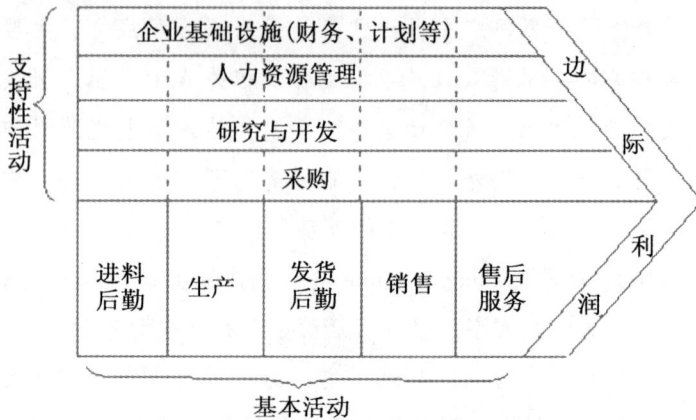

图2　企业价值链构成

在图2中，迈克尔·波特指明这些活动的内在联系及企业从事这些活动的最终目的——创造价值。每个企业都处在产业链中的某一环节，一个企业要赢得和维持竞争优势不仅取决于其内部价值链，还取决于在一个更大的价值系统中，即一个企业的价值链同其上下游企业价值链之间的连接，企业间的这种价值链关系，被称为产业价值链。产业价值链通过打通各企业的价值链，形成一个畅通的、统一协调的价值链系统。随着竞争加剧，任何一个企业都不可能在产业链条的所有环节上保持领先，只能有选择地发展和巩固某一个或者几个环节上的优势。此外，多个产业间的企业之间存在的协作关系，形成了更为高效的价值增加路径。

电视产业是通过技术的介入和产业化的方式，策划、研发、购买或引进，以及制作、播出与销售电视节目产品（服务）的部门或企业的集合。电视产业属于文化产业，其最终产品具有无形性，其价值链各环节的划分、价值的度量与传统产业相比存在一定的差异。电视产业价值链是以提供电视节目产品（服务）为核心，围绕服务于电视产业的特定需求或进行电视节目生产所涉及的一系列互为基础、相互依存的上下游链条关系。主要包括节目策划研发、节目制作、节目销售、节目播放、广告经营、节目衍生品开发等一系列有机环节。电视产业价值链的基本环节有6个，即节目投资、节目模式研发、节目模式交易、节目制作、节目分销与节目播出。电视产业价值链构成如图3所示。

```
┌─────────────────┐
│     节目投资     │
└─────────────────┘
         │ 资本市场
         ▼
┌─────────────────┐
│     节目研发     │
└─────────────────┘
         │ 研发市场
         ▼
┌─────────────────┐
│   节目模式交易   │
└─────────────────┘
```

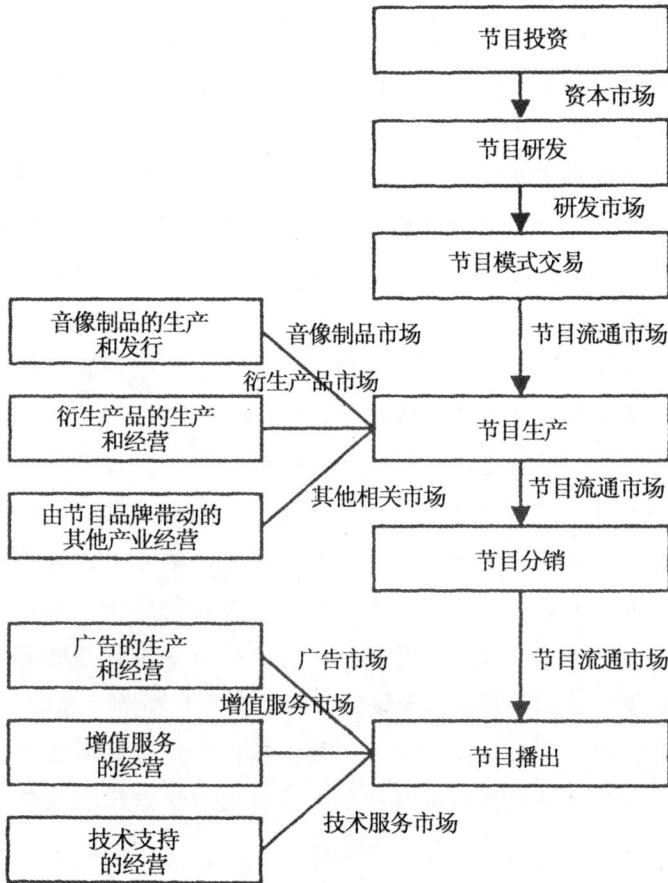

图3　电视产业价值链构成

电视产业价值链的核心环节分析：

（1）节目投资。电视产业的开发需要资金的支持，这一环节负责为整个电视节目制作部门提供资金保障，并通过开发形成资本市场。一般由电视制片商、分销商、播出机构兼职投资方，也包括一些个人、证券金融等机构进行投资。我国的节目投资市场投资渠道不够完善，尚在发展之中。

（2）节目模式研发。作为产业价值链的重要环节之一，其研发工作是整个产业价值链的核心内容，为整个节目发展提供相关的战略意见。虽然它的工作并不能够直接创造价值收益，但其决策影响着其他部门工作的进行，其研发成果促进其他环节的价值生产效率。

（3）模式交易。电视节目模式交易有直接交易和间接交易两类。其中，直接交易即电视台或播出部门、其他电视节目制作机构直接从节目模式拥有者购买节目模式，获得该节目在相应国家或地区的节目制作版权；而间接交易则是随着制播分离逐步推进及节目模式市场的繁荣发展顺势而生的一种特殊交易模式，包括国内涌现出一些专业的电视节目模式代理公司，从事电视节目模式版权方与制作方的交易沟通，类似广告行业的媒介代理公司。

（4）节目制作。节目制作是电视产业价值链的核心环节，其生产成果是整个电视节目的核心，作为电视节目的生产部门，从电视内容出发，一般表现为节目内容形式的打造。生产的节目内容作为节目版权可以进行价值开发，其他播出机构若要使用其产品须支付费用，或是授权、品牌产权的打造。其他产业可以购买使用这档节目或对节目衍生品进行制作、销售，如音像制品、服装饰品、玩具等。品牌授权具有极大的市场空间，可创造的利润相当可观。

（5）节目分销。节目分销环节的出现是电视产业高度分工的产物，它大大提高了产业价值链运行的效率。由于节目分销商的存在，生产部门只要把好电视节目的质量关就可以了，而不用去考虑节目的销路。节目分销部门的价值可以通过两种途径实现。一是现金支付。先用一定数额的现金购买节目生产部门的电视节目，然后以高于该数额的现金将这些节目售卖给播出部门。二是贴片广告。作为节目购买的回报，播出部门将一定时间的广告播放权交付给分销部门，然后分销部门再将这些广告时间售卖给广告经营部门从而获得广告收入。

（6）节目播出。节目播出是电视产业价值链的终端。电视节目通过生产部门生产出来，经由分销部门，最终要通过播出部门才能到达消费者。节目播出部门掌握着可供节目和广告播出的时间，拥有节目和广告的播出权。同生产部门拥有节目版权一样，播出部门拥有的节目播出权是它实现价值的凭证。

以上各个环节各司其职，相互配合，共同构成了一条完整的电视产业价值链。电视产品顺着这几个环节从上游往下游流动，实现了价值的不断增值。

电视产业价值链主体包括：节目投资方、节目模式研发公司、传媒机构、节目模式代理公司、节目制作公司、发行公司、广告公司、发行监测机构、收视监测公司、广告监测公司、市场调研公司、节目冠名的赞助商、娱乐包装公司、其他配套服务商等。随着信息技术的发展，还增加了电信运营商、增值服务提供商、网络视频公司等新的主体。过去，我国电视台掌控了电视节目的策划、生产、播出核心环节。节目策划研发、制作播出大都由电视台或播出部门独家经营，对于分销部门的市场化程度较弱。随着节目分销与生产环节分离，电视台或播出部门与制作公司合作完成节目策划、生产，体现出电视产业的分工精密，体现出电视产业价值链的增值效率。电视企业进行产业价值链整合，充分利用品牌节目的传播效果，充分挖掘品牌节目的市场价值，将电视产业的资源、价值活动与战略目标联系起来，这既有利于传媒企业获得更大利润，也有助于增强其抗风险能力。

2. 电视节目模式理论

电视节目模式指的是以独特的叙事元素为核心、以具体的形式细节规定（如时间长度、布景、灯光、台词脚本、音乐、特效、主持人风格、制作安排等）为内容，且经过市场检验具有可移植性与可贸易性，能服务于特定节目内容再生产的制作程序。它常常由某档优质节目的开发商总结，由发行商向原创地之外的国家（或地区）授权，在制作手册和顾问的帮助下，再造出迎合这些国家（地区）观众的版本。电视节目模式是节目的整体设计，具体为系列节目安排的创意要素、制作成型节目的技术要素以及营销推广的商业要素的系统化融合。其中，创意要素即纸质模式，其内容是策划节目具体将如何进行。技术要素是指拍摄和后期制作的技术信息。这一要素将结合创意要素，形成精确到每分每秒的拍摄计划和制作安排。商业要素是指为更好地推广节目模式的销售而增添的信息；创意要素和技术要素是电视节目模式最核心、最能体现设计者创造力且相对固定的部分。电视节目模式要求按照既定的标准化、流程化的方式来生产节目，每个节目模式都有独特的创意、规范而详尽的操作方案。它提供的是一种集约化、精品化的生产方式，可以避免简单、粗放式节目制作方式所造成的浪费，可以用较小的风险获取较大的收益，是一种性价比较高的节目制作手段。电视节目模式的可复制性、可操作性使得节目质量易于控制，强化观众的收视期待，培养观众对于节目的忠诚度。电视节目模式还指导购买方制作电视节目，提供整合产业价值链上中下游各个环节的方案，例如真人秀电视节目之后，可以衍生出其他类节目以吸引更多的收视群体，或者为其他节目制造卖点，带动其他节目快速成长，甚至和动漫产品一样，开发电影、网络游戏等文化产品以及玩具、服饰等实体产品，使围绕这一品牌的产业链不断发展壮大。电视节目模式，首先起源于一个创意，然后是将节目创意固定化和形式化，形成文字脚本，即一套完整详细的节目制作手册，其中有内容要求，如节目脚本、板块、流程、对节目中参与人要求等，有技术配备，如视频、灯光、摄影棚、舞美和音乐设计、后期特技等，有节目制作进度、财务预算以及法律甚至保险等，并将这些规定记录在详细的节目制作手册中。最后是节目的制作和播放，也就是将"纸上模式"具体实现的过程，节目主持人的主持风格、特定口号、标语的使用等将融入模式的整体之中。节目模式在国际上有一套成熟的运营机制和商业机制。通常模式代理公司在买断节目版权后，会将该节目打包出售，其中就包括了授权费、顾问费等，所赚取的中间差价则成为其第一部分收入。另一部分收入则来自品牌整合营销，为某一品牌找到与品牌相关联的特定节目模式，再寻找播出平台合作，进而打造出"品牌订制节目"。

六、建议课堂计划

本案例可以作为专门的案例讨论课来进行。以下课堂教学建议，仅供教学参考。整个案例课分两个阶段，课堂时间控制在 70 分钟。

第一阶段（40 分钟）

1. 分组讨论（30 分钟）

阅读案例，讨论启发思考题：

（1）你如何看待电视节目模式引进问题？你如何评价世熙传媒在模式引进与自主开发之间的战略选择？如果你是世熙传媒董事长、CEO，你会如何决策？

（2）世熙传媒通过 10 年运营所积累的资源与优势都有哪些？这些资源与优势对于世熙传媒价值链整合起到了怎样的作用？通过案例你对价值链有了什么新认知？

（3）从价值链整合的角度，你如何分析世熙传媒涉足电视节目模式动态信息监测与服务、手游、电商、网络等业务？

（4）如何评价"模式引进"、"自主开发"、"多元化"三大对策对世熙传媒的战略成效，以及价值链整合措施的关键作用？

2. 各小组发言，报告讨论结果，分享观点（10 分钟）

引导学生总结案例，在黑板上记下各组的观点，汇总看法。

第二阶段（30 分钟）

1. 分组讨论，对案例中涉及的相关知识点进行梳理与总结（10分钟）

通过案例总结分析电视产业价值链所包含的要素，掌握电视产业价值链分析所需的过程与要点，了解电视产业价值链整合的意义与主要做法。

2. 各小组发言，报告讨论结果，分享观点（10分钟）

引导学生总结，在黑板上记下各组的观点，汇总看法。

3. 最后总结与归纳（10分钟）

在教师的带领下，引导全体学生进一步归纳对案例的观点和看法，总结案例所蕴含的理论原理和关键知识点。

先发制人，湖南卫视的创新机制与战略

摘要： 湖南卫视作为电视媒体的翘楚，在收视率以及广告收入和品牌打造等方面所取得的成绩是有目共睹的。其成功的核心竞争力是湖南卫视敢为人先的创新精神，在这种精神的指引下，湖南卫视并没有止步于所取得的成绩面前，而是进一步整合和完善产业链，形成良性的创新机制，主要体现在节目内容创新、节目编排创新以及管理制度创新上。湖南卫视的案例作为成功的典范，是传媒产业内的企业应该去了解和借鉴的。因此，有必要将其成功的模式和经验进行总结并上升到理论层面。本案例旨在对湖南卫视的创新机制及其产业链整合运营模式进行梳理，结合管理经济学的相关理论予以解释并研究其内在的规律，将其成功经验拓展成为具有普适性的模式供大家学习和借鉴。

关键词： 湖南卫视；节目创新；管理创新

1 湖南卫视概况

1.1 湖南卫视发展历史

中国湖南卫视是湖南省最具权威的电视机构。早期称之为湖南广播电视台卫星频道，简称湖南卫视，于 1997 年 1 月 1 日正式通过亚洲 2 号卫星传送并更名为湖南电视台卫星频道，2010 年湖南广电整合改组后改为现名。频道台标于 2010 年 1 月荣获"中国驰名商标"。湖南卫视是目前中国国内比较有实力的几个地方台之一，其收视率连续几年居中国省级卫视第一、全国收视第二。

---

1. 本案例由中国传媒大学经济与管理学院于晗撰写，作者拥有著作权中的署名权、修改权、改编权。
2. 本案例授权中国传媒大学 MBA 学院案例中心使用，案例共享中心拥有复制权、修改权、发表权、发行权、信息网络传播权、改编权、汇编权和翻译权。
3. 由于企业保密的要求，在本案例中对有关名称、数据等做了必要的掩饰性处理。
4. 本案例只供课堂讨论之用，并无意暗示或说明某种管理行为是否有效。

2004 年，湖南卫视正式确定打造"中国最具活力的电视娱乐品牌"的目标。在频道运营上，2006 年湖南卫视上星十周年，广告创收突破 12 亿，创收能力稳居全国省级卫视第一、全国所有卫视第三。在频道影响上，湖南卫视收视率已经连续几年位居省级卫视第一，连续三年被评为"中国最具投资价值的媒体"。可以说，经过 18 年的开拓发展，湖南卫视已从一个地方区域性电视媒体成长为一家在海内外都具有广泛影响和传播价值的强势媒体。

2009 年，湖南卫视显示出一个全国性强势电视平台的超级价值，全天平均收视率排名（含 CCTV）全国第二。湖南卫视在成功举办中国金鹰电视艺术节的同时，还积极扩大海外影响，不仅与 BBC、ITV 等有深度合作，还签订了创新节目《挑战麦克风》的节目模式销售协议，并成功开创了湖南卫视开台以来，连续周间带状直播的规模化生产的先河；同年 6 月，湖南卫视第五次入选"中国 500 最具价值品牌排行榜"！

从早期的琼瑶系列电视剧后，湖南卫视积累了自制电视剧经验，其中包括《丑女无敌》《微笑在我心》《一起来看流星雨》《一起又看流星雨》等自制剧，取得了佳绩且引起社会热议及关注；2011 年，金鹰独播剧场再发力，《宫锁心玉》《回家的诱惑》《新还珠格格》《步步惊心》等多部好剧轮番登场，《回家的诱惑》更是打破了 2006 年《大长今》的电视剧收视纪录，成为除《还珠格格》外的电视剧收视冠军。

2011 年 10 月，国家广电总局出台"限娱令"，这是为了防止我国电视媒介过度娱乐化的倾向，针对 34 个电视上星综合频道而出台的一则规定。"限娱令"的出台，对于一向主打娱乐的湖南卫视提出了很大的挑战。其核心内容是，丰富电视节目的类型，控制节目的同质化现象，强化监管，并对节目的播出时长和节目构成做出了严格的规定。对此，湖南卫视即时做出积极反应，在保留其娱乐特色的同时，增加若干新闻类型节目的时长，同时凭借自身强大的电视剧吸引力，创造出 22：00 点之后的"后黄金时段"。据 CSM 调查者分析，政策出台初期，电视剧的播出比重上升明显，增幅达到 13%，综艺节目播出比重下降则达到 30%。如表 1 所示。

表 1　限娱新政前后的湖南卫视节目变化

2012 年 3 月 15 日	2012 年 12 月 26 日	2013 年 3 月 7 日
07：00 湖南新闻联播（重播）	05：30 称心如意（重播）	06：00 称心如意（重播）
07：30 播报早看点	07：00 湖南新闻联播（重播）	07：00 湖南新闻联播（重播）
07：50 变形计（重播）	07：30 我们约会吧（重播）	08：00 我们约会吧（重播）
08：25 偶像独播剧场 步步惊心	09：10 女性独播剧场 艾米加油	10：00 百变大咖秀（重播）
12：30 播报多看点	12：20 播报多看点	11：55 娱乐无极限
12：45 娱乐无极限	12：50 娱乐无极限	12：20 播报多看点
13：05 开心独播剧场 夫妻那些事	13：10 青春独播剧场 隋唐英雄	12：50 女性独播剧场 笑傲江湖
18：00 新闻公开课	18：00 新闻大求真	15：00 青春独播剧场 笑傲江湖
18：30 湖南新闻联播	18：30 湖南新闻联播	18：00 新闻大求真
19：00 新闻联播	19：00 新闻联播	18：30 湖南新闻联播
19：30 金杜果独播剧场 守望的天空	19：30 金鹰独播剧场 隋唐英雄	19：00 新闻联播
21：20 变形计	22：00 我们约会吧	19：30 金鹰独播剧场 贤妻
22：00 金鹰独播剧场 偏偏爱上你	00：00 我们约会吧（重播）	22：00 百变大咖秀第三季
00：05 零点锋云	02：00 艺术玩家	00：00 我是歌手（重播）
01：00 锋尚之王	02：30 芳邻	02：00 我的丑娘
01：40 变形计（重播）		

资料来源：湖南卫视官网。

　　2013 年伊始，湖南卫视凭借《2012—2013 湖南卫视跨年狂欢夜》、《我是歌手（第一季）》再掀收视热潮，显示出令人叹服的制作水准和创新实力。2013 年黄金广告资源招标会上，凭借着日益扩大的品牌影响力以及层出不穷的创新节目，在 2013 上半年全国网收视榜单中，湖南卫视全天排名位居第三、省级卫视第一；在黄金档和晚间档两个最具含金量的排名中，双双揽得排行榜第一。此外，在世界品牌实验室发布的"中国 500 最具价值品牌排行榜"中，湖南卫视以 158.72 亿的成绩紧随 CCTV、凤凰卫视之后。

　　在 2013 年暑期档，湖南卫视以第三季度重磅节目《2013 快乐男声》为核心打出"快乐中国 听我青春"主题口号，一开场就祭出电视剧、常规栏目、大型活动多路进攻，在三大战场均斩获颇丰。全媒体卫视综艺百强8月收视率榜发布，《快乐大本营》节目荣登收视榜首，《天天向上》则名列收视亚军，十强综艺席位湖南卫视独占六席，在全媒体传播方面继续"统领"中国综艺节目"江湖"。

在竞争激烈的2013暑期档中，湖南卫视取得CSM全国网全天平均收视率0.77%、份额5.74%的成绩，较上年同期上涨近40%，针对暑期年轻观众主动策划的"听我青春"更是大获成功；而随着《2013快乐男声》的完美落幕，也为这个暑假画上一个完满的句号。前三季度湖南卫视共斩获74个全国收视第一的佳绩，凭借强势的平台资源和强大的创新能力，湖南卫视以优质的创新节目、独特的编排、整合品牌资源的经验，获得广告市场和观众口碑双丰收。湖南卫视第四季度再度创新推出以"越成长，越青春"为口号的主题，温情推出全新父子亲情互动、趣味真实的纪录节目《爸爸去哪儿》，关注亲子关系，传递荧屏正能量，延续快乐心情。

2014开年，湖南卫视诚意再换频道包装，以简洁、扁平、平滑的风格继续引领电视前茅，并打出"越欢聚，越青春"口号，编排创新再度升级，从点状分布全面升级为全天带状形态，节目从单一季播化实现全面季播化，全力打造22：00档后晚间栏目带；全球首创电视节目"主题日"概念，全线占据一周七天，多款大型节目及季播节目轮番登场。

在中国传媒的发展史中，湖南卫视一直扮演领头羊的角色，被称作"电视湘军"。湖南卫视的形象定位主打娱乐，在"限娱令"颁布后，一直都存在争议的娱乐化问题终于在一纸禁令下似乎得到解决。未来以娱乐立台的湖南卫视将如何选择自己的发展道路，或许关系的不仅是他本身，还有中国媒体的走向。

1.2 湖南卫视受众定位及受众组成

湖南卫视长久以来领先其他地方卫视频道的制胜法宝之一，就是其在受众定位上清晰明确。而受众定位明确要源于其节目自身定位清晰，即以娱乐为主。表2列出了部分省级卫视的定位，它们各有特色的清晰明确的定位，使得每个卫视的受众组成不言而喻了。从表2分析可见，湖南卫视的定位是与其他卫视重叠最少，且最符合当今人们快节奏生活和价值审美取向的。

表2　部分省级卫视的定位

卫视名称	定位	卫视名称	定位
安徽卫视	电视剧大卖场	新疆卫视	歌舞卫视
东方卫视	"长三角"区域	广东卫视	财富频道
湖南卫视	娱乐特色的个性综合频道	江西卫视	从"心"出发，将服务进行到底
江苏卫视	情感特色的个性综合频道	山东卫视	不会和你说再见的频道
贵州卫视	西部黄金卫视	湖北卫视	公益特色频道
海南卫视	旅游卫视	陕西卫视	汉唐文化卫视
云南卫视	金色年华、金色频道	宁夏卫视	西部明珠卫视
广西卫视	女性频道	重庆卫视	公信
四川卫视	快速消费品大平台	浙江卫视	文化+财富

1997年7月11日《快乐大本营》正式上星，其青春快乐、贴近生活的风格为湖南卫视打造中国第一电视娱乐品牌定下了基调。2003年年初的台务会议又提出了湖南卫视"三个锁定、三个兼顾"的品牌定位：锁定娱乐，兼顾资讯；锁定年轻，兼顾其他；锁定全国，兼顾湖南。经过长时间的思考、评估和论证，2004年，湖南卫视又秉持"快乐中国"的核心理念，率先提出"全国收视、全国覆盖、全国影响、全国市场"的频道目标，全力打造"最具活力的中国电视娱乐品牌"；同年6月，湖南卫视正式提出"打造中国最具活力的电视娱乐品牌"，秉持"快乐中国"的核心理念，作为湖南卫视的全新定位。

湖南卫视把目标受众群锁定为年轻人，其受众中15～34岁人群占到40%，这与整个频道的风格特色相一致，即"青春、前卫、积极向上"，从频道各个栏目的节目主题到节目参与者再到现场观众，都符合这类人的风格。其宣传口号"快乐中国"更是将快乐进行到底。

1.3　湖南卫视的王牌节目及主持人

1.3.1　王牌节目

为了满足消费者多角度、多层次的需求，湖南卫视的节目一直推陈出新，其收视率一直处于中国电视行业的前列。作为中国内地最早的娱乐节目之一的《快乐大本营》，至今已经走过将近18个年头，自1997年开办以来创造高收视率，其影响遍及中国各地，至今长盛不衰。较为成功的节目除了《超级女声》、《快乐男生》、《舞动奇迹》等以外，还有如《勇往直前》是中国大陆第一档全明星挑战真人秀。此外，湖南卫视打造大型礼仪公德脱口秀节目《天天向上》，用各种形式来传播中国千年礼仪之邦的礼仪文化。大型节庆活动，如金鹰电视艺术节、国球大典等，在短时间内极大地冲击了市场，给观众搭建了一个亲身体验频道品牌的舞台。《跨年演唱会》的推出，成了各大电视台竞相模仿的对象，"超女"资源的利用成就了湖南卫视春节联欢晚会的超高收视率。2013 年推出的亲子类节目《爸爸去哪儿》和 2014 年推出的真人秀《花儿与少年》更是好评如潮。

1.3.2　主持人

湖南卫视拥有一批家喻户晓的知名主持人。汪涵、何炅、谢娜等都是综艺节目的王牌主持，他们所主持的节目都有不错的收视率和反响。汪涵领衔主持的《天天向上》收视成绩颇佳。何炅和谢娜领衔主持的《快乐大本营》是湖南卫视经久不衰的经典综艺节目。至今，湖南卫视已经造就了汪涵、何炅、李湘、谢娜、彭锐、张丹丹、杨乐乐等一批高素质的主持队伍，同时还有一批新生力量如吴昕、杜海涛、小五、田源等。主持人明星化、品牌化是湖南卫视的一大特色。

1.4　湖南卫视的产业链构成

自 2004 年明确定位为"快乐中国"以来，湖南卫视率先计划打造"最具活力的中国电视娱乐品牌"。在打造自身品牌的同时，湖南卫视产业链也逐渐清晰，已经确立了以湖南卫视为"航母"平台，以金鹰网、天娱传媒公司等为护航的庞大航母编队。与此同时，湖南卫视在核心产业价值基础上形成了产业价值链，涵盖了出版、影视节目制作、影音制品、新媒体、艺人经纪等众多领域。如图 1 所示。

湖南卫视作为省级卫视的领头羊，通过产业资源整合形成以电视节目生产、发行销售、播出和后期的内容开发为产业主线的产业链，以及以广告收入为主体、以内容发行销售和延伸产业为两翼的盈利模式。

在具体的运作过程中，湖南卫视也做出了巨大的努力：

1.4.1　产业资源整合

将湖南卫视、湖南经济电视台等六大商业化程度较高的媒体广告业务整合。统一划拨给电广传媒公司，电广传媒与各台之间的广告收入实行四六分

```
                    ┌──────────┐
                    │   音乐   │
                    └──────────┘
                         ▲
┌──────────┐    ┌──────────┐    ┌──────────┐
│ 天娱传媒 │    │ 艺人经纪 │◄──►│   综艺   │
└──────────┘    └──────────┘    └──────────┘
      ▲              ▲
                ┌──────────┐
                │   影视   │
                └──────────┘
┌──────┐              ▲
│ 书籍 │
│ 公仔 │  ┌──────────┐  ┌──────────┐  ┌──────────────┐
│ 品牌 │◄─│ 产业延伸 │  │ 湖南卫视 │◄─│ 购买及自制节目 │
│ 授权 │  └──────────┘  │ （品牌） │  └──────────────┘
│ …… │               └──────────┘
└──────┘                   │
                 ┌──────────┐  ┌──────────┐
                 │  金鹰网  │  │ 电广传媒 │
                 └──────────┘  └──────────┘
```

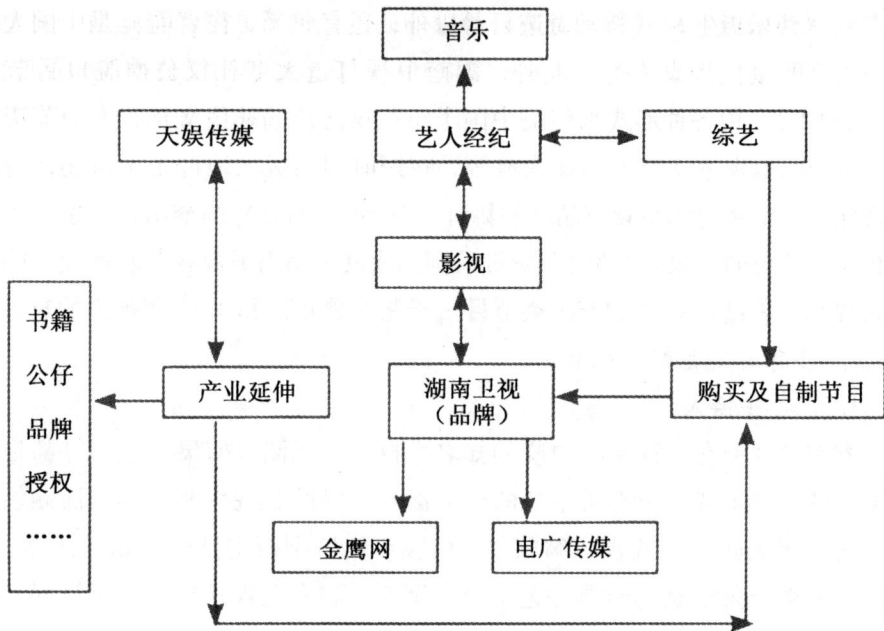

图 1　湖南卫视产业链构成示意图

账。这样不仅避免了湖南卫视与省内其他频道的内耗，更获得了强大的资源优势和一定的垄断性以及稳定的收入来源，使电广传媒有了迅速扩张的基础。因此，通过省内的频道整合、节目整合实现资源的优化配置，形成媒体核心竞争力是未来省级卫视的出路之一。

此外，2009 年 2 月 19 日，百度和湖南卫视联手打造的第二届娱乐沸点颁奖典礼在北京奥运水立方举行。此举基于新媒体合作为战略方向，为湖南卫视的未来奠基。网络颁奖典礼如今已经可以和其他颁奖礼一样用"泛滥"来形容。虽然百度有其独特的数据资源，但这并不足以使它压倒新浪、搜狐等网站。在这种情形下，百度希望通过与湖南卫视这个强势电视媒体合作来扩大其颁奖礼的影响力。

1.4.2　抢占产业制高点：节目制作

投资上游产业。以影视剧为例，为了获取电视剧的独播权，一些电视台直接投资上游产业，具体而言就是直接投资成立影视制作公司，实现播出平台向上游制作产业的延伸，从而调整电视台在独播剧产业链中的核心地位。为了抢占产业制高点，湖南卫视成立了上海天娱传媒有限公司，目前已经是湖南卫视的全资子公司。上海天娱传媒有限公司的成立，目的是打造中国传媒涉足尚浅的商业模式——做节目品牌的研发、创新、营销与运营，将电视节目品牌扩展成为娱乐消费品牌。湖南卫视较早地意识到节目创新的重要性，并付诸实践。从最初模仿《美国偶像》的《超级女声》，到原创的公益礼仪脱口秀节目《天天向上》，再到新近引进国外原版优秀电视节目并将其本土化的《我是歌手》、《爸爸去哪儿》，以及创立 16 年的《快乐大本营》的不断改版，都表明湖南卫视的节目创新已经成为一种常态机制。

1.4.3　产业延伸

（1）网络游戏。2009 年 6 月 22 日，金鹰网就已开始了在游戏领域的探索，当时推出的"杧果手机游戏乐园"平台以及近十款手机游戏，在短短十几天内下载量高达几十万次。尤其是借助《快乐女声》节目的热播，同名手机游戏受到了粉丝的热烈追捧。此外，2009 年 10 月 10 日"杧果游戏乐园"在湖南卫视新媒体——金鹰网正式上线，并同时推出国内第一款仙侠网页游戏《修真·杧果仙侠传》。

（2）卡通动漫产业。作为国内第一家获批的动漫专业频道，金鹰卡通成立之后，积极探索播出平台之外的盈利渠道。基于动漫产业链上下游环节的纵向组合，金鹰卡通频道成功地打造了电视频道盈利的另一翼——动漫产业。

（3）新媒体"杧果 TV"。2014 年 4 月 25 日，湖南卫视携杧果 TV 推出"杧果独播战略"，称包括《花儿与少年》、《变形计第八季》等在内的几档新节目将不再对外销售互联网版权，只在旗下的视频网站杧果 TV 独播。湖南广电正把发展眼光投向视频网站杧果 TV，眼下视频网站进行版权大战，湖南广电想凭借湖南卫视电视节目的版权优势发展线上产业。杧果台的核心竞争力并非互联网电视，而是来自对娱乐产业的渗透，比如天娱传媒等相关产业链的延展，以此满足中国人对娱乐的深层次需求。

2　湖南卫视的创新机制

2.1　湖南卫视的创新表现

2.1.1　节目类型推陈出新

湖南卫视创新小组把节目创新分为克隆、引进、原创三个阶段。他们认为，中国电视业目前处在第二个阶段，真正可以称为创新的只有原创，而原创节目的成功率不足 30%。而 2013 年年底以来，湖南卫视先后推出两档户外真人秀新节目——《爸爸去哪儿》和《花儿与少年》，取得了很大反响。《爸爸去哪儿》是湖南卫视从韩国 MBC 电视台引进的亲子户外真人秀节目，内容参考自 MBC 电视台节目《爸爸！我们去哪儿?》。节目中，5 位明星爸爸在 72 小时的户外体验中，单独照顾子女的饮食起居，共同完成节目组设置的一系列任务。《花儿与少年》是湖南卫视 2014 年 4 月 25 日起每周五晚播出的明星姐弟自助远行真人秀节目。节目由 7 位年代偶像组成"欧洲自助远行团"，卸下明星光环，开启一段为期 15 天从意大利到西班牙的没有经纪人、不准带助理、每天生活费有限的限制下，在人生地不熟，甚至语言都根本不通的国度，完成一段异域的背包奇妙之旅。虽然韩国之前也有一档带着姐姐们去旅行的节目《花样姐姐》，不过湖南卫视方面表示，这档节目是湖南卫视原创节目。在湖南卫视之后，这两档节目分别被其他电视台效仿，如从 2014 年初，亲子类节目在电视屏幕上忽然频频出现，导致电视节目同质化。由此也说明，湖南电视台的创新节目类型又一次走在其他省级电台的前面。

2.1.2　节目内容不断改版

作为湖南卫视最长寿的王牌节目《快乐大本营》，1997 年开播至今的 17 年来经历了数次大的调整和改版，内容也一变再变，用他们自己的话说就是"三月一调整，一年一大改"，改版的规模有大有小，每次改版也取得了不同的效果。由于栏目经历的改版过多，改版的文案在多年以后都遗失了，难以寻找，为研究留下资料方面的缺憾。但是，从《快乐大本营》栏目的业务总结以及当年节目的影像资料中，仍可以寻找出构成栏目发展总趋势的各个阶段的特点。

在《快乐大本营》的改版史中，1997 年初创几期之后的节目模式大转变、2002 年以"快乐之旅"系列活动为标志的演播方式的改变、2004 年以"海选"活动为标志的娱乐理念的转变、2006 年主持群的大调整、2013 年以"啊啊啊啊科学试验站"环节为标志的环节游戏科普教育化的转变，这 4 次大改版和 1 次大调整对《快乐大本营》栏目的衍变至关重要。《快乐大本营》历次改版的标准不同，但在 17 年的栏目改版历程中，主要改版内容有以下几个方面：

在 1997 年初创几期之后，节目模式做出调整：由初创时期的晚会式综艺节目调整为游戏娱乐节目模式，建构了电视娱乐节目的基本模式，摆脱了传统的晚会节目形式。

娱乐理念的调整。随着大众审美口味的变化，节目理念由娱乐大众调整为大众娱乐。其中最典型的成果是节目中融入了大量寓教于乐的游戏：明星放下架子参与游戏，在此过程中的率真表现及本能反应带给观众新鲜快感和示范效应，观众与明星同场游戏，极大地满足了部分观众的成就感与虚荣心。

近些年来，《快乐大本营》常常受到关于"节目内容"的指摘，甚至有学校为了督促学生刻苦学习，在学生的行为准则里加入"不能看杧果台"的硬性规定。为了提高节目的教育意义，在节目成立 15 周年之际，作为全国首创的明星科学实验娱乐节目形式，全新亮相的"啊啊啊啊（āáǎà）科学实验站"将会让科学和娱乐两个极端的领域相碰撞，通过邀请明星嘉宾参与科学实验，把美轮美奂和震撼视觉的科普实验过程呈现在观众的面前。

2.1.3 电视剧制作方式的创新

湖南卫视是自制剧的领军者，随着省级卫视频道竞争的不断升级，省级卫视频道开始往产业链的上游延伸，即切入影视内容生产环节。2004 年天娱传媒有限公司在上海注册成立，作为湖南卫视的子公司，天娱传媒通过承办一系列选秀活动吸纳艺人，并直接从自己的艺人库中挑选艺人，为湖南卫视提供大量自制剧，从源头上把控优质电视剧资源。

对于省级卫视频道来说，自制剧具有多重优点：一是可以有效控制成本；二是可以拥有自主版权；三是可以与频道品牌捆绑，打上频道品牌烙印；四是可以植入广告营销。湖南卫视自制剧与频道自身"快乐中国"口号高度一致，主打偶像言情剧，收视率一直位于同时段电视剧前列。

关于电视剧制作方式的创新体现在内容创新与形式创新这两个方面。

内容创新，一是体现在彰显地域文化特征。湖南电视台自 1986 年到 2007 年以来，拍摄制作了《乌龙山剿匪记》《湖南和平起义》《还珠格格》《恰同学少年》《血色湘西》等多部电视剧，从内容上来看，它们有一个共同点就是根据历史事件、人物等为背景或主题进行内容创作，有些是有历史根据的史实创作，有些是完全虚构的艺术创作。二是体现在突出大众文化特色。伴随着市场经济的发展，消费文化在我国逐渐兴起。在消费社会的背景下，文化消费成为一种越来越直接的需求。消费文化是一种快感文化，而电视正好给观众提供了最便宜、最经济、最实惠的消费方式。湖南卫视的自制剧《又见一帘幽梦》、《丑女无敌》系列、《一起来看流星雨》等均是具备明显消费文化特征的代表作，从内容上来看体现了娱乐化、大众化等快速消费文化的特征。因为对普通大众来说，娱乐是文化消费行为的基本模式，来势汹汹的娱乐消费将逐渐替代政治宣传教化，成为现代受众的主动选择。

形式创新则主要体现在其自制剧的播出编排上。首轮播出基本沿用湖南卫视在独播剧时期所采取的播出策略，22：00 档的"后黄金时段"既区别于其他电视台电视剧的 20：00 档传统黄金时段播出，又打造了新的收视高潮时段，是行之有效的播出策略。另外，自《丑女无敌》开始，湖南卫视模仿美国电视剧的季播形式，这是播出方式创新的具体体现。对于季播这种新鲜的播出形式，短时间内由于新鲜感是具备可行性的。在第二轮播出及重播时，由于湖南卫视当时自制剧的内容侧重于爱情剧，因此在重播时根据爱情剧的针对受众群，往往选择暑假、寒假等时段，以吸引年轻观众，从而可以在次轮播出时也获得较好的收视效果。

2.1.4 节目编排的创新

2011 年 10 月 24 日国家广电总局下发《关于进一步加强电视上星综合频道节目管理的意见》，业界又称"限娱令"。限娱令针对的对象是上星电视综合频道，是为了防止我国电视媒介过度娱乐化的倾向而出台的。它提出要丰富电视节目的类型，控制节目的同质化现象，强化监管，并对节目的播出时长和节目构成做出了严格的规定。

限娱令出台后，湖南卫视积极响应并迅速地做出了调整，谋划并启动了新一轮的变革。电视剧的收视率成了各大卫视的争夺重点。而电视剧是具有收视黏性的节目类型，观众具有很强的忠实度。针对此特点，湖南卫视采用"导入式"的创新编排方式，将收视率较高的一部电视剧的大结局分为上、中、下三集，分三天播出，每天播出结束后不插播广告，不插播片头，直接引入之后要播出的新剧，这样，观众不会更换频道便直接收看新剧。三天后前一部剧播放完毕，也成功地培养了后一部剧的忠实观众。这种编排方式取得了良好的效果，尤其是收视率较高的电视剧，可以成功地带动接档剧集的收视率。另外，借鉴美国的节目编排模式，各大卫视纷纷推出了季播节目。这种播出方式避免了周播节目的审美疲劳，使观众感到新颖。同时也降低了节目制作的压力，可以延长制作周期，使节目制作更为精良，有更多的时间来改版和调整。各大卫视的王牌季播节目可以交错编播，避免直接对抗带来的收视群体的分割。

2.2 湖南卫视的创新管理方式

目前，我国卫视媒体中只有少数几家可以达到自主创新的高度。其中，湖南卫视应该是包括央视在内所有上星电视媒体中自主创新最早、创新机制最完善、创新成果最突出的电视媒体。本文以湖南卫视创新机制的形成及创新管理流程为例（见图2），探讨电视媒体如何实现机制创新。

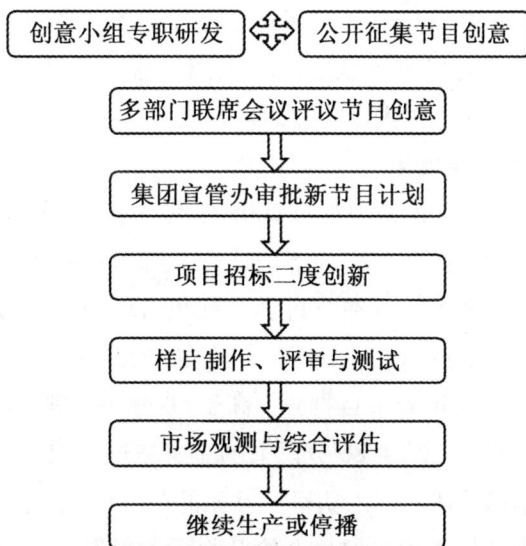

```
┌─────────────────┐      ┌─────────────────┐
│  创意小组专职研发  │ ⬌   │  公开征集节目创意  │
└─────────────────┘      └─────────────────┘
          ┌─────────────────────┐
          │  多部门联席会议评议节目创意  │
          └─────────────────────┘
                    ↓
          ┌─────────────────────┐
          │  集团宣管办审批新节目计划  │
          └─────────────────────┘
                    ↓
          ┌─────────────────────┐
          │    项目招标二度创新    │
          └─────────────────────┘
                    ↓
          ┌─────────────────────┐
          │  样片制作、评审与测试  │
          └─────────────────────┘
                    ↓
          ┌─────────────────────┐
          │   市场观测与综合评估   │
          └─────────────────────┘
                    ↓
          ┌─────────────────────┐
          │    继续生产或停播     │
          └─────────────────────┘
```

图2 湖南卫视节目创新管理流程

湖南卫视早在2006年就正式成立研发中心，每年拨经费1 000万元，专门负责管理节目的研发以及创意。自此湖南卫视正式进入了专职研发与全民创新相结合，创新主体多元化，创新管理流程化的新阶段。研发中心的主要职能是：电视节目市场情报及信息收集；新节目形态的研究和开发；创意的审核及样片制作。

在创新管理流程的指导和激励下，湖南卫视逐步形成了完善的创新机制，具体体现在以下几个方面：

2.2.1 创新主体多元化

湖南卫视节目创新的主体是专职的研发队伍和公开向社会征集相结合。专职研发队伍的建立保障了创新机制的常态化。持续多年的专业创新团队建设使湖南卫视涌现出了大批优秀的创意团队和优秀的制片人，如洪涛团队、谢涤葵团队等，这些团队为湖南卫视开发了多档可称为"现象级"的电视节目，如《我是歌手》、《爸爸去哪儿》等。而这些节目的季播形式也是一种播出方式的创新，不仅给团队充分的时间改版，推陈出新，同时也可以让不同团队开发的节目都有机会在黄金档播出。而制片人负责制给制片人以充分的用人和财务支配权限，提高了节目生产的效率。公开向社会征集节目创意，可以更进一步开阔创新视野，转换创新角度，突破专职研发队伍的一些固守的模式。另外，还可增强与观众的互动，充分调动观众的参与性与主人翁意识，拉近了电视媒体与广大观众之间的距离。除了可以丰富节目创意之外，也是电视媒体自我宣传、扩大影响力的好方式。

2.2.2 创新激励制度化

为了鼓励全民创新，湖南卫视自 2008 年起尝试在全台范围内建立有偿创意制度，凡向研发中心提交创意的部门或个人都可以获得一定的报酬，这部分报酬将从创意基金中列支。在节目创意征集阶段设置节目创意奖，由研发中心的相关负责人对节目创意进行评价，并在"观众目标"、"操作性"、"资源"、"新颖度"四个方面对节目打分，高于 60 分的将进入创意储备库，并给予创意提出者一定奖励，其中 80 分以上的有资格进入制作样片环节，如果样片通过，并进入编播阶段，可以获得一万元的一次性奖励。对于低于 60 分的创意，不会收入创意储备库，但也会给几百元的鼓励奖。这种人性化的激励方式充分调动了全民创意的热情。

在已经进入制作及播出环节的节目，仍然给予创新的支持与奖励。湖南卫视会根据在播节目的投入产出比给予创新奖励。所谓投入，指的是节目制作的成本，而产出指的是收视率表现，收视率表现越高、制作成本越低则节目的成本回报率或产出效率就越高，节目创新奖励也就越高。这种做法使节目制作有了双向的激励，一方面要追求高的收视率和观众认可度，另一方面要尽可能地压缩成本，而不是片面地以高成本高投入去换取收视率。

2.2.3 创新评价体系化

在湖南卫视的创新管理流程中，对创新的评价可以说无处不在，从第一轮创意征集开始，创新评价就介入到整个管理流程中，中间经历样片的评审，以及节目播出后的市场评价与综合评估，形成了三次完整的评价评估体系，保证节目从创意到续播的整个流程万无一失。在节目创意初期和样片评审阶段，评估的具体指标如表 3 所示。

表3　湖南卫视研发中心创意评估指标

细项	要素评分	备注
与频道的观众目标是否相符 K1		筛选指标，符合为1，不符合为0
节目操作难度（道具、场地、成本等）K2		
节目的内容资源是否可持续获得 K3		
节目理念是否新颖 D1		质量指标，每项指标最高分为100，最低分为0
节目形态是否独特 D2		
节目环节是否有趣 D3		

　　针对正在播出节目的效果，评估体系包括三个层次：首先是日度考核，由央视索福瑞（CSM）提供的每日收视率，结合宣管办所出的《收视周报》，根据自建的评估体系得出评估结果；其次是月度考核，每个月由集团最高领导亲自主持的媒体调度会，对每个节目的当前运行状况特别是收益情况进行阶段性总结；最后是年度考核，年终由宣管办发布综合评估报告，采取客观评价指标与主观评价指标相结合的方式，具体的客观指标是收视份额占50%，投入产出比占20%。主观指标包括领导意见占15%，专家意见占最后的15%。根据最后的总体评估结果对相应的栏目或节目做出继续播出、修整后播出或停止播出的决策。

3　湖南卫视的成绩及未来发展趋势

　　从2003年开始，湖南卫视进入到频道运营和品牌高速发展的黄金时代。在频道运营上：2006年湖南卫视上星十周年，广告创收突破10亿，创收能力稳居全国省级卫视第一、全国所有卫视第三，仅次于中央台的一套和五套。2006年，湖南卫视的《超级女声》节目创收超过3亿元人民币，创造了中国国内单一电视活动营销的最高纪录。在频道影响上：目前，湖南卫视已经成为国内收视仅次于央视一套的电视台，在省级卫视中排名第一，连续两年被评为"中国最具投资价值的媒体"，连续两年入主"中国品牌500强"。近几年，伴随着湖南卫视对综艺娱乐节目的改版创新以及对其自制剧题材的选择，其"快乐中国，青春向上"的频道定位已深入人心。可以说，通过十年的开拓发展，湖南卫视已从一个地方区域性电视媒体成长为一家在海内外都具有广泛影响和传播价值的强势媒体。根据中国第一个结合电视、网络、新媒体数据样本的动态电视排行榜——"中国全媒体卫视收视率排行榜（2013 年1—6 月）"，湖南卫视以收视率 4.356 分高居榜单第一，表明湖南卫视除保持传统收视率突出外，在网络新媒体传播方面也占了先机。

《超级女声》将湖南卫视推到了顶峰，顺利成了电视娱乐产业的龙头。《超级女声》带来的后效应也是巨大的，但是湖南卫视在后超女时代的发展也出现了外部环境的改变和内部自身的调整之间的冲突，这一冲突在国家广电总局"限娱令"、"限广令"正式出台后进一步被激化。各大卫视如浙江卫视《中国好声音》、江苏卫视《非诚勿扰》等火爆的现象让湖南卫视日后的发展道路面临巨大的挑战。2013 年从韩国引进的《我是歌手》，颠覆了以往草根歌唱选秀的模式，作为专业歌手音乐对决真人秀节目，在播出后位列同时段收视率榜首；同样引自韩国的亲子类节目《爸爸去哪儿》自首播后收视屡创新高，占据同时段收视率榜首，力压其他同时段节目。由此可见，创新才是未来传媒产业的出路，湖南卫视在超女后时代短暂的低潮之后，在"限娱令"与"限广令"的冲击下不断寻求观众的新需求，力求通过创新增强其核心竞争力。

在今后的发展中，湖南卫视需要在全国市场资源配置所带来的巨大效益下保持一份理智，在电视市场的激烈竞争中深化自身资源整合，在规范合理的制度下审时度势地进行规范化的"娱乐"建设。整合自身以及外部资源，在资源整合上以市场价值为导向，开发现有资源中具有增值潜力的资源，通过复合、再生等手段发掘其增值价值。对内合理调整节目资源，创造新的价值生产链，同时对外深化合作，实现多渠道整合营销。

此外，随着三网融合的大方向，对新媒体的利用已是大势所趋。2005 年，《超级女声》利用网络、手机和传播影响达到顶峰。2009 年，湖南卫视网与金鹰网合并，打通互联网和传统播出节目的壁垒。2010 年，湖南卫视与淘宝联手成立湖南快乐淘宝文化传播有限公司，推出节目《越淘越快乐》，实现了传统媒体和电子商务的融合。2013 年，湖南卫视推出的首款基于电视的移动社交应用"呼啦"，连接家庭共享的电视大屏和个人私享的手机小屏，打通了传统电视行业和移动终端。因此，湖南卫视未来将着力全方位、多通道呈现其品牌影响力，实现传播价值最大化。

Preemptive Strike，The Innovation Mechanism and Strategy of Hunan Satellite TV

Abstract：Hunan Satellite TV as a leader in the TV media market，the achievements made in the ratings，advertising revenue and brand building are obvious to all of us. The core competitiveness of its success is the innovative spirit. Guided by this spirit，Hunan satellite TV is not stopped in front of these results，but to integrate and improve the industrial chain，and to form of a healthy innovation mechanism，mainly reflected in the program content innovation，program innovation and management system innovation. Hunan satellite TV as a successful model case，should be learned and referenced by the media industry. Therefore，it is necessary to sum up the successful experience and form the theory，the purpose of this case is to arrange the innovation mechanism and industrial chain integration operation mode of Hunan satellite TV，and combining with the relevant theory of management economics to explain and study its inherent laws. The successful experiences can be expand into a universal model to learn and reference.

Key words：Hunan Satellite TV；Program innovation；Management innovation

案例使用说明

先发制人，湖南卫视的创新机制与战略

一、教学目的与用途

（1）本案例适用于管理经济学或战略管理等课程在企业市场行为中的创新行为或创新机制等章节使用。

（2）创新，是指以现有的思维模式提出有别于常规或常人思路的见解为导向，利用现有的知识和物质，在特定的环境中，本着理想化需要或为满足社会需求，而改进或创造新的事物、方法、元素、路径、环境，并能获得一定有益效果的行为。创新是以新思维、新发明和新描述为特征的一种概念化过程。创新是人类特有的认识能力和实践能力，是人类主观能动性的高级表现形式，是推动民族进步和社会发展的不竭动力，在经济、商业、技术、社会学以及建筑学这些领域的研究中有着举足轻重的分量。创新是企业核心的竞争力，在提供精神产品和服务的传媒产业中，创新的作用更为突出。培养学生的创新精神，用创新的眼界和观点看待问题，掌握具体促进和推动企业创新的战略是至关重要的。包括以下几个具体的学习目标：

①帮助学生明确创新机制的必要性与重要性，企业实施创新的方法及条件。

②结合湖南卫视的实践案例，将创新机制上升到理论化层面，总结出企业创新的一般规律。

③帮助学生掌握传媒企业创新的方向，包括产品创新、内容创新、渠道创新及管理创新等，以及每种创新可能遇到的挑战与解决问题的方法。

二、启发思考题及分析思路

1. 我国电视媒体市场是的竞争现状怎样的？在电视媒体中，湖南卫视能够脱颖而出的原因是什么？湖南卫视在哪些方面具有其他电视媒体不具备或无法复制的竞争力优势？湖南卫视未来的发展前景如何？为什么？

【分析思路】首先要了解我国电视市场的布局和结构。我国电视媒体有中央级、省级和地市级三级市场。上星覆盖全国的有央视和省级卫视，这两个阵营是全国范围的竞争。而省级地面频道和地市级频道是区域覆盖的，只涉及区域竞争。湖南卫视无论是地理位置、文化底蕴或经济基础都不是很占优势，可见人为的创新是其脱颖而出的关键因素。创新不是一蹴而就的，而是企业长期的发展策略，创新机制需要积累和不断地反复试错。这种无形的竞争力优势是很难被竞争对手在短期内复制的。湖南卫视的发展前景充满机遇与挑战，这些都是媒介融合以及新媒体新技术的发展所导致的必然结果，如何抓住机遇迎接挑战是未来发展走向的关键。

2. 湖南卫视的创新机制主要体现在哪几个方面的创新？在这些方面，具体的创新理念和创新方法是什么？通过创新湖南卫视收获了什么样的成果？

【分析思路】湖南卫视的创新机制体现在产品创新、内容创新、编排创新、渠道创新及管理机制创新等多个方面。其中，管理机制创新是所有其他形式创新的前提和保障，也是所有创新中最难的。湖南卫视通过创新，给观众带来了新颖好看、喜闻乐见的节目，以及方便获取节目的方式和渠道，产生了较好的社会效益。而湖南卫视拥有较多的忠实观众，也带来了收视率的节节攀高。作为电视媒体，拥有了注意力资源就等于掌握了最大的财富，广告主愿意花高价在湖南卫视投放广告，给湖南卫视带来了创新的经济回报。所以，创新的回报是社会效益和经济效益的统一。

3. 在管理创新方面湖南卫视的做法是否科学？有哪些方面是其他电视媒体可以借鉴的？有哪些方面可以改善或有进步的空间？

【分析思路】湖南卫视的管理创新方法可以充分地调动全台员工的智慧，在创新的环节人人可以贡献力量，并且有丰厚的回报作为激励。除此之外，全台对创新的重视程度，使员工充分意识到创新的重要性，并获得精神上的认可和鼓励。这种方法充分运用了人力资源管理中的激励理论，也是对马斯洛需求层次理论的实践，使员工能在创新机制中获得物质和精神的回报。

4. 其他电视媒体如果借鉴湖南卫视的创新机制需要注意哪些问题？哪些方面需要进行本土化改良？其他卫视步其后尘有没有超越湖南卫视的可能性？如何去实现这种可能性？

【分析思路】湖南卫视的创新机制是多年来不断试错和经验积累的成果，是符合湖南卫视的实际情况，并根据其发展的不同阶段适时调整的策略。因此，如果一味地照抄照搬，肯定是死路一条。其他媒体在借鉴湖南卫视的创新经验时，应该掌握其精髓而不是模仿其表象。要根据不同媒体的行业特点，及其自身的发展阶段，在借鉴的同时，结合自身特点找到符合自己发展的最优路径。

5. 湖南卫视或整个电视媒体在媒介融合的大趋势下，如何继续发挥创新精神？在新媒体及互联网产业的挑战下，哪些领域还需要进一步大胆创新？

【分析思路】近年来，新兴媒体层出不穷，其强劲的发展势头导致舆论界开始唱衰传统媒体。然而，如果跳出行业的界限，从媒介融合的宏观角度来看，各种媒体的边界是开放的，技术创新弥合了电子媒体之间的差异，使其日益趋同，传统媒体的资源优势及核心竞争力也是新兴媒体发展所必需的。媒介融合对于传统媒体而言，机遇大于挑战。在媒介融合的大潮中，所有媒体的角色和地位将面临着重新洗牌。电视媒体只有审时度势，认识到自身的优势和局限，趋利避害，采取正确的竞争策略，才能在媒介融合的局势中站稳脚跟，维系传统媒体的媒介主导地位。

三、理论依据

1. 熊彼特的创新理论

1912 年，美籍奥地利经济学家约瑟夫·熊彼特发表《经济发展理论》一书，开创性地提出"创新理论"（Innovation Theory）。他认为，创新就是构建一种新的生产函数，把一种生产要素和生产条件的"新组合"引入到生产体系，通过市场获取潜在利润的活动和过程。创新主要包括以下五个方面内容：一是使用一种新产品——也就是消费者还不熟悉的产品——或某一种产品的新特性；二是使用一种新生产方法；三是开拓一个新市场；四是掠取或者控制原材料或半制成品的一种新的供应来源；五是实现一种工业的新组织。

熊彼特的创新理论主要具有以下特点：强调生产技术革新和生产方法变革在资本主义的发展进程中的关键作用；把"企业家"视为资本主义发展的"灵魂"，认为企业家是"创新"和生产要素的"新组合"，是"经济发展"的关键推动者和组织者；强调"变动"和"发展"的观点，认为"创新"是一个"内在因素"，"经济的发展"来自"自身内部创造性"的变动，也强调了社会经济制度的内在因素作用；创新与经济发展的原动力是超额利润和企业家精神；创新的实现具有一定的途径；创新是在一定的社会环境和条件下实现的。创新就是"创造性的毁灭"。

关于企业家和创新的关系，熊彼特指出，创新是企业家的根本职能。企业家精神是经济发展的最主要的动力，是创新的灵魂。

2. 我国电视媒体创新机制的发展阶段

我国电视媒体的创新机制经历了偶发创新、模仿创新和自主创新三个阶段。偶发创新指的是没有形成固定的创新机制，创新行为具有很强的偶然性和不确定性，对创新的重要性没有足够的认识，没有创新的激励机制和保障，创新的成果少，且回报不稳定。我国电视媒体在 20 世纪 90 年代基本都处于这个阶段，当时电视媒体的产业化进程刚刚起步，其盈利能力很弱。该阶段电视媒体创新的频率较低，但由于大众可消费到的媒介种类很少，所以一推出新形式的节目便受到大众的追捧。当时，电视媒体是最受欢迎的大众媒体，并没有太多的创新动力。

模仿创新阶段的电视媒体已经意识到了创新的必要性，并逐步形成了主动创新的意识和机制，但资金资本和人力资本的缺乏导致该阶段的创新只能是模仿其他电视媒体已经成功的模式。模仿创新又可以分为复制性模仿和改良性模仿。复制性模仿指完全对已有的成功模式照搬照抄，或做局部微调，但调整的部分并没有体现出改进优势。如湖南卫视的《超级女声》就是对《美国偶像》的复制性模仿，而其他电视媒体跟随湖南卫视推出了一系列歌唱选秀类节目，但大都大同小异，粗制滥造。改良性模仿是指模仿已有的电视节目形态，并对其做较大幅度的改动，使节目的知识性、趣味性或可看性等得到提升。如江苏卫视的《非诚勿扰》就是对湖南卫视《我们约会吧》改良性的模仿，虽然节目推出晚于后者，但通过节目环节的创新性设置，很快就超越被模仿者，成为婚恋交友类节目中最有价值和影响力的节目。目前，我国卫视媒体大部分都处于模仿创新阶段，其中较为优秀的卫视频道已经处于模仿创新和自主创新并存的状态，模仿创新的来源也基本是海外的成功电视节目形态。而较为落后的卫视频道还停留在模仿创新阶段。

自主创新是电视媒体创新的高级阶段，是电视媒体能够围绕自身定位，不断地开发出全新的节目形态，并获得市场的认可。自主创新要求电视媒体有必要的资金实力保障，以及有较高收视份额保障的一系列成功的节目播出，以至于如果创新失败不会对其广告收入和收视份额有太大影响。自主创新必须通过创新机制和创新激励制度的实施来实现。自主创新的优势在于可以先入为主，率先抢占市场，并且可以符合自身的定位，为细分市场的受众量身打造，其成功率较高。而劣势在于开发周期较长，而且有失败的风险。

四、建议课堂计划

本案例适合于管理经济学和战略管理课程的案例讨论。

整个案例讨论的时间建议控制在 80 分钟。

1. 课前计划（共 25 分钟）

将案例及讨论问题一次发给学生，给学生 15 分钟仔细阅读案例及相关资料，10 分钟独立思考讨论问题，并要求学生独立给出问题讨论所涉及的相关理论。

2. 课中计划（共 55 分钟）

（1）4~5 人形成一个小组，给每小组 10 分钟讨论时间（10 分钟）；

（2）教师简要讲解各问题分析的框架及逻辑要点（5 分钟）；

（3）给每小组 10 分钟的讨论时间，并形成问题分析要点（10 分钟）；

（4）由不同小组成员发表问题分析要点及结论，教师结合各问题发言过程进行问题总结，归纳要点以及提取重点（30 分钟）。

3．课后计划

请学员分组就有关问题的讨论进行分析和总结，写出书面报告。

五、参考文献及深入阅读

[1] 刘斌．湖南卫视节目创新管理体系解析 [J]．电视研究，2007（10）．

[2] 肖琳芬．《快乐大本营》改版研究 [D]．长沙：湖南大学．2007．

[3] 吕峥．湖南电视台自制剧研究 [D]．长沙：湖南大学．2011．

[4] 孙媛．论湖南卫视"限娱"后的应对策略 [D]．武汉：中南民族大学．2012．

[5] 孙明静．综艺主持人的培养之道——以湖南卫视为例 [J]．新闻世界，2011（12）：80．

[6] 左友好，张婷婷．省级卫视产业价值链探析——以湖南卫视为例展开研究 [J]．现代视听，2010（3）：41．

[7] 余惠婷．浅谈湖南卫视综艺节目优势 [D]．福州：福建师范大学传播学院．

[8] 杨索．湖南卫视品牌延伸研究 [D]．长沙：湖南大学．2012．

[9] 吴俊英．资源整合促进湖南卫视的良性发展 [J]．绵阳师范学院学报，2011（12）．

[10] 孙媛．论湖南卫视"限娱"后的应对策略 [D]．武汉：中南民族大学，2012．

[11] 杨晓凌，湖南卫视节目研发创新机制考察 [J]．南方电视学刊，2010．

广告与影视剧联姻

——彩妆王者的尝试

摘要： 对于广告代理商（广告主）而言，其目的是要将产品信息传达给影视剧受众，发掘潜在消费者，获得出色的广告效果。因此，广告代理商（广告主）需要了解其产品的潜在消费者喜欢观看哪种类型的影视作品，掌握作为潜在消费者的影视剧受众对产品植入式广告的识别和接受程度，根据广告的植入程度控制成本和风险。本案例旨在为广告学、品牌传播、整合营销等课程中探讨品牌传播，特别是借助影视剧传播品牌的问题提供案例分析的素材，帮助学员了解相关理论的同时，进一步明确品牌传播效果、广告效果调查、广告与整合营销策略等相关问题的分析思路和方法。

关键词： 品牌传播；广告效果；植入式广告；广告定价

1　公司背景

M 公司是针对女性生产化妆及护肤品的全球化公司，至今已经有近百年的品牌历史。M 公司产品非常丰富，从粉底、遮瑕膏、睫毛膏、眼影、眼线、唇彩、唇线、唇膏、指甲油、卸妆水到保湿霜、润肤露，应有尽有。1995 年，M 公司进入中国，1996 年 12 月，M 公司归入世界最大的化妆品 L 集团旗下，在该集团的助力下，M 公司全速开拓中国版图。M 公司进入中国十多来年，凭借知名品牌的号召力、亲和的价格及便利的渠道，成就了在中国市场多年来持续快速的发展，成为中国彩妆市场当之无愧的第一品牌。

1997 年，M 公司—纽约荣获国家统计局颁发的"中国市场畅销品牌"称

---

1. 本案例由中国传媒大学经济与管理学院杨悦撰写，作者拥有著作权中的署名权、修改权、改编权。

2. 本案例授权中国传媒大学 MBA 学院案例中心使用，案例共享中心拥有复制权、修改权、发表权、发行权、信息网络传播权、改编权、汇编权和翻译权。

3. 由于企业保密的要求，在本案例中对有关名称、数据等做了必要的掩饰性处理。

4. 本案例只供课堂讨论之用，并无意暗示或说明某种管理行为是否有效。

号。1998、1999 年 M 公司唇膏销量连续两年稳居全国第一，2002 年唇膏销量又获第一。M 公司睫毛膏销量也高居全国榜首。M 公司已经成为中国大众化妆品市场上最为知名、最为畅销的彩妆品牌之一。

M 公司在世界大众彩妆品牌的领先地位，成就于它彩妆产品的多样性和高品质。M 公司化妆品及时推出最新的时尚色彩，与国际潮流同步，把最新、最快的流行讯息带给中国的广大消费者。同时，M 公司也十分关注亚洲女性自身的特点，力求产品既有来自纽约的时尚，又能够更适合东方女性的化妆需求。尽管在 2008 年年底 M 公司推出了其护肤系列，但在这之前的 13 年，M 公司一直坚持其专业的彩妆品牌定位，凭借其纯粹的彩妆品树立 M 公司是彩妆专家的品牌形象。

L 集团是采取全方位品牌策略的跨国化妆品集团，在收购 M 公司之后，根据其品牌原有的特点，延续了其大众化的定位，但重新打造了它的品牌形象。在海外市场，仿效 L 集团的主打产品——"巴黎–L 集团"的品牌背书做法，M 公司商标的后面增加了"纽约"两个字，这么做的目的是明确地告诉消费者，这是来自纽约的产品，它当然代表着性感、国际化和最新的时尚。时尚、大众化的定位使得 M 公司在日本、中国台湾、欧洲等地大受欢迎。

与大多数跨国品牌进入中国市场只走高档路线不同，L 集团将其在海外的大众品牌 M 公司的品牌引入中国，并且以越来越便利的购买渠道、越来越具有亲和力的价格延续了其大众品牌路线。而渠道的便利性与价格的亲和力并没有损害 M 公司的品牌形象，通过大手笔的广告投入和高档商场的专柜建设，M 公司使自己成为时尚、潮流的代言人。相比较在中国彩妆市场上进攻高端功力不够、走大众路线又流于大路货的国产品牌，M 公司在矛盾中求得了统一。随着对中国市场认识的逐步加深，M 公司重新定位了自己，近年来不论是品牌管理还是渠道建设，都越来越符合中国国情。

M 公司定位于大众品牌，曾经有过一个口号"让每一个中国妇女至少拥有一支 M 公司的口红"。为了达到这一目的，M 公司制定出了对中国普通消费者非常具有亲和力的价格。M 公司唇膏的价格基本上位于 30~60 元这个区间，个别种类的口红价格甚至比大部分中国品牌的价格还要低，这大大刺激了对价格敏感但有追求名牌趋向的低端消费者。

化妆品的消费者也是最容易为广告所左右的群体，广告作为有效提高品牌知名度与忠诚度的手段，一直受到 L 集团的重视。从创始至今，M 公司化妆品广告一直以其强劲的投放势头占据广告市场的前列。随便翻开一本时尚杂志和打开电视，都可看到 M 公司的广告。据悉，M 公司在广告上的投入一度占据中国整体彩妆广告投入的一半。为了适应中国人的审美口味，从美国名模 Josie Maran 到章子怡，再到王雯琴、刘璇、鲁豫的多人组合，M 公司的代言人总是能够配合产品宣传的需要成为相得益彰的市场话题，代言人健康的外形、清新的气质、迷人的魅力演绎了 M 公司产品亲和、时尚、活力、朝气的品牌形象。

2 植入式广告忧喜参半

尽管 M 公司获得了巨大的成功，但近年来面对急剧变化的市场环境以及纷纷涌入的竞争对手，M 公司这样一个看似"东方不败"的彩妆王者已初显蹒跚老态。

过去，消费者重性价比，价格敏感性高，他们货比三家，希望买到物美价廉的产品。而现在的消费者相信"便宜没好货"，从价格看品味，看性价比。当奢华来临，他们越来越相信价格反映品位，代表身份地位，有些东西越贵越好。因此，整个彩妆的主流消费者从唯价的观念转变为注重价格带来的利益，价格成为价值的直接外在体现，以彩妆产品价格来实现市场分层与身份分层成为必然趋势。M 公司中档偏下的价格策略大大刺激了对价格敏感但有追求名牌趋向的消费者，在短时间内带来了市场份额的增长。但随着时间流转，真正有消费能力的主流消费者已经不愿意自己所使用的化妆品与小女孩、打工妹相同。

此外，彩妆贩卖的是色彩、是感觉、是个性张扬，良好的社会和经济环境给了彩妆在中国蓬勃发展的机会。在高度个性化的时尚市场中，没有一个品牌能够垄断消费者对美的看法，尤其中产阶层是追求时尚的第一代人，是时尚产品最主要和最有实力的购买群体。中国人朴素的天性在欧美、日韩以及 T 台模特、明星绚烂多彩、张扬、靓丽形象的影响下也有了一丝丝改变，人们开始尝试更加大胆、潮流，能够突显个性的色彩。以 MAC（魅可）、BOBBI BROWN（波比布朗）、ANNA SUI（安娜苏）、BENIFIT（贝妃玲）为代表的欧美彩妆，以及以爱丽、VOV 为代表的韩流彩妆从遥远的彼岸纷至沓来，对时尚界的意见领袖产生广泛的影响，极大地开拓了国人的时尚视野，开启了时尚的个性彩妆之门。作为彩妆市场接近垄断位置的领导者，M 公司经过多年快速的品牌增长之后，越来越接近市场规模与终端单产的极限。

2013 年新年伊始，Windy 开始了在 M 公司的媒介经理的工作。Windy 是知名高校广告设计专业的高才生，大学毕业后很顺利地进入一家 4A 广告公司，在媒体采购部门工作了三年，作为媒介经营者，成了客户和媒体之间建立关系的重要桥梁。由于业务往来，Windy 认识了广告公司的 VIP 客户之一——M 公司的媒介部总监 Brian，Windy 的出色表现得到 Brian 的赏识，Brian 多次邀请 Windy 加入 M 公司媒介部工作。

今天，Windy 接到了 Brian 布置的第一项工作任务，让 Windy 既兴奋也有些无从下手。M 公司的品牌算是一个大众品牌，需要多频次的曝光来提升知名度、购买度。M 公司一直在电视广告和互联网广告方面投入较多，其他方面如广播、报纸杂志、户外、手机移动端也都有涉及。但是为了最大限度地、多频次地接触到目标客户群，Brian 想尝试一下植入式广告的投放，希望目标客户在打算买化妆品时第一个想起 M 公司的产品。可是，近几年兴起的植入式广告一直饱受争议，怎样才能找到合适的影视作品去做产品植入呢？采用什么方式植入呢？植入哪类产品呢？Windy 的思绪有些乱，她让助理拿来了 M 公司及产品的资料，打算好好研究一下。

在中国，植入式广告发端于 20 世纪 90 年代，作为全新的广告形态为国人所熟知，则归功于冯小刚导的电影《天下无贼》，之后中国影视剧纷纷试水植入式广告，2008 年形成全面爆发之势。M 公司目前尚未大手笔投入植入式广告，除了资金，更重要的是因为不了解影视行业运作的规律，无法事先预知其传播的效果。当然，风险很多时候跟收益是成正比的，物超所值的植入式操作在圈内也并不少见，如杭州西溪湿地因植入冯小刚的《非诚勿扰》而名声大噪。

Brain 把 Windy 从广告公司请来，主要是看中了 Windy 具备作为媒介经理所必需的素质：战略思维、媒介素养、统筹能力、沟通能力和细节掌控能力。看着竞争对手纷纷试水植入式广告，Brain 希望 Windy 也能尝试植入式广告，丰富 M 公司新的媒介推广手段，提升品牌的形象，扩大品牌的影响力。Windy 在 4A 广告公司这几年也接触过几个电影植入式广告的项目，说真心话，她并不看好这种品牌宣传的手法，所以她有很多担心。

为此，在理清思路后，Windy 找 Brain 谈了自己对植入式广告的看法。"Brain，最近我思考了一下你给我的任务，但是有些想法我还是想先跟你聊聊。"

Brain 没想到 Windy 这么快就有了想法，他很高兴地点头示意 Windy 继续。

Windy 说："植入式广告追求'润物细无声'，但如若植入太过隐蔽，沉浸在剧情中的观众没有留意到植入的品牌该怎么办？目前业界面临的形势是，从事植入式广告操作的大都是影视剧的制作人员，很少有专业的广告人员介入，不仅在挖掘品牌和产品特点方面有所欠缺，往往还不善于从全盘营销策略、整合营销的角度出发做植入设计。"

"我们自然不想让投入的钱打水漂，所以我把你挖来了。"Brain 笑着说。

Windy 笑着说："那是一定的。除了刚才的问题，植入式广告的定价标准和评估标准也不够明确，从几十万到数百万，我经历过一些广告主仅凭对主角、剧本题材等的主观判断就决定是否做植入广告，准备投多少钱，而事实上，他们也很难明确其投资回报率如何。虽说硬广的效果同样难以精准测量，但毕竟特定广告时段平日的收视率可以作为一个重要的、公认的参考，然而，影片票房、电视剧的收视率、综艺节目是否收视火爆等没有办法提前得知。"

Brain 点头表示赞同："可是，高水平的植入式广告能够巧妙地与剧情贴近，哪怕品牌信息贯穿全剧，只要合情合理，不仅能让观众记得，还能吸引他们消费，这种情况也很多啊！"

"Brain，你必须承认，与植入式广告发展初期相比，现在的观众对其要求已经越来越高。如果影视剧本身内容不够好，观众就更容易对其评头论足，而攻击的重点也会放在表象层面，如植入式广告太多、太生硬等，我们的品牌成为牺牲品也是有可能的。"Windy 补充道。

Brain 看出了 Windy 的顾虑，笑着说："完整的植入式广告操作永远是广告、公关、娱乐营销的三部曲。我了解你的担忧，抛开投入不说，植入式广告的矛盾很多，比如如果一味满足我们的要求，在剧作里出现不合常理的产品或品牌是植入广告的大忌，但是，太过隐晦和低频出现又担心观众发现不了；即使植入得巧妙，也难以估测它的效果；植入式广告是短期的传播形式，太过独立也容易因错过产品销售旺季而效果不佳，等等。"

Windy 发现自己的担忧说得太多了，就赶紧说："我也承认植入式广告有更多的时间和花样来争取活跃的客户。毕竟电视或者网络广告，只有一两个片子不停地重复播放，而植入不受时间限制，也可以发挥创意，如果植入得有意思，更容易让目标受众清楚地记住这个品牌和功效。"

"所以呀，你也看到了，我们的竞争对手已经开始大胆尝试了，业界也在逐渐规范，你别有顾虑，如果需要其他部门或者同事的配合，你尽管说，我会帮你协调的。我们试着来，如果有合适的片子我们就做植入，没合适就做其他。再有，我们长期合作的广告公司在这方面有些经验，你可以跟他们多沟通一下。" Brain 肯定地向 Windy 点了点头。

Windy 从 Brain 那里回来后，长舒了一口气。既然 Brain 明白她对植入式广告的担忧后，还是鼓励她把这个项目做起来，那探索这种新模式是第一位的，而且这是她来到 M 公司的第一个任务，必须全力以赴。Windy 脑海里快速闪现出同事给她的 M 公司产品和人群定位："中低端化妆品，18～35 岁女性"，那就从这里开始吧。

3　借助外脑，重新审视

既然 M 公司自己不是很懂植入式广告，也没有很多很全面的媒体资源，尝试植入式广告还是找比较专业的代理机构更为稳妥。于是 Windy 开始安排助手帮自己联系 M 公司长期合作的 Q 广告公司中专门拓展媒体资源的团队。

不久，Q 广告公司的媒介策划部和 ESP 部来人拜访了。策划部的 Alex 介绍说："Windy，植入式广告火了几年了，前景不错，客户对植入式广告越来越认同。ESP 部门成立不久，关注与非传统的内容营销相关的包括电视、电影、广播、杂志、报纸、在线网络、新兴媒体等多方位的媒体购买、创意、发行和投资。ESP 主要的服务内容包括设计和贴片、植入式广告、赞助项目。Andrew 是部门经理，有什么问题你可以直接问他。"

ESP 部的 Andrew 接着说："听您的助手说，M 公司想尝试植入式广告。做植入式广告的一般流程您应该比较清楚，首先，企业确定营销和广告目标，确定自己要宣传的产品或品牌，寻找合适的植入母体，这个过程可以是企业自己找，也可以找类似我们公司这样的代理公司。在公司中，我们部门会通过各种办法联系到各种要新拍的电视、电影和新上的娱乐节目，并和他们洽谈，根据他们的影视作品和节目的主题做整理，然后把这些资源发给您，并针对贵公司的品牌情况，建议在哪个合适的影视作品和节目里面做植入。也就是说，在整个的流程中，我们都有跟进。现在，越来越多的影视剧在未开拍前就开始寻找植入式广告的赞助商，比如热播的《奋斗》的续集，编剧在创作《奋斗2》时，就把所用产品列成清单，并为植入品牌设计剧情，花去一年时间征集软广告，做好深度嵌入后再拍摄。今天我们带来了一些介绍材料和以前成功的案例，你可以看看，如果有什么问题我们随时沟通。我们公司不仅要帮 M 公司去做单纯的广告植入，如果判断植入载体具备很强的话题性和关注度，我们还会通过事前造势、放映期间公关活动、广告助推等整合营销手段的使用，充分利用形象授权和影片宣传平台，让线上和线下充分互动，提升观众的注意力，辅助宣传品牌的内涵，延展到终端以拉动销售业绩。"

送走客人之后，Windy 开始认真研读他们拿来的材料。的确，植入式广告的发展速度惊人。而且，电影植入广告传播渠道很广，影视作品制造的话题和体验，无疑已成为一种特殊的市场驱动力，越来越多的企业通过搭载电影而获得营销价值，造就出其不意的效果，比如电脑、网站、酒店、银行、保险、奢侈品、汽车、快消品、酒类、手机、服饰鞋帽、手表，当然也包括个护化妆品。根据 CNNIC 的统计，截至 2013 年年底，中国网络视频用户规模将达 4.28 亿，其中，73% 的用户表示在获知热播影视剧的信息后，会马上在网上找来看，因此，植入广告传播渠道也在拓宽。广告信息与影片内容随 DVD、电视、网络永久传播，不随影院下片终止，例如《非诚勿扰 2》通过影院、DVD、电视及网络传播，总计覆盖人次不少于 8.83 亿。此外，植入广告很好地弥补了插播广告和贴片广告因被跳空而导致的品牌收视率不足现象。

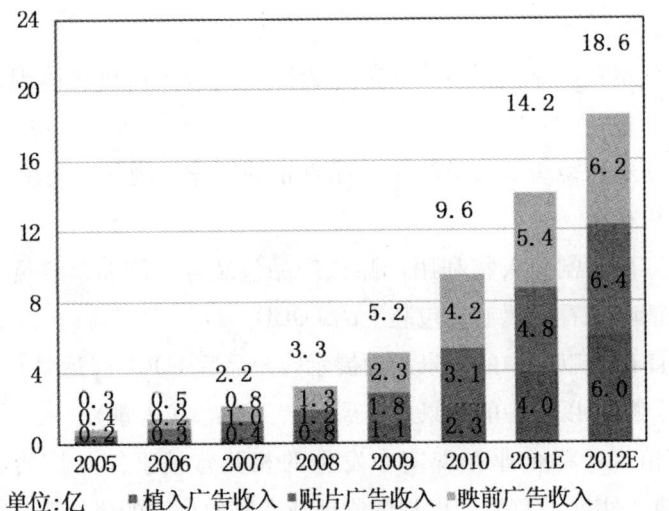

单位:亿　■植入广告收入　■贴片广告收入　■映前广告收入

Source：enbase娱乐决策智库

©2012.12　艺恩EntGroup Inc.　　　　　www.entgroup.cn

图 1　2005—2012 年中国电影广告收入汇总

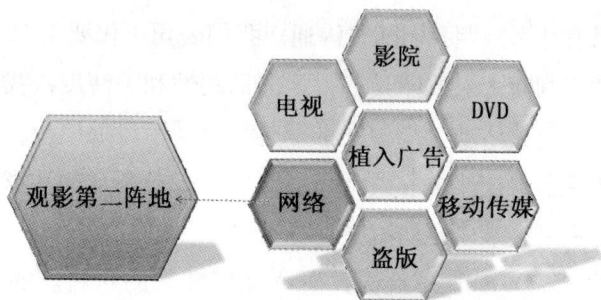

图 2　电影植入广告传播渠道

目前，Q 公司可以提供的植入手法如下：

·故事植入：集中体现产品/商店/公司/服务或以其为故事线的主要元素。例如：意大利运动时尚品牌 Lotto（乐途）在职场魔幻喜剧《我知女人心》的故事植入。

·情节植入：剧情涉及产品，产品是一段情节的中心。例如：剧中人物选购护肤品，要在母亲节送给妈妈。

·口头赞美：在剧中角色提到产品/服务/公司的名称，并用行动及语言暗示烘托。例如：真幸运我有 MP3 手机！

·口头提示：剧中角色提及产品/服务/公司的名称。例如：这是××牌新款口红吗？

·明显标示：产品/品牌/公司的广告牌或独特卖点材料体现在镜头中或聚焦体现。

·产品演示：镜头里演员演示产品真正的用途。例如：使用一个 MP3 电话或使用手机拍照。

·焦点露出：剧中人物利用产品或产品包装等。例如：演员拿着睫毛膏化妆，并能清晰地看到睫毛膏包装上的 LOGO。

·背景露出：以剧中的背景画面展示客户品牌 LOGO（远景）。

·自然露出：以剧中的背景道具展示产品形态（远景）。

·互动植入：将企业在现实中发生的相关营销事件（广告、公关、促销），即时地"实况"移植到虚拟的剧情或者其他形式的媒体互动中……

·动态广告植入（Video in）：爱奇艺推出的"Video in"专利视频动态广告植入技术，能够在已拍摄完成或播出中的视频中，再造原生广告情景，实现广告和剧情的融合。无论内容播出多久，都能够让食品、汽车、服装等商品成为剧中新元素，以不同的内容精准地推送给不同的网民。

植入式广告的难点在于需要同时满足剧情和营销传播的要求。过分迁就剧情传播，可能会影响广告的传播质量，导致信息偏离营销传播的协调性，与整合营销传播的要求相悖。反之，强调营销信息又可能影响剧情。植入式广告就是在"被情节干扰"与"干扰情节"的夹缝中诞生。在这种情况下，信息整合是成功的关键，赞助商应与编剧、导演充分沟通，广告植入的痕迹越少，与剧情结合得越自然，传播的效果也就越好。

至于具体的广告植入手法，除了动态广告植入，都需要制片人、导演、广告主多方沟通达成共识，并不完全由"钱"说了算。但是，在实施之前会详细规定品牌暴露时间、暴露场景、暴露情节、新闻报道数量及质量、票房、甚至盗版数量等要素。关于植入式广告的价格，到目前为止，一直没有非常明确的标准，虽然有些机构制定了标准，但非常复杂，也未被推广开来，多数的植入式广告都是制片商和广告主通过讨价还价的方式来确定。通常，影视剧的演员阵容起了35%的作用，导演（编剧）占25%，发行平台占20%，题材和剧本占10%，制作方实力占10%。而动态广告植入对广告主而言，虽然后植入的形式让广告决策变得更灵活、高效，但是它受限于播出渠道，且仅能提供背景式的植入，还很难做到深度融合。

同时，这些材料还提供了Q公司以往几个成功的植入式广告案例，让Windy对Q公司在植入式广告方面的能力有了一定的了解。

可是，几天后Andrew发来的邮件让Windy再次陷入迷茫⋯⋯

4　如何精准植入，借势营销

Andrew发来的邮件是近期正在招商的几部电影和电视剧的介绍。每个招商方案都分别介绍了作品的剧情、人物设定、制作团队、主要演员、作品的商业前景和价值、作品的主要受众、制作和上映周期等。有的招商方案中甚至明确地列出各种植入手法和配套的增值宣传方式的基本报价，简要信息如下：

（1）《男人攻略》是一部主打"女人睡后阻击战"的电视剧。本片讲述了陈娜娜对自己毫无自信，一次偶然，她得到一套指导女人如何与男人相处的《男人攻略》，她开始按照攻略中的步骤行动，生活真的发生了改变，甚至吸引到了明星乔子明的目光。娜娜真的能靠这本攻略俘获爱情吗？

初步拟定的女主演人选：张娜拉

（2）《命中注定》是浪漫都市电影，改编自1994年上映的，由玛丽莎·托梅与罗伯特·唐尼共同出演的美国电影《我心属于你》。讲述了方方在少女时期算过两次命，两次都算出自己未来的老公叫宋南京，长大成人后的方方在决定与他人结婚之时，宋南京从天而降，于是到底要继续跟相爱的男友结婚还是遵循"命中注定"的安排呢？方方由此开始了一段寻爱之旅……完成"命中注定"并"终觅真爱"的故事。

初步拟定的女主演人选：汤唯

（3）《恋爱的发现》是一部展现男女之间矛盾和爱情冲突，并寻找真正爱情的浪漫喜剧。故事讲述一个被呼来唤去的便利贴女生，一个不能继承家族事业危机的完美男，一次豪华旅行，突如其来的"错睡乌龙"事件后，因不小心怀孕不得不结婚。"一夜的失误"其实是"命运般的爱情"，善良的内心总能给予他人温暖与感动，让在激烈竞争社会里疲惫的人们领悟到善良的真正价值，并寻觅到真爱……

初步拟定的女主演人选：杨颖

（4）《诱惑》讲述了一个男子为了偿还债务，接受了另外一名感情受伤的女性提供的数百万元并委身于她，最后真心相爱，又被迫分手的悲伤故事。该片将用浪漫的手法描绘性格迥异的两人从互相吵闹到彼此治愈，并为观众带来夏季阵雨般清新与感动的过程。

初步拟定的女主演人选：徐若瑄

虽然有心理准备，但是看到这么多招商方案，Windy还是有些举棋不定。她召集了本团队的成员，把近期自己搜集和别人提供的资料分发给大家，希望通过集体讨论理出个头绪。大家你一言我一语地展开热烈讨论。经过一个下午的头脑风暴，千头万绪，虽然没有什么结论，但是Windy通过汇总大家的想法，明确了以下几个重点问题：

·我们在哪类影视节目中做植入最好？电影、电视剧还是电视节目……

·如果做植入式广告，我们是做品牌还是具体产品的广告？

·我们的目标顾客喜欢哪种形式的植入式广告？他们喜欢哪种类型的影视节目？

·什么样的植入式广告能够影响M公司的目标顾客对品牌或产品的态度，

进而促进其购买行为，却不破坏影视作品本身的完整性？

·在选择具体的电影或电视剧时，我们除了关注剧情和植入手法外，还应该关注什么？

·除了植入外，我们还有哪些整合营销手段可以采用？

·植入式广告费支付多少才合理？怎样支付呢？

很显然，大家都清楚问题的所在，却也都很迷茫到底如何寻找答案。Windy 明白，这些问题如果不能很好地解决，就那么拍着脑门决定了，即便是花费不大，那这种植入式广告上的投放就变成了彻头彻尾的赌博。虽然 Brain 说让她大胆地去尝试，是允许失败的，但是，为了给 Brain 一个好的交代，Windy 希望在最大限度地降低失败的风险方面做出努力，她需要一个相对科学的判定准则和完善的整合营销方案。经验可以借鉴，成功却不可复制，Q 广告公司只能给出一些成功的经验和备选方案，最终的方向还是要由 Windy 来把握。Windy 想着 Brain 的鼓励和团队成员的迷茫，感到了莫大的压力。Windy 把团队成员的讨论结果跟 Brain 进行了汇报。

Brain 似乎非常满意，他笑呵呵地说："有困难没关系，办法总是比困难多的。能发现问题，说明工作有成效，下一步就是解决啦！"这话让 Windy 又一次感受到了 Brain 的领导魅力。

Brain 说："你做广告很久了，最好能带领团队探索出一套具有实践性的操作流程来，这样以后我们做类似的投放就有标准可依了。你们先给个操作方案，我们再继续和广告公司对接。"

Brain 的提醒很有价值，Windy 回来后把 Brain 的意见转达给团队，大家再一次开始了关于植入式广告方案的热烈讨论……

5 方案深度讨论中

Windy 和她的团队都清楚，根据 L 集团中国公司总裁 Gabriel 的"金字塔式战略"，M 公司被定位为大众消费品，以越来越便宜的购买渠道、越来越具有亲和力的价格延续了大众品牌路线。从央视市场研究（CTR）最新发布的中国广告市场情况来看，2012 下半年 M 公司广告投放量虽排名第十，但增幅高达 96.5%，是 TOP 10 品牌中增幅第一的品牌。具体来讲，基本做到电视媒体隔一天一次；杂志媒体每期一次，投放对象以年轻女性为主。其实这样的投放量已经不小了，植入式广告是一次提高品牌曝光率的尝试，毕竟成功案例很多，放弃这块阵地显然有些可惜。

为了不干扰大家的观点，Windy 开始鼓励大家畅所欲言。显然这次方案讨论会大家都准备得比较充分。

首先，必须通过市场调查明确目标顾客群体对植入式广告的态度和偏好，这一关键得到了大家的一致认可。毕竟对于 M 公司而言，一线城市只有部分年轻的大学生或者高中生，在刚接触化妆品时会选择 M 公司。一旦她们走向工作岗位，收入更高的时候，很可能就舍弃 M 公司，换别的更高端的化妆品品牌了。目前 M 公司主要以二三四五线城市为主打，"80 后"、"90 后"的消费群体已经成了 M 公司的绝对主力，这个调查样本还是很好获取的。摸清目标顾客在植入式广告的态度和偏好，比如她们喜欢看什么情节的影视节目、喜欢哪些明星、喜欢什么样的植入方式，等等，这些对于后期有针对性地做植入式广告的方案是有巨大帮助的。

其次，就是关于植入手法的讨论。Windy 说："植入式广告的手法问题，我也一直比较犹豫。植入式广告太过隐晦，隐晦到观众仅仅将之当作一种情景元素，没有试图去记住，更不会从心里萌生尝试的冲动与欲念。如果生硬地植入，虽然在展示和吸引注意力方面效果很好，但是极易引起反感。植入式广告就像一个调皮的孩子，它可能效果好到让你吃惊，也可能效果差得令你难以想象。"有人对 Windy 的担忧提出了自己的想法："我最近翻了翻资料，2011 年上海国际电影节上，意大利运动时尚品牌 Lotto（乐途）凭借与职场魔幻喜剧《我知女人心》的默契合作，摘得'最佳植入效果广告'奖项。Lotto 此次在电影中扮演了重要角色，作为刘德华、巩俐所在广告公司的品牌客户，两位主演正是在为 Lotto 策划品牌年度广告的过程中，碰撞出真挚的爱情。Lotto 作为《我知女人心》的首席赞助商，也实现了娱乐营销领域的一大突破，在更加自然的前提下，更深入地塑造品牌。其实，M 品牌是一个因爱而生的传奇品牌，品牌背后的故事也很动人。化学家心爱的妹妹，苦苦思念她的意中人却一直得不到回应。为了帮助妹妹获得真爱，化学家几天几夜经过无数次实验，终于以碳粉和凡士林精妙搭配，发明出一支美睫'魔棒'，妹妹因'魔棒'而拥有了撩人的双眼，最终获得心上人的爱情，过上了幸福的生活。化学家也因此动容于'美'的惊人魔力从此致力于彩妆事业，一个庞大的彩妆帝国从此揭开序幕。我们可以效仿 Lotto，做深度的故事植入。虽然难度很大，但是值得尝试，远比作为布景板或者赞助商出现在电视节目或者影视剧中更能深入人心。"

再次，关于植入品牌还是植入具体产品争论得也比较激烈。有些人认为植入品牌是一个整体的品牌传播过程，会提升品牌的影响力和知名度，植入一个具体的产品就会陷入针对一个产品进行宣传的窄巷，做得再深入人心，也就是提升一个产品的知名度和好感度，而且，公司在单品上的宣传已经投放得不少了。另外一方的意见刚好相反，他们认为品牌的宣传太过泛泛，虽然品牌宣传的目的达到了，却很难直接转换成对产品的热衷和购买。可以考虑做旗下睫毛膏产品的植入式广告，因为睫毛膏作为眼妆中很重要的角色，是目标顾客群体必不可少的化妆单品。

此外，大家一致认为，伴随着线上的影片播放，必须制订一套营销计划来配合，比如在电影上映的档期安排人员促销或者是一些POP、海报的展示，等等。Windy对此也十分认同，她说："《黑客帝国》和三星的合作就是很好的例子。三星公司在电影上映前后开展以《黑客帝国》为主题的促销活动，内容包括电视广告、贴片广告、平面广告、互联网门户网站广告等，以及针对购买三星产品的消费者的各种优惠活动。还趁势推出了一款根据剧情设计的手机，限量发售，受到电影迷的热烈追捧。这种线上线下的整合营销对提升植入式广告的投放效果十分重要，这个整合营销计划我们要好好设计一下。"

最后，Windy再次重申了她对这次尝试的担忧："植入式广告是不是有效，我们不仅要在事前做好调查和代理方沟通、做好营销方案，事后还需要进行评估，比如，植入式广告的价值、画面的听觉视觉、市场效果、品牌提升度、影响力的量化等。这同样关系到我们在植入式广告投放方面的支出控制，虽然是尝试，但是不能盲目，我们花出去的钱要见到效果。尤其是在签合同时，我们要明确费用的支付形式，如果效果不理想，我们得寻求补偿的方案。而且事后效果的评估对未来我们投放植入式广告的定价、科学评判以及经验汲取也提供了参考依据。"

会后，大家分头开始工作……

Advertising and Film and Television Drama Marriage：
The Attempt of Makeup King

Abstract：As far as thead-agencies（advertisers）are concerned, the main purpose of Product Placement is to pass the product message to audiences via the films and television programs and to scoop the potential consumers. Therefore, the ad-agencies（advertisers）need to know what kind of films and television their target consumers prefer, and to what degree their target consumers can recognize and accept the Product Placement. Also, the cost and risk control are beneath the attention of thead-agencies（advertisers）. This case can not only help students to learn the related theories about Brand Communication, especially Brand Communication via the films and television, but also providing analyzing ideas and methods to related issues.

Key words：Brand communication；Advertising effect；Product placement；Advertising pricing

案例使用说明

广告与影视节目联姻
——彩妆王者的尝试

一、教学目的与用途

（1）本案例适用于广告学、品牌传播、整合营销等课程中涉及品牌传播效果、广告效果调查、广告与整合营销策略等相关章节的案例讨论。

（2）对于广告主而言，其目的是要将产品信息传达给电影受众中的潜在消费者，因此，广告主一方面需要了解其产品的潜在消费者喜欢观看哪种类型的电影，另一方面要掌握作为潜在消费者的影视节目受众对产品植入式广告的识别和接受程度。同样，对于电影制片方而言，若了解电影受众对植入式广告的态度和偏好，就可以根据影片内容有针对地进行广告融资，以增加电影制作投资，提高影片质量。因此，无论作为制片方还是广告主，都有必要对电影植入式广告的效果进行科学的调查分析，为兼顾影视艺术性和植入式广告的商业价值打下坚实的基础。本案例提供了 M 公司植入式广告过程中遇到的真实问题，包括以下几个具体的教学目标：

①帮助学生掌握植入式广告的传播效果调查流程和测评方法。

②帮助学生了解植入式广告与传统广告的区别，以及植入式广告在运用过程中的注意事项。

③使学生掌握"收集相关数据、建立定量模型、进行科学决策"的一般方法和思路，提高学生处理数字信息的能力和逻辑思维能力。

④结合传媒领域热点经营管理问题的研究和实践，培养学生对传媒业的热点和焦点问题有敏锐洞察力和科学的优化思想。

二、启发思考题及分析思路

1. 比较植入式广告和传统广告对于品牌（产品）的传播效果，哪个更好？如何评价植入式广告的效果？

【分析思路】由于观众对广告有天生的抵触心理，把商品融入剧情的做法往往比直接诉求的效果好得多。植入式广告的好处就在于它可以令观众在不经意、低涉入的情况下，建构起对商品的潜意识知觉。

通常从微观方面对于广告效果的理解可以表现为广告的传播效果、销售效果以及心理效果。广告效果调查的一般过程可以分为三个阶段，即计划阶段、资料采集阶段和分析报告阶段。根据收集资料时所使用的手段不同，调查方法可以分为两个基本类型，即定量和定性调查方法，两种方法各有利弊，可以将两种方法结合起来使用，以便获得更为准确全面的调查和分析结果。

·广告的传播效果是广告本身被消费者接触和认可的程度。

·广告的销售效果是指广告促进商品或服务销售额的提高。

·广告的心理效果是指广告在消费者心中所产生的影响程度。

广告的效果测度，可以通过定量或者定性的调查方法解决。无论哪种方法，都需要针对上面提及的广告效果设计相应的调查问卷或者研究提纲，通过直接或者是间接的资料和数据的收集，获取受众反馈的信息。

需要注意的是，在调查传播效果时，必须进行"基准点"调查，也就是受众对于品牌认知的初始状态，确定植入式广告带来的"知名"、"理解"、"确信"、"行动"所占的百分比，然后在播出影视节目后进行反复的调查，再与之进行比较，以判断其所达到的程度。

分析方法：可以使用方差分析、相关分析、对应分析等。

分析工具：Spss、Excel 等。

此外可以参考使用经典的广告效果分析理论，例如 AIDA 模式、DAGMAR 理论等，也可以参考使用央视 CTR 的 PVI-model 效果评估体系、北京圣坤燕仑科技有限公司提出的 BEI 指数、LABoratory 公司的效果评估方法、湖南卫视的植入式广告评测标准等。

2. M 公司的目标人群是谁？目标人群对于植入式广告的态度如何？他们更加接受哪种形式的植入？他们更喜欢看哪种类型的电影？目标人群是否受到植入式广告的影响，并产生品牌（产品）关注，甚至引发购买行为？设计一个调查方案和调查问卷。

【分析思路】由于 M 公司首次尝试植入式广告，因此需要对目标群体进行一个摸底调查。M 公司的主要目标人群是非一线城市的 18～35 岁女性和一线城市中初次接触化妆品的女性高中生和大学生。因此，以这部分人为主要调查对象，以现有已公映的影视作品中化妆品的植入式广告为素材，设计调查问卷。

问卷中应注意：①被调查对象要限定为 M 公司的主要目标群体；②收集被调查者的必要的人口统计学变量（包括年龄、城市、教育、收入等）；③选择有代表性的植入式广告设计问题；④问题设计可以考虑使用跳转式问题；⑤问题设计不宜过多，题目语言不能太过复杂和冗长；⑥调查可以通过网络调查或者拦截访问等形式。

分析方法：方差分析、相关分析、对应分析等。

分析工具：Spss、Excel 等。

3. M 公司打算通过影视剧植入式广告来宣传自己的产品或者品牌，那么，公司能获得的理想结果和最坏结果分别是什么？获得理想结果需要有哪些前提？

【分析思路】M 公司能获得的理想结果，就植入式广告本身而言，就是不突兀地硬性出现，而是通过创意性的设定，符合自身品牌和产品气质定位，并且能够有效地与剧情、演员甚至是可以和目标受众进行有效的互动。更深远一些就是品牌的烙印已经深深地印入了目标受众的脑海，能够促进消费行为的出现。

植入式广告存在很大的不确定性，导致许多可能的坏结果。植入式广告最大的不确定性之一就在于导演和档期。虽然植入广告的协议签订了，但是导演就是不同意植入，最后不得不毁约的例子也常出现。此外，档期也是植入广告的最大风险，从影视剧的拍摄到上映，中间往往相隔半年到一年的时间，而遇到导演迟迟不能拍完，或者品牌在电影上映时不能及时拿出产品，往往会给双方都带来非常大的麻烦。因此，对于 M 公司来说，最保险的是做品牌植入而非具体的产品植入。此外，受众不接受植入广告的设计。植入桥段设计不佳反而影响公司形象（例如《荒岛余生》中的联邦快递广告），或者涉及的演员令 M 公司的目标受众反感至极等。

在探讨如何获得理想结果之前必须明确一点，所有植入的品牌必须建立在不损害影视作品完整的前提下进行。

获得理想结果需要做好几件事：一是合适的植入点。挑选合适的影视剧进行植入，影视剧的主要目标受众必须跟 M 公司的目标人群匹配，剧情符合产品定位，档期又在品牌或产品重点推广期。二是处理好导演、广告主、消费者三者的关系，认真策划和创意，使电影隐性广告真正做到"隐形"，不干扰观众对影片的欣赏，和影片有机结合融为一体。三是热点推动。至于植入广告所涉及的热点推动，是指广告植入到影视剧后，在播出的同时，要继续引导观众发现植入广告，并结合热点事件进行推动，扩大植入广告的影响范围。四是后续营销。充分利用电影隐性广告的"片外效应"，开展线上宣传和线下宣传相结合的电影整合互动宣传推广活动。

4. M 公司如果做了植入式广告后，还需要做哪些活动配合宣传？请制定一个整合营销策略。

【分析思路】广告植入通常和"捆绑营销"密不可分。捆绑营销是指品牌出资方投放带有电影元素的产品广告，将产品和电影捆绑在一起进行宣传。

后期则可以采取独家赞助电影首映礼，开展以电影为主题的优惠促销活动，让电影中的演员直接参与产品或品牌的宣传推广（如签售、代言等），或者以电影为主题进行广告设计（如电视广告中使用电影主题曲、人物、情节）等方式，将电影中的软广告在现实中"硬化"，达到植入式广告营销成果最优化。配以合适的片外活动，充分利用电影隐性广告的"片外效应"，开展线上宣传和线下宣传相结合的电影整合互动宣传推广活动，实现电影与企业产品的"双赢"。

5. 做植入式广告的一般流程是什么？植入式广告可行的定价方式有哪些？

【分析思路】通常情况下，如果广告主自己不是很懂或者没有很多很全面的媒体资源，就会找代理公司，一般世界500强的跨国企业都会找4A广告公司这样比较专业的机构来帮他们做。代理公司里除了服务各个客户的专业的策划投放人员，还有自己专门拓展媒体资源的团队，这些团队会通过各种办法联系到各种新拍的电视电影和新上的娱乐节目，并和他们洽谈，根据其电影的主题，把各种资源发给为客户服务的策划者和广告主，并建议一类的品牌适合在电影电视作品里植入。因此，到广告主这里的操作流程就比较简单了，主要是选择合适的作品、商讨植入的各种细节、确定预算金额等决策性工作了。一个出色的广告植入最好从剧本阶段就开始，而不是等着剧本出来了再讨论。

植入式广告如何定价，到目前为止，一直没有非常明确的标准，多数植入式广告都是制片商和广告主通过讨价还价的方式来确定。通常植入式广告的定价模型会综合考虑品牌暴露时间、暴露场景、暴露情节、新闻报道数量及质量、票房，甚至盗版数量等要素。行业内和研究机构也曾给出一些定价模型，如 CHR（上海合进电影数据工厂）的多元回归分析评价模型合润、博纳广告等广告公司推出的 BCV 指标定价体系。

三、理论依据及分析

1. 广告效果研究的理论和广告调查工具（用于启发思考题1的分析）

广告效果研究的基本理论：

①AIDA 模式。AIDA 是"Attention、Interest、Desire、Action"的首字母缩写，AIDA 模式也称爱达公式，是国际推销专家海英兹·姆·戈得曼（Heinz M Goldmann）总结的推销效果模型，后由斯特朗（Strong）将其引入到广告效果的研究中，将人们看到广告后所产生的心理变化描述为"注意—兴趣—欲望—行动"四个层次。这种模型的基本观点是，广告效果是一个模糊不清、无法界定的概念，但是，它可以分出不同的层次，因而在评估某次广告活动的效果时，应该分别测量广告能够在多大程度上引起消费者的"注意"、激发了他们的"兴趣"、刺激了他们的"愿望"、改变了他们的"行为"或者"行为意向"。AIDA 效果模型提出后的数十年内，学者们在这一模型的基础上提出了许多更加完善的模型，例如 AIDAS 模式、AIDCA 模式等。

②DAGMAR 理论。DAGMAR 为"Defining Advertising Goals for Measured Advertising Results"的缩写，是美国广告学家 R. H. 科利创造的控制广告运作的方法，即"知名（知悉品牌名称）—了解或理解（理解商品特色、功

能）—信服（确立选择品牌信念）—行动（产生购买行为）"的商业传播四阶段说。DAGMAR 方法将各种广告目标转化成若干易于衡量的目标（此外广告目标是指在一个特定时期内，对于某个特定的观众所要完成的特定传播任务），此方法是概要衡量广告目标是否已经实现的方法。DAGMAR 模式要求在广告活动开始之前，先测定市场状况，以此作为评价的基准点，在广告活动实施开展中再定期反复实施同样测定，将所得结果与基准位点进行对比分析，其增减变化即是传播效果，将传播效果与目标进行对比，检查目标计划完成程度。

③ARF 媒体评价模型。ARF 为"Advertising Research Foundation"的缩写，该模型与 DAGMAR 理论的思考方法相同。ARF 模型将媒体评价与传播效果分为六个阶段：媒体普及、媒体接触、广告接触、广告知觉、广告沟通、销售反应。媒体普及主要涉及一个媒体的成熟程度；媒体接触指广告载体的接触程度；广告接触主要指广告是否被目标人群真正接触到；广告知觉即目标受众对广告的认知度和记忆度；广告沟通是指目标受众的品牌理解度、好感度和行为意向等；销售反应指广告带来的销售效果，如销售促进、消费行为发生率等。

④FCB 坐标。是 Foote Cone & Belding（博达大桥广告公司）公司的 Richard Vaughn 开发的一个广泛用来描述消费者购买决策行为特征的工具。FCB 方格，从产品介入度的高低研究广告效果，根据购买者"高介入度—低介入度"和"思考（认知）—感觉（情感）"两个维度形成了四个方格，每一方格内分布的产品，其购买者有着不同的购买决策行为特征（见图3、表1）。

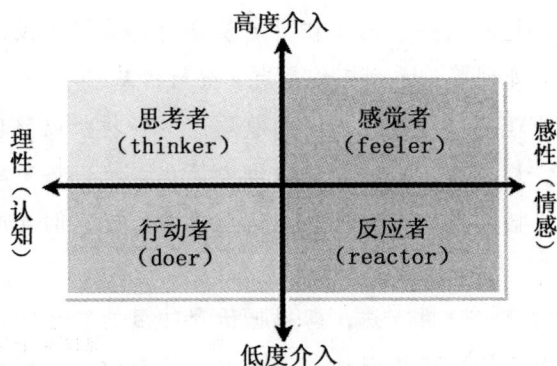

图3　FCB 坐标示意图

表 1　FCB 模式的产品分析与策略运用

类型	产品	购买模式	广告策略	媒体
理性/高度介入（思考者）	汽车、房子、家具、新产品	回忆比较、消费者决断	特别详尽的信息展示说明	长文案、思考性媒体、保值、DM
感性/高度介入（感觉者）	珠宝、化妆品、流行服饰、摩托车	改变态度、激起情感	视听冲击	较大版面、强调形象、杂志
理性/低度介入（行动者）	食物、家庭用品	立即销售、习惯购买	提醒式信息	电台、pop
感性/低度介入（反应者）	糖果、香烟、酒类	冲动性购买	吸引注意	电视、看板、pop

⑤整合营销传播的广告效果观念。整合营销（IMC）的观点源于"传播合作效应"概念，美国的唐·舒尔茨教授提出整合营销传播是一个战略经济过程，用于与消费者、客户、潜在客户和其他相关的内外部受众交往过程中计划、发展、执行和评估协同的、可测量的、有说服力的品牌传播过程。整合营销传播是从消费者的调度做逆向思考，通过研究他们的需要与欲望，以及他们愿意为此付出的成本进行全方位的广告策划与媒介利用，以达到在双方沟通和购买便利性上取得成功，最终实现利润、市场占有率、品牌、接近公众四大效果。

2. 广告效果调查流程和调查数据分析（用于启发思考题 1、2 的分析）

广告效果调查的一般过程是：问题或机会的识别与界定、生成调研设计、选择基本的调研方法、抽样过程、搜集数据、分析数据、准备撰写报告、跟踪共八步。

广告效果测评是一项科学的工作，定量分析是重要手段，调查数据的获得、筛选、加工、处理等一系列工作是定量分析的基础。

①调查数据处理是通过各种方法将收集到的资料加以整理、分类及统计运算，把庞大的、复杂的、零散的资料集中简化，使资料变成易于理解和解释的形式。一般包括问卷的完整性和访问质量的检查、问卷原始资料的简化编码、数据录入等。

②调查数据的统计分析方法，即根据研究的目的和要求，选择不同的统计方法。对于一个变量取值的归纳整理及对其分布形态的研究，可以用频数分析、众数、中位数、均值和标准差等方法或统计量来描述；对两个变量的相关性分析，可以用卡方分析、单因素方差分析、简单相关分析、一元线性

回归分析，也可以用多元线性回归、判别分析、聚类分析、因子分析等方法。在选择统计方法时，要考虑两个因素，即调研问题的性质和数据资料的性质。

3. 整合营销传播和策划（用于启发思考题3、4的分析）

整合营销传播是以消费者为核心，整合运用各种传播媒介，传播一致的营销信息，建立起消费者和品牌之间的关系，以最佳组合实现利益最大化。整合营销传播的流程：识别客户与潜在客户；评估客户与潜在客户的价值；创建并传递信息与激励；评估客户投资回报率；预算、分配与评估。

整合营销传播策划的流程和主要内容如图4：

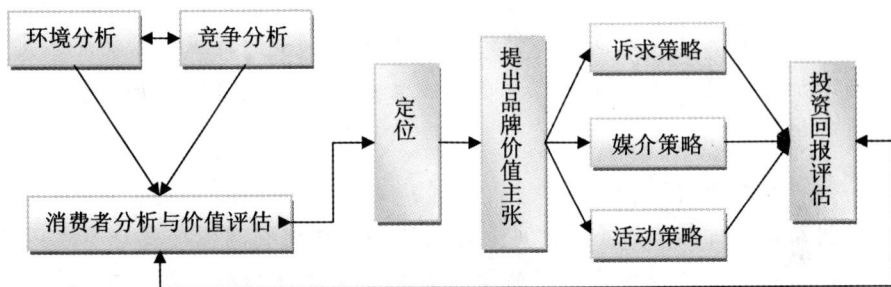

图4　整合传播营销策划流程

影视剧整合营销就是把制作、发行、放映及相关领域整合起来，建立起多支点的盈利模式和资本回收渠道。在整条影视剧整合营销业务链中，需要影视剧制作方、企业广告主与影院的积极配合。而整个营销周期则覆盖拍摄、上映前、上映中以及上映后的后续产品开发。整合营销框架下的植入式广告，考虑的是长久持续性营销。它更注重建立起产品和消费者之间的联系，并使消费者的心灵深处形成潜在的品牌文化认同和情感眷恋。随着影视剧情节的展开，不仅使得影视剧艺术更真实地再现生活，也借人物和剧情将品牌所代表的质量、性能、市场定位、消费模式和品位格调展现得淋漓尽致。

4. 广告预算和定价策略（用于启发思考题5的分析）

广告预算与广告费用是两个紧密相连的概念，但两者也有着很大的区别。广告费用，一般是指广告活动中所使用的总费用，主要包括广告调研费、广告设计费、广告制作费等；广告预算，是企业投入活动的费用计划，它规定着计划从事广告活动所需总额及使用范围。广告费的内容，主要包括广告活动中所需的各种费用，包括市场调研费、广告设计费、广告制作费、广告媒介使用租金、广告机构办公费与人员工资等项目。

目前为广告界采用的制定广告预算的方法有数十种之多。常见的有七种：销售额百分比法，利润百分率法，销售单位法，目标达成法，竞争对抗法，支出可能额法和任意增减法。

①销售额百分比法

这种匡算方法是以一定期限内的销售额的一定比率计算出广告费总额。由于执行标准不一，又可细分为计划销售额百分比法、上年销售额百分比法和两者的综合折中——平均折中销售额百分比法，以及计划销售增加额百分比法四种。

销售额百分比计算法简单方便，但过于呆板，不能适应市场变化。比如销售额增加了，可以适当减少广告费；销售量少了，也可以增加广告费，加强广告宣传。

②利润百分率法

利润额根据计算方法不同，可分为实现利润和纯利润两种百分率计算法。这种方法在计算上较简便，同时使广告费和利润直接挂钩，适合于不同产品间的广告费分配。但对新上市产品不适用，新产品上市要大量做广告，掀起广告攻势，广告开支比例自然就大。利润百分率法的计算和销售额百分率法相同，同样是一种计算方法。

③销售单位法

这是以每件产品的广告费摊分来计算广告预算的方法。按计划销售数为基数计算，方法简便，特别适合于薄利多销的商品。运用这一方法，可掌握各种商品的广告费开支及其变化规律。同时，可方便地掌握广告效果。公式：

广告预算＝（上年广告费/上年产品销售件数）×本年产品计划销售件数

④目标达成法

这种方法是根据企业的市场战略和销售目标，具体确立广告的目标，再根据广告目标要求的需要采取的广告战略，制订出广告计划，再进行广告预算。这一方法比较科学，尤其对新上市产品发动强力推销是很有益处的，可以灵活地适应市场营销的变化。广告阶段不同，广告攻势强弱不同，费用可自由调整。目标达成法是以广告计划来决定广告预算。广告目标明确也有利于检查广告效果，其公式为：

广告费＝目标人数×平均每人每次广告到达费用×广告次数

⑤竞争对抗法

这一方法是根据广告产品的竞争对手的广告费开支来确定本企业的广告预算。在这里，广告主明确地把广告当成了进行市场竞争的工具。其具体的计算方法又有两种，一是市场占有率法，一是增减百分比法。市场占有率法的计算公式如下：

广告预算＝（对手广告费用/对手市场占有率）×本企业预期市场占有率

增减百分比法的计算公式如下（此法费用较大，采用时一定谨慎）：

广告预算＝（1±竞争者广告费增减率）×上年广告费

⑥支出可能额法

这是根据企业的财政状况可能支出多少广告费来设定预算的方法，适应于一般财力的企业。但此法还要考虑到市场供求出现变化时的应变因素。

⑦任意增减法

以上年或前期广告费作为基数，根据财力和市场需要对其进行增减，以匡算广告预算。此法无科学依据，多为一般小企业或临时性广告开支所采用。

广告公司的定价方法一般来说，不外乎三种：经验定价法、市场定价法和成本定价法。经验定价法，即管理阶层并不是根据科学的计算方法得出服务的价格，而是凭经验、"拍脑袋"想出来的。这种定价方法缺乏科学依据，多数情况下不能反映真正的服务价格。市场定价法，就是以竞争对手的定价为主要考虑因素的定价方法。它强调定价是从客户的角度出发，受同业和市场的影响颇大。广告公司即使采用市场定价法（或是附加价值定价法），仍然需要科学分析广告公司的实际成本（即了解成本定价法），以此来确定公司的获利能力及谈判桌上让步空间的大小。成本定价法，则是先计算与客户有关的营运成本，再加上预期利润而得到的价格。

四、关键要点

1. 调查方案与问卷设计

可参考使用的广告效果评估方法中，量化研究都是需要通过问卷调查来做的。因此，完善科学的调查方案和问卷设计是十分重要的。

调查方案应包括：调查背景、调查目的、调查对象及抽样、调查内容与工具、调查员的规定和培训、人员安排、调查方法及具体实施、调查程序及时间安排、经费预算等内容。调查可以自行完成也可以委托专门的调查公司完成，因此。方案设计上可以略有不同。

问卷设计的注意事项：

（1）充分地说明重点信息。在编写问卷调查的时候，务必用简短的话语在表头对重点信息进行充分说明。一般来说，重点信息会包括以下内容：问卷的主题是什么、目的是什么、匿名调查还是需要用户登记相关信息、填写所需时间的预估、被调查者的好处。

以上信息是判断用户是否愿意继续问卷调查的重点信息，所以必须在题头进行重点说明。比如，不少用户对于记名的问卷调查有一定的抵触反感，如果他填写到最后才发现你是需要记录一定个人信息的，可能会导致既浪费了他的时间又没有形成一份对调查有帮助的问卷。

（2）名词用户易理解。在问卷的编写过程中，尽量避免出现专有名词。对于我们可能是再熟悉不过的名词，但对于部分用户来说，这些名词可能非常陌生。但如果遇到不得不采用这些名词的时候，建议可以采用注解方式来解决。

（3）问题无诱导性。问卷题目的描述应当避免出现倾向性，避免对用户的诱导。

（4）避免选项的不合理。在编写选项过程中，最容易犯的错误就是选择互相包含或选项覆盖量导致用户无法选择，从而影响最终的调查结果。

（5）前后呼应、验证。实际的问卷调查填写过程中，不可避免地会遇到用户"为了奖品"、"出于应付"等原因对问卷的填写敷衍而过，而这些非正常填写的问卷往往会给我们后面的问卷分析以及得出结论带来麻烦甚至出现结果的偏差，那么面对这类问题，我们该如何处理呢？比较常见的手段是在编写问卷的时候就将此类问题考虑进去，设计问题或选项的前后呼应，以此来判断问卷的真实性、有效性。

虽然上面提到了不少问卷编写过程中应该注意的问题，但编写得再完美，问卷都有可能出现意想不到的问题。所以，在问卷正式发放之前，做几轮模拟测试也是必不可缺的环节，它往往能避免很多毁灭性的疏忽。

由本案例的背景可知，M公司还没有做植入式广告，需要在决策前，建立一套评估方法来分析已有的别的公司和品牌的植入式广告的效果，同时为本公司选择植入广告的电影类型、植入形式，以及做完植入式广告的效果评估等做好准备。

因此，在做问卷调查时，调查的内容和调查的对象尤为关键。调查内容要围绕 M 公司的产品和品牌的植入式广告展开，调查对象应以 M 公司的主要消费人群为主。

2. 植入式广告的策划和整合营销方案设计

植入式广告策划中的注意事项如下：

①与受众相匹配。电影植入式广告只有触及目标消费群体才能达到预期的传播目的，因此，必须首先考虑电影受众和品牌目标市场是否一致。两者匹配率越高，则电影载体与植入式广告融合度越高。综合电影观众的性别比例、年龄结构、文化程度、收入水平等考量标准，我们可以将电影植入式广告的主力受众定位于有一定文化知识水平的年轻人群体。该群体的主要特征是具有敏锐的时尚触觉，开放的接收新信息的头脑。

②与剧情深度融合。植入式广告最显著的特征是"隐匿性"，是伴随着电影剧情的发展而自然地呈现在观众面前的。与剧情的深度融合能有效地降低观众对广告的抵御心理，在潜移默化中传递品牌信息、塑造品牌形象。

③与品牌符号意义和谐一致。"一个完整的品牌必然是功利与象征的统一"。电影植入式广告中的品牌形象和影片意义存在着互相建构的情况。一个熟悉品牌往往业已形成为广大消费者所认同的品牌形象，因此与品牌意义不符合的植入会给观众带来认知上的困扰；而新近品牌则更该慎重选择植入机会，以便给今后的传播和定位打好基础。

④植入品牌单一性策略。在同一植入母体中确保同类品牌的单一性，是提高植入式广告效果的一大良策。例如影片中植入了可口可乐就不能再出现百事可乐，植入了诺基亚就不能再出现摩托罗拉。

⑤控制品牌植入量。一部影片所承载的信息是有限的，可供植入式广告的容量也是有限的。过犹不及，适得其反。过于密集地植入广告，不但会破坏影片的艺术性和叙事的连贯性，招致观众的反感和批判，而且会分散观众对广告产品或品牌的注意力，削弱其传播效果。只有尊重电影艺术固有的规则，有节制、有选择、艺术性地将植入式广告融入电影媒介之中，符合剧情需要，推动剧情发展，才能成功地吸引受众注意力并得到受众认同。

植入式广告在具体的运作中需要突破单纯植入的做法。力求使植入式广告与传统广告、线下活动进行互动，通过整合营销传播的方式来延伸植入式广告的价值，寻求其"片外效应"。应用整合营销传播来延伸植入式广告价值的策划可以有两种途径：一种是将植入式广告纳入企业整合营销传播的体系之中，在整个营销策划的框架下来思考植入式广告的角色和价值。这样做法需要的是对营销活动的整体把握和策略构想。另一种情况是以植入式广告作为整合营销活动思考的起点。考虑的是在已有影片植入的情况下，如何开展其他活动来配合、延伸植入式广告的价值。

3. 植入式广告的定价问题

植入式广告的定价问题，在国内外都没有一个统一的标准，仍是一个亟待解决的重要问题。虽然目前有许多定价的方式，但都不完善。同时，尽管有业界人员和学者对构建完善的定价体系提出了自己的构想，但能否实施并发挥作用仍未可知。由于植入式广告的定价与植入式广告效果的评估有紧密的联系，因此，可以探讨将植入式广告效果评估与定价相结合，构建一套可行的基于广告效果的广告定价和广告费用支付模式（例如，提高尾款比例，做完效果评估后，不满意可以拒绝支付尾款）。

五、建议课堂计划

本案例适合于广告学、品牌管理和整合营销课程的案例讨论，学生应具有简单的数据分析能力。

整个案例讨论的时间建议控制在 100 分钟。

1. 课前计划（共 45 分钟）

将案例及讨论问题一次发给学生，给学生 20 分钟仔细阅读案例及相关资料，25 分钟独立思考讨论问题，并要求学生独立给出问题讨论所涉及的营销理论。

2. 课中计划（共 55 分钟）

（1）4~5 人形成一个小组，给每小组 10 分钟讨论时间（10 分钟）；

（2）教师简要讲解各问题分析的框架及逻辑要点（5 分钟）；

（3）给每小组 10 分钟的讨论时间，并形成问题分析要点（10 分钟）；

（4）由不同小组成员发表问题分析要点及结论，教师结合各问题发言过程进行问题总结，归纳要点以及提取重点（30 分钟）。

3. 课后计划

请学员分组就有关问题的讨论进行分析和总结，写出书面报告。

六、深入阅读

［1］喻国明，丁汉青，李彪，等．植入式广告——操作路线图（理论实务规制与效果测定）［M］．北京：人民日报出版社，2012.

［2］李利，李静. 电影植入式广告的整合营销策略［J］. 影视画外音·当代文坛，2014（3）.

［3］宋若涛. 广告效果分析［M］. 郑州：郑州大学出版社，2008.

［4］舒咏平. 品牌传播教程［M］. 北京：北京师范大学出版社，2013.

［5］黄合水. 广告调研方法［M］. 厦门：厦门大学出版社，2006.

［6］胡晓云. 品牌传播效果评估指标［M］. 北京：中国传媒大学出版社，2007.

［7］尹潇霖. 电影作品中植入式广告效果的实证研究［J］. 中国集团经济，2009（1）.

［8］杨悦，包新宇. 影视节目植入式广告对消费者影响的实证研究［J］. 华东经济管理，2012（7）.

［9］杨悦，何鑫. 影视剧植入式广告的产品类型与受众特征的对应分析［J］. 管理现代化，2013（3）.

［10］喻国明. 植入式广告：研究框架、规制构建与效果评测［J］. 国际新闻界，2011（4）.

［11］祖立厂，范应仁. 市场营销学［M］. 北京：科学出版社，2007.

［12］邹玲. 植入广告逆袭电影［J］. 中国企业家，2013.

七、其他教学支持

1. 计算机支持：安装了 SPSS 或者 Excel 软件的电脑。

2. 观看经典的包含植入式广告的电影和电视剧，如《杜拉拉升职记》《非诚勿扰》《一起来看流星雨》《丑女无敌》等。

八、参考文献

［1］吴志刚. 直面美宝莲［OL］. 中国营销传播网，2009.

［2］美宝莲：傲视群雄的彩妆王者［OL］. 中国行业研究网，2010.

［3］张淑燕，秦清清. 电影植入广告的隐忧与应对［J］. 中国电影市场，2012.

［4］马倩颖. 植入式广告的运作模式和策略探析［D］. 长沙：湖南第一师范学院学报，2011.

［5］刘静（导师：陈宇飞）. 从图像的角度解读植入式广告［D］. 合肥：合肥工业大学，2006.

［6］程成，于娜. 植入式广告的五大风险［J］. 市场观察，2010.

［7］邱小立．美宝莲：大众化而非大路化［J］．成功营销，2004.

［8］李海兰．近三年春晚研究中的几个问题［J］．公共艺术，2011.

［9］影视广告变形记——网络时代的广告新招从硬到软［J］．数码影像时代，2013.

［10］360度品牌植入——《丑女无敌》植入式广告整合营销全案［J］.广告人，2009.

电视剧《士兵突击》的营销始末

摘要：准确地选择电视剧的题材是影视制作公司成功营销的第一步，《士兵突击》这部电视剧获得的巨大成功首先源于制片人对市场的准确把握。因而，本案例基于市场定位差异化的视角抽丝剥茧提炼出《士兵突击》的整体营销脉络，对于市场营销课程的教学及管理实务的价值是显而易见的。

《士兵突击》在剧本选择、拍摄到发行过程中遇到了各种困难和问题，制片人及其团队本着对市场的理解进行了大胆的探索。

本案例旨在为市场营销课程中探讨市场定位及市场营销组合策略等问题的分析提供一个案例素材，在帮助学员充分理解相关理论的同时，进一步明确和掌握相关问题的分析思路和方法。

关键词：市场定位；发行；沟通与传播；版权

引言

作为对中国人民解放军建军80周年的献礼，经过精心策划，2007年8月1日电视剧《士兵突击》在北京、河北、河南、四川电视台卫星频道同时播出，并掀起了全国对该剧的收视热潮，北京电视台卫星频道更是创下了目前为止的收视最高纪录。

2008年2月25日，在上海文广新闻传媒集团主办的中国电视剧上海排行榜颁奖礼暨2008电视剧制播年会上，电视剧《士兵突击》荣获本次品质大奖。从此，《士兵突击》便开启了它的获奖之旅。2008年获军事题材电视剧"金星奖"长篇电视剧一等奖，总制片人张谦获优秀制片人奖，导演康洪雷、

---

1. 本案例由中国传媒大学经济与管理学院王越、刘戈、张谦撰写，作者拥有著作权中的署名权、修改权、改编权。
2. 本案例授权中国传媒大学 MBA 学院案例中心使用，案例共享中心拥有复制权、修改权、发表权、发行权、信息网络传播权、改编权、汇编权和翻译权。
3. 由于企业保密的要求，在本案例中对有关名称、数据等做了必要的掩饰性处理。
4. 本案例只供课堂讨论之用，并无意暗示或说明某种管理行为是否有效。

主演王宝强获突出贡献奖，编剧兰晓龙获得优秀编剧奖，录音师李安磊获优秀录音奖。2008 年 10 月获首届东京电视剧大奖之"海外优秀电视剧"奖。2009 年第 27 届中国电视剧"飞天奖"评比中，斩获长篇电视剧一等奖、优秀编剧、优秀导演三项大奖。《士兵突击》创造了囊括国内所有电视剧大奖的纪录。

那么，一部如此优秀的作品是如何诞生的呢？它的市场是如何运作的？它的成功能否对我国电视剧的市场营销带来启示？这部电视剧及其背后的故事深深地吸引着我们去探寻。

经过种种努力，我们终于如愿以偿。2014 年初夏，一个阳光明媚的下午，我国著名的制片人、电视剧《士兵突击》的总制片人张谦先生坐在了我们的对面。话题围绕着我国电视剧市场的环境、行业特性、产品选择、市场定位、市场发行与宣传等种种与电视剧营销相关的问题展开。谈及话题的核心，其成名之作电视剧《士兵突击》的市场营销，张先生慢慢地点燃了一支香烟，目光凝视远方片刻，便将这部电视剧的来龙去脉娓娓道来。

1 慧眼识珠——一个创新题材剧本的选择

2003 年，张谦在筹备拍摄电视连续剧《新敌后武工队》时，约请北京军区编剧兰小龙创作该剧剧本。在此期间，兰小龙谈到了他曾创作过的《士兵突击》剧本，已被改编成长篇小说《士兵》，由漓江出版社出版，并把小说《士兵》送给了张谦。关于《士兵突击》的剧本，张谦在两年前曾听时任中央电视台节目中心某领导提起过，那时就留下了深刻的印象。于是张谦一口气将小说读完，并下定决心一定要把这部电视剧拍出来。《士兵突击》讲述了什么？为什么它这么吸引张谦？

《士兵突击》讲述了一群普通士兵在军队信息化背景下的成长故事。它与当时我国军事题材影视剧最大的不同就在于，对普通士兵特别是对占军人比例最高的农村兵的生动刻画。

21 世纪初期的几年，在国内军事题材影视剧创作中，绝大多数是"观念剧"（如《突出重围》《DA 师》等）和"兵种剧"（如海军的《潮起潮落》、空军的《壮志凌云》、二炮的《导弹旅长》等）。在《士兵突击》拍摄之前，这两种题材的电视剧实际已经走到尽头。从 20 世纪末到 21 世纪初期，中国军队实现的是跨越式的发展，即从半机械化装备直接进入到了信息化时代。

但反映在这样的时代背景下军人工作、生活，特别是普通士兵军旅生活的电视剧，在我国却是空白。

1982 年，张谦从南开大学经济系毕业，分配到八一电影制片厂工作。在八一厂，他拍过许多优秀的军旅题材的电视剧，也做过音像发行，对电视剧市场有多年积累的经验，并掌握一定的市场资源。他始终认为军事题材的创作是有阶段性的，《士兵突击》的市场已经到来，机会可遇不可求！另外，拍《士兵突击》还基于一种情怀，一种对军队、对普通士兵的尊重与热爱，并且拍摄普通士兵的军旅生活是在做一件自己最擅长的事情，也是迄今为止，全军 18 家影视制作单位从未做过的事情。张谦坚信，在娱乐化时代，现实主义题材是最有生命力的，更能带来好的社会反响。

张谦毕业分配到八一电影制片厂后，先下放到部队基层锻炼。那时的部队以农村兵为主，带张谦他们这些大学生的就是来自四川的农村兵。大家每天一起出操，一起越野，结下了深厚的友情。张谦回到八一电影制片厂后，发现厂里有许多的内参片，就如饥似渴地观摩。其中有一部苏联拍摄的《士兵之歌》，把战争年代士兵的遭遇描写得十分生动，令人震撼。张谦就想，中国军队是农民的军队，凭着自己对部队生活的了解和体验，有机会一定要拍摄一个类似的、反映农村兵成长的影视作品。因此，当张谦遇到了小说《士兵》时，就下定了将此小说拍摄成电视剧的决心。

当张谦下决心拍摄电视剧《士兵突击》时，从兰小龙处得知还有些版权事宜需要解决。电视剧《士兵突击》的拍摄权曾卖给上海某影视公司，虽版权期限已过仍未投拍，但其中复杂的人事关系牵涉到了兰小龙，需要张谦出面协调。

于是在 2004 年 10 月，张谦和兰小龙一起赴上海面见有关人士洽谈。由于对方临时改变了原先的承诺，谈判未能取得进一步的结果，拍摄计划只好暂时搁置。直到 2005 年的 4 月份，那家上海公司因故停止了运营，电视剧《士兵突击》的剧本拍摄权方由兰小龙许可给了张谦。

电视剧《士兵突击》的最初拍摄方案是定在北京军区范围内，但经联系，相关情况不太理想。2005 年 5 月，张谦利用到电视剧组《逐日英雄》探班之际，与兰小龙到云南实地考察了一番，并与成都军区政治部电视艺术中心进行了合作的初步洽谈。最终根据拍摄场地、季节、军事保障、部队协拍等因素，决定在成都军区第 14 集团军拍摄《士兵突击》。

2 艰难的前期布局——精品总要经历多磨

在 2005 年,一部军旅题材影视作品如果没有英雄人物、没有重大事件,又是纯男人戏、纯军人戏,主管领导一定会没兴趣,更不会重视,《士兵突击》遇到各种困难是在张谦预料之中的。同时,其题材在市场中也不被看好,因为此种类型的电视剧在当时尚无成功的先例,面临较大的市场风险,电视台很难给予事先的评估和预期。如果根据剧本内容和演员实际情况来看,该剧演员阵容中无明星,全剧无女性角色,内容中没有常作为卖点的爱情元素。关键是这部剧的拍摄难度较大,一旦把握不好,很容易拍成一般化的军事题材剧。

面对市场不被看好、主管领导不重视、拍摄难度大等诸多挑战,制片人张谦清醒地认识到,《士兵突击》唯一的胜算是电视剧本身的品质,是打动人的情节和人物情感。为此,他看重了期待合作已久的导演康洪雷。他要从导演的选择开始,搭建一个高质量的创作团队。

张谦与康洪雷曾错过多次合作的机会,比如《军歌嘹亮》《幸福像花儿一样》《新敌后武工队》等电视剧。张谦认为,一个能够拍摄出《激情燃烧的岁月》的导演,一定是对军人有足够的感情、对角色表演有很强的把控能力、对人物情感有很细腻的体验与呈现。故而在经过对导演人选的仔细衡量后,张谦与当时身在国外的康洪雷在电话中进行了沟通,二人一拍即合。

实际上,导演康洪雷的加盟只是令张谦对该剧的拍摄有了信心,但在严酷的市场面前,对剧目发行没有起到太大作用。因为康洪雷并不是被市场认可的热门导演,他之前拍摄的其他剧目市场发行并不理想。所以,张谦需要在市场发行方面进行有力的布局和保证。

在八一厂,一般电视剧的拍摄,首先是主管领导批准,然后拨款,再开拍。由于电视剧《士兵突击》当初不被主管领导看好,认为这种戏可有可无,所以这部电视剧的拍摄尽管被列入八一厂的拍摄计划,但没有配套的拍摄资金。而张谦则认为这部电视剧充满军人情怀,不拍才有遗憾。于是决定克服重重困难,自筹资金进行拍摄。

电视剧个人融资的好处是外部干预少,制片人自己有话语权,可以选择最合适的项目,找最合适的导演和演员,用理想的创作班底。张谦凭着自身丰富的经验和扎实的经济学理论功底,始终坚信这部电视剧的市场前景一定不错。所以，当华谊兄弟因为要签约康洪雷，提出投资电视剧《士兵突击》时，张谦只给了华谊30%的股份。

但毕竟《士兵突击》不同于其他常态剧目，面临的市场压力是前所未有的。经过反复斟酌，张谦聘请了电视剧发行方面的资深人士、云南电视台的陈鸥女士担当此剧的发行人。这样，整部剧作为一个影视项目呈现出了张谦理想中的布局，终于可以起步前行了。

3 品质第一——精品是这样炼成的

电视剧融资之后，由于市场的不确定性，成本控制对收益的获得十分重要。而我国电视剧成本中，有很大一部分是演员的片酬。《士兵突击》选择了片酬不高但最适合的、后来证明也是最优秀的演员群体。在2005年，参演《士兵突击》的所有演员的酬金都很低，只有两个演员每集的片酬上万，其他人每集片酬都只有几千元。

考虑到王宝强、段奕宏等主要演员没有过部队生活经历，为拍摄好《士兵突击》，2005年10月，张谦在八一电影制片厂时任厂长明振江将军的支持下，征得了总参谋部有关单位领导的支持，将所有演员安排在某特种大队当兵体验生活，并从基本站姿、步态、枪械操作进行严格训练。如此，才让演员理解了什么是真正的士兵和军人，才能够演绎好剧中的角色，舍此，别无他途。

2005年11月，剧组根据剧情的需要，开始进行外景地的选择。由于是军旅题材，所以首先考虑与剧情最贴近的成都军区。成都军区管辖四川、云南两省，两地各有优势，四川部队的装备更好一些。四川到云南之间全为山路，地势崎岖，交通非常不便。为防备万一，张谦在初选外景期间，安排其他主创乘飞机从成都到昆明后，自己与当地的朋友驱车走了一趟成都到昆明的路线。原计划8个小时左右的车程，竟然因下雨道路泥泞连续开了38个小时方到目的地。故此，张谦要求剧组人员，除非万不得已，不考虑转场拍摄，全部在云南一地完成拍摄。

2006年3月1日，摄制组从北京坐火车出发，八一厂的明厂长、马政委和生产部领导为剧组送行。3月3日到达昆明；3月10日在昆明市郊安宁市水库边正式开机拍摄。

但在拍摄过半的时候，突然接到成都军区的通知，为了安全考虑，原先答应的将直升机和新型坦克从成都运至昆明的计划终止。2006 年 5 月 3 日，张谦经过种种努力失败后，反复思考，不得不面临两个选择。一是不转场，在云南采用其他手段（比如改景、改剧本等），降低质量要求完成拍摄，省钱省力。二是转场，对全剧拍摄质量有利，但超预算、超周期，尤其是安全问题责任重大。当时剧组内部分歧很大，需要张谦下最后的决心。为保证《士兵突击》全剧的拍摄质量，张谦自己推翻了原先的想法，冒着巨大的责任风险，在剧组老同志执意反对的情况下，下定决心，通知剧组从云南曲靖转场到成都崇州拍摄。

转场是赌一把，昆明到成都只有两条道，其中一条是雪山。道具运输量很大，十分危险。由于转场延长了演员在剧组的工作时间，按照规定，剧组延长时间没超过 7 天是不加钱的，但结果是刚超过一天，有人就不出工了。当然，转场带来的最直接后果是预算投资增加近 200 万。张谦当时联系了所有可能的投资方，包括自己从商的大学同学。出于可以理解的原因，对这么一部前景尚不明朗的电视剧，大家都是婉言拒绝了。一直到最终，还是张谦一位对电视行业有深刻了解的朋友，看了他带的笔记本电脑中的剧照、听了他对这部剧的认知和分析后，果断出资支持了这部剧。

4　整合营销传播——一剂打开市场的良药

2006 年 6 月，剧组还未完成拍摄，便在上海举行的国际影视节目交易会上，投入资金制作了 12 米长、5 米高的巨大海报，悬挂在展会中最醒目的位置。精心构思宣传语，力求在最短时间内给参会人员一个明确的概念。另外还制作了 12 分钟的精彩片花，靠全剧的整体品质吸引电视媒体，并尽全力首先向有实力的重点电视台推介这部剧。

2006 年 6 月 23 日，全剧最后一个镜头在天安门广场拍摄，6 月 26 日关机。最终，《士兵突击》由八一电影制片厂、中国三环音像出版社摄制完成，得到了成都军区政治部电视艺术中心、中国华谊兄弟影视公司、云南电视台的鼎力支持和配合。

2006 年 8 月 25 日，张谦在新浪网开通官方网站和收视抽奖活动。导演康洪雷、编剧兰小龙和主演王宝强第一次做客新浪，为电视剧《士兵突击》进行宣传。在当时，还没有像今天这样广泛的移动终端和社交平台。但张谦已经意识到百度贴吧上的话题讨论、受众参与，对增强观众黏性、形成粉丝群体、提高收视率的重要意义。张谦积极参与百度贴吧上的"士兵突击"主题贴吧活动，鼓励主创人员在贴吧上与观众互动沟通，让广大"突迷"有一个充分发表观感和与剧组主创人员互动的场所。虽然"士兵突击吧"对电视剧收视率的影响无法统计，但可以确定的是，其对电视剧《士兵突击》起到了很大的口碑传播和"突迷"间互相影响的效应。"士兵突击吧"点击量长期位居百度第一的位置，并且成了当时的热点新闻。

2006年10月，在北京香山脚下武警某内部宾馆，对《士兵突击》的审片顺利通过。

2006年12月5日，《士兵突击》后期制作完成，开始向电视台出售播出权。

2006年12月25日，《士兵突击》在陕西地方电视台都市青春频道，按"青春励志片"的类型试播，但收视情况一般。

2007年1月2日，广东电视台地面频道第二家播出，随后辽宁电视台、山东电视台和四川电视台等地面频道进行播出。但由于有的地面频道把30集电视剧扩展成40集播出，有的安排在"五一黄金周"播出时插播了太多的广告，导致好剧没播好。由于收视率偏低，其他电视台不愿意购买。但此时，在互联网络上有关《士兵突击》的话题却十分火爆，口碑很好，赢得受众越来越多的关注。

2007年1月28日，长篇小说《士兵突击》图书及DVD光碟首发式在京举行。《士兵突击》的作者兰晓龙、制片人张谦、导演康洪雷等出席了新闻发布会。《士兵突击》由花山文艺出版社正式出版发行。

2007年3月12—22日，中国人民解放军八一电影制片厂为该剧摄影师赵新昌举办了《士兵突击》剧照摄影展览，共展出作品150幅，这是八一厂首次为剧照摄影师举办的大型摄影展览。2007年5月17日，赵新昌老师的《士兵突击》剧照展在北京物资学院举行，赵老师在现场交流了《士兵突击》剧照的创作经历。

为了提高发行效果，从2007年7月13日起，《士兵突击》剧组开始在全国各地举办观众见面会，进行宣传造势，首站选择了昆明。

2007年7月19日上午10点，《士兵突击》四川卫视全国首轮上星发布会在成都天府丽都喜来登酒店举行。《士兵突击》制片人张谦、导演康洪雷、许三多扮演者王宝强到场。2007年7月23日，《士兵突击》在北京宣传造势。

参加新闻发布会的包括制片人张谦携在京全体主创人员、北京十余家主流媒体、新浪网、"突迷"、400名部队指战员。

2007年7月31日上午，《士兵突击》剧组一行7人，包括制片人张谦、导演康洪雷、王宝强、张译、段奕宏、张国强、陈思诚等，到重庆南岸77109部队做军民联欢和新闻发布会，新闻发布会实况于8月1日在重庆卫视晚间23点播出。7月31日下午，剧组7人又去腾讯、大渝网接受专访。

2007年8月1日是中国人民解放军建军80周年，经过了精心策划，《士兵突击》首先在北京、河北、河南、四川电视台卫星频道播出，掀起了全国收视热潮，北京电视台卫星频道创下了目前为止的收视最高纪录。

2007年8月7日13时，《士兵突击》主演王宝强、张译、陈思成与段奕宏做客新浪聊天室（这是《士兵突击》主创人员的再次做客），与广大网友进行互动交流。

2007年8月16日15时30分，《士兵突击》的编剧兰小龙、执行导演李义华、演员段奕宏和张译做客人民网娱乐聊天，与网友们分享拍摄心得。

2007年8月26日下午，总制作人张谦、导演康洪雷、总策划李洋接受北京青年报访谈。

2007年8月27日出版的《大众电影》，对电视剧《士兵突击》进行了报道和评述。

2007年8月30日，由新浪网主办的第二季电视剧评选活动揭晓，《士兵突击》获得全部奖项中的三项，即最佳内地剧、最高网络人气及最佳男主角奖。从此开始了《士兵突击》的获奖历程。

2007年8月30日，《士兵突击》剧组举行北京影迷答谢会。当天出版的《青年周末》用9个版面对《士兵突击》进行了详尽的报道。

2007年9月1日，由中国电视艺术委员会主办的《士兵突击》专题研讨会在北京长峰假日酒店三层会议室召开。

2007年9月16日，央视七套播出《士兵突击》专访节目——《军旅文化大视野》。

2007年9月19日，《大众电影》对《士兵突击》进行大幅报道。

2007年11月15日，《士兵突击》剧组做客中国传媒大学。

2007年11月19日，《新世纪周刊》对《士兵突击》进行大幅报道。

2007年12月5日，由中央电视台《艺术人生》录制的《士兵突击》专题节目——《人生·突击》在央视三套 20：35 播出，12 月 7 日晚 22：20 重播。

2008 年 2 月 7 日，《士兵突击》正式登陆央视一套，成为继《亮剑》之后第二部地方台播出后又登上央视一套的电视剧。

2008 年 2 月 25 日，由上海文广新闻传媒集团主办的中国电视剧上海排行榜颁奖礼暨 2008 电视剧制播年会在上海国际会议中心隆重举行。《士兵突击》荣获本次品质大奖。

2008 年 4 月 18 日晚，中国人民解放军总政治部在北京中国剧院隆重举行金星璀璨——军事题材电视剧"金星奖"二十周年颁奖晚会，《士兵突击》一举拿下长篇电视剧一等奖，总制片人张谦获优秀制片人奖，导演康洪雷、主演王宝强获突出贡献奖，编剧兰晓龙获得优秀编剧奖，录音师李安磊获优秀录音奖。

2008 年 10 月 22 日，首届东京电视剧大奖举行，《士兵突击》夺得"海外优秀电视剧"奖，这也是中国的军旅剧首次在国外获奖。该电视剧被两家日本主流电视台看中，安排在 2009 年无任何改动地与日本观众见面。

2009 年 9 月 8 日，第 27 届中国电视剧"飞天奖"颁奖典礼在北京举行，《士兵突击》斩获长篇电视剧一等奖、优秀编剧、优秀导演三项大奖，创造了囊括国内所有电视剧大奖的纪录。

虽然《士兵突击》从首次播出迄今为止已有 8 年的时间，但因为其剧情内容深入人心，观众的共鸣和反响强烈，故多家电视台还在重播，仍是视频网站的热播剧，百度贴吧"突迷"们的讨论仍在持续，其后续的影响还在发酵。

The Marketing Campaign of TV Series *The Soldier Sortie*

Abstract: The first step to succeed a marketing campaign of a film production company is the appropriate selection of themes of the TV Series. The huge success of the show *The Soldier Sortie* is largely due to the accurate estimation of the film market by the producer. Therefore, sketching out the outline of the marketing strategy of the show *The Soldier Sortie*, from the aspect of market positioning differentiation, is apparently very valuable in terms of the education and application of the course

Marketing Strategy.

Even though plenty of difficulties and problems occurred during the scripting, shooting, and producing process of the show *The Soldier Sortie*, the producer and his team still made great breakthrough based on their understanding and exploring of the film market.

The discussion of this case is to provide a sample model for deeper analysis of general questions of market positioning and market portfolio strategy in the course Marketing Strategy, as well as to help students establish a broader understanding of the relative theories, and moreover, to help them grasp a method of understanding and analyzing when it comes to similar marketing issues.

Key words: Market positioning; Producing; Communicating and broadcasting; Copyright

---

案例使用说明

电视剧《士兵突击》的营销始末

一、教学目的与用途

（1）本案例适用于市场营销课程市场定位等相关章节的案例讨论。

（2）随着我国电视剧市场的进一步发展，差异化竞争已逐渐取代了以同质化为主的低级市场竞争。而随着新媒体的迅猛发展，在市场运作中基于差异化的市场定位、有的放矢地运用市场营销策略已成为众多影视产品取得成功的必然选择。本案例提供了电视剧《士兵突击》从剧本选择、拍摄到进入市场的整个运作过程，以及在每个环节中遇到的真实问题。本案例主要包括以下几个具体的教学目标：

①帮助学生进一步理解产品整体概念及电视剧在产品定位中应把握的核心问题。

②强化产品定位、市场定位与传播定位之间的关系，深入理解市场营销的相关理论。

③帮助学生了解市场营销相关理论的同时，进一步明确有关问题的分析

思路和方法。

（3）本案例适用对象：主要为 EMBA 和 MBA 学员，适合有一定媒体工作经验和管理阅历的学员和管理者，可用于企业高管人员的培训和企业内训，同时适用于工商管理专业本科生与硕士研究生。

二、启发思考题及分析思路

1. 一部优秀的电视剧应该具备哪些基本要素？为什么制片人会选择《士兵突击》这一题材？制片人在组建团队时考虑了哪些因素？通过剧本选择及团队的组建能否看出制片人对《士兵突击》的产品定位？

【分析思路】作为中国当下最具有社会性的视听产品，一部优秀的电视剧应具备四种要素：

（1）符合政治要求和政策法规，这是由中国国情决定的，是电视剧进入市场的前提条件。

（2）具有艺术创新性。

（3）符合市场需求：首先，从题材、演员阵容到作品节奏、风格，都要具有良好的市场性，因为电视剧是大众文化的重要表达形式。其次，电视剧的内容、审美、趣味和伦理道德要符合公序良俗。一部有影响力的电视剧往往会引发社会流行，是体现社会文化价值观的重要载体。

（4）尽量满足电视台对收视率的诉求。

"文艺不能当市场的奴隶，不要沾满了铜臭气"，电视剧《士兵突击》从选题到市场定位，都坚持了这样的原则。没有媚俗，盲从于市场，而是坚持对军人正面形象的积极弘扬，讲述了一个经得起时代推敲的好故事。

就本案例分析，在组建团队时制片人考虑了以下几个因素：

（1）导演及演员以往作品品质；

（2）成员之间所具有的合作精神；

（3）成员自身的职业精神——是否有创作欲望及挑战新作品的渴望；

（4）要素成本——主要是演员、导演的佣金是否合理。

透过制片人对剧本的选择和团队的组建可以推断，《士兵突击》是一部从题材、导演到演员都独一无二的典型差异化定位的电视剧。

2. 当决定拍摄电视剧《士兵突击》时，遇到了怎样的版权问题？

【分析思路】一部电视剧市场定位明确之后，在拍摄之前首先要解决的就是版权问题。版权又称为著作权，按照《中华人民共和国著作权法》第十条的规定，版权的内容包括十七项，其中第五至第十七项属于版权的财产权，可通过不同形式的出售来盈利。

这一部分主要考核学生对电视剧版权的正确理解，分析过程需要注意一下几个要点：

（1）一部电视剧的版权主要包括哪些内容？要求学生认真学习《中华人民共和国著作权法》，把电视剧涉及的所有版权形式梳理出来。

（2）电视剧剧本的来源形式有多种，而《士兵突击》购买的是兰小龙的电视剧本《士兵突击》的电视剧拍摄权。张谦与兰小龙签订的是该剧本拍摄权的许可协议，这件事的整个过程很波折，说明了电视剧拍摄前的版权"确权"的重要性。市场营销是一项系统工程，从电视剧的前期市场调研就开始了，而市场调研工作中最重要的一项工作就是对电视剧版权的"确权"。

3. 一部电视剧的市场化过程大致包括剧本选择、拍摄、发行、延伸营销等环节，每一个环节都要围绕着明确的市场定位而展开，请问《士兵突击》剧组是如何在拍摄和发行等所有营销环节去体现其市场定位的？

【分析思路】首先，在剧本选择与拍摄方面，制片人对市场有着清晰的认识，在产品高品质的基础上实现差异化是其核心的市场定位。他以牺牲货币成本、时间成本、经历成本和体力成本为代价确保电视剧本身的高品质，同时以差异化的拍摄视角、全新的内容表达及演员的选择等来体现其与众不同。值得称道的是，制片人对文艺作品版权问题的重视，解决问题在先，确保后续没有相关产品的版权纠纷，并在延伸产品方面（图书出版）有所动作，对推动电视剧的市场传播起到了一定作用。

其次，围绕着定位差异化，该剧在发行甚至延伸营销中选择了符合市场环境的发行渠道以及全媒体营销传播方式，特别是在电视剧的市场营销中，成功地运用了基于互联网平台的口碑传播，不得不说是这部电视剧差异化的一大亮点。《士兵突击》的发行差异化概括起来主要包括以下要点：

（1）选择正确的产品发行渠道，是营销取胜的重要环节。首先，该剧聘用资深发行总监，并确立了以关系营销为手段的发行思路；其次，在具体发行渠道策略上，以先地面再卫视，由点带面的顺序；最后，在发行细节上，重视把握播出时机：2007年8月1日是建军80周年的纪念日，各家卫视都要播出与此主题相关的电视剧，《士兵突击》正好符合市场要求，使该剧逐步深入市场并获得认可。

（2）沟通与传播策略。有效整合符合市场环境的差异化传播手段，可以成为营销成功的助推器。该剧将新媒体与传统媒体结合运用，通过互联网、报刊、发布会、座谈、图书、DVD、摄影展等一系列组合方式，根据市场状况逐步推进，进而实现了全社会、多渠道、多层次的传播沟通。其中，四家播出卫视及播出时间确定后，观众见面会、与"突迷"的互动、线下线上的联合宣传和新闻发布，为取得良好的收视效果创造了非常好的形势。

4. 电视剧《士兵突击》是如何通过有效的营销策略实现版权价值增值的？

【分析思路】电视剧《士兵突击》拍摄完成后，形成了独立的版权。通过向各级、各类电视台出售播出权，通过向互联网视频网站出售信息网络传播权，来获取收益。另外，张谦团队十分注重对电视剧《士兵突击》衍生品的开发，同名长篇小说的出版和DVD光碟的发行，使得《士兵突击》在获得更广泛的市场传播的同时，实现了更大的版权价值增值。

《士兵突击》的影响力至今仍在持续发酵，一些电视台和网站还在不断地播出，商场里还有相关的图书和DVD出售。可以说电视剧《士兵突击》为实现版权价值最大化所采取的营销策略是成功的。

要求学生通过该案例的学习，了解电视剧《士兵突击》是如何进行版权营销及衍生品市场开发的，从而掌握版权营销的理念及方法。

5. 中国的电视剧该如何提高市场定位的有效性？

【分析思路】任何市场定位都可以进行某种程度的差异化。然而，并非所有的差异化都是有意义的或者是有价值的。有效的定位要求评价竞争性产品所在的位置，判断这些位置的主要特征并选择一个合适的市场位置，以使得企业的营销活动产生最大的影响。具体地说，一个有效的差异化应该满足以下要求：

（1）重要性。该差异化能够满足目标受众的利益需要。

（2）独特性。是以与众不同的方式提供的。

（3）专利性。是竞争者难以模仿的。

（4）盈利性。公司可以通过该差异化获得满意的利益。

（5）优越性。该差异化明显优于通过其他途径而获得的相同利益。

（6）可承担性。客户有能力购买该差异化产品或服务。

（7）"二次售卖"特性。电视剧的市场定位还要考虑是否符合双重客户的需要，同时要兼顾是否满足社会利益和政治需要。

三、理论依据及分析

本案例主要涉及以下几个理论要点：

1. 产品整体概念理论（主要用于启发思考题 1、2 的分析）

企业在开展市场营销活动过程中，正确地选择产品是赢得营销成功的第一步。在市场营销中，一切用来交换的、能满足消费者某种利益和欲望的任何东西均称之为产品。它由核心产品、形式产品和延伸产品三部分构成。其中，核心产品是最基本和最实质的层次，顾客之所以愿意支付一定的成本来消费产品，首先就在于产品的基本效用，拥有它能够从中获得某种利益或欲望的满足。

形式产品是指核心产品所展示的全部外部特征。即呈现在市场上的产品的具体形态或外在表现形式，主要包括产品的质量、特色、品牌、包装等。企业进行产品设计时，除了要重视用户所追求的核心利益外，也要重视如何以独特形式将这种利益呈现给目标顾客。

延伸产品是指顾客因购买产品所得到的全部附加服务与利益，它能够给顾客带来更多的利益和更大的满足。随着科学技术的日新月异以及企业营销管理水平的提高，不同企业提供的同类产品在核心和形式产品层次上越来越接近，而延伸产品在企业市场营销中的重要性日益突出，逐步成为决定企业竞争能力高低的关键因素。

保证电视剧的品质是一部电视剧获得成功的基本条件。该案例中，制片人宁肯牺牲成本并承担巨大风险，也要保证该剧的品质是其获得成功的基本因素之一，而其内容、导演、主要演员团队的独特性成为其形式产品的主要呈现，百度"突迷"的社群讨论以及各种形式的延伸产品营销为《士兵突击》的持续传播奠定了市场基础。

2. 定位理论（主要用于启发思考题 3、5 的分析）

市场定位（market positioning）是 20 世纪 70 年代由美国学者阿尔·赖斯提出的重要营销学概念。其含义是指企业根据竞争者现有产品在市场上所处的位置，针对顾客对该类产品某些特征或属性的重视程度，为本企业产品塑造与众不同、印象鲜明的形象，并将这种形象生动地传递给顾客，从而使该产品在市场上确定适当的位置。制定任何市场营销组合都涉及定位问题，因为它是影响潜在顾客对于一个品牌、一个产品全部感知的过程。差异化特别是产品差异化是企业经常采用的定位战略。在企业营销中，市场定位的差异化可以运用不同的基础得以实现，例如产品属性、质量、价格、用户、竞争者、感情，等等。本案例中，制片人以高品质和属性差异化为基础，选择了军事题材类型剧中从未涉足的表达方式——以农村士兵许三多为核心，描写在军事科技现代化的背景下，一群普通士兵的成长与蜕变。剧中没有明星、没有爱情、没有女人，突破了电视剧制作的几乎是"铁的法则"。因而产品在艺术方面的差异化创新是其成功的关键所在。同时，围绕产品差异化这一定位核心，《士兵突击》运用了一系列差异化的市场沟通与传播策略，配合其顺利进入市场并取得成功。

市场定位的关键是企业要设法在自己的产品上找出比竞争者更具有竞争优势的特性。企业市场定位的全过程可以通过以下三大步骤来完成：

（1）识别潜在竞争优势

这一步骤的中心任务是要回答以下三个问题：一是竞争对手产品定位如何；二是目标市场上顾客欲望满足程度如何以及确实还需要什么；三是针对竞争者的市场定位和潜在顾客真正需要的利益要求企业应该及能够做什么。通过回答上述三个问题，企业就可以从中把握和确定自己的潜在竞争优势在哪里。

（2）核心竞争优势定位

竞争优势表明企业能够胜过竞争对手的能力。这种能力既可以是现有的，也可以是潜在的。选择竞争优势实际上就是一个企业与竞争者各方面实力相比较的过程。

（3）战略制定

这一步骤的主要任务是企业要通过一系列的宣传促销活动，将其独特的竞争优势准确传播给潜在顾客，并在顾客心目中留下深刻印象。

总之，发挥优势、回避劣势、满足需要、有效传播是市场定位的精髓。

3. SWOT 分析（主要用于启发思考题 3 的分析）

SWOT 分析是将对企业内外部条件各方面内容进行综合和概括进而分析组织的优劣势、面临的机会和威胁的一种方法。SWOT 分析代表分析企业优势（strength）、劣势（weakness）、机会（opportunity）和威胁（threats）。

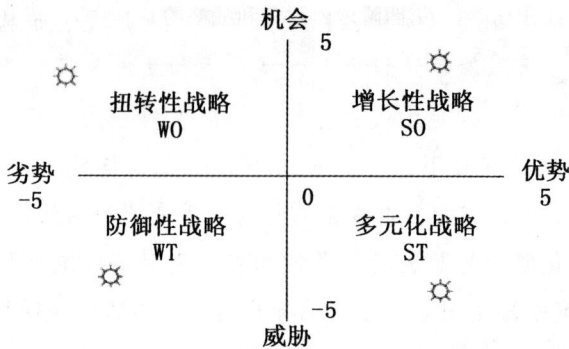

图1　SWOT 分析工具

如图1所示，SO 战略，即利用企业内部长处去抓住外部的机会；WO 战略，即利用外部机会改进内部弱点；ST 战略，即利用企业的长处避免或减轻外在威胁的打击；WT 战略，即克服内部弱点和避免外部威胁。总之，以己之长，克敌之短；利用机会，战胜威胁；化威胁为生机是 SWOT 的核心精要。从对案例的分析我们可以看出，《士兵突击》的主要优势在于制片人对产品差异化的定位，导演、演员团队的构成，市场分销的经验及行业人脉，主要劣势为资金问题。

4. 营销传播理论（integrated marketing communication，IMC）（用于启发思考题3、4 的分析）

美国广告公司协会是这样给整合营销传播进行定义的："整合营销传播是一个营销传播计划概念，要求充分认识用来制订综合计划时所使用的各种带来附加值的传播手段，如普通广告、直接反映广告、销售促进和公共关系并将之结合，提供具有良好清晰度、连贯性的信息，使传播影响力最大化。"整合营销传播一方面把广告、促销、公关、新闻媒体等一切传播活动都涵盖到营销活动的范围之内；另一方面则使企业能够将统一的传播资讯传达给消费者。所以，整合营销传播的核心思想是将与企业进行市场营销相关的一切传播活动一元化。

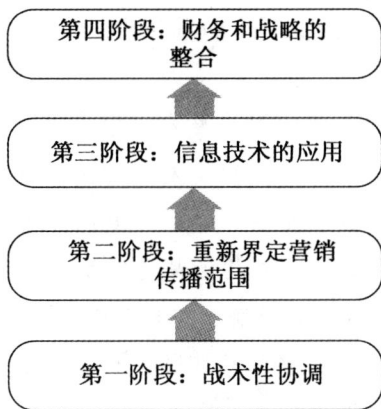

图2　整合营销传播必经的四个阶段

本案例中，制片人主要将新媒体传播手段（做客新浪网、建立百度贴吧等）与传统的传播推广手段（召开新闻发布会、举办该片摄影展等）相结合，把电视剧的发行与收视逐步推向热潮。期间运用互联网传播手段的"士兵突击百度贴吧"所带来的口碑传播效果对该剧的热播起到了非常大的推动作用，并因这部电视剧形成了一个数量庞大的粉丝群体——"突迷"。在"士兵突击贴吧"里，"突迷"们通过交流、评论、传播，形成了强大的社会影响力。在该案例的整合营销传播中，这一传播手段最值得称道。

5. 电视剧的营销特征理论（主要用于启发思考题5的分析）

电视剧的经营模式和普通商业经营模式有着一定的差别，表现为电视产品的销售不是普通商品的一次性销售，而是通过电视节目"免费赠送"给受众消费，换取受众的注意力，再拿受众的注意力来和广告主交换货币，即通常所说的"二次售卖"。因此，电视剧的CRM存在两个层面的客户关系：第一层面的客户关系是电视媒介和电视受众的关系，电视受众构成了电视媒体的"直接客户"；第二层面的客户关系是电视媒介和广告主的关系，广告主构成了电视媒体的"间接客户"。有什么样的直接客户才能吸引什么样的间接客户。因此，电视剧的产品选择重点应集中于是否符合双重客户的需要，同时要兼顾是否满足社会利益和政治需要。

《士兵突击》的主要目标受众是高学历、高收入以及较高社会地位的"三高"人群，此类人群具有相当购买力，恰恰是广告主的目标受众，而反映我国军队的现代化、信息化，弘扬主旋律、正能量的电视剧题材又实实在在地对弘扬社会主义文化价值观起到了积极的作用。

四、关键要点

（1）市场定位是电视剧的 STP 战略步骤中最重要的环节，在产品内容同质化非常严重的市场里，差异化是市场发展的必然选择。但是，产品差异化的同时还必须保证这种差异化是目标受众喜爱或需要的，盲目地实现差异化是成功营销的大忌。另外，电视剧的产品选择重点还应考虑是否符合双重客户的需要，同时要兼顾是否满足社会利益和政治需要。

（2）任何市场营销组合策略都只是服务于营销目标的手段而已，因此都要围绕明确的目标或核心即定位去制定并实施。电视剧的发行与传播方式除了受到国家的政策限制外，市场营销的重要之处在于要找到符合电视剧特性的市场平台和传播方式，并借助该平台唱好传播大戏。选择符合目标受众媒介接触习惯的传播手段并将其进行有效的整合，才有可能最终实现理想的传播效果。

五、建议课堂计划

本案例适合于市场营销课程的案例讨论，整个案例讨论的时间建议控制在 60 分钟。

1. 课前计划（共 25 分钟）

将案例及讨论问题一次发给学生，给学生 15 分钟仔细阅读案例及相关资料，10 分钟独立思考讨论问题，并要求学生独立给出问题讨论所涉及的营销理论。

2. 课中计划（共 35 分钟）

（1）4~5 人形成一个小组，给每小组 10 分钟的讨论时间（10 分钟）；

（2）教师简要讲解各问题分析的框架及逻辑要点（5 分钟）；

（3）给每小组 10 分钟的讨论时间，并形成问题分析要点（10 分钟）；

（4）由不同小组成员发表问题分析要点及结论，教师结合各问题发言过程进行总结，归纳要点以及提取重点（10 分钟）。

3. 课后计划

请学员分组就有关问题的讨论进行分析和总结，写出书面报告。

六、参考文献及深入阅读

[1] 王方华. 市场营销学 [M]. 上海：格致出版社，2012.

［2］菲利普·科特勒，凯文·莱恩．营销管理（中国版）［M］．卢泰宏，高辉，译．北京：中国人民大学出版社，2009.

［3］格雷厄姆·胡利．营销战略与竞争定位［M］．楼尊，译．北京：中国人民大学出版社，2007.

［4］姜汉忠．版权洽谈完全手册［M］．北京：世界图书出版公司，2015.

［5］郑成思．版权法（上下册）［M］．北京：中国人民大学出版社，2009.

［6］中华人民共和国著作权法注解与配套［M］．2版．北京：中国法制出版社，2011.

虾米网的营销策略

摘要：中国网络音乐市场发展迅速，并且未来还有巨大的成长空间，但产业尚缺乏有效的盈利模式。王皓从一个音乐爱好者成长为虾米网的首席执行官（CEO），并凭借对网络音乐经营独特的理解率领虾米网脱颖而出。在中国网络音乐的消费者已习惯了免费消费的环境下，王皓率先高调宣称做收费音乐，并由此建立了虾米网的营销策略与实施方法，成功地树立起虾米网的品牌形象——提供高品质专业音乐网站，从而在激烈的竞争中获得了自己的市场地位。

关键词：虾米网；王皓；收费音乐

引言

互联网不仅颠覆了传统产业，而且正在不断创造着新的产业。21世纪初，网络音乐企业在互联网迅速普及的过程中被催生出来了。互联网逐渐成为音乐传播的最主要渠道，各类音乐网站也如雨后春笋般地出现和成长起来。

截至2013年年底，我国获得网络音乐相关业务经营资质的企业总数为695家。在众多的音乐网络企业中，虾米网以提供高品质专业音乐网站的形象木秀于林。

1　网络音乐市场

随着互联网的发展，网络音乐开始出现。文化部在2006年的《关于网络音乐发展和管理的若干意见》中也首次定义了网络音乐："网络音乐是音乐产品通过互联网、移动通信网等各种有线和无线方式传播的，其主要特点是形成

---

1. 本案例由中国传媒大学经济与管理学院姚林青撰写，作者拥有著作权中的署名权、修改权、改编权。
2. 本案例授权中国传媒大学MBA学院案例中心使用，案例共享中心拥有复制权、修改权、发表权、发行权、信息网络传播权、改编权、汇编权和翻译权。
3. 由于企业保密的要求，在本案例中对有关名称、数据等做了必要的掩饰性处理。
4. 本案例只供课堂讨论之用，并无意暗示或说明某种管理行为是否有效。

了数字化的音乐产品制作、传播和消费模式。"互联网逐渐成为音乐传播的最主要渠道，各类音乐网站也如雨后春笋般地出现和成长起来。

1.1 市场规模与成长

据文化部发布的《2013 中国网络音乐市场年度报告》显示，截至 2013 年年底，我国网络音乐市场收入规模达 74.1 亿元，是 2007 年同期的 4.75 倍，产业发展十分迅猛（见图 1）。

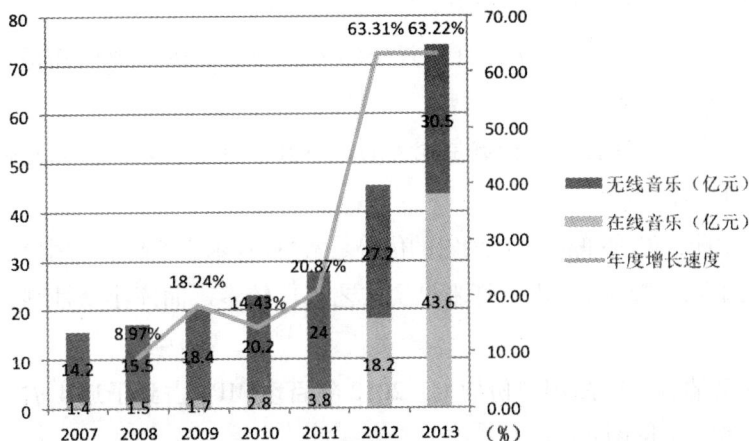

图 1　网络音乐市场规模与成长

1.2 用户状况

2013 年年底，我国网络音乐用户规模达到 4.5 亿，比 2012 年的 4.36 亿增长了 3.2%。从 2012 年的用户构成上看，年轻人是网络音乐的绝对主力，29 岁以下用户占比达到 63.1%（见图 2）；受教育程度与网络音乐的使用习惯具有一定的相关性，大专以上文化程度的用户占比达到 64.8%（见图 3）。

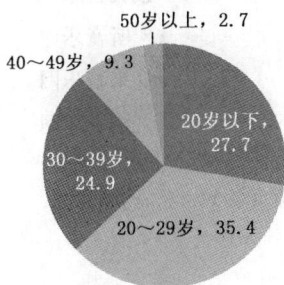

图 2　2012 年中国在线音乐
用户的年龄分布（%）

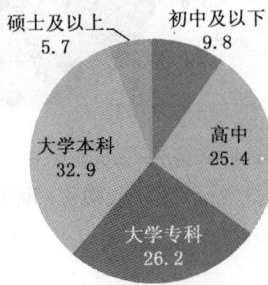

图 3　2012 年中国在线音乐用户
受教育情况分布（%）

1.3 市场竞争

截至 2013 年年底，我国获得网络音乐相关业务经营资质的企业总数为 695 家，搅动着网络音乐市场的除了这 695 家正规的网络音乐企业，实际上还存在一定数量的违规企业。例如，2010 年文化部对音乐网站开展了第八次查处工作，就发现了 117 家没有获得经营许可资质或没有备案的音乐网站。网络音乐市场巨大的成长空间引来众多的淘金者，这是一个完全市场化的产业，在看不见的手的引导下，大浪淘沙决定企业沉浮。

网络音乐市场有两大块：有线音乐和无线音乐。按照规模和特点，领头企业可以划分为三个层次：

第一集团：QQ 音乐，特点是庞大的客户群；百度音乐，特点是强大的搜索引擎下的丰富曲库。

第二集团：酷狗+酷我。此两家的优势是做 PC 音乐业务起家，用户量很大。

第三集团：虾米+多米。虾米忠实文艺用户较多，曲库小众性强，用户黏性很高。

在网页端音乐产品用户份额上，2012 年百度 MP3 占到了近 4 成，虾米音乐网站 4.6%（见图 4）。

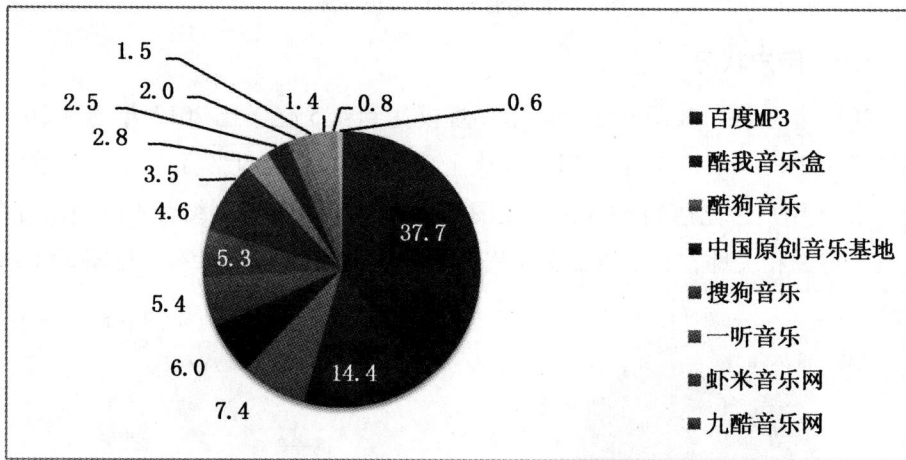

图 4　网页端音乐产品用户份额（%）

2　虾米网的创业

虾米网的 CEO 王皓从小到大酷爱音乐，并且玩音乐很早就已经玩出了名堂。大学时期自己组建了摇滚乐队"黑水";大二那年他做了旨在介绍和推广杭州地下音乐的网站"声音网",网站做成了 2001 年杭州第一大论坛,注册用户达到了几万人;他还是杭州著名的音乐经纪人。王皓所学的专业是应用电子,大学期间在把音乐玩得风生水起的同时,也成长为一名写代码编程的技术高手。据他回忆,大二暑假的时候,有天在排练房被狗咬了手指头,没法弹琴,闲着没事就自学写代码,到公司打工做网页赚钱。大三开始正式写论坛程序,一直写到大四,这成了他的毕业设计。丰富的大学生活,造就了王皓将两种截然不同的特质寓于一身——他有着音乐青年的文艺范,也兼具理工男的技术范。

2002 年,王皓进行了短暂的创业,做了个卖乐器的网站。由于看好电商的发展前景,2003 年他加入了阿里巴巴,成为一名市场需求分析师。在阿里巴巴干了四年,音乐梦从未远去,王皓认为已经有能力重新走向市场,他的梦想开始扬帆起航。2006 年,数字音乐已经有很多人在做了,但王皓认为没有一个好的产品,音乐免费使用压缩了中国音乐人的生存空间,让音乐产业缺乏前途,像百度这样的大企业,有点竭泽而渔的味道。这一年愚人的一条假新闻"电驴被 Google 收购"刺激了王皓,他当晚在书写博客的过程中,想出了一种数字音乐产品的盈利模式,即 P2P(点对点下载)分享模式,便迫不及待地给大学同学朱鹏(创始人之一)打电话诉说他的创意。第二天在公司的吸烟室里,兴奋的王皓与一帮哥们儿聊了这件事情,聊得几个人眼睛冒光。随后的一年,一帮志同道合的人每周都在咖啡馆讨论这件事情。

2006 年,杭州缪斯客网络科技有限公司推出了主导音乐平台虾米网,王皓的音乐理想在虾米网开花,虾米网建成了一个音乐分享社区。按王皓的说法,"虾米网提供高品质音乐 MP3 的个性化推荐、发布、P2P 下载服务,以及线下音乐活动等互动内容。虾米网要做的是一个音乐平台,在这个平台上你可以和朋友一起发现、分享喜爱的音乐;还可以使用虾米来发布与下载没有 DRM 保护的 192K~320K 高品质音乐 MP3,同时,在玩转音乐的过程中还能赚点零花钱,其商业模式是:利用 P2P 用户分销模式与口味匹配引擎来吸引用户,从而实现音乐网站、唱片商、用户三者的共赢"。

虾米网的五位创始人中,四人来自阿里巴巴。CEO 王皓,原阿里巴巴中文站需求分析师,杭州著名音乐演出经纪人;王小玮,原阿里巴巴社区负责人,阿里研究院特聘电子商务专家,业内知名博客;朱鹏,原浙江精锐广告副总；吴轶群，原阿里巴巴搜索引擎专家；陈恩卫，原阿里巴巴中文站技术专家。可以说，阿里巴巴大平台锻炼了虾米的创业人。虾米网正式版在 2008 年 11 月推出，虾米团队用短短 2 年时间，在几乎没有任何推广的情况下就把一个付费音乐网站做成了第一流的中国音乐网站，进入了 ALEXA 排名前 4 000 名，注册用户数达到 230 万，移动终端上有 30 多万用户。

2008 年虾米获得深创投的投资，2010 年又拿到了来自盛大的投资。从创办虾米网到 2012 年年底之前，王皓 80％的时间都是花在找钱上。由于缺乏有效的盈利模式，投资人并不是非常看好国内与音乐相关的互联网企业。2012 年年底，虾米网迎来了发展的契机，其出色的成绩获得了创始人团队老东家阿里巴巴的青睐。阿里巴巴收购了虾米网，并对集团现有业务架构和组织进行调整，成立 25 个事业部，其中音乐事业部是由虾米网为班底组建起来的新部门。凭借阿里巴巴在电商方面的强大资源，虾米网将被打造成一个"音乐淘宝"，甚至可能会成为中国最大的音乐电商平台。

3　虾米网的营销策略

3.1　"做中国第一个吃螃蟹的人"——音乐收费，树立品牌形象

3.1.1　用户付费习惯

自网络音乐诞生以来，中国网民便享受着免费的午餐，已经形成了免费下载音乐的思维和习惯。中国网络音乐市场年度报告显示，2012 年只有 7.8％的人愿意为音乐付费，大部分用户没有付费意向或为音乐付费的经历。所以，绝大多数网站不敢贸然收费，只是在尝试性地推出高品质音乐的收费和 VIP 包月服务。目前，网络音乐使用免费仍是主流模式，网站则通过广告和增值服务维系着免费模式。

用户付费习惯：在线音乐用户中，只有 7.8％的人愿意为音乐付费，大部分用户没有付费意向或为音乐付费的经历。大量的互联网免费资源和长期以来的音乐无偿消费习惯使得音乐收费难以实行。在无线音乐用户喜欢的付费方式选择中，67.2％的用户选择了包月收费方式，选择按下载数量收费的用户占比为 28.1％。

3.1.2　吃螃蟹——收费倡导与实行者

在其他人都免费时进行收费，似乎是死路一条，就算百度、阿里巴巴、

腾讯这些大公司也不敢找死。然而，王皓却敢于做第一个吃螃蟹的人。

在倡导音乐收费的道路上，王皓比其他人积极得多。王皓对外宣称自己是一个具有音乐情怀的商人，看不上只想着赚流量卖广告费的网站，他希望为中国音乐人拓展更大的生存空间，他要挣音乐的钱，"earn money, earn music"。前几年，整个行业普遍实施免费音乐，虾米在王皓的带领下就开始积极地做收费音乐。

2013年6月3日，虾米音乐网总裁王皓接受《第一财经日报》采访表示，几周前华纳、索尼、环球三大唱片公司与音乐网站口头约定，从6月5日起，包括虾米音乐网、百度音乐、QQ音乐、酷狗音乐、多米音乐、酷我音乐等音乐网站在内，将试行全面收费。其时全面收费的传言早已盛传坊间，2013年3月19日，著名音乐人高晓松在第13届音乐风云榜年度盛典启动发表会上透露，7月1日以后中国音乐产业将进入全面正版化时代，网络音乐将开始收费。

虾米网高管的表态让人们相信网络音乐全面收费的时代确实来了，然而收费事件闹了乌龙，除了虾米网，百度音乐、QQ音乐甚至唱片公司方面都三缄其口，6月5日和7月1日过后，免费下载还是网络音乐的主流模式。事后，王皓接受商报记者采访时进行了解释，事件的起因是华纳、环球、索尼三大唱片公司不满于免费服务，要求各网站推收费服务。"春节以后，三大唱片公司在北京召集各家音乐网开了好几次会，我想起来的都有3次。""由于每年6月是唱片公司与音乐网站续约的时间，这次他们提出，如果5日音乐网站不开始收费，唱片公司就不与我们合作了。这意味着，不能续约的音乐网站就将瞬间从合法的音乐服务提供商变成非法提供商。"事实证明，全面收费子虚乌有，除虾米外的音乐网站也不对收费问题进行明确的回应。

3.1.3 树立品牌形象

做专业的音乐网站是虾米网的定位，提供高质量的音乐服务，虾米网通过"收费战略"这张牌很响亮地摔出来。

王皓的收费与其说是一种盈利模式，不如说是他对音乐网站的一种态度，或者更准确地说是一种营销手段。不同的收费模式已经在各网站中试行，只有王皓敢于第一个站出来吆喝收费。王皓的吆喝赚足了眼球，虾米音乐网有别于其他网站的高端形象油然而生，网站的品牌定位更加明确清晰。

王皓还不断宣传他做音乐网站的理念，其构想的理想状态是：一个二、三线艺人能过上非常有钱的生活，三、四线艺人至少也能保证小康。从虾米网创办第一天开始，他希望通过收费的方式来改善国内音乐人的生存状况，他不喜欢只能通过卖广告卖游戏来赚取收入的商业模式。这让人们看到了一个有着音乐理想、为音乐而生的音乐人，更衬托出虾米音乐网站的专业性和音乐的高品质。

王皓敢于第一个吃螃蟹，源于他有吃螃蟹的底气。虾米网从受众、产品、技术、分销模式等方面确实有独到之处。

3.2 营销策略的实施

3.2.1 面向高端用户群

虾米网注册用户数已超过 2 000 万，每月被收听歌曲量为 200 万首。2013 年 9 月，虾米网在"音乐类综合网站周均覆盖数统计排名"和"音乐类综合网站周访问量统计指数排名"均为第一，是中国最大的在线音乐社区之一。

虾米网是专业的音乐网站，用户群相对于其他音乐网站更高端。王皓对虾米用户和淘宝用户进行了交叉分析比对后发现，虾米用户比普通淘宝用户的教育层次和收入结构都更高，具有更高的消费能力，每月消费额大概是普通淘宝用户的 4 倍。从年龄分布上看，在各类音乐网站中，虾米网用户的年龄是最大的，30 岁以上人群的比例达到了 44.6%，而最年轻的豆瓣 FM 这一人群的比例仅为 5.3%。虾米音乐的用户被认为是文艺范，有调性，其口味也十分多元化，流行歌曲和纯音乐的占比在 20% 左右。虾米音乐网的目标客户就是追求高品质音乐的网络群体。

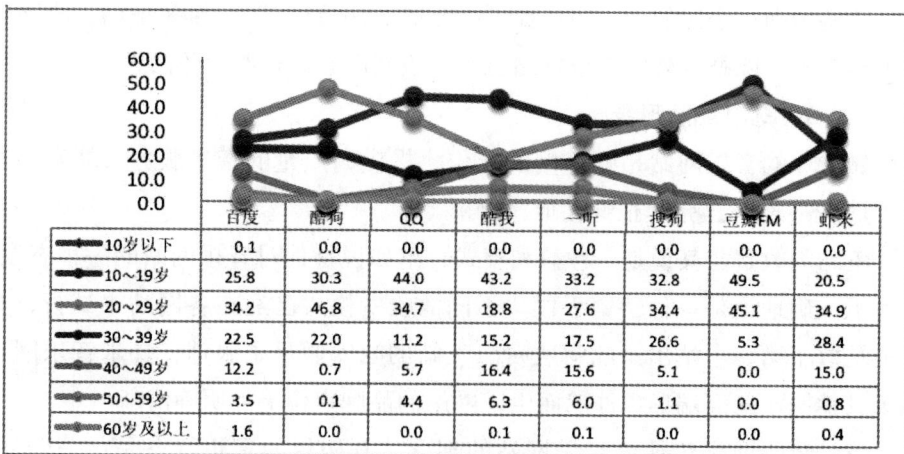

	百度	酷狗	QQ	酷我	一听	搜狗	豆瓣FM	虾米
10岁以下	0.1	0.0	0.0	0.0	0.0	0.0	0.0	0.0
10～19岁	25.8	30.3	44.0	43.2	33.2	32.8	49.5	20.5
20～29岁	34.2	46.8	34.7	18.8	27.6	34.4	45.1	34.9
30～39岁	22.5	22.0	11.2	15.2	17.5	26.6	5.3	28.4
40～49岁	12.2	0.7	5.7	16.4	15.6	5.1	0.0	15.0
50～59岁	3.5	0.1	4.4	6.3	6.0	1.1	0.0	0.8
60岁及以上	1.6	0.0	0.0	0.1	0.1	0.0	0.0	0.4

图 5　网页端音乐产品用户年龄分布（%）

3.2.2 提供具有鲜明特点的产品与服务

虾米音乐网是中国专业的音乐社区之一,拥有近600万首海量曲库,编辑了330种音乐风格。虾米网能够异军突起,源于虾米人对音乐的热爱和更深入的理解。在虾米网页面的栏目中,有发现音乐、精选集、电台、虾米小组、Loop、虾米专题、音乐人、音乐馆等栏目,这些音乐产品与服务在其他音乐网站中大多也能发现,但同样是音乐产品,虾米网却给了用户不同的体验和服务。虾米网注重建立自身风格,在页面设计、曲目排放、功能选择等方面具有鲜明的网站特点,例如歌曲的顺序排列不是按照一般音乐网站使用的播放热度规则,即按智能顺序或者是单纯的播放热度,而是按照专辑里面的顺序排列;播放界面显示该歌曲的演唱者,而不是显示群星……虾米网想要做的就是,彰显出它是一个与大众化的音乐网站不同的、高水平的专业音乐社区。

(1)高品质的音乐

虾米网提供海量高保真高品质的音乐,即192K～320K高品质MP3,其音质水平几乎与CD没有区别。虾米网的运行数据证明,享受过高品质音乐之后,受众会不再满足于百度音乐搜索、一听音乐榜单和QQ音乐播放器这种通用的音乐服务。

知乎网上关于虾米网与QQ音乐的比较,有用户是这样评价的:"虾米网音质好,资源充足。大大方方收费,明明白白赚钱。对于优秀,或者偏门的作品,还是得靠虾米。而QQ音乐资源门类要少很多,之前用QQ音乐的时候,经常因搜不到想要的东西而糟心,而虾米不会给我带来这种痛苦(我有点小偏执哈)。所以说,虾米市场份额没有QQ音乐那么大是自然的,因为人家走的路和QQ音乐不一样,偏向专业化,是真正搞音乐的。"

(2)个性化音乐推荐算法

虾米的员工一半多都是技术开发人员,他们通过技术手段把不同偏好的用户区隔开来,形成群组、推荐引擎,用户所在的主页是他们所喜爱歌手的页面。这是虾米网独特的个性化音乐推荐算法,通过虾米网记录的大量注册用户的音乐行为数据,推算出用户的音乐偏好,为用户提供了量身定制的个性化音乐服务,并且所有这些服务都可以在多个平台多种终端上无缝使用。

(3)制造音乐人

王皓被称为具有音乐情怀的商人,他曾经感叹"因为虾米是真正care音乐本身这个东西"。王皓有梦想,他希望通过虾米网的努力能够改善国内音乐人的生存状况，虾米的"音乐人"就是梦想开始的地方。2013 年 7 月 11 日，面向独立唱片公司和独立音乐人的虾米"音乐人"平台上线，在申请成为虾米音乐人后，可以自行发布音乐、自主定价，甚至发售演唱会门票。虾米"音乐人"平台既为有天赋的音乐人提供了一个展示才华发展成长的平台，又可以丰富虾米网的音乐曲库。

3.2.3 全新的音乐分销模式

虾米网提出一个全新的音乐分销模式，用户高度参与其中。它利用 P2P 技术，用户上传或推广音乐都可以赚取虚拟货币虾币（虾币也可以通过给虾米账户充值的方式购买），这些虾币可以用来下载音乐或者购买服务。虾米音乐网用户下载一首歌曲需花费 0.8 元，一旦用户下载完成后，这首歌曲通过 P2P 的技术同时也将成为下一个下载人的分享种子。用户下载过的歌曲如果被分享一次，用户将获得 0.2 元收益；如果用户在自己的博客或者网页中添加了该歌曲链接，再有人点击此链接下载，用户将会获得 0.1 元/次的收益。这就是所谓的"音乐的淘宝"的概念，即用户下载歌曲相当于"进货"，"销售"则是自动的，有人再要下载这首歌，就自动从你这里"取货"，你下载的歌曲会自动帮你赚钱。而版权人将会从每次付费下载中获得相应的分成。

虾米网的大多数音乐都是用户上传的，虾米在这中间扮演的是一个平台的角色，负责审核音乐品质和版权。虾米所得收入将用来购买版权，以及给音乐人分成。用户下载所付费用，会在版权所有者、分享者以及虾米网三者之间分配。

虾币游戏，是在玩一个在版权管理比较混乱的情况下打擦边球的游戏，严格地说其中发生了版权侵权行为，但这个游戏利用了制度的灰色地带，在虾米网成长的过程中有效地帮助虾米网开发了音乐曲库资源。该游戏充分调动了用户的参与，利用软件的下载、音频资源的上传、在线时间积累等途径可以赚取虾币，吸引了更多在线用户，从而在广告商面前有了更多的发言权。

3.2.4 精准营销

虾米网通过强大的技术开发队伍，以十几亿条全方位的用户音乐足迹记录数据库进行精准营销，每一个细节都考虑到用户的习惯。根据用户以往在网站上所收听和下载的歌曲，通过技术手段推算出用户的音乐偏好，为用户提供个性化的音乐服务。加入阿里之后，虾米账户与淘宝账户打通，虾米网有了更庞大的用户群体，能够获得更海量的用户消费数据。虾米网进一步开发音乐品味与服装品味之间的相关性，使营销变得更加精准。好些歌曲在别的地方没人听，在虾米网就会被听，且次数特别多，这是虾米网精准营销的结果。

3.2.5　多终端、开放接口

虾米网从互联网网站做起，逐渐成长起来，发展到目前包括网站、桌面软件、手机客户端、平板电脑、车载终端、机顶盒等多平台多终端的云端音乐服务提供商。

虾米网的专业化音乐服务，不仅仅为虾米网自身的网站用户服务，同时其高品质曲库以及个性化推荐引擎也可以通过开放接口的方式为任何希望为用户提供专业音乐服务的机构提供支持。目前，包括新浪微博、百度框计算、网易社区、淘宝社区、人人网、MSN、支付宝、QQ空间等都已经支持虾米音乐的嵌入。

3.2.6　收费模式

传统的音乐产业中，所有音乐人的生存方式不是靠音乐赚钱，而一定要通过广告代言、拍电影等方式。音乐制作人、编曲以及录音师等圈里的其他工种，处境非常糟糕，王皓认为"整个行业很不健康"。音乐人缺乏创作动力，好的歌曲会越来越少。他高调倡导收费模式，然而在目前的中国环境下，收费真的还是一条比较艰难的路。所以，在其服务模式中，免费推广还是一种主要模式。

（1）下载单曲收费

虾米音乐网用户下载一首歌曲需花费0.8元。虾米网的用户黏度较其他网站相比属于较高水平，下载收费的模式为一定的用户接受，付费的比例大概是千分之五，尽管比例还非常低，但收费下载的消费理念在被推广。

（2）VIP服务

VIP服务是另外一种收费模式。虾米网推出了每月15元、包年129元的VIP服务，每月可以免费下载100首高品质音乐。同时，推出新版手机APP，为用户提供2个月的试用期，给用户提供体验VIP包月服务。

（3）免费推广模式

虾米网的收费范围主要包括下载歌曲和在线的高音质歌曲，为了增加用户数量，增强同其他免费音乐网站竞争，虾米网实施产品服务的差异化策略，对在线的低音质歌曲目前并没有被纳入收费范畴。

3.2.7 与《中国好声音》合作

虾米网与上海灿星制作公司达成战略合作，双方携手启动第二季《中国好歌曲》筹备工作，打造原创音乐基地。虾米网成为《中国好歌曲》唯一线上报名平台，并且独家拥有"好歌曲"的音乐资源。虾米网也获得《中国好声音》第三季独家音乐版权。

根据双方协议，作为"好声音"唯一网络音乐试听下载渠道，歌手演唱过的音乐将立即在虾米同步上架，虾米音乐将推出"好声音特别版"手机客户端（App），之后天猫魔盒中也将通过虾米音乐同步获得好声音学员演唱的歌曲。《中国好声音》官方旗舰店将在天猫开张，出售正版"好声音"音乐作品及各类衍生品。

虾米音乐网两个鲜明的标签"专业化 + 收费"，让它在音乐网站中显得与众不同，而阿里对虾米网的收购又使王皓的音乐梦想有了新的憧憬。在这之前，版权费问题是人们对虾米网最大的诟病。虾米网一年的收入大约 1 000 万，勉强维持公司的经营运作，而每年高达 2 000 万的版权费则需要通过融资来解决，这让王皓苦不堪言，他需要不停地找钱。如今有了阿里雄厚资金的支持，王皓不用再担心钱的问题，充足的资金和强大的支付与变现渠道，可以让王皓专心探索音乐网站新的经营模式。王皓要充分利用电商资源，把自己打造成音乐电商的领头羊——虾米网想要做一个能容纳音乐全产业链的平台。阿里巴巴在电商方面的资源和渠道可以让虾米网在向音乐电商转型时事半功倍，虾米网利用其平台集结各类音乐人，完成音乐内容生产、推广、销售的各个环节，打造"互联网音乐全产业链"是王皓对虾米网未来的布局。

然而，王皓有了阿里才底气十足，如果没有马云的支持，虾米的收费模式究竟能够走多远仍旧是令人们困惑的问题。

The Marketing Strategy of Xiami Company

Abstract：Digital music market is developing rapidly and the potential market is still vast in China. However digital music industry has not established enough profit models. Wang Hao became a CEO of Xiami Company from a musical amateur. He possesses distinctive management idea for digital music business and leads Xiami Company being outstanding. Although Chinese customers are used to download free digital music, Wang Hao is the first executive who dares to claim that his company will develop a model to charge customers for downloading digital music. As a result, marketing strategies and their implementation methods were established under this model. Xiami Company built a successful brand —— a company who offers high quality and professional internet music. Also, Xiami Company has acquired reasonable market share in China's digital music industry.

Key words：Xiami Company；Wang Hao；Charge model

案例使用说明

虾米网的营销战略

一、教学目的与用途

（1）本案例适用于市场营销、服务营销等课程中的服务营销特点、市场细分、目标市场选择、市场定位、定价策略等相关章节的案例讨论。

（2）随着互联网的发展，新媒体产业正在颠覆传统媒体，而其特点决定了它的营销方式不能用传统的手段进行。这是一个典型的服务产业，需要从服务营销理论出发来认识和理解这一新兴产业。通过案例，帮助学生更好地理解服务产业的特点。

（3）帮助学生掌握市场细分、市场定位、市场选择、价格策略、品牌战略等基本方法。

（4）使学生能够更深入地理解服务营销的相关理论。

（5）使学生了解新媒体产业的运行规律。

（6）帮助学生建立分析实践问题的基本分析思路和方法。

二、启发思考题及分析思路

1. 虾米网提供的商品与产品市场的商品有什么不同？服务营销的特点是什么？

虾米网是音乐网站，主要提供音乐歌曲的试听和下载，是体验经济，其产品营销属于服务营销的范畴。基于服务有别于有形商品的上述特点，决定了服务市场营销同产品市场营销有着本质的不同。

（1）产品特点不同。如果说有形产品是一个物体或者一样东西的话，服务则表现为一种行为、绩效或努力。

（2）顾客对生产过程的参与。由于顾客直接参与生产过程，如何管理顾客就成为服务营销管理的一个重要内容。

（3）人成为产品的一部分。服务的过程是顾客同服务提供者广泛接触的过程，服务绩效的好坏不仅取决于服务提供者的素质，也与顾客的行为密切相关。

（4）质量控制很难像有形产品一样具有统一的质量标准，缺点和不足不易被发现和改进。

（5）分销渠道不同。服务企业不能仅通过传统的物流渠道把产品从工厂运送到顾客手中，而是要借助综合的传播渠道将服务传递给顾客。

（6）因为服务具有不易存储和时间性的特点，使得服务市场营销需要格外关注服务传递的时效性，并通过创造后续顾客满意来提高服务质量。

2. 王皓为什么敢于旗帜鲜明地主张数字音乐收费？他举起的收费大旗带来了什么效果？

王皓从虾米网成立之初便主张音乐收费，原因主要有以下几点：

（1）音乐富含内在的价值，免费的音乐违反了音乐生产的基本规律，长此以往音乐产业无法持续。

（2）国外有很多成功的收费音乐网站。

（3）虾米网有比较准确的市场定位，相对高端的用户群中有一定数量的付费用户。

（4）王皓的音乐情怀让他多少有些区别于音乐商人的气质。

（5）王皓的收费主张是一种营销策略。

王皓高举收费旗帜取得的效果：

（1）树立了虾米音乐的品牌形象。

（2）宣传了高品质、专业音乐网站的产品服务定位。

（3）进一步扩展了虾米音乐的知名度。

（4）塑造了王皓有个性的明星企业家形象。

（5）在现实中，虾米并没有完全放弃免费的模式。

【分析思路】用品牌理论分析。虾米网的价格策略可以用经济学中的价格歧视理论进行分析，它根据用户的不同需求，分成了收费用户和免费用户，在收费上也有不同的模式。虾米网的定价策略，依据的是价格歧视原理。音乐用户消费偏好不同，消费习惯不同，有些用户酷爱音乐，对音乐品质具有非常苛刻的要求，愿意在音乐上花钱，这些人是虾米网收费策略的目标客户。而大多数用户更享受免费下载音乐，他们对音乐品质的要求不高，针对这些人，虾米网也有免费的试听。

3. 你认为虾米网的市场选择是什么？它是如何进行定位的？你认为它的定位是否合适？

【定位】专业音乐网站、高端用户群。

【分析思路】在回答此问题时首先需要做一些前期的案头工作，进一步了解其他主要音乐网站的情况，然后可以使用"五力模型"和"SWOT分析工具"对虾米网的竞争环境和优势劣势进行分析。

4. 虾米网最有特点的服务是什么？能否形成它的核心竞争力？

高品质音乐、个性化音乐服务。

【分析思路】从服务营销的产品要素理论进行分析，建立服务理念，设计并创造服务产品。在设计和创造服务产品时，以用户为中心，重视两个要素，即核心性要素和附加性要素。虾米网的核心产品是音乐，附加性服务是高品质、个性化服务。经过创新设计的服务产品是有别于其他网站的差异化产品，能更好地服务于用户的体验，形成其核心竞争力。

5. 虾米网用什么手段引导用户参与到它的服务流程中来？你认为这种与用户的互动沟通是有效的吗？

虾米网最重要的一个营销策略是引导用户参与到它的服务流程中来，其中一个饱受争议但却非常有效的手段就是虾币游戏。这个游戏一方面为虾米网初期的发展提供了音乐网站赖以生存的音乐资源，使它以拥有庞大的曲库资源而著称；另一方面满足了用户的娱乐心理及不花钱听音乐的需求。需要进一步分析的是，这种互动模式能够持续下去吗？随着版权保护强度的提高，虾米网发展初期的模式，趁混沌利用制度灰色地带的做法将无法继续。虾米网需要更多的创新模式与用户进行沟通，让他们参与到服务流程中来。虾米网的特殊服务如虾米小组、虾米LOOP、音乐专题等，都是虾米网开发的旨在容纳用户参与其服务流程之中的服务产品。

【分析思路】用营销沟通理论进行分析。在体验经济中，与用户的互动沟通尤为重要，通过沟通帮助企业建立有力的品牌形象，增加顾客对企业产品的依赖度以及对企业的忠诚度。通过沟通可以增加服务产品的价值，教育用户开发他们的需求,帮助用户参与服务产品的生产,评估服务产品。

6. 分析虾米网采用的营销组合。

【分析思路】运用服务营销的7P理论进行分析。

(1)产品(product):高品质音乐、个性化音乐服务、海量曲库资源。

(2)定价(price):宣传收费,实际也提供免费服务的差异化定价策略。

(3)渠道(place):多渠道,包括网站、桌面软件、手机客户端、平板电脑、车载终端、机顶盒等多平台多终端的云端音乐服务提供商。阿里巴巴的电商平台成为它走向"互联网音乐全产业链"的强大渠道。

(4)促销(promotion):与中国好声音的合作。

(5)人(people):创始人团队的特质,虾米网整体团队的特点是大部分员工是搞技术的。

(6)有形展示(physical evidence):网站页面特点。

(7)过程(process):用户参与和沟通。

7. 你对虾米网的"互联网音乐全产业链"是否看好,收费模式在中国的网络音乐行业能否普及,为什么?

【分析思路】互联网音乐产业链见图6:

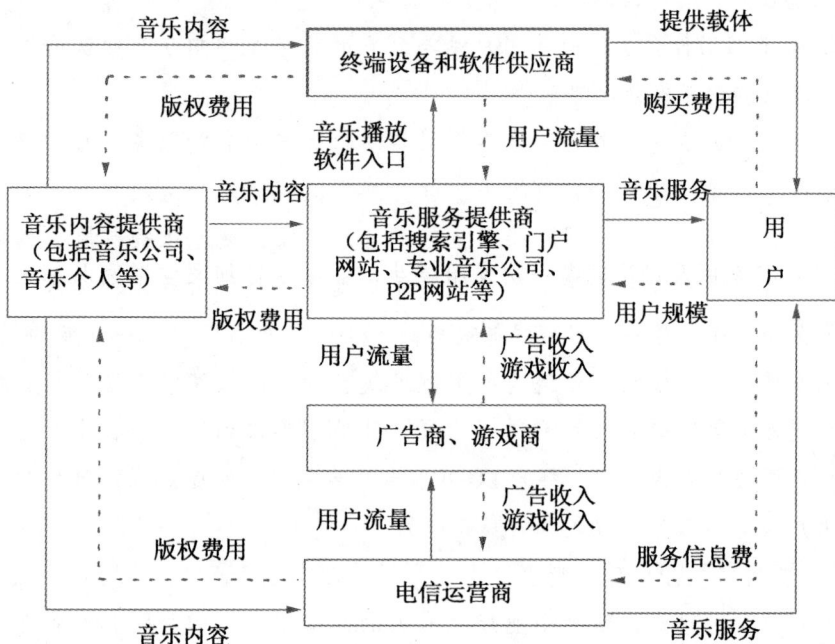

图6 互联网音乐产业链

虾米网已经建立起强大的音乐服务平台，这个平台不仅能够拥有巨大的用户群体，而且能够集结各类音乐人，这是虾米网强大的资源。企业发展可以利用自己的优势向上下游产业延伸，上游音乐内容生产，下游各类音乐相关产品销售以及线上线下活动。

网络音乐企业数量高速增长，一方面说明市场有着巨大的开拓潜力，另一方面说明竞争日益激烈。互联网经济、体验经济、创新经济，网络音乐企业的发展体现出典型的新媒体产业的成长模式。以高水平的网络技术为平台，以开发消费者需求为基础，以创新经营模式为手段，网络音乐企业代表着新经济下企业新的业态。尽管网络音乐市场整体趋好，但市场还非常不成熟，仍然面临互联网环境下的版权保护问题和网络音乐商业模式缺乏等国际共同难题。在我国版权问题更加突出，另外还有行业标准、企业融资、分配机制以及内容创作、收费机制等方面存在问题，制约着我国网络音乐企业的发展。我国网络音乐企业要想有突破，需要跳出原有的思维模式，在商业模式上不断创新。虾米网的"互联网音乐全产业链"是一个创新的思路，音乐淘宝有着比较诱人的前景。

网络音乐行业的收费模式如何建立，需要学生们展开思路。

三、建议课堂计划

本案例适合服务营销、战略营销课程的案例讨论。

整个案例讨论时间建议控制在60分钟。

1. 课前计划

要求学生提前了解网络音乐行业的基本业态。

2. 课中计划

（1）将案例及讨论问题一次发给学生，让学生仔细阅读案例及相关资料（10分钟）；

（2）独立思考问题，要求学生独立给出案例所涉及的营销点（5分钟）；

（3）组成4~5人小组，小组讨论（10分钟）；

（4）教师简要讲解各问题分析的框架及逻辑要点（5分钟）；

（5）小组第二次讨论，形成问题分析要点（10分钟）；

（6）各小组代表发言，汇报各组讨论结果，教师进行点评和总结（20分钟）。

3. 课后计划

学员按照分组将有关问题的分析和总结写出书面报告。

A 广播电视集团绩效管理研究

摘要：本案例讲述了 A 广播电视集团人力资源部经理汪凯奇高调加盟又闪电离职的故事。A 广电集团，一家拥有三十多个单位部门且发展迅速的城市广电集团。汪凯奇，一个拥有 12 年外企从业经验的资深人力资源管理专家。机缘巧合，汪凯奇加盟正处在改革中的 A 广电集团，掌舵集团人力资源部，负责集团考核分配制度改革，经历了"两级考核两级分配方案旗开得胜"、"插手部门内部考核改革遇阻"、"众人泄愤无奈离职"三部曲。

关键词：广电集团；人力资源；绩效管理

引言

深夜两点，一天的喧哗过后整座城市安静地睡了，站在中心广场，除了红绿交错的交通灯、昏暗的路灯和 A 广播电视集团（以下简称 A 广电集团）写字楼里依旧亮着的几盏灯，几乎看不到任何光亮。在 A 广电集团大楼里，除了编辑部赶稿子的同事和正常值夜班的同事，还有人力资源部经理汪凯奇。这么晚了，汪总并没有加班，而是一个人坐在偌大的办公室里发呆，一脸愁容，几个小时过后，汪总起身看了看窗外，然后拿出整理箱开始收拾自己的物品。到底发生了什么呢，竟让汪凯奇最终决定舍弃这份待遇优厚、众人羡慕的工作？

---

1 成功牵手

A 广电集团，一家城市广电集团，依托 6 个广播频率、7 个电视频道、1 份报纸以及日点击量过 200 万的网站，肩负着既要把握正确舆论导向，又要做强宣传实体的重任。经过多年的努力，集团得到了社会各界的广泛支持与认可，其电视台被评为"全国区域创新电视媒体十强"，4 个广播频率、2 个电视频道入围全国"广电地标"综合影响力城市台第一阵营，并且取得了集团广播总市场份额超过 85%、电视黄金时段收视市场份额保持在 40% 以上的骄人成绩。飞速发展的 A 广电集团再逢喜事，成功地被列为省文化体制改革试点单位。集团领导顾总宣布要以壮大宣传舆论主阵地、做强文化产业主力军、争当改革创新排头兵为目标，借改革之风将集团打造为一个强大的现代传媒集团。其中一个改革重点就是深化分配制度改革。为此，集团决定引进高端人才掌舵集团人力资源部。

汪凯奇，知名能源化工集团北京分部（外企）人力资源部经理，资深人力资源管理专家，二级企业人力资源管理师，毕业于国内一流大学工商管理专业，后留学英国并在英国工作 3 年，回国后一直在外企从事人力资源工作，至今已有 12 年从业经验。

在猎头公司的牵线下，顾总遇到了打算回家乡工作的汪凯奇，汪凯奇颇具实力的履历、丰富的经验和对人力资源管理独到的见解深得顾总的好感；而集团良好的发展势头、改革创新的大环境和异常优厚的待遇也让汪凯奇感觉加盟集团是个不错的选择，就这样，双方一拍即合，成功牵手。

2 初战告捷

陌生的行业、异常庞杂的组织、残缺凌乱的资料使汪凯奇有点不知所措，摸不着头绪。为了不辜负顾总对自己的期望，汪凯奇迅速调整心态，全身心投入到工作中，学习传媒行业相关知识、了解集团组织结构和运营状况、梳理研究集团的人力资源及相关资料，从其他广电集团搜集本集团缺失的资料。功夫不负有心人，经过一个多月的恶补调研，汪凯奇提出了集团考核分配制度改革方案，并举行了由集团主管领导和各单位、部门领导出席的启动会。会上，集团领导阐明了绩效管理改革的意义，强调绩效管理的意义在于：

（1）保证 A 广电集团战略目标的实现。绩效考核体系应当起到沟通 A 广电集团战略、指引奋斗方向、层层落实推进 A 广电集团战略实现的作用。

（2）成为管理者的有效管理手段。通过规范化的工作目标设定、沟通、绩效审查与反馈工作，改进和提高管理人员的管理能力和成效，促进被考核者工作方法和绩效的提升，最终实现组织整体工作方法和工作绩效的提升。是物质激励（工资调整、奖金分配）、人员调整（人员晋升、降职调职）的依据和日常精神激励的依据与评判标准。

（3）获得有效激励。通过工作目标与计划的参与制订，提高员工的自主意识和对 A 广电集团的责任感；通过对自我工作绩效与能力的认识，获得有效的激励与自我提高的信息，增加员工的安全感与成就感。

汪凯奇在启动会上阐述了集团公司在人力资源管理方面存在的问题：主要是缺乏长远的发展规划，员工对于自己的职责和目标不是很清晰；在员工的绩效管理上缺乏有力有效的措施，考核流于形式，没有实际的激励和指导意义，难以激起员工的工作积极性。具体表现出以下问题：

（1）员工对绩效管理的认识不够。调查研究表明，不管从"绩效管理的目的"，还是从"绩效管理制度的制订"，或者从"绩效管理制度所起的作用"的角度来看，关于绩效管理的定位还存在很大的差距。大多数员工认为，绩效管理的目的就是为了发放奖金与绩效工资；员工大多数都没有参与绩效管理制度的制定，绩效管理制度在推进和提升员工业绩方面没有什么作用。

（2）绩效管理体系尚未完善，还存在很多需要调整的地方。集团公司高层、中层和普通员工都没有正式的、书面的绩效计划。高中层管理者没有正式的、书面的培训发展计划；虽然成立了绩效考核委员会，但是并没有发挥作用；根本就没有对任何中层管理者进行过如何进行绩效考核的培训，频道、频率的管理人员大部分都是干业务上来的，对如何管理员工、如何进行绩效管理不是很清楚；对"在绩效考核后，要求管理人员与员工就绩效考核的结果进行面谈"没有正式的要求。

（3）大部分员工对绩效管理的满意度不高。对绩效计划的制订/目标设定、绩效考核的过程、绩效考核的方法、绩效考核结果的运用、绩效考核的实施效果、绩效辅导/反馈、培训发展计划的制订等的满意度都不高，认为较满意和满意的仅在 10% ~ 20%。

针对集团公司在绩效管理方面存在的问题，汪凯奇提出了他的改革方案。

其改革方案的核心是：在"效率优先，兼顾公平"、"岗位管理，绩效挂钩"、"分类考核、总量控制"的考核分配原则下，实行两级考核、两级分配。

首先，根据管理方式及各单位、部门实际运作情况的不同，将所属单位部门分为三类并实行分类考核。广播电视频道频率等单位主要考核各单位业务指标和经济指标；经营部门主要考核经济指标；综合管理部门主要考核业务和效能指标。

考核项目涵盖党建、政治导向、安全播出工作指标、业务指标、经济指标、效能指标等六方面内容。

（1）政治指标含导向正确，年内无宣传政治事故发生，考核实行一票否决制；党建指标含党支部目标管理，队伍建设、政治业务素质、文化作风建设等，年内全台党员干部、职工无违法违纪行为；安全工作指标（实行一票否决制），含播出、传输安全、消防安全、环境安全；业务指标含新闻宣传、节目生产、品牌建设、收视率、职能任务、安全播出；经济指标含广告或产业经营、成本控制；效能指标含执行力、满意度。

（2）考核指标由共性指标和职能指标组成，共性指标包括执行力、成本控制、党的建设、安全工作等，职能指标因各部门、各频道（率）业务、职能不同而有所不同。

（3）各考核项目在总体考核项目中所占的分值权重将依据各频道（率）、各职能部门职能的不同、所承担任务的不同、所占有资源的不同等而有所不同。

（4）各部门考核指标项目及其权重

各项指标分值合计为100分，80分作为集团目标考核的标准分。

①频道（率）目标权重

A. 党建指标：权重10%，主要考核各频道（率）队伍建设、职业道德建设、团队精神、工作纪律、环境安全、学习及文化建设等情况。

B. 业务指标：权重45%，分四项内容考核，即新闻宣传、节目生产、品牌建设与播出安全。

C. 经济指标：权重35%，分经营管理、成本费用控制两项内容。主要对创收、成本核算等进行考核。

D. 效能指标：权重10%，主要考核各频道（率）的执行力情况，对常规任务、临时任务的创新性执行能力。

②经营部门目标权重

经营部门指广告部和集团属企业。

A. 党建指标：广告部权重10%，集团属企业权重5%，考核各经营部门队伍建设、职业道德建设、团队精神、工作纪律、环境安全、学习及文化建设等情况。

B. 业务指标：权重20%，分四项内容考核，即新闻宣传、节目生产、品牌建设与职能任务（广告部没有业务指标）。

C. 经济指标：广告部权重70%，集团属企业权重70%，分经营管理、成本费用控制两项内容。主要对创收、成本核算等进行考核。

D. 效能指标：广告部权重20%，主要考核执行力和满意度两项内容，集团属企业权重5%，主要考核执行力。

③综合管理部门目标权重

综合管理部门主要包括：技术部门、后勤保障服务部门、办公室、总编室、人力资源部（目标考核办）、财务室、研究室、技术办、节目制作中心、播控中心、发射台（上行站）、物业中心。

A. 党建指标：权重15%，这项指标主要考核各部门队伍建设、职业道德建设、团队精神、工作纪律、环境安全、学习及文化建设等情况。

B. 业务指标：权重40%，分五项内容考核，即新闻宣传、节目生产、品牌建设、职能任务与播出安全，综合职能部门主要考察职能任务。

C. 经济指标：权重10%，考核成本费用控制。

D. 效能指标：权重35%，考核执行力和满意度两项内容。满意度指数是各综合职能部门的重要考核项目。

表1　集团各单位目标权重（%）

指标	频道、频率	广告部	集团属公司	综合管理部门
党建指标	10	10	5	15
业务指标	45	0	20	40
经济指标	35	70	70	10
效能指标	10	20	5	35

然后，各单位、部门在年初与集团签订相应的目标责任书，集团则按照

目标责任书对其进行考核并确定各单位、部门的分配总额。

最后，各单位、部门根据签订的目标责任书和相关要求制定本单位考核方法，完成分配总额在单位部门内的自主分配，最终实现两级考核、两级分配。

启动会最后顾总表示，此次改革将充分调动广大员工的积极性、创造性、提高部门的团队协作能力、凝聚力和竞争力，进而促进集团广播电视事业和产业的健康、快速发展，希望各单位、部门积极配合，认真贯彻落实。有了顾总的认可和支持，汪凯奇对这次行动信心十足，一场轰轰烈烈的考核分配制度改革拉开了帷幕。

3　遭遇滑铁卢

为保证此次考核分配制度改革的顺利进行，人力资源部成立了 3 个专项小组分别负责 3 类考核，并且将专员分配到各部门单位，保证各部门单位至少有一名专员协助完成此项工作。

由于行动前对各部门单位的考核办法做了大量讨论研究，其考核内容、考核分配方法、奖金分配额度等也基本敲定，因而三类考核方式的最终实施方案很快出炉，各部门、单位领导也纷纷签署了军令状。

依据各部门单位的绩效考核情况进行奖金分配。标准分为 80 分，60 分以下为不合格，60～79 分为合格，80～89 分为良好，90 分以上为优秀，总分前两名的年终确定优秀奖。综合部门设综合奖。针对不同档别，由集团绩效考核管理委员会提出奖励标准，报绩效管理考核领导小组确定奖励标准。

随后，按计划安排，专员们纷纷去了各自负责的部门报到并着手准备各单位的内部绩效考核分配方案。但出乎意料的是，就在专员入驻广播中心的第三天，广播中心的郑总监找到了汪凯奇，表示目标责任期内目标责任单位具有考核分配权，希望人力资源部不要插手此事。听闻此事，经济频道总监也找到汪凯奇表示："签署目标责任书后大家压力很大，加班加点一心想着怎么完成目标，根本没有时间协助你们制定没用的内部绩效考核方案啊。再者，要是因为你们的方案我们最后没完成目标谁负责啊。"还有的部门表示原来的绩效考核方案非常好，无须浪费时间重新撰写。越来越多的部门加入了反对行列，工作难以推进。

汪凯奇很纳闷，后来了解到大家因签订的目标过高而将矛头指向了此次改革的负责人。无奈之下，汪凯奇找到顾总，然而顾总的决定也出乎他的意料：既然各部门领导已经签了责任书，各部门内部考核可以由部门自己决定，人力资源部只要督办就可以了。这让汪凯奇顿时对满怀希望的改革失去了信心，情绪异常低落。最终决定由人力资源部专员协助各单位、部门制定考核分配方案，各单位、部门拥有自主权和最终决定权。

被授权之后，各单位、部门迟迟不着手此事，直到第一次季度考核时才匆忙出台了内部考核分配方案，有的部门则直接提交了改革前的考核方案。考核内容主要包括工作成果、工作能力、工作态度和品德表现四个方面，工作成果及工作能力的考核方式及考核指标因单位部门实际情况及具体岗位的不同有较大差异，工作态度及品德表现的考核指标则没有太大区别。工作成果一般根据客观资料评得，工作能力主要由直接领导、跨级领导评定，工作态度、品德表现由直接领导和同事评得。

各单位和部门的内部考核方案基本差不多，考核内容主要包括思想品德、工作能力能、工作态度和工作业绩等四个方面，重点考核工作实绩。

（1）思想品德：主要考核政治思想表现和职业道德表现，占10%。

（2）工作能力：主要考核业务能力、创新能力以及知识更新情况，占15%。

（3）工作态度：主要考核工作态度、勤奋敬业精神和遵守纪律情况，占15%。

（4）工作业绩：主要考核完成工作任务的数量、质量、效率，取得成果的水平以及效益，占60%。

各单位和部门在月底进行考核时，基本上是由领导凭自己的主观印象给每个员工打分，大多数领导认为：本部门大家干得都不错，都完成了领导交办的工作，因此每个员工的考核得分比较相近，如果硬要把员工分出个三六九等，很难。

4　无奈离职

深受打击后，汪凯奇转移了工作重心，再没有过多插手各部门单位内部考核的事。无权无责，本以为事情就这样结束了，谁知年底绩效考核完后，汪凯奇的办公室迎来了一批又一批的"客人"。

"汪总，我不是嫉妒曲琳，论专业知识我比她强，论现场把控力我比她强，可是最后她的能力考核成绩比我还高，就因为她跟领导关系好吗?"活动中心的小刘激动地说，"还有我们部门的吕峰，每天加班加点拼命工作，最后工作态度考核竟是我们部门垫底的，可气的是他的品德表现居然不及格。"

广告中心的小王气愤地找到汪凯奇:"年初主管说今年绩效考核第一名就可以升为部门副主管，为了这个职位我每天拼死拼活全年没有请过一次假，好不容易考核取得第一却被告知下个礼拜新来的肖副主管要上任了，据说关系很硬。汪总，这件事您必须得帮我解决啊。"

……

当初被排离在外现在却要听抱怨受指责解决麻烦，汪凯奇实在不想管，不过最后还是决定找各单位部门负责人了解情况解决问题。没想到大家要么说现在没时间以后再说吧，要么说一切都是按规定办事，还有的直接把责任推给人力资源部，只有两个部门认真处理了汪凯奇反映的问题。

"闹事"的人络绎不绝，简直要把汪凯奇的门槛踢破了。汪凯奇很是气愤，一肚子苦水不知往哪儿倒，最终他选择了离开。

Research on Performance Management
of A Radio and Television Group

Abstract: This case tells the story of Wang Kaiqi's high-profile join and lightning departure, the human resources manager of A radio and television group. A Radio and television group, a city radio and television group with more than 30 units and has a fast-growing. Wang Kaiqi, a human resource management expert who has twelve years, experience in foreign company. Coincidentally, Wang Kaiji joined A radio and television group which was in the reform, took the helm of the group human resources department and started to reform the distribution system. During his tenure, he experienced "the victory of two-stage assessment two level allocation", "blocked reform for meddling in the internal examination", "public's anger and departure".

Key words: Radio and Television Group; Human Resource Management; Performance Management

A 广播电视集团绩效管理研究

一、教学目的与用途

（1）本案例适用于人力资源管理课程。

（2）本案例适用对象：学过人力资源管理的硕士研究生或本科生，也可用于企业人力资源部门的内训。

（3）教学目的：案例通过对 A 广电集团人力资源考评现状的描述，帮助学生了解目前我国广电集团人力资源绩效管理存在的普遍问题，并引导学生通过大量查阅国内外关于人员绩效考评的理论与实践资料，运用绩效考评相关理论，对广电集团人力资源绩效考评体系的建立进行理论与实践的探讨。

二、启发思考题

（1）试分析此次考核分配制度改革中途遇阻的原因，改革失利与顾总、汪凯奇个人的关系有多大？

（2）部门单位内部考核制度及后来员工的投诉反映了 A 广电集团绩效考评过程中存在哪些问题？

（3）绩效管理是否等于绩效考核，A 广电集团在绩效管理中存在哪些问题？

（4）如果你是这个集团的人力资源部经理，你会怎么做？

三、分析思路

教师可以根据自己的教学目标（目的）来灵活使用本案例，这里提出本案例的分析思路，仅供参考。

（1）引导学生以汪凯奇在 A 广电集团的命运起伏为主线，按照时间顺序，依次分析期间发生的故事及出台的规定方案等，注意思考以下几个问题：

①顾总选择汪凯奇掌舵集团人力资源部是正确的抉择吗？改革的失败与汪凯奇个人有多大关系，与顾总个人又有多大关系？

②分配考核制度改革为何中途遇阻？

③"工作成果+工作能力+工作态度+品德表现"的考核方法科学吗？

④人力资源部"客人"的言辞反映了什么？

（2）在对整个案例进行简单梳理后，结合相关理论，按绩效管理的科学流程审视 A 集团的绩效考评过程。考察各部门单位准备工作是否充分、考评目的是否明确、考核项目设置是否科学、有无绩效沟通指导、评估过程是否公平、考评结果是否进行了反馈等，从而明晰 A 广电集团在绩效管理中存在的问题。

四、理论依据与分析

1. 绩效管理理论

绩效管理：是指各级管理者和员工为了达到组织目标共同参与的绩效计划制订、绩效辅导沟通、绩效考核评价、绩效结果应用、绩效目标提升的持续循环过程。绩效管理的目的是持续提升个人、部门和组织的绩效。

绩效管理的作用：可以为人员培训与开发、员工报酬奖励、员工提升和晋级、员工配置提供依据，促进基础管理的健全与完善。

绩效管理的流程：

（1）绩效管理的准备阶段

①选择绩效评价者。对评价者的要求是有时间和机会观察员工的工作情况；有能力将观察结果转化为有用的评价信息；有动力提供真实的员工业绩评价结果。

②选择绩效考评方法。

③选择员工绩效考评标准，确定各类人员绩效考评要素（指标）和标准体系。

④确定考评时间及工作程序，制订考核计划和标准、工作绩效的监控测定和记录、考核结果的分析与评定、结果反馈与采取措施纠正。

（2）绩效管理的实施阶段

①收集信息与资料，积累客观数据、人力资源管理资料和评判数据。

②绩效沟通与管理。明确工作绩效的目标和要求，确定实现绩效目标的具体步骤、措施和方法，建立良好的监控体系激励员工达到目标，当员工工作中遇到困难时给予必要的指导。

③建立员工绩效评审系统对员工进行考核，保证考评的公正性。

④反馈考评结果。

2. 绩效管理与绩效考核

绩效管理是员工和经理就绩效问题所进行的双向沟通的一个过程。在这个过程中，经理与员工在沟通的基础上，帮助员工订立绩效发展目标，然后通过过程的沟通，对员工的绩效能力进行辅导，帮助员工不断实现绩效目标。在此基础上，作为一段时间绩效的总结，经理通过科学的手段和工具对员工的绩效进行考核，确立员工的绩效等级，找出员工绩效的不足，进而制订相应的改进计划，帮助员工改进绩效提高中的缺陷和不足，使员工朝着更高的绩效目标迈进。

绩效考核是对员工一段时间的工作、绩效目标等进行考核，是前段时间的工作总结，同时考核结果为相关人事决策（晋升、解雇、加薪、奖金）等提供依据。

（1）两者之间的区别

绩效管理是一个完整的系统，绩效考核只是这个系统中的一部分；绩效管理是一个过程，注重过程的管理，而绩效考核是一个阶段性的总结；绩效管理具有前瞻性，能帮助企业和经理前瞻性地看待问题，有效规划企业和员工的未来发展，而绩效考核则是回顾过去一个阶段的成果，不具备前瞻性；绩效管理有着完善的计划、监督和控制的手段和方法，而绩效考核只是考核的一个手段；绩效管理注重能力的培养，而绩效考核则只注重成绩的大小；绩效管理能建立经理与员工之间的绩效合作伙伴的关系，而绩效考核则使经理与员工站到了对立的两面，距离越来越远，制造紧张的气氛和关系。

（2）两者之间的联系

绩效考核是绩效管理的一个不可或缺的组成部分，通过绩效考核可以为企业绩效管理的改善提供资料，帮助企业不断提高绩效管理的水平和有效性，使绩效管理真正帮助管理者改善管理水平，帮助员工提高绩效能力，帮助企业获得理想的绩效水平。

3. 目标管理理论

（1）目标管理

目标管理是以目标为导向、以人为中心、以成果为标准，而使组织和个人取得最佳业绩的现代管理方法，是指在企业个体职工的积极参与下，自上而下地确定工作目标，并在工作中实行"自我控制"，自下而上地保证目标实现的一种管理办法。

目标管理有助于改进组织结构的职责分工，调动员工的主动性、积极性、创造性，促进意见交流和相互了解，改善了人际关系。但在实际操作中，由于组织内目标的不可量化和组织环境的多变性使得组织活动的不确定性越来越大，目标越来越难以制定。

（2）推行目标管理的条件

①推行目标管理要有一定的思想基础和科学管理基础。要教育员工树立全局观念、长远利益观念，正确理解国家、公司和个人之间的关系。因为推行目标管理容易滋长急功近利、本位主义倾向，如果没有一定的思想基础，设定目标时就可能出现不顾整体利益和长远利益的现象。科学管理基础是指各项规章制度比较完善，信息比较畅通，能够比较准确地度量和评估工作成果。这是推行目标管理的基础。而这个基础工作是需要长期的培训和教育才可以逐步建立起来的。

②推行目标管理的关键在于领导。领导对各项指标都要心中有数，工作不深入，没有专业的知识，不了解下情，不熟悉生产，不会经营管理是不行的，因而对领导的要求更高。领导与下属之间不是命令和服从的关系，而是平等、尊重、信赖和相互支持。领导要改进作风、提高水平、发扬民主、善于沟通，在目标设立和执行过程中，都要善于沟通，使大家的方向一致，目标之间相互支持。

③目标管理要逐步推行、长期坚持。推行目标管理需要许多相关配套工作，如提高员工的素质、健全各种责任制、做好其他管理的基础工作、制定一系列的相关政策。这些都是企业的长期任务，因此目标管理只能逐步推行，而且要长期坚持、不断完善，才能达到良好的效果。

④推行目标管理要确定好目标。一个好的目标是切合实际的，通过努力可以实现的（不通过努力可以实现的目标，不算好目标）。而且一个好的目标，必须具有关联性、阶段性，并兼顾结果和过程，还需要数据采集系统、差距检查与分析、及时激励制度的支撑。

⑤推行目标管理要注重信息管理。目标管理体系中，信息的管理扮演着举足轻重的角色，确定目标需要获取大量的信息为依据；展开目标需要加工、处理信息；实施目标的过程就是信息传递与转换的过程。信息工作是目标管理得以正常运转的基础。

（3）目标管理的八个过程

①从战略制定到战略目标的过程。企业经营战略为首，没有战略就没有发展。目标管理首要的是目标的制定，而这个目标必须围绕战略需要进行科

学设定。从战略到目标是一个从意图到明确的过程，没有这个过程，战略只能是一种意图、一种打算，在一定程度上没有目标支撑的战略也只能是设想。有了目标，战略就有了清晰的目的和方向。因此，制定目标的依据必须是战略。没有脱离战略的目标，也没有没有目标的战略。两者既是从属的关系，又是相辅相成的关系，缺一不可。

②从战略目标到战略计划的过程。一般来说，凡是战略目标都有简单明了的特点。作为战略目标，还只是一个"纲"。要想"纲举目张"，还必须把简单的战略目标用计划的形式将其相对具体化。这个具体的过程就是战略计划的制订。计划相对目标而言更加具体，有组织、有时间、有步骤、有途径、有措施，甚至有方法。这是一个把目标"翻译"成"实施"的转变。没有战略实施计划，目标再明晰，砧板上的鲜肉也不可能自动变成美味佳肴。这一过程要考虑的事情很多，但最重要的是资源配置。离开资源问题，计划再详细也是无法实施的。

③从战略计划到目标责任的过程。计划有了，谁来执行？这是计划实施的关键。但是，有人执行却没有责任也是枉然。因此，最关键的还是目标责任以及目标责任人的问题。目标责任就是对目标达成与否的功过承载，责任人就是承载这种功过的具体人。没有责任体系和责任保障，再好的计划也会落空。因此，计划一旦制订，随之而来的就是一定要落实责任人。这个责任体系应该是全员、全方位、全过程的。正所谓"千斤重担人人挑，人人身上有指标"。

④从目标责任到目标实施的过程。责任落实到位以后，就是带着责任进行目标的实施了。应该引起高度注意的是，在责任—实施的转换过程中，要讲求把责任量化成一个个可操作、可实现、可考量的具体目标，这种目标的设定和实施，一定要突出如下要点：目标是具体的、可以衡量的、可以达到的、具有相关性的、具有明确的截止期限的。

⑤从目标实施到目标督导的过程。在目标实施中，为了确保目标的达成，还必须加强实施过程的督导。督，就是对实施情况予以监督；导，就是在实施中予以必要的指导。光有监督也不行，还必须有指导，指导的目的在于实现途径的引导、思想情绪的疏导、不佳行为的训导、偏执行为的劝导、知识能力的教导。一句话，就是要最大限度地挖掘潜力、激发热情，使管理过程、人员、方法和工作安排都围绕目标运行；进而发挥人的积极性、主动性和创

造性。

⑥从目标督导到目标实现的过程。目标的实现,按组织层级分类可以划分为整体目标、部门目标、班组目标、个人目标。按专业系统分类可以划分为管理目标、生产目标、营销目标、财务目标、技术目标,等等。如果说督导的过程是以人为本的目标管理,那么,目标实现的过程分类就是客观实际的科学保证。

⑦从目标实现到目标评价的过程。目标实现之后,并不等于过程的完结,还必须进行另一个过程——从目标实现到目标评价。这里有三点必须进行评价:一是评价实现目标的各种资源使用情况,比如多少、优劣等;二是实现的目标是否还有弹性空间,比如是否可以当作基准、是否可以更加先进、是否可以保持相对稳定等;三是所实现的目标对于可持续发展能否带来推动和促进。

⑧从目标评价到目标刷新的过程。以终为始是目标管理的最高境界。因此,从成果评价到目标刷新,也是一个自我超越的过程。经过评价的目标成果,正是新的目标管理的开始。它是依据、是基准、是下一个目标的平台。能否超越原来已经实现的目标,这在很大程度上反映了一个企业、一个领导者的雄心。当然,"大跃进"是不客观的,"冒进"更是危险的,但是,"不进则退"也是必然的。所以,哪怕是百分之几或者百分之零点几的超越都是企业的进步。或增加,或递进,都要根据企业的实际进行选择性的刷新。

4. 目标设置理论

美国马里兰大学管理学兼心理学教授洛克和休斯在研究中发现,外来的刺激(如奖励、工作反馈、监督的压力)都是通过目标来影响动机的。目标能引导活动指向与目标有关的行为,使人们根据难度的大小来调整努力的程度,并影响行为的持久性。于是,在一系列科学研究的基础上,他们于1967年最先提出"目标设定理论"(Goal Setting Theory),认为目标本身就具有激励作用,它能把人的需要转变为动机,使人们的行为朝着一定的方向努力,并将自己的行为结果与既定的目标相对照,及时进行调整和修正,从而实现目标。这种使需要转化为动机,再由动机支配行动以达成目标的过程就是目标激励。目标激励的效果受目标本身的性质和周围变量的影响。

许多学者做了进一步的理论和实证研究,如尤克尔和莱瑟姆认为,目标设置应与组织成员参与、注意个别差异和解决目标艰巨性等因素结合运用,并提出了目标设置的综合模式；班杜拉和洛克等人则认识到目标对动机的影响受自我效能感等中介变量的影响；德韦克及其同事在能力理论基础上，区分了目标的性质，并结合社会认知研究的最新成果，提出了动机的目标取向理论，等等。

洛克和莱瑟姆设计了一种个体目标设置与绩效的复杂模型，从该模型可以看出导致个体高绩效水平的变量及其关系。该模型的基本观点是把目标看作一种激励因素，因为它可以让人们对目前的绩效与期望达到的目标进行比较。从某种程度上说，人们一般会认为，如果他们目前的水平还达不到目标的要求，他们就不会感到满足。但只要他们相信，通过努力是可以达到目标的，他们就会努力工作并实现目标。制定目标能够提高自己的绩效水平，因为目标可以使所期望的绩效类型和水平变得更加明确。

五、关键要点

（1）实施绩效考评可能是广电集团人力资源管理中最为棘手的任务。有调查表明，80%以上的公司对其绩效评价制度不满意。绩效考评经常被视为令人沮丧和困惑的活动，对其修订和实施都是一个艰难的过程，有的管理权威甚至把绩效考评过程称为管理的"七大致命疾病"之一。

（2）绩效管理不等于绩效考核，绩效管理是各级管理者和员工为了达到组织目标共同参与的绩效计划制订、绩效辅导沟通、绩效考核评价、绩效结果应用、绩效目标提升的持续循环过程。而绩效考核是一个不断制订计划、执行、改正的 PDCA 循环过程，体现在整个绩效管理环节，包括绩效目标设定、绩效要求达成、绩效实施修正、绩效面谈、绩效改进、再制定目标的循环，这也是一个不断地发现问题、改进问题的过程。绩效考核是绩效管理过程中不可缺少的组成部分。

（3）绩效考核过程中，要注意考核制度的公开开放性、考核指标的科学可衡量性、评估过程的公开公平性及后期反馈的及时有效性等问题。

（4）目标管理是企业自上而下地确定工作目标，并在工作中实行"自我控制"自下而上地保证目标实现的一种管理办法。实施过程中，要注意将目标层层分解责任到人，设置的目标既要有挑战性又要有可行性。

六、建议的课堂计划

本案例可作为专门的案例讨论课来进行。以下课堂教学建议，仅供教学参考。

整个案例课的课堂时间控制在 70 分钟。

1. 课前计划

提出启发思考题，请学员在课前完成阅读和初步思考。

2. 课中计划

（1）简要的课堂前言，明确主题（5 分钟）；

（2）分组讨论（20 分钟）；

（3）告知发言要求，小组发言（每组 5 分钟，控制在 30 分钟）；

（4）引导全班进一步讨论，并进行归纳总结（15 分钟）。

（孟庆顺、刘长迎、兰松敏、李寒笑、吴迪，《人力资源管理》案例编写组）

放松、坚守与整合
——Ofcom 十年政策变迁分析

摘要： 随着媒介融合进程的加速，许多欧美发达国家的媒介规制机构出现了"规制融合"的浪潮。英国通信管理局 Ofcom 是融合规制机构的典型代表，对 Ofcom 的规制模式进行梳理和分析，对传媒政策等课程的教学及对中国传媒政策的实践都有重要价值。

自 2003 年成立以来，Ofcom 充分发挥集中规制的优势。一方面坚持促进投资和竞争，积极发展通信产业，保持英国通信业的良好运行；另一方面支持公共服务，保证英国通信业的高质量服务，坚守为消费者和公民服务的核心理念，维护消费者和公众的利益。

本案例旨在为传媒政策等课程中对媒介规制相关问题的分析提供素材。

关键词： Ofcom；媒介规制；传媒政策

引言

2014 年 4 月 30 日，Ofcom 的首席执行官 Ed Richards 在伦敦电信规制论坛（Telecoms Regulation Forum）上发表了题为《理解未来三年通信规制图景》的演讲。作为 Ofcom 的首席执行官，Ed Richards 已经是论坛的常客了。这次，他主要探讨的是通信业规制在未来可能遇到的挑战。从 Ed Richards 的演讲中可以看到，投资、竞争以及消费者利益依然是 Ofcom 规制政策的核心点，也是未来规制的难点。

就在 Ed Richards 发表演讲不久前，Ofcom 公布了 2013—2014 年度报告以及 2014—2015 年度工作计划。不管对 Ofcom 还是对 Ed Richards 来说，2014 年都是具有特殊意义的一年，因为这已经是 Ofcom 正式行使规制职能以来的第十个年头了，而这也是 Ed Richards 担任 Ofcom 首席执行官（CEO）的最后一年了。从 2003 年进入 Ofcom，到 2006 年担任 CEO，到 2014 年即将退休，Ed Richards 见证也领导了 Ofcom 的一系列重要规制政策，如 4G 网络建设、低价策略、公共广播服务和数字化改革，等等。

作为英国唯一的融合性通信规制机构，Ofcom 自诞生起就吸引了众多目光，Ofcom 也确实在推动英国通信业的发展方面发挥了不可替代的作用。2006 年，欧洲电信协会对不同国家电信市场的竞争程度及其对新进入企业的开放性进行了调查，结果认为 Ofcom 是欧洲表现最佳的规制机构，Ofcom 也被业界认为是最具前瞻性的规制机构之一。在媒介融合不断加深的时代背景下，Ofcom 的融合规制模式具有重要的探讨价值。

1 成立背景

英国电信业起步较早，发展水平很高。1984 年 4 月，英国议会通过了 1984 年电信法，并依法成立了 OFTEL（电信规制机构）；8 月，英国电信公司（国营）改为 BT（英国电信股份公司）。1984 年 11 月和 1991 年 12 月，英国政府相继出售 BT 公司的股份，使得英国最大的电信公司整体股份化。BT 公司股份制改革的深入和英国电信行业市场竞争的加剧对英国的电信规制机构提出了更高的要求。而随着新技术新业务的发展，电信、广播电视、计算机三网融合的趋势愈加明显，电信规制体制需要做相应的调整。2003 年 7 月 1 日，英国议会批准了通信法草案（Communications Bill），产生了 2003 年通信法。2003 年通信法取代了 1984 年英国电信法，成为英国电信规制的根本性法律文件。

总的来说，2003 年通信法的目的，是要在广播电视与通信不断融合的进程中促进英伦三岛通信业的竞争、投资的增加，使之变成世界上最具活力和竞争力的产业；其基本原则是要保证公众享有高质量的服务，坚持公共服务，促进竞争，放松投资限制。

根据 2003 年通信法，在管理机构上，英国政府将原有的五个对广播电视、电信、频谱进行分类管理的政府机构（见图 1）——电信管理局（OFTEL）、无线通信管理局（RCA）、无线广播局（RA）、广播节目标准委员会（BSC）和独立电视委员会（ITC）——整合成一个新的规制机构，即英国通信管理局（Office of Communications，Ofcom）。Ofcom 的监管范围大到电信业、广播电视业及其技术标准，小到电子邮件、电视、电台广播以及互联网等所有电子媒体，成为真正意义上的超级管理机构，这极大地便利了政府对日益融合的广播电视和通信领域实施较全面的规划和管理。2003 年 12 月 29 日，Ofcom 成立，2004 年 1 月 1 日，Ofcom 接替 OFTEL 等机构，开始正式行使其规制职能。

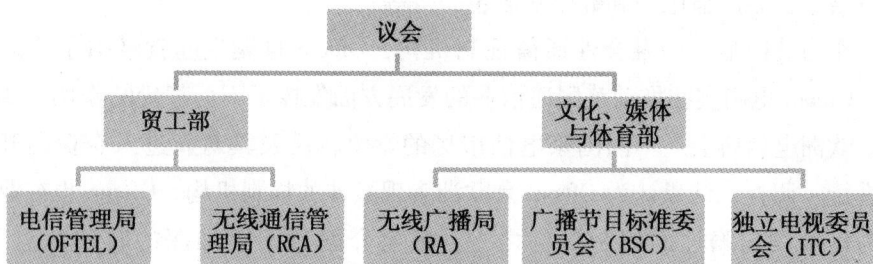

图 1　Ofcom 成立前的规制架构

英国媒体规制体系采取公共、私营双轨模式，Ofcom 的主要规制领域是私营媒体。从图 1 和图 2 可以看到，Ofcom 成立以前，私营广播电视、电信、无线电业务分属文化、媒体与体育部和贸工部管理，涉及原广播标准委员会、独立电视委员会、电信办公室、无线广播局、无线传播管理局五个机构，管理分散。Ofcom 直接对议会专门委员会（该议会专门委员会同时负责英国贸工部和文化、媒体与体育部的有关事务）负责。监管私营媒体的 Ofcom 与监管公营媒体的 BBC 董事会、英国电影分类委员会、公平交易办公室和威尔士第四频道委员会组成一个并行的规制体系。

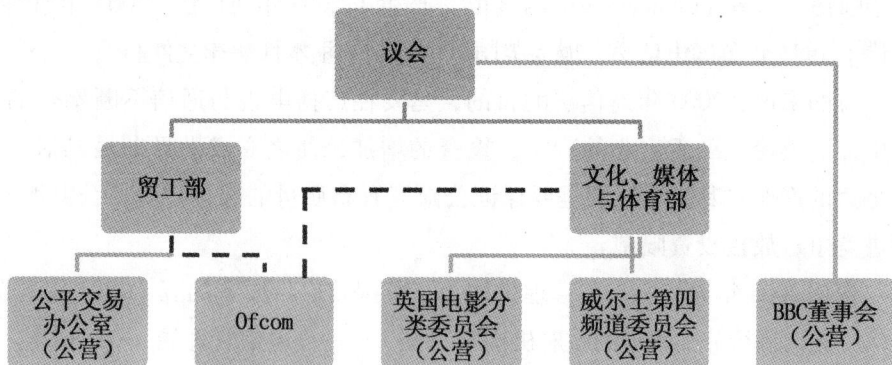

图 2　Ofcom 成立后的规制架构

2 机构设置[1]

作为一个融合性规制机构，Ofcom 的机构设置从一开始就打破了原来电信、广电、无线电传播业务管理上的分散性，体现出融合治理的思路。Ofcom 分设董事会、执行层、董事委员会、咨询委员会四大部门，全面负责电信、广电、无线电的规制业务。

2.1 Ofcom 董事会

Ofcom 董事会（the ofcom board）负责提供战略方向。董事会由 10 名董事组成，包括主席以及由内阁部长提名的非执行董事、首席执行官以及从 Ofcom 雇员中任命的其他执行董事。

历史上的广播、电信和频谱都由政府任命的委员会、总干事和政府机构管理规制。Ofcom 治理结构与其不同。相反，它基于一种更为商业界所熟悉的模式。董事会包括主席、执行及非执行董事。行政官员负责组织运行、接受董事会质询。董事会和执行层均接受多个咨询机构的建议和意见。董事会提供战略方向，是负责 2003 年通信法实施的主要的法定工具。该董事会由马里波恩的科里勋爵担任主席，包括行政长官和其他行政官共计 9 人。至少每月召开一次例会，日程和会议纪要定期发表在 Ofcom 的网站上。

董事会具有中央管理功能，负责监督行政部门对一般义务和具体的法定职责的履行；维持 Ofcom 作为公共服务机构的黏合性；董事会还负责监督整体财政和资金支出。董事会行为以集体的方式进行。作为负责战略方向的机构，董事会及其成员将遵循以下原则：董事会实行集体负责制，相互寻求支持和尊重；董事会成员取得所有必要资料，以确保激烈辩论，并做出有效的决策；在所有情况下，所有成员将被视为已同意所有决定；外部压力不会改变董事会程序；董事会成员针对表决结果做出的行为、反应，在 Ofcom 内外一致；少数派意见（针对既定决定的反对意见除外），可被要求做出解释和具体说明；如果董事会成员辞职，他或她可以陈述分歧的基本方面，但不得公开复述其他董事会成员的论点。

---

[1] 新闻传播学案例库. 从分散走向融合——英国私营广播电视和电信管制变化 [OL]. [2008-06-26]. 211. 71. 215. 185/ChuanMeiJingJi/content/2008-06/26/content_ 1267. htm.

2.2 Ofcom 执行层（ofcom executive）

（1）行政委员会。行政委员会（executive committee）是负责行政的高级执行小组，负责 Ofcom 的监督管理。其核心任务是制定发展方向、进行财政和行政决策的执行和监督。其决策责任仅限于管理政策（如人力资源政策）。其成员还负责保证 Ofcom 内部不同部门高层在相关领域的沟通，包括业务和政策的重叠领域。行政委员会定期接收管理信息，包括来自个业务部门的最新信息；审查委员会的议程，处理延伸领域事物（如公开发表声明、政策或个案的处理、负责媒体和利益相关事件）和内部沟通。

（2）政策行政官。政策行政官（policy executive）负责 Ofcom 的总体施政纲领，并提供了一个论坛，讨论政策，监督和验证；在政策和文件提交 Ofcom 委员会、内容委员会、其他咨询委员征询意见或提交批准前，提供有效的预先评论。

（3）运营委员会。运营委员会（operations board）。管理的业务范围包括牌照发放、区域运作、担当 Ofcom 的联络中心以及 Ofcom 信息策略机构。代表执行委员会，支持、引导、改善 Ofcom 的经营管理业绩；对 Ofcom 的运营和信息战略进行改造。运营委员会直接对行政委员会做报告。业务局重点关注以下几方面的工作：作为委员会纲领的督导小组，保证纲领统一性，提出牌照变更方案，提出地区业务转型方案；作为资本投资考核部门，监督所有财政支出（物业、车辆、装备）；监察各部门职员的业务表现。此外，审查三个主要业务小组，每季进行深度业务评估。

（4）高级管理小组。高级管理小组（senior management group）由高级职员组成（包括行政委员会委员），他们在 Ofcom 内部起到领导者的作用，以在组织内部发挥关键性的带头作用，并在外部代表 Ofcom。最高管理小组每月召开一次会议，以分享组织信息，并对当前问题进行磋商，但最高领导小组不具有决策权。

2.3 Ofcom 董事委员会（ofcom board committees）

（1）内容委员会。内容委员会（the ofcom content board）负责规管电视及电台的质量和标准。

（2）社区电台基金小组。2003 年通讯法第 359 条规定，社区电台基金小组（community radio fund panel）可以对即将成立的符合补助标准的社区电台提供资金补助。

（3）内容制裁委员会。内容制裁委员会（the content sanctions committee）负责处理 Ofcom 执行官依据法定程序移交的有关传播内容的案件。

（4）电台牌照委员会。电台牌照委员会（the radio licensing committee）由委员会授权处理有关电台（音响）的广播许可证事宜。

（5）公正委员会。公正委员会（the fairness committee）负责广播领域的涉及公平和隐私内容的投诉。

（6）选举委员会。选举委员会（the election committee）处理围绕电台、电视关于政党选举报道的内容配额、时段安排、持续时间的争论，并酌情应用公正原则。

（7）审计委员会。审计委员会（the audit committee）在其独立的主席领导下，监测和审查 Ofcom 内部控制制度的有效性、会计账目和报告的一致性，监督其内部和外部审计。

（8）薪酬委员会。薪酬委员会（the remuneration committee）进行从业人员的薪酬及服务的咨询，监督薪酬条款和条件的制定。

（9）非执行委员薪酬委员会。非执行委员薪酬委员会（the non-executive member remuneration committee）负责检查委员会非执行委员的费用及报酬，并对贸易和工业部、文化媒体和体育部提出建议等。

2.4 Ofcom 咨询委员会（advisory committees）

（1）消费者事务咨询小组：向 Ofcom 提出其所规制市场消费者利益的建议。

（2）老人、残疾人咨询委员会：为有关老年人和残疾人的利益提供咨询和意见。

（3）国家咨询委员会：为独立咨询委员会，涉及国家在苏格兰、威尔士、北爱尔兰和英格兰的通信责任。

（4）频谱咨询委员会：对有关战略频谱管理问题提出独立意见。

3 规制政策

3.1 Ofcom 的规制理念

20 世纪 70 年代以后，欧美等世界经济强国出现了经济滞涨的危机，规制政策开始由强调政府干预转向强调自由市场，在电信、能源、金融和传媒等诸多行业出台了许多放松规制的政策。1979 年，撒切尔夫人当选为英国首相后，随即开始推行大刀阔斧的国企私有化和市场化改革，随后的几届政府也延续了撒切尔时代的自由市场理念。这一政策导向不可避免地波及到通信业，也影响了对通信行业的规制理念。

随着市场化的深入，强调经济效益和技术效率的电信规制传统依旧保持强势，反对过度干预和促进投资竞争的政策不断出台，这一规制理念也不断渗透到整个通信行业。同时，强调社会利益和公共服务的广电规制传统也改变了原有的内涵，开始重视受众意见，关注消费者利益，在保证 BBC 的公共服务的前提下，开始探讨市场环境中如何实现为公共利益服务的问题。

3.1.1 根据 2003 年通信法，Ofcom 的规制规则

（1）Ofcom 依年度计划和既定政策目标进行规制，年度计划须表述清晰、接受公众检验。

（2）当市场机制无法达成公共政策目标时，Ofcom 根据其法定任务介入。

（3）Ofcom 反对过度介入，但在需要介入规制时，会快速、坚决、有效地执行规制。

（4）在审议和形成结果过程中，Ofcom 将努力保证遵循"循证性"（evidence-based）、"平衡性"（proportionate）、"一致性"（consistent）、"可衡量性"（accountable）及"透明性"（transparent）原则。

（5）以最低侵扰性（least intrusive）规制机制达成政策目标。

（6）Ofcom 将对市场进行持续性研究，保证立于科技前沿。

（7）Ofcom 在推出规制措施之前，将广泛征询相关利益群体（stakeholders），在对相关市场实行规制前进行预先规制效果评估。

3.1.2 根据 2003 年通信法，Ofcom 对不同性质和职能的广电机构采取三层治理结构分类治理

（1）第一层次称为"公共规制"，包括节目标准、广告标准和公平原则，并对受众投诉和节目格调、品位等问题也做了相应规定。

（2）第二层次称为"共同规制"，主要涉及广播电视播出节目的数量和比例，确保可量化的公共服务，包括各种类型节目比例，地区性节目、原创性节目等的比例，新闻、时事和科教类节目的比例。

以上两个层次针对所有广电机构，主要体现在广播电视节目播出的质和

量上。Ofcom 根据是否正确、是否有害、是否中立、是否公正、是否侵权等各项标准，对广播电视节目内容进行衡量，凡是不符合此标准的节目一律不予以播出。要求广播电视不仅播放高质量的新闻和科教等类型的节目，还要求考虑残疾人的权益。

（3）第三层次称为"自主规制"，主要针对商业性公共广电机构，要求商业广播电视机构根据有关法律对无法量化的定性的东西进行自律，每年提交年度报告，自我评估每年所承诺的公共服务义务的履行情况。根据 2003 年通信法，Ofcom 每 5 年对广播电视机构进行一次评估，重点考核：是否提供了公共服务，是否提供了多样化的节目，是否满足了各类不同群体的喜好和需要，是否提供了公正平衡的服务，是否提供了高质量、高标准的节目。凡是达到这一要求和标准的，均可以继续经营，否则将会被吊销执照或罚款。

另外，在电视中播出电影，要根据英国电影局 BFI（British Film Institute）所制定的分级标准来进行限制，如果电影分级还有不符合电视播出的内容，要适当地采用播前告知和调整分级等级的办法；而广告的规制则"外包"给了一个民间独立机构——广告标准局 ASA（Advertising Standards Authority）。这种互相合作、互为补充的规制方式，取代了以往的各个机构分开管制，避免了重复规制和规制冲突等弊端。

总之，一方面 2003 年通信法规定 Ofcom 反对过度介入、遵循最低侵扰性机制实施规制，确保市场发挥较大的作用；另一方面对广电机构采取三层治理模式，Ofcom 充分发挥了融合规制集中规制的优势，把商业性广电机构也纳入到公共服务规制的体系中来，促进形成了一个多层次、多元化、多样性、相互竞争和补足的复合型公共广电体系[1]。

3.2　Ofcom 的融合规制之路

基于上述规制理念，Ofcom 自成立以来，充分利用集中规制的优势，履行自身职责，促进有效竞争，提供更好的通信服务，保护英国消费者和公民在通信领域的利益。

3.2.1　放松通信市场的管制

规制政策并不是一刀切，Ofcom 的原则是在 BT（英国电信股份公司）权

---

[1]　胡正荣，李继东．广播电视公共服务、政治理念与社会实践［J］．媒介公共服务理论与实践，2007.

力较大的市场，采取加强管制的策略，而在竞争良好的市场，采取放松管制的策略。

英国固话零售市场一直由 BT 主导，2009 年 9 月，Ofcom 解除了这一市场最后一个零售管制，结束了 BT 主导的局面，TalkTalk、维珍媒体、天空等其他供应商纷纷出现，与 BT 展开竞争，并且向消费者提供更低的零售价格。在这种竞争市场环境下，BT 也开始提供折扣服务。这是 Ofcom 放松管制的典型例子。

除此之外，宽带市场也出台了一系列管制政策，比如固网接入批发市场同样存在被 BT 公司 Openreach 部门控制的瓶颈，因此，Ofcom 的职责是对 BT 公司向其批发客户收取的价格进行监管。2009—2010 年，Ofcom 制定了新的价格策略，允许其他运营商通过 BT 的网络提供固网接入服务，BT 也可以从中收取回报。2012 年这一策略初具成效，越来越多的供应商可以提供宽带和电话服务，消费者对电信供应商有了更多的选择。

在付费电视市场，Ofcom 同样出台了一系列政策以促进竞争。2010 年，经过了三年的调研、三次独立的公共商讨和详细的付费电视市场分析，Ofcom 决定要求天空电视台向其他付费电视运营商转让一些付费体育频道，从而使得优质的体育内容可以通过更多的电视平台播出，开拓更多创新性的付费电视服务。2011 年，这一干预初具成果：观众能够从更广泛的电视平台上观看顶级足球联赛，并能够从全新的电视包中获益。

放松管制政策是 Ofcom 的核心政策之一，目的是促进市场投资和竞争，以便为消费者提供更多的选择和更好的服务。

3.2.2 鼓励通信市场的投资

2008—2009 年经济危机之后，英国经济持续衰退，不利于市场投资和发展，Ofcom 的工作进入了新的阶段：支持和发展竞争，促进必要的投资以发展新一代的网络及通信服务。该政策主要针对电信行业，尤其是鼓励投资建设新一代网络。这一政策的实施正是得益于对通信市场管制的放松，允许更多竞争力量进入到通信市场，这也显示出 Ofcom 统一规制的优势，保证政策合理对接、有效执行，避免规制冲突等问题。

2009 年 3 月，Ofcom 发布了关于超高速宽带网络建设的声明，Ofcom 将通过清理规制障碍来促进投资，允许企业投资超高速宽带网络。在政策支持下，维珍媒体开始投资超高速网络，英国电信业宣布了一项重要的投资计划，一些小公司开始发展地方性和区域性网络，通信市场在经济处于周期性衰退时期依旧出现了投资热潮。

3.2.3　坚守通信行业的社会效益

保护消费者和公民的利益是 Ofcom 的核心原则，不管是在电信领域还是在广电领域，Ofcom 始终坚持这一原则，承担社会责任，维护公共利益。

（1）为消费者利益服务

Ofcom 为保护消费者的利益出台了一系列规制政策。

①电信市场

严格执法，打击不当销售和骚扰电话。2009—2010 年，Ofcom 推出了新的法规以解决移动和固话的非法销售服务，杜绝欺骗和误导的销售手法，同时采取罚款等措施保护消费者免受骚扰电话的困扰。Ofcom 报告指出，自新规出台后，对非法销售的投诉明显下降，而且人们接到骚扰电话的数量显著减少。

降低通信服务的整体价格。据 Ofcom 调查，英国手机价格在 2009 年 7 月到 2010 年 7 月下降了 8%，与其他国家相比更为合理，固话价格同样比其他国家低，一些运营商也推出优惠的通话套餐，尤其是采取措施解决在国外高昂的通话费用，以提供更好的通信服务。2011—2012 年，Ofcom 禁止运营商与已经签约的顾客自动续约合同。通过协商，运营商降低了消费者提前解约合同的违约费用。2013 年，Ofcom 进一步出台政策以解决中期合同价格上涨的问题。

采取措施使宽带速度更透明。2009—2010 年，通过广泛调研，Ofcom 发布了自愿行为准则（Voluntary Code of Practice），要求互联网公司提供真实的网速信息，这样消费者可以货比三家，对他们想要的服务以及由谁来提供这种服务做出明智的选择。据 Ofcom 调查，宽带速度从 2010 年 5 月的 5.2 Mbit/s 上升到了 2010 年 10 月的 6.2 Mbit/s，消费者正享有越来越快的网速。2010 年，Ofcom 引进了强化版的自愿行为准则，保障消费者得到更清晰、准确、持续的关于宽带网络的信息，同时也促进各供应商改善其服务。2011 年，Ofcom 向消费者提供了许多新的信息来源，诸如关于消费者投诉、实际宽带速度等问题，以便他们做出更明智的决策。

此外，为了促进超高速宽带市场的竞争，Ofcom 降低了消费者更换超高速宽带供应商的费用。Ofcom 也减少了 BT 和消费者新更换的供应商之间的合同的最低期限。通过这些改变，Ofcom 期望降低超高速宽带服务的零售价格，使消费者能更容易地更换服务供应商。

②频谱管理

早在 2005 年，Ofcom 就进行了第一次频谱管理的战略评估，随着数位转换的完成、4G 频谱的拍卖、手机许可证的开发，最初制定的规划将逐步完成。为了应对新的挑战，如移动宽带的增长、无线联网设备的增加、公用频谱技术的发展等，Ofcom 又制定了关于广播、移动宽带、节目制作及专用事项（Programme Making and Special Events，PMSE）[1] 等领域的未来十年的规制。在频谱管理方面，Ofcom 更多关注的是频谱发展为用户带来的服务，而不是把政府收益作为第一目标，典型例子是对 4G 频谱的拍卖。

2012 年 7 月 24 日，Ofcom 公开发布 4G 频谱拍卖计划，并预告 4G 频谱拍卖将会在 2012 年年底举行。各个运营商拍得频谱后，同时即可获得利用该频谱推出 4G 网络的资格。本次将要拍卖的频谱总量较大，预计将达到目前英国所有运营商在用频谱的 3/4，比 2000 年 3G 拍卖的频谱总量多 80%。该计划还包括了一个重要条件，即获得频谱的运营商网络必须覆盖室内 98% 的人口和室外 99% 的人口。

2012 年 8 月，英国 Ofcom 通过了英国运营商 Everything Everywhere（EE）提交的申请。该申请中，EE 提出使用现有的 1 800MHz 上的频谱部署 4G 网络。其他的运营商包括西班牙电信英国公司、沃达丰等都对该申请提出了反对，认为此举有失公平，但英国 Ofcom 认为尽快推出 4G 服务对广大用户有利，这比市场竞争更加重要。

2012 年 11 月 12 日，Ofcom 确定了 4G 频谱拍卖的规则，包括具体的拍卖日程安排、参与拍卖的资格、拍卖保留价格、拍卖模式，等等。Ofcom 最终确定 4G 频谱拍卖共计 250MHz，分别位于 800MHz 和 2.6GHz 频段上，其中 800MHz 频谱是由"数字红利"释放出来的。2012 年 12 月 20 日，英国 Ofcom 在审查了竞拍者资格后，公布了竞拍者名单，共 7 家运营商。一个月后，经过逾 50 轮拍卖，5 家运营商脱颖而出。根据 Ofcom 的规定，西班牙电信英国

---

[1] PMSE 是英文 Programme Making and Special Events 一词的缩写。它是节目制作包括无线话筒、耳机监听、内部通话、音频连接等一揽子事项的总称。在 TV 广播、剧场制作和体育赛事广播中用于支持多媒体制作。这些制作内容提供给地面、卫星、因特网、移动 TV 无线广播使用，同样还提供给音像以及大部分输出产品（例如 CD、DVD）使用。

公司赢得了重要的 800MHz 频谱块，将首先推出全新的 LTE 服务，承担相关的覆盖义务，至少需覆盖 98% 的英国人口及 99% 的户外人口。

英国作为传统的电信强国，适时开展了对 4G 频谱的拍卖，对于推动英国 4G 通信的发展有重要的正面意义。而从拍卖的成交价来看，最终拍卖总价约 23.4 亿英镑，高出保留价 13 亿英镑仅 10 亿英镑，拍卖价格偏低，很重要的一点原因便是 Ofcom 更多地关注为用户提供优质的 4G 服务，而不是提高政府的收益。

（2）严格规制广电内容

在对广播电视内容的规制上，2003 年通信法承袭了 1996 年广播电视法严格要求的理念，建立了比较成熟和健全的内容规制和社会监控体系，对各类广播电视机构的内容播出情况进行监督，同时接受和处理社会对节目内容的各种投诉。

首先，暴力和危险行为。在儿童不宜节目可在电视上播出的起始时间之前或在儿童可能收听节目的时间内，须在节目中限制播出含有语言或身体暴力、暴力后果和暴力描述等内容，并须根据节目背景进行判断。

其次，冒犯性语言。在儿童不宜节目可在电视播出的起始时间之前或在儿童可能收听节目的时间内，禁止播出极具冒犯性的语言。除非在极特殊情况下，否则禁止在青少年节目中使用冒犯性语言；除非节目背景需要，否则禁止在儿童不宜节目可在电视上播出的起始时间之前或在儿童可能收听节目的时间内出现冒犯性语言。在任何情况下，须避免在儿童不宜节目可在电视上播出的起始时间之前频繁使用该类语言。

再次，性。除非具有极充分的编辑理由，否则禁止在儿童不宜节目可在电视播出的起始时间之前或在儿童可能收听节目的时间内播出性交场面；在儿童不宜节目可在电视上播出的起始时间之前或在儿童可能收听节目的时间内，任何关于性行为的讨论或描述均须具有编辑理由，并且须有所限制。

最后，裸体。在儿童不宜节目可在电视上播出的起始时间之前播出的裸体内容须依据节目背景需要。

广电业者应对其播出的内容负责，不管是其演播室制作的节目，还是委托独立制作公司制作或购买的，违反上述有关规定都应受到处罚。处罚范围包括罚款、暂停许可证、缩短或撤销许可证。轻微的违反行为，规制机构向广电业者送达一份警告书即可。严重的违反行为，或轻微违反但未从根本上有所改进者，就要以罚款惩处。如果规制机构认为违反行为发生得过于频繁和严重，以至于表明广电业者不可能遵守规定，那么就表明存在足够的危机适用暂停许可证的处罚。

但为确保公平和透明，规制机构在采取正式处罚时，应公布其采用的程序，一般通过公开听政的方式。罚款金额也应以违反行为的严重性、广电业者的整体财务状况及相关适用法律标准而定。规制机构不保留罚款，而应上缴国库。

（3）支持公共广播服务

英国拥有世界上最富有和最多样化的广播媒体，从公共服务广播商提供的广播频道，到针对特定群体或利益集团的特定内容，Ofcom 已经在英国授权了 2 000 家电视和电台服务。自从 2005 年 11 月第一个社区广播（the Eye in Melton Mowbray）开播，Ofcom 一直在全英授权真正热衷于社区和广播的有意向和能力的人创建自己的站点。

经济危机以后，Ofcom 报告表明，公共广播服务正在经历深刻的结构性和周期性挑战，Ofcom 必须做好工作，亲力亲为。2009 年 1 月，Ofcom 发布了未来十年公共广播服务的规划蓝图，提出了在数字转型时代，公共广播服务应该如何应对的一系列建议。其中，短期举措例如开放部分商业网络以制作观众评价较高的多种类型的节目等，长期上提议政府和议会在 2012 年以后采用新的方法提供公共广播服务，如可以通过 channel 4 和其他机构合资或并购以形成伙伴关系的方式来建立除 channel 4 之外的公共广播服务机构。在内容方面，Ofcom 与政府合作，提议通过一系列数字媒体提供多元化、充满活力、引人入胜的公共广播内容服务。2010 年，全英已经有 160 多个社区广播电台播出，拥有 800 万潜在观众，提供丰富齐全，服务于年轻人、老人以及不同种族、宗教信仰、音乐流派的人们的内容。

此外，Ofcom 有权发放或撤销广播牌照。对持有广播执照的机构进行评估，确保其拥有持照资格，是 Ofcom 的一项重要工作。2011 年，新闻集团窃听丑闻引发了对电视和电台的莱韦森调查，Ofcom 有责任考虑广播商是否继续持有牌照的资格。2012 年，Ofcom 对天空电视台进行了全面评估，基于现有证据，Ofcom 认为天空电视台可以继续持照。

3.2.4 积极助力建设数字化英国

为使英国走出金融危机的困境，应对转型中的世界带来的挑战，打造长远的数字竞争力，英国商业、创新和技能部（BIS）与文化媒体和体育部（Department for CultureMediaand Sport，DCMS）于 2009 年联合发布了《数字英国》（*Digital Britain*）白皮书及实施计划，不仅从战略层面描述了未来数字英国的宏伟愿景，而且通过详尽的安排和周密的措施指明了其发展路线。随后，英国议会又发布了《数字经济法案》，并公开征求意见，从而拉开了"数字英国"的序幕。

在无线基础设施部分，"数字英国"计划提出三个目标：一是快速向下一代高速移动宽带过渡；二是推进 3G 和下一代移动通信的普遍覆盖；三是维持移动市场的充分竞争。为此，"数字英国"中期报告建议实施"频率现代化项目"，核心内容包括三方面：一是及时利用由数字电视转换释放的 800MHz 频段；二是与目前所谓的 3G 扩展频段合并，进行一次为 10MHz 带宽的拍卖；三是适时释放目前掌握在运营商手中的 2G 频段，同时设定每个现有运营商可以持有的频率数量的上限。以上措施将会使现有的 5 个运营商及潜在的新进入者获得足够的频率用于下一代移动网络的建设，以期主要城市及中等城市的宽带速率达到 50 兆，偏远地区达到 4~5 兆。为鼓励投资建设普遍覆盖的网络，政府建议将运营商 3G 牌照的许可期限由目前的定期改为无限期。

为加快网络基础设施建设，Ofcom 的规制职责将在两方面得到更新：一是应该具有明确的责任鼓励投资和促进竞争；二是赋予其一项义务，每两年向政府报告全国通信基础设施的能力及与抗灾相关的情况，在覆盖显著不足时警示政府。正如上文提到的，2009 年 Ofcom 对超高速宽带网络的基础设施建设明确了监管框架，促进了这一领域的投资。2012 年，超高速宽带在全英覆盖率已达 63%，大部分由维珍媒体和 BT 的大规模投资所实现。2013 年 3 月发布的报告显示，消费者获得的好处正在显现：平均宽带速度 4 年间提高到 12Mbit/s，超高速宽带网现已覆盖全英 2/3 的家庭。

另外，为推动"数字英国"计划的实施，Ofcom 在广播电视部分也做出了努力。英国认为广播电台是国家的基础设施，其发展需要政府明确指明方向。为了充分实现广播作为一种便携、亲民和无处不在的媒体的作用，需要向数字音频广播（DAB）方式转换。目前在英国，人们可以通过互联网、手机、数字电视、卫星和有线等方式收听广播。政府将会同产业链供需各方推动数字升级进程，到 2015 年底将国内全部广播电台转换为单纯的 DAB 模式。为此，政府期望 BBC 扩展 DAB 的覆盖范围，至少相当于调频广播的覆盖水平。在供应环节，提供低于 20 英镑的 DAB 收音机。政府还将与汽车行业、欧盟委员会和其他成员国合作，共同推动大部分新汽车安装数字广播系统，并通过低成本转换器将存量汽车的车载广播系统在 2015 年前转换为数字模式。

政府将委托 Ofcom 监督广播数字化进程，跟踪每年的进展。在合适的时候鼓励并促成邻近的无线电电台（multiplex）进行合并，并使现有的电台将业务扩展到目前还没有开通服务的区域。

数字电视方面，2009 年 Ofcom 分配了两家高清广播机构开发地面数字电视业务。2011 年初，这一举措初见成效，地面数字电视迎来高清服务时代，2010 年底，Freeview 频道的高清电视和机顶盒的销售已达到 120 万，消费者可以观看所有高清画质的节目。

Ofcom 致力于英国的数字建设，与政府和议会通力合作，助力英国领跑世界数字改革的前沿，在积极促进英国的数字转型方面发挥了重要作用。但是诸如基础设施建设的经费从何而来，如何平衡消费者和运营商的权益等问题还需要进一步考虑和解决。

4 自身建设

4.1 削减开支

根据 Ofcom 2002 年的法案，Ofcom 应在每年保持财政的收支平衡。2003 年通信法第 38 条和第 347 条也要求 Ofcom 从它所规制的行业中筹集资金以支付管控这些行业的费用。Ofcom 还必须在全国每个行业按比例分摊其不直接与任何一个行业相关的共同运营成本。Ofcom 的运营资金有许多来源，包括电视广播牌照费，电台广播牌照费，电子网络、服务及相关设施的行政性收费，英国贸工部补贴 Ofcom 进行频谱管理工作的补助金。

自从成立以来，Ofcom 一直遵循相关法规，通过采取各种举措削减开支，并且把注意力集中于金钱的价值和工作的质量上，最大限度地降低运营成本，保证运营尽可能地高效。比如在经济较为困难的衰退时期，Ofcom 决定冻结员工 2009—2010 年的薪酬并减少 50% 的总金额奖金。同时，Ofcom 执行委员会的 5 位委员一致拒绝了 2009—2010 的年度奖金。

从整年运作的 2004—2005 年度到 2014—2015 年度，Ofcom 的预算实际减少了38%。在 Ofcom 接管监管邮政服务的职能之后，这一行业降低了超过60%的规制费用。

4.2 国际化政策

Ofcom 和其他国家的规制机构、欧盟的相关部门以及相关的全球性组织保持着密切的交流与合作。Ofcom 认为，交流是最好的规制实践，当合适的、增长见识的决定得以在国际论坛上讨论时，可以确保这些决定是适用的、适当的，并且能反映英国公民和消费者的利益。

2013—2014 年度，Ofcom 参与了以下国际化的活动：接待了 53 个来自全球同侪机构、学术机构的参访团，共同对 Ofcom 应承担责任的议题进行了讨论；在伦敦举办的传媒国际学院年会（International Institute of Communications' Annual Conference）上发表了主题演讲，并举办了国际规制机构论坛（International Regulators Forum），这是一次规制机构的盛会，全球的规制机构在查塔姆研究所（Chatham House）[1] 原则的保护下畅谈规制挑战的应对措施；与重要规制机构、政府部门以及中国内地和香港地区的公司会面、交流，以分享实践经验，并进一步了解这些国家和地区的技术、市场的发展情况；参与了欧洲电子通讯规制机构组织（Body of European Regulators in Electronic Communications，BEREC）的工作；代表英国出席国际电信联盟（International Telecommunication Union，ITU），并带领英国从事 2014 年世界电信发展大会（2014 World Telecommunication Development Conference）的准备工作；继续在欧洲以及世界性的频谱规制组织里发挥重要作用；与同侪规制机构及欧盟委员会合作建立新的欧洲视听媒体服务规制机构（European Regulators' Group for Audiovisual Media Services，ERGA）；参与了欧洲邮政服务规制机构（European Regulators' Group for Postal Services，ERGP）的工作并加入欧盟邮政规制委员会（European Committee for Postal Regulation，CERP）；向英国政府和欧洲议会成员国做了关于技术和规制的简报，其中包括降低高速宽带费用的规制；通过英国政府以及直接通过欧洲议会会员和欧盟委员会，

---

[1] 查塔姆研究所（英语：Chatham House），正式名称为皇家国际事务研究所（英语：The Royal Institute of International Affairs），又译为漆咸楼或英国皇家战略研究所，是一个位于伦敦的非营利非政府的智库组织；其使命为分析国际事务与时事，以及推广其认识，被同业认为是世界国际事务领域的领导机构，亦是知名查塔姆研究所原则（承诺不会引述出席者言论以利自由讨论）的发源地。

就欧盟的一系列创举对人民日常生活所造成的影响等关于欧洲事务议题的讨论做出了贡献，包括对欧盟媒介融合绿皮书和R&TTE[1]报告的讨论。

5 总结

21世纪以来，规制机构融合无疑是大势所趋，国际电信联盟（International Telecommunication Union，ITU）的统计表明，2000—2007年，全球共组建近30个融合规制机构。不过因国家历史文化和制度体制的不同，融合机构所涉及的部门、领域和融合的程度也不尽相同，欧洲融合程度最高，单独管理信息传播技术（Information and Communication Technology，ICT）或电信的机构只占30%，亚太地区和阿拉伯国家融合程度相对较低，单独管理信息传播技术或电信的机构均占80%。近5年来（截至2012年），规制的范围不断拓展，ICT或电信规制机构延伸到广播电视内容、数字内容、网络安全和数据保护等新媒体领域，比如，仅2011—2012年，世界上40%以上的国家开始将网络安全纳入到规制之中。总的看来，大部分国家还在探索整合不同行业管理机构以建构融合规制机构，而已经组建了多部门融合的机构（multi-sectorial agencies）则日趋成熟。

成立于2003年的Ofcom是较早的融合规制机构。在成立和组建过程中，Ofcom高度重视新机构的整体性，强调通过高度集中化的规制为用户谋利益。因而，Ofcom的规制以公共利益作为根本诉求，而规制采取的措施和手段也以最大限度地实现消费者和公众的利益为目的。英国人认为"自由、多样化的媒体是民主进程中不可缺少的一部分。如果一种声音变得较为强大，这很危险，民主将遭到破坏。在所有主要的媒体市场上，需要特殊的媒体所有权法规来保证媒体的多样化和多元化"。因而，维持一个多元化的市场，保证舆论的公正和公平，从而服务于消费者和公民的利益，是Ofcom规制的整体思路。确保经济利益与社会利益的平衡，是Ofcom面临的重要课题。

综上，规制机构的融合不仅仅是规制部门的简单整合，更重要的是真正实现各部门的通力合作，确保规制思路的整体性，为规制政策有效执行提供保障。Ofcom的规制模式和实践对中国传媒政策有重要的参考价值，在转型时

---

[1] R&TTE：（英文 Radio and Telecommunications Terminal Equipment Directive），无线电及通讯终端指令。该指令包括的产品有短距离无线遥控产品、专业无线电遥控产品、蓝牙产品等。

期中国更为错综复杂的政治经济社会环境下，如何制定传媒规制政策，发展传媒产业，同时发展传媒事业，任重而道远。

Deregulation，Insistence，Integration
——The Ten-year Regulation Transitions of Ofcom

Abstract：With the rapid development of media convergence，many developed western countries began to conduct a "regulation convergence" campaign. As UK's independent communications regulator，The Office of Communications（Ofcom）stands out in this campaign，which has been playing a significant role in the communication industry of UK since its foundation in 2003. This case aims at providing a case study material for the teaching of "CommunicationRegulation". This case can not only help students to learn the relatedtheories about communication regulation，but also providing analyzing ideas and methods to related issues.

Key words：Ofcom；Communication；Regulation

案例使用说明

放松、坚守与整合
——Ofcom 十年政策变迁

一、教学目的与用途

（1）本案例适用于传媒政策等课程中媒介规制、传媒政策相关章节的案例讨论。

（2）随着媒介融合进程的推进，许多欧美发达国家开始整合信息传播管理机构，调整其管理职能和管理方式，出现了规制融合的浪潮。2013 年 3 月十二届全国人大一次会议决定将"国家新闻出版总署"与"国家广播电影电视总局"合并为"国家新闻出版广电总局"，这是国家对信息传播管理机构进行整合的重要举措。然而，相比欧美发达国家，中国的信息传播管理机构融合之路远远落后，本案例以英国融合性的通信监管机构——Ofcom（英国通信管理局）为对象，梳理和分析了 Ofcom 的规制模式，为中国的政策实践和理论研究提供借鉴。

二、启发思考题及分析思路

教师可以根据自己的教学目标（目的）来灵活使用本案例。这里提出本案例的分析思路，仅供参考。

1. Ofcom 是如何整合原有的通信监管机构的？其治理结构和权力设计特色是什么？

【分析思路】此问题可参考媒介规制的相关理论，从规制融合的角度分析，突出 Ofcom 作为监管和竞争管理机构的延续性和独立性。

2. Ofcom 是基于什么样的价值理念制定和实施政策的？你认为 Ofcom 的政策是否有效平衡了电信、广电等通信行业的经济发展与社会效益？对中国来说，在市场机制尚不健全的情况下，政府应该如何处理传媒市场与其社会公益性的关系？

【分析思路】此问题的核心在于分析规制机构对经济效益和社会效益的平衡。第一问需要结合 2003 年通信法的相关法规条例来回答，比较强调和重视经济价值和技术效率的电信领域规制传统与以社会文化价值为核心目标和动机的广播电视规制传统。Ofcom 强调以充分的市场竞争来代替传统的监管方式，但"社会效益"并不能完全由市场达成。因此，第二问需结合第一问的分析，从 Ofcom 的具体规制入手回答。第三问可对比 Ofcom 的规制模式，结合中国的通信与传媒行业的实情来分析。

3. 在媒介规制方面，Ofcom 如何发挥受众参与的主体性以保障受众表达的权利？对中国有什么借鉴意义？

【分析思路】此问题的分析应在问题 2 的分析基础上进行，结合媒介规制理论，指出 Ofcom 规制主体的多元化特征，尤其是把受众意见纳入到规制体系中来，对中国媒介规制有重要的借鉴意义。

4. Ofcom 为推动"数字英国"计划做出了哪些努力？对于推动中国的数字化进程有什么借鉴意义？

【分析思路】第一问可从无线基础设施、广播电视两个部分来回答 Ofcom 的相关政策。第二问可参考《数字英国》白皮书及实施计划，从政府规制的角度回答。

5. 请谈谈在三网融合的进程中，政府应发挥什么样的作用？在中国，媒介融合和规制机构融合的困难是什么？

【分析思路】第一问可从政府的法律、社会、行政、经济、技术的责任来分析政府应发挥的职能。第二问可使用"PEST 分析法"，分析中国三网融合的政治环境、经济环境、社会环境和技术环境。

三网融合发展中的政府责任构成：[1]

（1）法律责任：国家层面；行业层面；制度层面；运营主体确定、规制机构设置、规制法律法规体系和规制内容。

（2）社会责任：企业社会责任行为的激励机制、拉动机制、促动机制，企业、政府与社会协同的长效联动机制。

（3）行政责任：创制责任、实施责任、保障责任。

（4）经济责任：保障公平竞争，有效配置资源，促进内容多样性和观点多元化表达，通过进入退出规制和价格规制等实现规制目标。

（5）技术责任：促进竞争，稳步推动技术革新，加强网络及信息安全的监管。

三、理论依据及分析

1. 媒介融合

21 世纪以来，媒介融合渐趋成熟，尤其是数字技术的成熟直接导致媒介融合。喻国明教授认为，媒介融合是指报刊、广播电视、互联网所依赖的技术越来越趋同，以信息技术为中介，以卫星、电缆、计算机技术等为传输手段，数字技术改变了获得数据、现像和语言三种基本信息的时间、空间及成本，各种信息在同一个平台上得到了整合，不同形式的媒介彼此之间的互换性与互联性得到了加强，媒介一体化的趋势日趋明显。而广义上来说，"媒介融合"包括一切媒介及其有关要素的结合、汇聚甚至融合，不仅包括媒介形态的融合，还包括媒介功能、传播手段、所有权、组织结构等要素的融合，是一个不断发展的过程。

纵向上看，媒介融合经历四个发展阶段：

（1）组织融合阶段。最初的"媒介融合"是组织的融合，往往依靠行政等外部的力量使媒体结合成一个共同体，如中国的许多报业集团都属于这种类别，结合以后这类集团往往只是名义上的十分松散的组合，各自为政，没

---

[1] 张爽. 我国三网融合中的政府责任研究 [D]. 长春：吉林大学，2013.

有有机的分工。

（2）资本融合阶段。"资本融合"比前一阶段有了很大的进步，在市场经济的条件下，有实力的媒介组织通过资本市场对其他媒介组织进行直接收购或两个媒介组织进行合并。

（3）传播手段融合阶段。从小范围来说指利用新技术改造传统媒体；从大范围来说指大型的传媒集团不同媒介的传播手段在一个大平台上进行整合，实现这些媒介之间的内容相互推销和资源共享，报纸、广播电视、网络全部用一套班子，由"多媒体编辑"统筹策划，将采回的材料和新闻用于集团旗下的各个媒体。

（4）媒介形态融合阶段。新技术的发展日新月异，完全有可能在未来产生一种与今天媒介形态完全不同的新媒介，这种媒介有可能融合了几种甚至全部媒体的优点。

媒介融合的战略目标不仅仅是在技术层面尝试新的数字技术，也不仅仅是在产业层面融合更多的媒介类型，而是通过不同类型的媒介间的嫁接、融合技术的运用，形成各个媒介形态的"核心价值"，占有产业价值链的关键一环，重新界定传媒业的内涵和外延，提升其价值和社会影响力。

目前，对媒介融合影响最大的是广播电视产业和电信产业。这两个产业控制着庞大的信息内容、传输网络及受众和用户，媒介融合"无处不在"、"无所不能"的特性需要在业务、网络等领域冲破上述产业间的壁垒。欧美许多发达国家的媒介融合已经达到了很深的程度，正是在这一背景下，出现了媒介规制机构融合的潮流。在我国，虽然"75号文件"明文禁止广电和电信的互相渗透，但媒介融合的潮流不可阻挡，在IPTV、手机电视等业务上，不少企业已经在不抵触政策的前提下，做了一些试验和探索。利于媒介融合的政策有待出台，因为这些政策在保证技术顺畅过渡、为革新创造机会、设定正确的协作标准、有效引导市场走向，以及通过影响市场结构使资源合理配置等方面对媒介融合起着关键作用。

媒介融合理论是理解媒介规制机构融合现象的基础和背景。正是在媒介融合不断加深的进程下，出现了Ofcom等融合性的规制机构。对于中国来说，由于政治、经济、社会文化、技术等因素，媒介融合更多处于第一阶段，正如上文提到的，还需要政府出台更多有利的政策，进一步推进媒介融合的进程。

2. 媒介规制

"规制"一词最早出现在朱邵文等于 1992 年翻译的日本著名经济学家植草益所著的《微观规制经济学》中，强调按照规则进行规范、制约。日本经济法学家全泽良雄拓宽了规制的范围，认为规制不仅包括限制和禁止，而且包括积极的鼓励和促进……鉴于公正规制的立法和执法实际，对规制的广义理解是较为可取的，即规制应包括积极诱导和消极压抑两个方面。

规制主体分为私人和社会公共机构两种，许多欧美国家已经建立了独立的规制机构，在中国还没有成立独立的规制机构，主要是政府规制，因而国内普遍把政府作为唯一的规制主体来加以研究。总的来说，规制就是相关机构以规则为基础，对各行业和各种行为进行限制或促进，而媒介规制是指媒介管理机构在坚持相关法律和管理法规的前提下，对媒介相关行为进行干预或影响。[1]

系统化的规制理论是随着市场经济国家中市场弊端的不断显现而逐步形成并趋于完备的。市场经济倡导竞争，主张自由，国家和政府的干预趋于减弱，甚至一些非公有的行业和部门完全摆脱政府的干预。但是随着经济的发展和社会的进步，竞争的市场很难融资，政府的作用趋于增强，英、美等国家成立了规制部门并提出了相应的规制措施来加强对经济的引导和管理。以上可以说是规制理论的雏形和渊源。

20 世纪 30 年代初，资本主义世界的大萧条给英、美等西方国家带来了很大的冲击，经济急剧衰退，市场暴露了它的缺陷，资本主义国家以解决失业问题为目的来干预经济生活。主张对国民经济进行规制的观点占了主流。但是到了 20 世纪 60 年代，随着政府规制的加强以及经济和社会自身的发展，规制本身的很多缺陷和问题也在不断暴露，70 年代以后，以美、英、日为代表的世界经济强国，对电信、能源、金融和传媒等行业实行了放松规制的举措，放松或取消了许多规制性条款。[2]

根据规制的特点，可以分为经济性规制和社会性规制（市场机构和内容传播活动）。

（1）经济性规制是政府根据产业本身的特点有针对性地采取的一种纵向

---

［1］ 李莉. 英美广播电视规制借鉴［D］. 北京：中央民族大学，2009.

［2］ （日）植草益. 微观规制经济学［M］. 朱绍文，译. 北京：中国发展出版社，1992：27-28.

制约机制。在英、美等发达国家，自然垄断行业和容易产生信心非对称的行业为防止出现资源的低效率配置，确保消费者利益不受损害，由公共机构依法对相关行业的进入和退出、价格、服务质量以及投资、财务等商业活动进行干预。对媒介行业的经济性规制主要包括媒介所有权规制、媒介企业的市场进入规制等。

（2）社会性规制是指政府或独立规制机构从维护公共利益的角度出发，针对那些容易产生负外部性的行业所建立的干预机制及其相关制度，主要包括对特定领域的营业活动的限制、产品安全保障以及特定服务的质量保障等。发达国家对媒介行业尤其是广播电视行业的社会性规制主要有对播出内容的依法事后规制、对公共媒体的规制等。考虑到这种规制会引发较高的社会成本，发达国家一般将社会性规制控制在最小的范围之内。

总之，从经济学的理论上说，政府参与和规制经济活动的根本原因是市场机制存在缺失即市场失灵，必须以政府行为进行调节和补充。对于媒介规制来说，考虑到媒介产品的特殊性（既有商品属性又有文化属性），一方面要针对行业的市场机制进行规制，另一方面要针对媒体内容传播活动进行规制，承担好社会责任，以确保公共资源为维护公共利益而服务。所以，媒介规制机构的一大难题是如何协调强调经济价值和技术效率的电信领域规制传统与以社会文化价值为核心目标的广播电视规制传统。Ofcom 的重点规制领域是私营媒体，所以其政策倾向于放松规制，促进投资和市场竞争，但同时，Ofcom 努力协调消费者和公民的利益，支持公共服务建设，对广播电视内容的社会性规制同样重视，力图使英国的通信行业保持良好运转，同时向公众提供高质量的服务。

3. 受众权利

许多发达国家的宪法原则中，新闻传播活动被认为是公民实现表达权和知情权的主要方式，各国的宪法和法律也对因滥用这种权利而危害基本人权的行为以及因追逐商业利益而损害新闻报道公正性的行为加以限制。

在媒介规制实践中，英国采用的是受众参与、媒介自律、法律规制、政府控制相结合的框架对电视节目内容进行管理，而且公众在积极促进电视节目内容管制的立法、执法这一决策过程中起到了关键性的作用，在电视节目的监管和管制过程中也成为积极的管制主体，体现了英国媒介管制充分尊重和保障受众表达权利的特点。

4. PEST 分析

PEST 分析是指宏观环境的分析。宏观环境又称一般环境，是指影响一切行业和企业的各种宏观因素。对宏观环境因素做分析，不同行业和企业根据自身特点和经营需要，分析的具体内容会有差异，但一般都应对政治（political）、经济（economic）、社会（social）和技术（technological）这四大类影响企业的主要外部环境因素进行分析。简单而言，称之为 PEST 分析法。

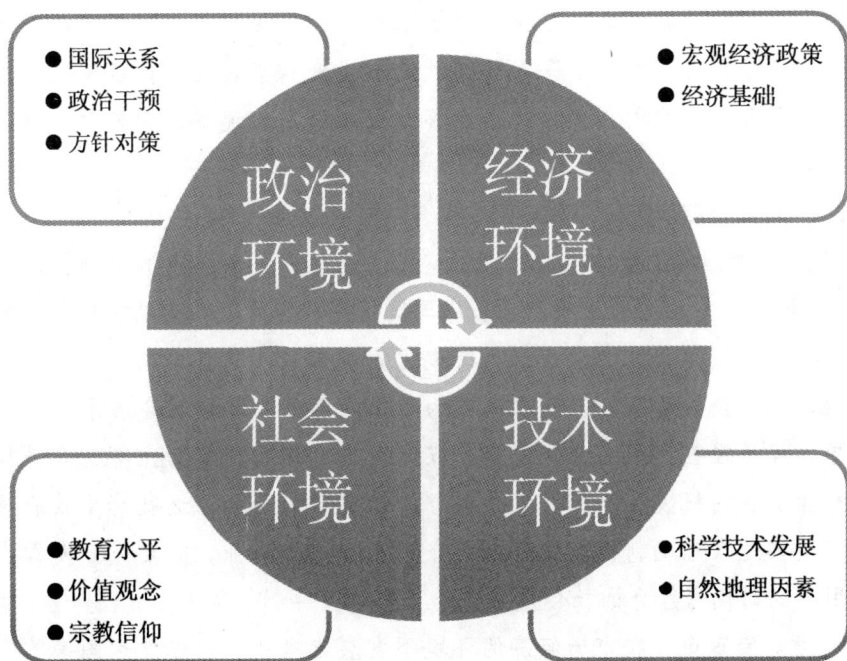

图 3 PEST 分析模型

政治环境包括一个国家的社会制度，执政党的性质，政府的方针、政策、法令等。不同的国家有着不同的社会性质，不同的社会制度对组织活动有着不同的限制和要求。即使社会制度不变的同一国家，在不同时期，由于执政党的不同，其政府的方针特点、政策倾向对组织活动的态度和影响也是不断变化的。

经济环境主要包括宏观和微观两个方面的内容。宏观经济环境主要指一个国家的人口数量及其增长趋势，国民收入、国民生产总值及其变化情况以及通过这些指标能够反映的国民经济发展水平和发展速度。微观经济环境主要指企业所在地区或所服务地区的消费者的收入水平、消费偏好、储蓄情况、就业程度等因素。

社会文化环境包括一个国家或地区的居民教育程度和文化水平、宗教信仰、风俗习惯、审美观点、价值观念等。文化水平会影响居民的需求层次；宗教信仰和风俗习惯会禁止或抵制某些活动的进行；价值观念会影响居民对组织目标、组织活动以及组织存在本身的认可与否；审美观点则会影响人们对组织活动内容、活动方式以及活动成果的态度。

技术环境除了要考察与企业所处领域的活动直接相关的技术手段的发展变化外，还应及时了解：国家对科技开发的投资和支持重点；该领域技术发展动态和研究开发费用总额；技术转移和技术商品化速度；专利及其保护情况，等等。

四、关键要点

（1）在理解媒介融合理论时，一定要注意区分不同国家的不同情况，学会使用 PEST 分析法分析宏观环境。中国国情比较特殊。广播电视部门首先是宣传部门，是党和人民的喉舌，负有文化安全的重要责任。电信产业隶属经济部门，发展较为活跃，以获取利益为诉求。因此，媒介融合如果由电信行业主导，容易损害我国的文化安全；媒介融合如果由广电为主导，容易挫伤电信行业发展的积极性，所以媒介融合的过程较为曲折。这就需要政府统筹规划，尤其是媒介规制机构，分清媒介产业和媒介事业，既要充分发挥市场的作用，同时确保媒介的社会效益。

（2）规制理论是在市场经济的环境下发展起来的，西方发达国家的市场机制已经十分完备和成熟，并经历了多次危机和调整，规制理论也经历了从加强干预到放松规制的发展阶段，这和西方国家的社会政治经济背景紧密相关。需要注意的是，中国的市场经济刚刚起步，社会情况复杂，在学习借鉴的同时，不能简单地照搬西方的理论，在媒介规制的过程中，要协调好经济性规制和社会性规制，尤其是经济性规制，要配合市场规律和规则，促进公平有效的市场竞争。社会性规制要考虑中国的实际情况，发展好媒介事业，更多地为百姓谋福利。

（3）受众权利被认为是基本的人权，在受众权利的实现方面，中国可以学习和借鉴西方的经验。比如 Ofcom 在官网上有完善的受众表达意见的流程机制和专门的受众投诉渠道，而且西方国家的公民在表达自身权利方面的意识比较强。中国媒介规制的主体主要是政府，在规制过程中，可以提高受众的表达意识，拓宽意见表达渠道，将受众意见纳入到规制体系中来，形成多元规制体系。

（4）PEST 分析法是对宏观环境进行分析的有效工具，不管是媒介融合还是媒介规制，都与社会的宏观环境密不可分，因此在政策制定的过程中，一定要注意综合考虑一个国家的政治、经济、社会、技术等背景。中国的现实情况较为复杂，媒介融合面临着诸多困难和挑战，社会转型时期的矛盾错综复杂，市场机制尚不成熟，种种情况都制约和影响着传媒业的发展和规制政策的制定，更需要全面了解社会背景，这样才能针对问题和困难制定策略。

五、建议课堂计划

本案例适用于传媒政策等课程的案例讨论，适合安排在媒介规制、媒介政策的相应章节。本案例可以作为专门的案例讨论课来进行。下面是按照时间进度提供的课堂计划建议，仅供参考。

整个案例讨论的时间建议控制在 80 分钟。

1. 课前计划（共 25 分钟）

将案例及讨论问题发给学生，给学生 15 分钟，仔细阅读案例及相关资料，10 分钟独立思考所要讨论的问题，要求学生独立给出问题所涉及的理论。

2. 课中计划（共 55 分钟）

（1）4~5 人组成一个小组，分小组讨论（10 分钟）；

（2）教师简要提示各问题的分析框架及逻辑要点（5 分钟）；

（3）各小组继续讨论，并形成问题分析要点（10 分钟）；

（4）每个小组选出学员代表发表问题分析要点及结论，教师结合各小组发言情况进行总结，归纳要点以及提取重点（30 分钟）。

3. 课后计划

以小组为单位，就相关问题的讨论进行分析和总结，提交书面报告。

六、参考文献及深入阅读

［1］Ofcom，Ofcom Annual Report 2003—2004，Jul 2004.

［2］Ofcom，Ofcom Annual Report 2004—2005，Jul 2005.

［3］Ofcom，Ofcom Annual Report 2005—2006，Jul 2006.

［4］Ofcom，Ofcom Annual Report 2006—2007，Jul 2007.

［5］Ofcom，Ofcom Annual Report 2007—2008，Jul 2008.

［6］Ofcom, Ofcom Annual Report 2008—2009, Jul 2009.

［7］Ofcom, Ofcom Annual Report 2009—2010, Jul 2010.

［8］Ofcom, Ofcom Annual Report 2010—2011, Jul 2011.

［9］Ofcom, Ofcom Annual Report 2011—2012, Jul 2012.

［10］Ofcom, Ofcom Annual Report 2012—2013, Jul 2013.

［11］Ofcom, Ofcom Annual Report 2013—2014, Jul 2014.

［12］Ofcom, The Communications Market Report, Aug 2014.

［13］Ofcom, Approaches to Public Service Investment and Competition in the Cultural Sector, Sep 2008.

［14］Ofcom, Audit of Learning-related Media Literacy Policy Development, June 2009.

［15］Ofcom, Radio in Digital Britain: A Submission from Ofcom to Government, March 2009.

［16］李继东. 试论欧美传媒规制融合的趋势与问题——兼谈新闻出版总署与广电总局合并的意义与期待［J］. 新闻记者, 2013, 8: 14.

［17］胡正荣, 李继东. 广播电视公共服务、政治理念与社会实践［J］. 媒介公共服务理论与实践, 2007.

［18］曾海芳. 管制、放松与整合——透视当前英国广播电视政策的改革［J］. 新闻记者, 2007 (10): 70-73.

［19］张艳秋. 融合文化下媒介监管的新转向: 促进媒介素养［J］. 国际新闻界, 2010 (12): 118-123.

［20］彭兰. 关于数字媒体内容管理体系建立原则的思考［J］. 国际新闻界, 2008 (11): 12-18.

［21］康彦荣. 英国走向数字化未来［J］. 世界电信, 2010 (4): 36-41.

［22］洪枚. 白皮书中的数字英国［J］. 卫星电视与宽带多媒体, 2011, 23: 7.

影视剧政策对创作与运营的影响：轻歌传媒

摘要：电影和电视剧政策是影响影视剧产业发展的核心因素之一，中国的影视剧政策在改革开放以后发生了重要变迁，更随着时代变化而不断更新。理解影视剧政策是从事相关生产与制作的重要基础。本案例以一个小型影视公司在发展中涉及的政策问题为处理对象，对相关政策的发展与现状做了整体介绍，并重点分析了许可证政策、备案与审查政策、中外合作摄制影视剧政策，以及电影出口及参加海外电影节政策。最后通过一系列问题提出互联网影视剧政策的思考。

关键词：政策分析；电影生产；电视剧生产

引言

2008年夏天，张小歌从某所知名艺术类高校的导演系毕业。对于未来，他有着无数的憧憬和想象，并下定决心，要走一条与自己的大部分同学不同的道路：创业。他想开创一家从事电影和电视剧创作的小型公司，一方面希望实现自己的艺术理想，另一方面想要获得经济上的成功，实现生活的安稳与舒适。

为了达成自己的梦想，他做了三个方面的准备。首先，他咨询了学校里的老师、实习期间结识的业界专家、熟悉企业管理的朋友，对公司的业务定位、申请流程、资源准备等有了初步的了解。其次，他向父母、亲友筹措了第一笔启动资金。最后，他联络了一些业界志同道合的朋友，组建了自己的

---

1. 本案例由中国传媒大学广播电视研究中心张磊研究员撰写，作者拥有著作权中的署名权、修改权、改编权。
2. 本案例授权中国传媒大学 MBA 学院使用，中国传媒大学 MBA 学院拥有复制权、修改权、发表权、发行权、信息网络传播权、改编权、汇编权和翻译权。
3. 本案例基于对一些小型影视制作公司的调研，在本案例中对有关名称、数据等做了掩饰性处理。
4. 本案例只供课堂讨论之用，并无意暗示或说明某种管理行为是否有效。

一支人马。

但是，有一些核心的问题始终萦绕在他的心头：自己这个小型公司，到底能不能成功进入影视剧制作这个大市场？应该如何制定长期和短期的企业发展规划？如何充分寻找、挖掘和利用各种资源？如何理解和面对各种市场风险，以便充分应对？

他决定去向一位业界前辈老钱咨询。老钱曾是一位资深的影视从业者，后来离开一线岗位，去一家知名行业杂志当了副主编，最擅长的就是影视产业的深度报道和评论。他想，老钱一定能够给自己提供一些高屋建瓴的建议。

1 政策：产业的指南针

一个艳阳高照的下午，张小歌来到与老钱约好的咖啡馆。一进门，便感到一阵凉爽，再看到老钱笃定的笑容，张小歌心里已经有了几分踏实。开门见山说明来意，老钱陷入了沉思。

过了一会儿，他问张小歌："先问你一个问题吧。你觉得现在中国电影和电视剧市场发展的前景和趋势如何？"

张小歌想了一想，说："前景当然非常好。我也搜集了一些资料，你帮我看看。"他拿出打印好的三张图（见图1、图2、图3），放在老钱的面前。

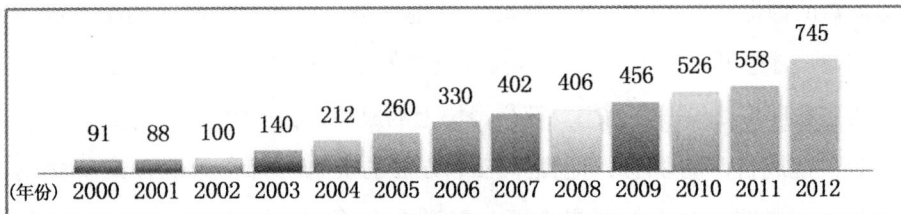

(年份)	2000	2001	2002	2003	2004	2005	2006	2007	2008	2009	2010	2011	2012
	91	88	100	140	212	260	330	402	406	456	526	558	745

图1　近年来中国电影故事片产量（部）

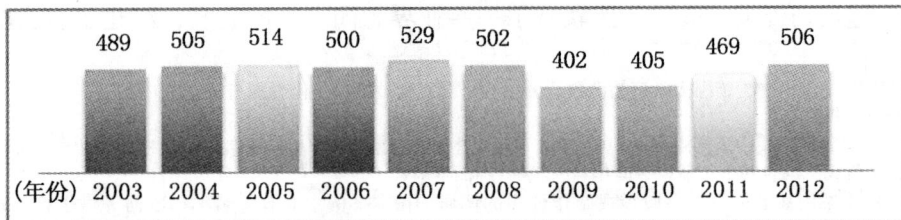

(年份)	2003	2004	2005	2006	2007	2008	2009	2010	2011	2012
	489	505	514	500	529	502	402	405	469	506

图2　近年来中国电视剧产量（部）

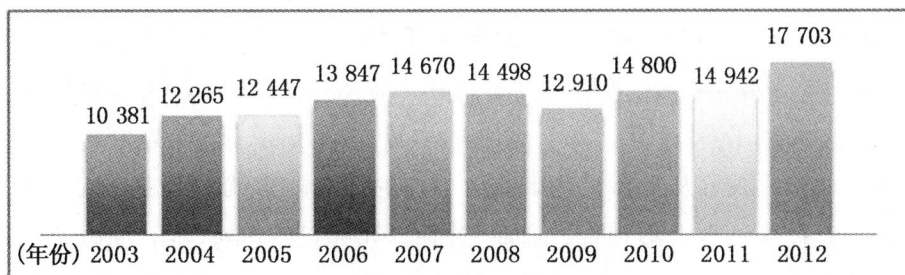

图3 近年来中国电视剧产业（集）

张小歌说："这些数据都是广电总局发布的。从中可以做出两个判断：一是现在电影和电视剧的业务规模很大，二是增长势头很迅猛。所以，我认为中国的影视剧制作业面临的是一片蓝海，有很多未知的机会，这也就是为啥我选择自己创业的原因。我想，凭借我的专业知识和人脉，应该能闯出一片天地吧？"

老钱说："你说的大体没错。现在是信息经济和娱乐经济时代，发展空间很大。不过，你觉得要想成功，最关键的因素是什么？"

小歌想了想说："是创意。"

"还有呢？"

"还有资本。"

"还有吗？"

小歌摇了摇头："我觉得这两个是最关键的。"

老钱说："还有一个关键的因素，你也应该重视，那就是对政策的把握。"他拿过小歌的笔记本，在上面画了一个图（见图4）。

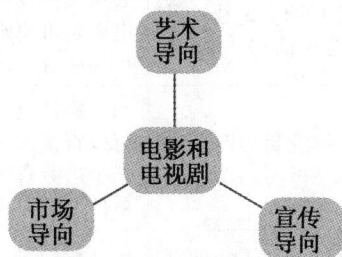

图4 中国影视剧发展的张力模型

321

"中国的影视剧，可以说是在三个力量平衡下的三驾马车，分别是宣传导向、商业导向和文化导向。如果说在 20 世纪 80 年代以前，宣传导向几乎是唯一的方向，文化导向与之配合；那么在 80 年代，文化的规范占据主导；而到了 80 年代之后，商业的力量逐渐兴起，三种势力达到某种平衡。很多影视剧从业者认为，文化方面的影响因素就是创意、叙事、表演、专业技能乃至电影理想，商业方面的影响因素就是资本，而政策只是宣传导向的代表。但实际上，这三种力量都体现于也受制于政策。从 20 世纪 80 年代以来三方力量的消长，非常突出地展现在我国的影视剧政策的变革之中。"

他拿出一份资料，摆在小歌的面前（见表 1、表 2）。"这是近四十年来中国电影、电视剧政策的变革过程，我做了一下梳理和总结，你可以看出一些改革的要点，是怎么跟这三种力量的消长相一致的。"

表 1　电影局划归广电部（现广电总局）后重要政策一览表

年份	政策名称	改革要点
1986	《关于改变故事片结算办法的通知》（广发影字〔86〕975 号）	扩大制片厂与发行公司结算自主权，提供多种结算办法
1989	《关于对部分影片实行审查、放映分级制度的通知》（广发影字〔89〕201 号）	试水电影分级制
	《关于试行承包电影发行收入基数的通知》（广发影字〔89〕351 号）	中影公司对下级公司实行承包电影发行收入基数的办法
	《关于调整电影片发行权价格的通知》（广发影字〔89〕425 号）	
1993	《关于当前深化电影行业机制改革的若干意见》（广发影字〔1993〕3 号）及其《实施细则（征求意见稿）》	除进口影片外，其他电影由原来的中影公司统一发行改为多种方式自由发行，电影票价原则上放开。由计划经济走向市场经济
1994	《关于进一步深化电影行业机制改革的通知》（电字〔94〕第 348 号）	明确影片（著作权）发行权拥有单位可以直接向北京等 21 家省、市（11 家老少边穷省区除外）的各级发行、放映单位发行影片
1995	《关于改革故事影片摄制管理工作的规定》（广发影字〔1995〕001 号）	出品权放开；社会资本投入 70% 以上可与制片厂署名联合摄制

续　表

年份	政策名称	改革要点
1996	《电影管理条例》（国务院令第 200 号）	全面规范电影的摄制、审查、进出口、发行与放映
	《关于各地方电影制片厂统一归属广电部门的通知》	进一步影视合流
1997	《关于试行"故事电影单片摄制许可证"的通知》	国有省级以上和具备相应条件的地市级电影单位、电视台、电视剧制作单位，均可向电影局申请故事电影单片摄制许可证
2000	《关于进一步深化电影业改革的若干意见》	提出组建电影集团和实现股份制改革，使制片、发行、放映一体化，并倡议建立以院线为主的供片机制，对进口影片的供片政策也进行了调整
	《关于广播电影电视集团化发展试行工作的原则意见》（广发办字〔2000〕841 号）	对电影事业进行集团化改革
2001	《电影管理条例》（国务院令第 341 号）	对电影摄制实行单片许可证制度
	《关于积极推进广播影视集团化改革的实施细则（试行)》	以中影、上影、长影、珠影、峨影、西影为骨干组建 6 个电影集团，并以紧密型或松散型方式加入广播影视集团
	《关于改革电影发行放映机制的实施细则》（广发办字〔2001〕1591 号文）	实行以院线为主的发行放映机制，鼓励合并和跨区域经营
2003	《电影剧本（梗概）立项、电影片审查暂行规定》（广电总局第 18 号令）	由剧本审批制改为电影剧情梗概审批立项。推行中央和地方两级政府管理机构审查制度
	《电影制片、发行、放映经营资格准入暂行规定》（广电总局第 20 号令）	鼓励境内资本进入电影业，允许外资进入电影业
	《外商投资电影院暂行规定》（广电总局第 21 号令）	鼓励境外资本投入院线建设和经营

续　表

年份	政策名称	改革要点
2004	《关于加快电影产业发展的若干意见》（广发影字〔2004〕41号）	制定促进电影业发展的基本方针
	《中外合作摄制电影片管理规定》（广电总局第31号令）	中外合作摄制电影片不必经过中国电影合作制片公司的中介
	《电影企业经营资格准入暂行规定》（广电总局第43号令）	鼓励社会资本与境外资本参与电影制作、发行与放映
	《广播电影电视立法程序规定》	进一步推进包括电影在内的广电影视管理的法制化进程
2006	《外商投资电影院暂行规定》补充规定二（广电总局第51号令）	允许港澳资本独资进行电影发行和放映工作
	《电影剧本（梗概）备案、电影片管理规定》（广电总局第52号令）	摄制前审查改为备案
2009	《关于进一步理顺地方电影管理体制的通知》（中宣发〔2008〕31号）	实行电影制作、发行、放映等统一归口管理

表2　三十年来电视剧管理重要政策一览表

年份	政策名称	改革要点
1994	《关于印发<加强电视剧题材规划管理的暂行办法>的通知》（广发视字〔1994〕84号）	规范电视剧题材规划
1995	《中外合作制作电视剧（录像片）管理规定》（广电部令第15号）	对中外合拍电视剧进行规范
	《影视制作经营机构管理暂行规定》（广电部令第16号）	严格管理影视制作经营机构，规定个人、私营企业以及境外资本不得设立影视制作经营机构
	《电视剧制作许可证管理规定》（广电部令第17号）	许可证分为长期证和临时证两种
1998	《关于实行国产电视剧发行许可证的通知》	发行电视剧需许可证
1999	《电视剧审查暂行规定》（广电总局令第1号）	
2000	《电视剧管理规定》（广电总局令第2号）	实行电视出品人负责制；鼓励社会资本参与制作电视剧；对进口电视剧的播出时间做出规定

续 表

年份	政策名称	改革要点
2003	《关于改进广播电视节目和电视剧制作管理办法的通知》（2003 年 6 月 6 日）	放宽对社会资本拍摄电视剧和其他广播电视节目的限制
2004	《关于印发〈关于促进广播影视产业发展的意见〉的通知》 （广发办字〔2004〕1407 号）	将影视剧的制作经营从现有体制中逐渐分离，建立现代企业；允许社会资本、境外资本进入节目制作公司；允许条件成熟的电视剧企业上市融资
	《广播电视节目制作经营管理规定》（广电总局令第 34 号）	电视剧制作实行甲种、乙种两种许可证制度
	《电视剧审查管理规定》（广电总局令第 40 号）	对电视剧的审查做出规范和加强
	《中外合作制作电视剧管理规定》（广电总局令第 41 号）	取代原广电部令第 15 号（1995 年）
	《关于调整〈电视剧制作许可证（乙种）〉核发程序有关事宜的通知》（广发社字〔2004〕382 号）	乙种证改由省级广电部门核发
	关于对世纪英雄电影投资有限公司等机构核发《电视剧制作许可证（甲种）》的通知（2004 年 6 月 16 日）	24 家民营企业首获电视剧甲种证
	《印发〈关于发展我国影视动画产业的若干意见〉的通知》（2004 年 4 月 20 日）	提出我国影视动画产业的发展纲领
2006	《电视剧审查管理规定》补充规定（广电总局令第 53 号）	放宽对香港、澳门演职人员参与拍摄国产电视剧的审查
	《关于印发〈电视剧拍摄制作备案公示管理暂行办法〉的通知》	由规划立项审批改为备案公示
	《关于印发〈电视剧内容审查暂行规定〉的通知》（广发剧字〔2006〕20 号）	加强和规范全国电视剧审查管理工作

　　小歌一边听老钱介绍这些政策的变迁，一边频频点头。他问老钱："对我来说，现在应该关注哪些政策呢？"

　　老钱说："我已经给你准备好了，你看看这些。"（见表3、表4）

表3 现行有效的主要电影法规法令一览表

法律法规名称	年份
《电影管理条例》（国务院令第342号）	2001
《电影艺术档案管理规定》（广电部、国家档案局令第64号）	2010
《电影制片、发行、放映经营资格准入暂行规定》（广电总局第20号令）	2003
《外商投资电影院暂行规定》（广电总局第21号令）	2003
《中外合作摄制电影片管理规定》（广电总局第31号令）	2004
《电影企业经营资格准入暂行规定》（广电总局第43号令）	2004
《电影剧本（梗概）备案、电影片管理规定》（广电总局第52号令）	2006

表4 现行有效的主要电视剧法规法令一览表

法律法规名称	年份
《广播电视节目制作经营管理规定》（国家广电总局第34号令）	2004
《电视剧拍摄制作备案公示管理暂行办法》（国家广电总局）	2006
《电视剧内容管理规定》（国家广电总局第63号令）	2010
《电视剧管理规定》（国家广电总局第2号令）	2000
《中外合作制作电视剧管理规定》	2004
《关于试行国产优秀电视剧推荐办法的通知》（广电总局）	2008
《关于进一步规范卫视综合频道电视剧编播管理的通知》（国家广电总局）	2009
《广播电视广告播出管理办法》（国家广电总局61号令）	2009
《关于进一步加强广播电视广告播出管理的通知》（国家广电总局）	2011
《〈广播电视广告播出管理办法〉的补充规定》（国家广电总局66号令）	2011

老钱说："这是我国现行有效的一些影视剧政策，你最好仔细看看。比如说，你要开一家影视剧制作公司，先得想想申请什么许可证。"

小歌说："对对，我正搞不清这件事呢，问了一些朋友，他们说法不一。你快给我答疑解惑一下。"

老钱说："要想有资格拍摄电影和电视剧，你的公司必须拥有许可证。对拍电影来说，如果你是一个国营的电影厂或现在的电影集团，你可以申请长期的电影摄制许可证。如果你是一个民营公司，你第一次拍片，可以申请临时的单片电影摄制许可证，如果你拿到过两次，就可以申请长期的电影摄制许可证了。对拍电视剧来说，如果你是电视台、电影公司，可以申请长期的广播电视节目制作许可证或电视剧制作许可证（甲种），以及经营许可证。如果你是民营公司，可以先申请临时的电视剧制作许可证（乙种），连续拍摄3部连续剧之后就可以申请甲种许可证了。向省级广电部门申请就可以。"

"那么我要拍电影和电视剧，需要事先审查吗？"

"我国实行的是剧本备案和审查制度，你在拍之前，要把剧本大纲提交给广电部门备案，还要公示。在拍摄完成之后，也要提交给广电部门审查。审查通过了，你才可以得到发行和公映的许可证。"

小歌详细把这些都记录了下来。他抬起头来说："这些基础性的政策知识，我原来知道一点，现在才大概清楚了。我回去要好好研究一下咱们的影视剧政策，才能保证自己的拍摄顺利进行和通过审查。谢谢你，老钱。"

2　实践中的政策

按照老钱的指点，张小歌仔细研究了现行政策。他决定先按照公司法的相关规定建立自己的公司——轻歌传媒，然后和一家较大型的民营资本影视剧制作公司×公司合作，合作分为三个阶段：

（1）第一年，轻歌传媒作为×公司的二级服务提供商，利用×公司已有的影视剧制作许可证，拍摄一部已有剧本的电视剧；

（2）第二年和第三年，轻歌传媒自行申请"电视剧制作许可证（乙种）"，与×公司合作投资和制作，独立完成拍摄3部电视连续剧；

（3）第四年，轻歌传媒申请"电视剧制作许可证（甲种）"，较独立地开展业务，但是充分利用×公司的资源，随后涉足电影领域。

由于小歌的团队拥有较强的专业技能，他精心选择的一部有关谍战的剧本也非常吸引人，这使得轻歌传媒和×公司的合作在第一年进行得非常顺利。

2.1　电视剧的备案与审查

夏去秋来，转眼冬至。轻歌传媒与×公司合作的第一部电视剧《谍影奇谭》终于杀青了。这部剧有25集，描述了抗战期间地下党是如何与日伪开展谍战斗争的，剧情曲折、人物形象鲜明，又有一名国内一线演员领衔主演，拍摄也相对精良，小歌非常满意。为了顺利通过审查，小歌和×公司的项目负责人组织了一次试映，邀请了一些学者和剧评人参加。老钱作为小歌的好朋友和轻歌传媒的顾问，自然也在被邀请之列。

放映结束后，专家们给出了很热烈的好评。不过，老钱却一直默不作声。小歌问他："钱老师，您有什么意见？这部剧能顺利通过审查吗？"

老钱说："我很喜欢这部剧，但是我建议在两个方面进行修改。"

小歌问："哪两个方面？"

老钱先拿出了一个总局的文件《电视剧内容管理规定》（国家广电总局第63号令，2010年），说："你看看其中的第三章第五条。"（见表5）

表5 《电视剧内容管理规定》第三章第五条

第三章 审查与许可

第五条 电视剧不得载有下列内容：

（一）违反宪法确定的基本原则，煽动抗拒或者破坏宪法、法律、行政法规和规章实施的；

（二）危害国家统一、主权和领土完整的；

（三）泄露国家秘密，危害国家安全，损害国家荣誉和利益的；

（四）煽动民族仇恨、民族歧视，侵害民族风俗习惯，伤害民族感情，破坏民族团结的；

（五）违背国家宗教政策，宣扬宗教极端主义和邪教、迷信，歧视、侮辱宗教信仰的；

（六）扰乱社会秩序，破坏社会稳定的；

（七）宣扬淫秽、赌博、暴力、恐怖、吸毒，教唆犯罪或者传授犯罪方法的；

（八）侮辱、诽谤他人的；

（九）危害社会公德或者民族优秀文化传统的；

（十）侵害未成年人合法权益或者有害未成年人身心健康的；

（十一）法律、行政法规和规章禁止的其他内容。

小歌说："这个文件我认真学习过的，我们在拍摄剪辑的时候也非常注意，没有任何违反啊。"

老钱说："但是你要注意，这些禁止载有的内容规定是比较宽泛的，其中有一些很细致的部分，有可能因此被要求删改。广电部门组织专家成立了审查委员会，负责根据政策对内容进行审查。实际上，审查内容主要涉及四点：一是有没有政治上的不良内容，二是有没有暴力、恐怖和让人不适的内容，三是有没有色情性内容，四是有没有违背公序良俗的内容，包括吸烟喝酒镜头，等等。你们这部剧有两个方面是需要反思的。第一，其中有几集涉及敌人的刑讯逼供，你们表现得太逼真了，这可能让观众觉得恐怖，有可能被要求删改。第二，剧中男主角抽烟太多了！几乎每一集他都在抽烟，这不符合现代影视剧发展大趋势，也有可能会被要求删改。"

小歌说："可是，我们这都是为了剧情需要啊。刑讯逼供是为了反映斗争的残酷，也为了给剧情的发展做铺垫。前段时间，有一部电影上映，里面的刑讯逼供镜头更多、更吓人呢。"

老钱说："这就是电影和电视剧的区别。电影一般是在电影院播放的，电视剧则通常是在家庭环境中观看的，青少年和老年人比例很高，而这部分观众对暴力镜头的承受度是相对较低的。因此，广电部门的审查委员会可能会对电视剧要求更严格。"

小歌说："我明白了。再说抽烟镜头，这也要删改吗？这是塑造人物的需要啊。"

老钱说："部分影视剧的创作者以为'吸烟很酷、很潇洒'，可以塑造人物形象。但恰恰就是这种吸引力，使得青少年容易模仿，所以格外值得警惕。近年来我国控烟力度加大，总局多次出台相关规定，例如2006年的《电影剧本（梗概）备案、电影片管理规定》第十四条要求：电影片有过分表现酗酒、吸烟及其他陋习情形的，应删剪修改。2009年的《关于严格控制电视剧中吸烟镜头的通知》也要求：严格控制与烟草相关的情节和镜头，电视剧中不得出现烟草品牌的标志和赞助内容，及变相的烟草广告；不得出现在国家明令禁止吸烟及标志禁止吸烟的场所吸烟的镜头。2011年的《关于严格控制电影、电视剧中吸烟镜头的通知》更明确提出：严格控制以'艺术需要'、'个性化表达'为名出现的吸烟镜头，应尽量用其他形式代替以吸烟表现人物心理、现场氛围的情节；对确因剧情需要出现的吸烟镜头，应尽可能缩减吸烟镜头的时长和频率。"

小歌和主创团队的人一边听，一边频频点头。小歌说："原来我们还真没特别注意这一点。"

老钱说："你们知道一个机构叫'中国控制吸烟协会'吧？控烟协会每年都会监测电影和电视剧中的吸烟镜头，发布监测报告，还会评出'脏烟灰缸奖'，颁给那些大量出现吸烟镜头的电影和电视剧。你们不会想得这个奖吧？"

小歌哈哈大笑："你放心吧！我们一定不会得这个奖的！"

试映结束后，小歌和主创团队对这两个方面进行了修改。他们用一些象征性的镜头来替代原来刑讯逼供的直接表现，同时大量删改了男主角吸烟的镜头。

后来这部电视剧顺利通过了广电部门的审查，并且登上了一些卫视频道播出，颇受到一些好评。小歌的影视剧事业顺利地迈出了第一步。

2.2 与境外电影和电视剧制作公司的合作

轻歌传媒的发展已经进入了第二个年头，可是，与×公司的合作却越来越不顺利。轻歌传媒一边与×公司合作拍摄电视剧，另一方面也申请了乙种许可证独立拍摄一部名为《笑林奇侠》的古装情景喜剧。可是，独立拍摄所需资金量巨大，虽然张小歌获得了一笔资金支持，但远远不够支撑到摄制周期的结束。而×公司不仅不愿意为轻歌传媒自制剧投资，连合拍项目的劳务等相关费用也要到数月后才肯兑现。

张小歌为资金周转奔波好几周了，仍然没有得到实质性的解决。他知道，自己必须承接更多的业务才能渡过这个难关。

刚好，一位从前的老师介绍了一个欧洲国家的制片人给小歌认识，这位制片人正打算在中国拍摄一部历史剧，想找一个中国合作方。双方一拍即合，决定由轻歌传媒承担国内拍摄的主要任务，对方给予的费用非常理想，而且那位制片人愿意帮助轻歌传媒独立制作的电视剧寻找投资。

可是，与境外电视机构合作，是否也有一些政策需要遵守？小歌带着疑惑，拨通了老钱的电话。

听小歌讲完来龙去脉，老钱以他一贯平静的声音说："当然啦，与境外合作拍摄影视剧是有专门的政策的。"

老钱告诉小歌，早在《电视剧管理规定》（国家广电总局第2号令）中就明确规定：境内外合作制作电视剧应当由境内方按规定程序事先报国家广播电影电视总局批准，并应遵守中华人民共和国的法律、法规，尊重中国各民族的风俗、习惯。2004年，广电总局还专门出台了《中外合作制作电视剧管理规定》（总局令第41号），对电视剧（包括动画片）的中外合作进行规范。

中外合作拍摄电视剧分为三种情况：联合制作、协作制作和委托制作。联合制作，系指中方与外方共同投资、共派主创人员、共同分享利益及共同承担风险的电视剧（含电视动画片）制作方式；协作制作，系指由外方出资并提供主创人员，在境内拍摄全部或部分外景，中方提供劳务或设备、器材、场地予以协助的电视剧制作方式；委托制作，系指外方出资，委托中方在境内制作的电视剧制作方式。

老钱说："轻歌传媒还没有拿到电视剧甲种证吧？是没有资格与境外联合制作电视剧的，因此第一种情况不适用。我想你们更可能是第二种情况。"

小歌说："对。这种情况也需要专门申请许可吗？"

老钱说："没错。按照《中外合作制作电视剧管理规定》，你们需要准备下列材料。"（见表6）

表6　《中外合作制作电视剧管理规定》第十条

第十条　申请中外协作制作、委托制作电视剧（含电视动画片），应提交下列文件： （一）申请书； （二）每集不少于1 500字的分集梗概或完整的剧本； （三）主创人员（编剧、制片人、导演、主要演员）名单； （四）境内拍摄景点及拍摄计划； （五）合作协议意向书； （六）审批机关可以要求外方提供的相关资信证明。

小歌按照老钱的指导，与外方一起准备了相关资料。由于这家境外电视机构名气与实力并存，其拍摄的历史剧又能很好地正面反映中国的历史文化，因此顺利获得了广电部门的批准。

通过协助这家境外机构拍摄，也通过其他的业务活动及融资，轻歌传媒终于渡过了此次资金难关。《笑林奇侠》的拍摄完成了，并通过审查、拿到了播出许可证。小歌采取先授权给视频网站再向电视台推销的方式，结果这部迎合青少年喜好的古装情景喜剧一炮而红，为轻歌传媒这个新军带来了巨大的声望和资源。

2.3 进军网络和海外

时光流逝。轻歌传媒已经不是原来刚刚起步的"个人工作坊"了，而已经成为业内小有名气的影视剧制作机构。在接连推出几部收视率颇佳的电视剧之后，轻歌传媒申请到了电视剧制作甲种许可证，随后又涉足电影拍摄，拿到了长期的电影摄制许可证。

张小歌还敏锐地注意到了视频网站兴起带来的巨大的市场机会。他策划执导了两部迷你网络剧，更是大获成功，一时间"新锐导演"、"最有潜力导演"等头衔频频加诸在他头上。

名声也为小歌的事业带来了更多资源。他所执导、制片的电视剧、电影和迷你网络剧都获得了充足的资金与资源支持，小歌获得了几家产业投资基金的青睐，有了固定的专业团队，能吸引到一线演员的加盟，也有了更多与大型影视剧制作机构合作的机会。光明的前景正在到来。

然而，小歌却觉得有些疲惫。他回想起自己在学校时期的电影理想，那时自己是以克里斯托弗·诺兰、王家卫等名导演为偶像的，而现实似乎与之有些差距。

小歌决定，趁着现在资金充裕，先放下赚钱的机会，把自己创作很久的一个剧本拍成自己想要的电影。这个剧本讲述的故事发生在西部经济不发达的省份，一个普通的乡村教师独自维持着一所只有五名学生的乡村小学，但有一天却发现学生们集体失踪，原来他/她们偷偷进城打工去了。为了找回学生，这位乡村教师来到了大都市，却无意中卷入了一场地产商、地痞、律师和腐败官员们钩心斗角的地产阴谋。他和孩子们齐心协力挫败了这场阴谋，也在这个过程中达成了相互的理解和谅解。但是当他们一起回到乡村，却发现乡村小学已经夷为平地，而他自己也失去了民办教师的身份。

影片把西部省份的广袤、质朴、荒凉与都市的光怪陆离形成对比，同时展现了主角的机智、勇敢和无奈。张小歌想拍摄一部"笑中有泪"的电影，既具有故事性，又反映社会问题，还带有艺术创作的探索。他全身心投入到这部电影上长达 10 个月，影片终于完成，取名为《无主之地》。

万万没想到，这部电影没有通过审查。

小歌又来到当初跟老钱见面的咖啡馆。对面坐着的老钱，看着小歌垂头丧气的样子，说："怎么啦？一点小小的挫折就让你受不了了？"

小歌说："我以为这是我最好的作品，结果居然被要求删改。说暴力内容太多，而且主调太绝望，不能给人展现希望。"

"那就好好修改一下吧，对电影主题不会有损害。"

小歌带着情绪说："不想改。我决定了，我先把这部电影送到国外去参加电影节，墙内开花墙外香，我相信这部电影一定会获奖！到时候自然就会让我公映了。"

老钱笑了。"你呀，还是没把政策吃透。你以为不通过审查，你可以去国外参加电影节吗？"

小歌说："为啥不能？"

老钱说："《电影管理条例》（国务院342号令，2001年）明确规定，未经国务院广播电影电视行政部门的电影审查机构审查通过的电影片，不得发行、放映、进口、出口。"

小歌吃惊地说："去参加境外电影节也是出口吗？"

老钱说："当然啦。《电影管理条例》第四章第三十五条规定，举办中外电影展、国际电影节，提供电影片参加境外电影展、电影节等，应当报国务院广播电影电视行政部门批准。参加前款规定的电影展、电影节的电影片，须报国务院广播电影电视行政部门审查批准。参加境外电影展、电影节的电影片经批准后，参展者应当持国务院广播电影电视行政部门的批准文件到海关办理电影片临时出口手续。参加在中国境内举办的中外电影展、国际电影节的境外电影片经批准后，举办者应当持国务院广播电影电视行政部门的批准文件到海关办理临时进口手续。"

小歌说："可是，我听说过好几部电影都是没通过国内审查，就去参加境外电影节了。"

老钱说："那是要受到处罚的。《电影管理条例》第七章罚则中的第六十一条规定，未经批准，擅自举办中外电影展、国际电影节，或者擅自提供电影片参加境外电影展、电影节的，由国务院广播电影电视行政部门责令停止违法活动，没收违法参展的电影片和违法所得；违法所得2万元以上的，并处违法所得5倍以上10倍以下的罚款；没有违法所得或者违法所得不足2万元的，并处2万元以上10万元以下的罚款。"

小歌赌气说："不就是2万元嘛，我交得起。"

老钱说："你别急啊，还有一条规定。第六十四条，单位违反本条例，被处以吊销许可证行政处罚的，其法定代表人或者主要负责人自吊销许可证之日起5年内不得担任电影片的制片、进口、出口、发行和放映单位的法定代表人或者主要负责人。个人违反本条例，未经批准擅自从事电影片的制片、进口、发行业务，或者擅自举办中外电影展、国际电影节或者擅自提供电影片参加境外电影展、电影节的，5年内不得从事相关电影业务。"

小歌说："原来如此。之前听说国内非常出色的电影人因为违规参展被禁止拍摄五年，原来是真的啊。"

老钱说："是啊。我想你绝不愿意失去公司的许可证，还有自己的电影事业吧！"

小歌老老实实地点了点头。

老钱接着说："其实，政策是死的，人是活的。在艺术上大家有不同的观点和判断是很正常的。但既然在政策环境下开展自己的事业，就必须按照政策的规定来做事。就拿你的《无主之地》来说，并不存在意识形态上的问题，只是艺术手法的处理上与审查委员会有分歧。这完全是在可以修改的范围之内，与其冒着中断职业生涯的危险违规参展，还不如好好想想怎么修改，以便通过审查呢。"

小歌诚恳地说："老钱，谢谢你的忠告，我明白你的意思。我回去以后会再修改，哪怕补拍也没关系。"

经过这番谈话，小歌不仅对电影出口和赴境外参加电影节的相关政策有了更多了解，而且对电影政策影响下的电影理念有了更多思考。

他重新召集团队，补拍了一些场景，为《无主之地》做了进一步修改。果然，电影顺利通过审查，拿到了公映许可证，成为当年的票房热门，为小歌的电影导演事业开创了新的阶段。

3　思索

一个春日的下午，轻歌传媒的会议室里，主要的公司成员全部到场，张小歌邀请老钱来为大家做有关网络影视作品的政策讲解。

如今，张小歌和轻歌传媒的事业走上了正轨，可谓蒸蒸日上。进军网络影视业成为小歌的新目标。他希望老钱能够给自己的团队更多的政策培训，以便顺利获得成功。

老钱清清嗓子，说："今天我不想把我的观察强加给大家。我更想提出一些问题，换言之是一些作业，请大家通过资料搜集和分析进行思考。

"第一，我国近年来互联网普及速度惊人，进入了所谓的多屏时代，电影和电视剧的观看行为发生了重要变化，你们认为，未来的发展趋势是什么？一个以内容生产为主要方向的影视剧制作公司，应该怎么应对？

"第二，网络影视剧的管理，既涉及新闻出版广电总局，也涉及国信办、工业和信息化部、文化部和其他部门，有哪些政策是我们必须了解的？这些政策中又反映了什么趋势？

"第三，总体来看，我国影视剧政策在推动商业化和制衡商业化、促进宣传和放松管制两大方面不断根据最新情况进行调整，你们认为，未来的政策方向将何去何从？"

听完这些问题，公司主创人员和管理人员纷纷上网，开始搜索相关资料。有的人陷入了沉思，有的人则迫不及待要发表自己的意见。

小歌和老钱对视一眼，会心一笑。小歌望向窗外，而窗外，春光正好。

The Impact of Policies on Film and TV
Drama Production：Qingge Chuanmei

Abstract：Policy is one of the core elements influencing Chinese film and TV drama industry. In the era of Reform and Open-up, the relative policies on film and TV drama have changed rapidly and updated along with the social transformation. To understand the policies could help the actors in this area achieve better performance. This case takes a minor company as an example, and analyzes the impact of policies on its production. It introduces the basics of Chinese policies concerning film and TV drama, and focuses on four major issues：license, censorship, cooperation with overseas companies, and export. In the end, it raises a series of questions concerning the new situation of online films and TV dramas.

Keywords：Policy analysis；Film production；TV drama production

案例使用说明

影视剧政策对创作与运营的影响
——轻歌传媒

一、教学目的与用途

（1）本案例适用于中国媒介制度与政策、影视剧创作与运营等课程的相关教学内容的案例讨论。

（2）政策对于中国媒介实践运作起着重要的促进、制约和管理作用。本案例基于真实的影视制作公司的实践，进行了综合与改写，以图提供关于影视剧政策及其对相关创作与运营的影响的理解。具体的教学目标包括：

①帮助学生理解中国当前影视剧政策的动力模型；

②帮助学生了解和熟悉中国当前现行有效的影视剧政策；

③帮助学生思考如何在相应制度环境下开展自己的影视剧创作与运营实践；

④帮助学生深入思考制度、政策与媒介实践之间的关系。

二、启发思考题及分析思路

1. 如何理解我国影视剧政策的主要动力模型？如何通过这个动力模型理解三十余年来我国电影和电视剧产业的发展？

【分析思路】从宣传导向、市场导向、艺术导向三个方面理解与分析。

2. 我国现行有效的电影和电视剧政策有哪些？它们涉及电影和电视剧创作与运营的哪些方面？

【分析思路】就产业链条而言，这些政策涉及拍摄、制作、发行、放映与播出等环节。就主题而言，主要涉及四大方面，即资格许可（包括拍摄、公映、发行、放映等）；内容（包括备案与审查制度等）；境外因素（中外合作、进出口等）；其他（如档案管理等）。

3. 我国对于电影和电视剧制作实行的许可证制度是如何操作的？

【分析思路】长期与临时两种许可证；国有企业与民营企业的不同；中央向省级部门的放权；等等。

4. 我国对于电影和电视剧的内容管理是如何操作的？为什么要实行"拍摄前备案，公映前审查"？可能需要删改的主要方面有哪些？

【分析思路】拍摄前备案是为了实行有效监管，同时简化行政手续；公映前审查是为了保障影视剧的内容符合法律与政策要求。可能需要删改的内容涉及四个领域：政治上的不良内容；暴力；色情；其他违背公序良俗或有不良社会影响的内容。

5. 我国对于中外合作摄制电影与电视剧的业务活动有哪些规定？

【分析思路】分三种类型的合作进行管理。

6. 我国对于赴境外参加电影节/展有何规定？

【分析思路】将之视为出口；必须获得公映许可证方能出境参展。

7. 我国对于网络视听节目有哪些政策规定？如何理解它们为影视剧制作业带来的机遇和挑战？

【分析思路】在产业发展上予以鼓励，在意识形态上进行管理。

8. 你认为我国是否有必要实行电影与电视剧分级制？原因何在？

【分析思路】实际上我国曾经在 20 世纪 80 年代短暂实行过电影分级制。根据你对境外影视剧分级制的了解，结合我国的具体政治、社会和文化环境，谈谈你的观点。

三、理论依据及分析

1. 国家传播政策各要素分析

根据库伦伯格、麦奎尔等人绘制的模型，任何国家的媒体政策都涉及三个方面：对国民经济福利的阐释、服务个人利益或服务其他社会目的之间的平衡、传播系统与基础设施的所有权问题。"尽管对目标的界定可以存在广泛而多样的解释，但将子目标划分为政治福利、社会福利和经济福利三个部分又是非常必要的。"（金冠军等编，2005：17）

对于中国的电影和电视剧领域而言，其政策也涉及这三个部分，即政治福利（我们将之具体化为宣传导向）、经济福利（商业和市场导向）、社会福利（艺术与文化导向）。

中国影视剧政策考虑到综合的社会影响，首先为社会主义国家的主要政治目标服务，其次为产业发展和文化产品多样化保驾护航，最后还要考虑到如何鼓励文化与艺术创作。总体而言，自改革开放后，中国的影视剧政策就是在这三种导向的张力结构中运作的。

2. 政策执行的过程模式

T. B. 史密斯在《政策执行过程》（1973）中提出了一个描述政策执行过程的模型，其中涉及四个方面：一是理想化的政策（合理、正确的政策）；二是执行机构（负责具体执行政策的单位）；三是目标群体（政策对象，即直接受到政策影响者）；四是环境因素（指政治、经济、文化环境中的影响因素）。（陈振明编著，2004：249-250）

对于中国影视剧的创作与生产者来说，即置身于这样一个政策执行的过程中。首先，应该熟悉和了解政策，以便划定行为的界限，避免产生损失或风险。其次，应该对政策执行者有明确的认识，具体由哪一个政府部门监管，又是由哪一个层级来进行相关政策执行的。再次，自己作为目标对象，被设定在何等位置，自己又应当如何理解所处的角色。最后，对周围的环境，从静态结构与动态变迁两个方面进行完整理解，才能顺利掌握政策中的核心要素及变化趋势。

四、关键要点

（1）中国的电影和电视剧政策在整个影视剧产业发展中起着至关重要的定调作用。

（2）中国影视剧发展受到三种驱动力的作用，分别是宣传导向、商业导向、艺术导向。这三种驱动力也成为中国影视剧政策的核心拉动力。换言之，中国影视剧政策正是在这三种驱动力的拉扯之下形成了特定的方向。

（3）中国影视剧政策的特色是以产业发展带动思想宣传和艺术创新，即"经济上松，思想上紧，松紧结合，管放兼有"。

五、建议课堂计划

本案例适用于中国媒介制度与政策、影视剧创作与运营等课程。

（1）在用于中国媒介制度与政策课程时，可在讲述中国电影电视剧政策一节之后，供学生展开政策实施及其产业影响的相关讨论。

（2）在用于影视剧创作与运营课程时，可在讲述影视剧创作的政策环境后，供学生进行进一步了解相关政策及其影响的讨论。

整个案例讨论的时间建议控制在100分钟。

1. 课前（共20分钟）

提前将案例正文、讨论问题、政策文本及相关文献材料发给学生，要求其进行阅读和思考。

2. 课中（共80分钟）

①要求学生3~5人组成一个小组，就案例进行初步讨论（30分钟）；

②教师就案例提出问题，要求各小组发表自己的意见和观点（25分钟）；

③教师对各小组的发言进行总结与归纳，并提出进一步思考的问题（15分钟）；

④各小组再次讨论，对课后的学习进行安排。（10分钟）

3. 课后

学生按小组完成案例分析报告。

六、参考文献及深入阅读

[1] 陈振明. 公共政策学：政策分析的理论、方法与技术 [M]. 北京：中国人民大学出版社，2004.

[2] 金冠军，郑涵，孙绍谊. 国际传媒政策新视野 [M]. 上海：上海三

联书店，2005.

　［3］童刚.实践科学发展，加大改革创新，努力开创电影大发展大繁荣的新局面——2007年电影工作报告［J］.广播电影电视决策参考，2008（3）.

　［4］杨恩璞.三十年中国电影体制改革历程回顾［N］.中国电影报，2008-10-9.

　［5］晏萌，石群峰.2009：中国电视剧产业如何再续辉煌？［J］.传媒，2009（1）.

　［6］尹鸿.走向大电影产业：中国电影产业发展策略［D］.2007.

口袋购物：基于大数据的
移动互联网轻电商新模式

摘要： 北京口袋时尚科技有限公司旗下口袋购物、微店等多款基于移动互联网的电子商务 APP 应用，主打个性化和精准化的商品推荐。这一电商导购类 APP，主要功能是更加精确地推荐给用户想要的商品，再将流量导入淘宝、京东这类大型电子商务购物平台，并从中收取流量或交易佣金。如今互联网和普通百姓的生活越发紧密，购物、工作、休闲等都和互联网紧密结合。借助互联网平台，电商行业一路高歌猛进，不需要门店经营，减少了经营成本，打破了地域局限，从夹缝中突破重围，展现出良好的发展势头。移动互联网与社交网络的兴起更将大数据代入新的旅程，移动互联已经成为未来发展趋势。用户行为的大数据在电商行业中的价值已经崭露头角，大数据时代，移动互联网轻电商发展迅猛，必须实现大数据与移动互联的完美结合，不断创新，找到精准用户，深耕用户需求，提供个性化服务。

关键词： 大数据；移动互联网；轻电商；个性化服务

引言

成立于 2011 年 9 月的北京口袋时尚科技有限公司（以下简称口袋时尚），在 2012 年获得了经纬中国 1 200 万美元的 A 轮投资，到 2013 年，口袋时尚又拿到了华平资金的 B 轮千万美元融资。2014 年 10 月 23 日，口袋时尚在北京微店大会上公布，公司成功获得 C 轮融资，金额为 3.5 亿美元，投资方包含 H Capital、老虎基金、Vy Capital、DST 以及腾讯。值得关注的是，其中，腾

1. 本案例由中国传媒大学经济与管理学院戴建华撰写，作者拥有著作权中的署名权、修改权、改编权。
2. 本案例授权中国传媒大学 MBA 学院使用，MBA 学院拥有复制权、修改权、发表权、发行权、信息网络传播权、改编权、汇编权和翻译权。
3. 由于企业保密的要求，在本案例中对有关名称、数据等做了必要的掩饰性处理。
4. 本案例只供课堂讨论之用，并无意暗示或说明某种管理行为是否有效。

讯投资 1.45 亿美元，占股比例达 10%，这意味着口袋时尚旗下各移动互联网 APP 应用将与腾讯的微信紧密合作。

截至 2015 年 7 月，口袋时尚旗下的手机 APP 应用主要包括：口袋购物和微店。其中：

（1）口袋购物是一款移动平台推荐购物类应用软件，主打个性化和精准化的商品推荐。功能包括热门的商店推荐和根据用户的个人喜好推荐商品。口袋购物的商业模式与美丽说、蘑菇街大同小异。此外，口袋购物也推出商家入驻平台，吸引第三方商家入驻，交易佣金是其主要收入来源。口袋购物为用户提供海量宝贝供其挑选，汇聚淘宝、天猫、京东、凡客、苏宁等商城的商品，实现一站式购买，同时拥有好店推荐、全网比价、历史价格（90 天价格曲线）、真人导购、特卖预告、搜索分类、便捷分享等多种功能。它能根据用户个人风格，有针对性地推荐适合用户的单品，让用户能随时随地享受口袋购物为他们量身定制的购物体验。

（2）微店是帮助卖家在手机开店的软件。微店作为移动端的新型产物，任何人通过手机号码即可开通自己的店铺，并通过一键分享到 SNS 平台来宣传自己的店铺并促成交易，降低了开店的门槛和复杂手续。微店于 2014 年 1 月正式上线。用户只需通过手机号、身份证号、银行卡号等信息验证即可注册店铺。截至 2015 年第一季度，微店已经覆盖 197 个国家，吸引了超过 2 626 万家店铺入驻。

口袋时尚联合创始人王珂透露，获得 C 轮融资后，微店将投入 2 亿元，用于为微商的引流，并向微商开放了口袋时尚旗下一系列垂直市场 APP，包括口袋购物、今日半价（1～5 折官方旗舰店正品、爆款折扣类应用）、美丽购（专注服务年轻女性的服饰类 APP）、代购现场、美铺（与美图秀秀合作），以及微店联盟等各种集聚买家客流的市场。王珂透露，腾讯此次主动上门接洽，与马化腾"在饭桌上即敲定了此次交易，可以说是腾讯史上速度最快的一笔投资"。他表示，腾讯此次参股涉及微信平台的微店业务，对微店概念的归属做出了肯定，这对微店的未来发展会起到推动作用。

获得 3.5 亿美元的投资后，口袋时尚将如何布局其服务买家与卖家的产品群？又将如何布局移动电商市场的生态体系？在去中心化的移动互联时代，口袋购物将投入 2 亿元用于为商家引流，是否能够达到预期的效果？未来，其又将如何与腾讯其他"小伙伴"在移动电商后端竞合？

1 口袋时尚的发展历程

北京口袋时尚科技有限公司成立于 2011 年 5 月,专注于电子商务导购领域。除了前文提及的王珂,口袋时尚的另一位联合创始人为侯迅,也是公司的现任总裁。他在 1995 年大三辍学后进入 IT 行业,曾任爱国者的副总裁。2011 年 1 月,侯迅在一间咖啡馆与王珂见面,当时侯迅已经离开爱国者自己创业。起初是侯迅想将自己创业的想法灌输给王珂,拉拢王珂一起创业,然而一番聊天之后,侯迅反而被王珂说动,在长达十几个小时的探讨之后,侯迅决定和王珂一起做公司最早的一款移动电子商务 APP——口袋购物。公司初创之时,小米公司的雷军向王珂推荐了几个小米不要的人,侯讯婉拒,且一定要找百度的牛人。刚从厦门到北京,人生地不熟,他就每天在百度门口想办法聊天挖人。从五月份谈到八月份,终于把百度的一位擅长算法的高管挖到口袋时尚。到了 2012 年 4 月份,口袋时尚就拿到了经纬中国共 1 200 万美元的风险投资。

发展至 2015 年,口袋时尚成了一家以技术创新为导向的公司,现有员工350 人左右,其中包括了一群来自百度、腾讯、淘宝、搜狐、新浪等知名公司的资深开发工程师和产品设计师。这里还有很酷的团队和企业文化。作为一家专注于移动电子商务的创业大家庭,所有成员共同营造温馨、舒适、开放、自由的家庭环境;平等、热情、真诚、创新的家庭氛围。公司总裁侯迅曾说过:"移动互联网最主要的是产品体验,埋头做好产品才能获得更多用户。"所以,在公司内部能感受到浓郁的工程师文化气息。工程师根据自己的兴趣选择任务团队,由他们来主导任务的整个过程,并对结果负责。这种模式极为开放和自由,也鼓励大家在新的领域里挑战自我。目前,公司的各款 APP主要针对的客户群是 25 岁左右的白领阶层,以及少量的大学生群体。

口袋时尚的创办正值中国移动互联网的崛起。王珂在一次采访中说过,在刚创办这个公司的时候,他发现在电子商务领域大小商家都难以赚钱,大商家获取用户的成本太贵,而小商家又难以被用户发现。客户找不到满意的商品,95% 的电商卖家又不能被客户发现。产生这个问题的主要原因是电子商务网站上提供的商品数量太多,当用户搜索一种商品时,会出现几百万种结果,当用户浏览完前几页的结果之后,往往会失去购买的耐心,这样后面的商家就没有展示到客户面前,而前面的商家又支付昂贵的流量费。带着对这个现象的思考，一个帮助用户逛网上商城的口袋购物 APP 的雏形就出来了。

口袋时尚的创立和发展与两个重要因素息息相关：一是移动互联网的快速崛起。2011 年全球智能手机出货量达到 4.78 亿部，占全球手机市场份额的大约 33%。而预计到 2015 年，智能手机在全球手机市场占有量大概能达到 54%。随着智能手机的快速普及，移动互联网业务也开始快速崛起。在 2011 年，中国 3G 网络用户数目已过亿，庞大的移动网络用户中隐含着巨大的价值。移动互联网上的电商可以将用户碎片化的时间完全利用起来，用户可以通过手机随时随地上网，浏览网页，网络聊天，等等。口袋时尚致力于在用户碎片化的时间里为用户提供购物享受。移动互联网的发展，尤其是无线网络的发展，使得用户在等餐、看电视时都能够利用手机上网，这为口袋时尚旗下各类 APP 提供很好的技术支持。二是移动设备的差异性。与个人电脑相比，手机的屏幕更小，所以能够展示的商品也更少，而且手机的电量有限。用户用手机浏览商品时，不可能持续太长时间，一来手机电池会耗尽，二来当用户在使用手机购物时，往往是一时兴起的想法，而不带有目的性，所以在用手机浏览商品时更没有耐心。这也解释了为什么用户在移动终端上收藏一个商品平均的频次是 PC 上的 49 倍，因为当用户用电脑购物时，有充足的时间可以挑选，而在手机上购物时，由于各种限制，可能看到勉强符合自己标准的商品也会进行收藏。手机购物与电脑购物的不同，也为口袋购物的未来发展确立了方向。

iCTR 中国网购行为研究的调研数据显示，在 2014 年 1—6 月，有 88.9% 的中国网购用户使用过 PC 进行网络购物，有 68.2% 的用户使用过手机购物，23.4% 的用户使用过平板电脑购物（见图 1）。目前，使用 PC 网络购物已然是主力，但是移动购物潜力不容小觑，未来发展空间巨大。

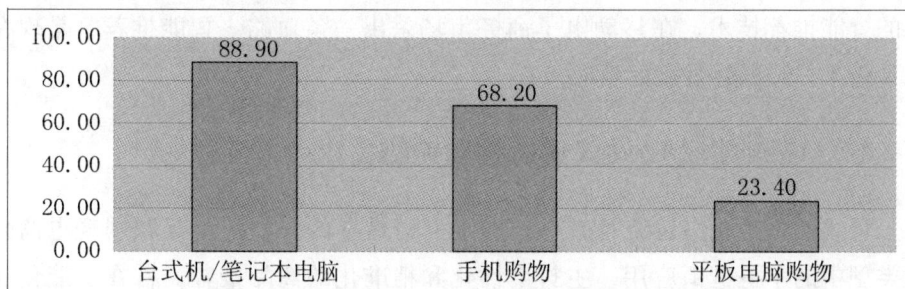

图 1　2014 年 1—6 月中国网购用户网络购物终端使用情况（%）

口袋时尚最早的移动互联网购物 APP 口袋购物的发展可以说经过了两个阶段：第一阶段是类似于"逛淘宝"的阶段。口袋购物发现用户在线上购物的过程中，大部分也是逐个店铺浏览的方式，在浏览完一家店铺未发现满意的商品之后，再进入下一家店铺。这和线下购物的方式是一样的。所以，口袋购物在发展初期也是提供这种购物方式，使得用户拥有与线下购物一样的体验。然而，这种购物方式并未突出口袋购物的特点。于是，口袋购物进入了第二阶段的发展，基于用户行为的大数据分析来提供个性化的服务，这也是现在口袋购物的业务重心。打开手机中的口袋购物 APP，用户会发现每个人的首页展示的商品都是不相同的，这就是口袋购物的个性化推荐的表现之一，根据用户收藏的产品类型、所浏览的产品类型，推测用户钟爱的产品是什么，并将其放入用户喜欢的版块。除此之外，口袋购物还可以根据用户所使用的移动设备，以及用户所在的地理位置，对搜索出来的商品进行排序，使得满足条件的商品可以出现在前面几页，极大地提升了用户的购物体验感。同时，口袋购物发现，用户在搜索某种产品时并不会添加附属条件，比如说在搜索连衣裙时，只是输入"连衣裙"，而不会输入"无袖棉质连衣裙"，这种情况下，搜索出的商品就会非常多，用户是没有耐心全部看完的。针对这种现象，目前口袋购物已经具备了粗略识别图片的技术，比如说可以识别出图片是否有水印，是否是专业的商品图片，再结合图片的文字标签，可以推断用户想要寻找的到底是商品的哪种类型，在用户浏览的过程中，推出提示信息和链接。

与美丽说、蘑菇街这类购物类软件不同，口袋购物不仅跨多个电商平台，还利用自己掌握的用户资料，真正做到个性定制，不得不说是一款非常智能的购物软件。从当初只有十几人的小团队到现在接近 350 人的团队，从当初只有构想的创业方案到现在超过千万用户的手机应用，口袋购物凭借独一无二的智能推荐技术，在移动电子商务市场杀出一条血路。智能推荐，是现在也是将来口袋购物发展的重心。

2 口袋购物：一站式解决移动购物需求

口袋购物是北京口袋时尚科技有限公司最早的一款移动互联网轻电商公司类型中的手机逛街应用，主打个性化和精准化的商品推荐。旨在智能化导流，个性化推荐，将精选潮流热卖商品展示给有需要的消费者，帮买家实现一站式购买淘宝、天猫、京东、凡客、苏宁等商城的商品，随时随地发现又好又便宜的宝贝。目前，口袋购物可以在 Iphone、Android、Symbian、ipad、Html 5 等移动互联网平台上应用，拥有 2 000 万注册用户，日活跃用户有几十万，日成交额达 400 万~1 000 万元人民币，每天新增价值 4 亿元人民币的被收藏品，已经与淘宝、京东等电商合作，并推出商家入驻平台。

口袋购物应用首页主要有以下模块，分别是：我的街、商品搜索、商品收藏、口袋购物应用设置。

（1）"我的街"是最首要的模块，提供各种商品的分类推荐，买者根据需求浏览相应的商品，主要包括了：猜你喜欢、特卖会、好店推荐、排行榜和主题街。

①"猜你喜欢"是通过买家收藏宝贝、购买过的宝贝以及查看过的宝贝的相关信息，进行深层次的数据挖掘后的智能推荐。

②"特卖会"中是一些打折商品，包括服装、鞋包、装扮以及居家类宝贝。

③"好店推荐"中包括人气 TOP 100 的店铺、今日上新品的店铺以及根据商品分类与个性化的店铺推荐。

④"排行榜"中包括少女装、轻熟女、童装、男装以及科技商品的销量排行。

⑤"主题街"中根据商品分类以及个性化分类的口袋主题，为买家提供贴心的购物指导。

（2）商品搜索提供两种搜索方式，一种是信息搜索，一种是通过商品细分进行的宝贝分类推荐。例如，如果你想寻找三星的手机，可以在搜索框中进行商品搜索，也可以在数码宝贝中的手机品牌分类中找到三星手机宝贝。

（3）商品收藏，可以将感兴趣的商品放在收藏中，在确定是否购买前，保证可以随时找到该商品。口袋购物在收藏的宝贝信息发生变化时，会通过及时推送将信息推送到手机中。

（4）应用设置中包括个人信息简介与手机号、淘宝号、新浪微博、QQ 账号的绑定一站式操作的口袋账号。淘宝快捷入口可以查看购买记录、购物车、查询物流。帮助和反馈中可以通过浏览器或微信接受小秘书的贴心导购服务，买家在找不到某件商品时可以将商品信息提供给小秘书，小秘书经过全网搜索帮助买家找到商品，小秘书相当于智能客服；口袋购物指南帮助新手了解口袋购物应用的操作和相关功能；还可以通过微信进行有奖征集产品意见以及卖家入驻口袋的相关信息。口袋购物设置中还有其他功能，例如口袋电影抢票活动、签到抽奖活动、限时抢购等信息发布的消息中心；从 WIFI 切换到手机 3G 流量连接时提醒；清除缓存以及口袋购物版本及公司简介。

2.1 主页面偏内容，强调个性化

主页面下方的导航栏中分布着"我的街"、"搜索"和"收藏"三个频道和设置菜单。繁杂的功能并没有反映在口袋购物的主页面上，清爽的九宫格设计囊括了所选商品。

在布局上，"我的街"位于首个频道，无疑反映了当下用户对自己购物习惯定制化的需求。无论用户是关注服饰的潮人，还是关注科技的数码控，或是个典型的吃货，在"我的街"中都可以根据个人喜好随意增加和删减商品信息。

在"我的街"频道页面，还包含了"猜你喜欢"功能。该功能通过分析用户平时的浏览数据，根据商品的品类、价格和风格为用户做出个性化商品推荐，如果"猜你喜欢"里有用户不感兴趣的商品，只需将手指按在那个商品上面2秒钟，就可以把它删除，同时系统也会为用户重新推荐更适合用户

行为和喜好的内容。这一技术同样应用在商品搜索引擎当中。

2.2 "特价"和"好店"推荐，依托大电商平台

口袋购物中的商品包括了淘宝、天猫、京东、凡客和苏宁等平台的商品，而口袋购物做的不仅仅是汇集所有商品。在"我的街"的"特卖汇"频道中，包含了大型电商平台各种折扣非常大的优质商品，并且在频道右上角提供了"最新"和"最热"两个维度的商品信息，方便用户选择。

口袋购物包含了淘宝店铺的商品，而让用户烦恼的店铺选择问题通过"好店"频道可以解决。"好店"从 TOP 100、编辑精选、天猫精选等多个维度收录了多家淘宝权威店铺，这些店铺都是经过严格筛选的，保证信誉与安全。

2.3 性价比一目了然，"帮"客户砍价

在 PC 端，有各种比价的浏览器插件，口袋购物在移动端解决了这一问题。在商品页面，口袋购物还推出"全网比价"和"90 天价格走势图"两项功能。

同时配合买家评论版块，可以让用户更好地进行决策，真正让用户省钱看得见。

如果在比价后觉得价格还是与心理价位有差距，用户可以选择先收藏该商品。当某款产品被用户收藏到一定数量时，口袋购物会主动帮用户联系这件商品的卖家，帮助用户和卖家砍价，如果砍价成功，口袋购物将会把降价消息直接推送到用户的手机上。

除收藏物品外，口袋购物还提供类似淘宝收藏店铺的功能。口袋购物在设计思路上先以用户需求和痛点为产品的切入点，再以用户体验为核心加上对用户行为等大数据的分析，优化产品的各个细节功能，让用户在使用重产品的时候感觉到"轻"。

从用户的角度来讲，口袋购物的优势不仅在于发现商品，更在于它能够满足用户省钱的需求。对于用户来讲，"省钱"才是用户通过移动 APP 购物的硬道理。

3 口袋购物：技术驱动下的"移动导购员"

"用户找商品越来越困难，卖家获取流量的成本越来越高。我们试图解决

的问题是如何帮消费者降低成本，快速取得产品，帮助卖家快速获得流量。"口袋购物创始人兼 CEO 王珂说："口袋购物作为一款移动平台的购物类应用软件，是将个性化商品推荐给精准目标用户。"

目前，智能手机的普及让碎片时间变成了商机。地铁里、公交车里一片"低头族"拿着手机消遣，拿着手机逛淘宝更是时下很多女性的闲暇"功课"。

口袋购物瞄准的正是这样的用户群体和移动电商势不可当的大趋势。在王珂看来，在移动端上这样一个小屏幕上实现智能导购，成为转化流量的开启密钥。

王珂直言，电商做了这么多年也没几家赚钱，最大的两个问题：一是电商已经发展了 10 年，用户找到一个他喜欢的东西，不是越来越容易了，而是变得越来越困难了。二是卖家想获得用户的成本，不是越来越便宜了，而是越来越贵了，最高达到销售额 30% 的流量成本显然太高。让用户发现自己喜欢的东西，卖家用更低的成本获得用户，这是电商的本源性问题。

3.1 大数据背景下以个性化点亮用户需求

口袋购物以数据挖掘为工具，进行针对性解决需求。王珂这样描述数据的作用，首先数据能帮卖家确定某项商品是一个强需要，还是一个弱需求。数据显示，在每个页面商品大图最下面有一个点击键，大概有 15% 的用户会点击，那就说明用户重视这样的东西，这款商品对于这类用户而言就存在强需求。王珂说："我们后台会把商品以颜色、质地、品类等为特征进行分类，并在此基础上做数据分析，估算出用户可能感兴趣的商品关键词，基于大数据之下，挖掘用户的需求。"

其次，打开口袋购物，你会发现每个用户的手机都显示不同的页面，这就是用户个性化的体现。用户在使用的过程中，可以先行选择几个自己喜欢的频道，然后口袋购物会将这几个频道的内容放入"猜你喜欢"中，在"猜你喜欢"的瀑布流里，用户可以随时将不想再看到的东西删除。通过一段时间的使用，口袋购物后台会对用户感兴趣的商品做预判，并不断地推送符合用户口味的商品。而这样的个性化推荐激发了用户的消费需求，碎片时间的手机浏览直接带来实际消费。

依据用户的喜好、特征如何去自动匹配商品？王珂说，每个商品有 300 多万个特征，我们依据用户过去的点击率，收藏用户的搜索记录，全网商品依照用户的喜好排序。我们会把用户经常点击、经常收藏的东西排在前面，按照用户的行为习惯，个性化地给该用户推荐商品，这样大大节省了用户在手机上挑选商品的时间。

3.2 人工智能决胜移动购物战场

在移动购物市场领域，已经获得巨额融资的还包括美丽说、蘑菇街等产品。关于这三者的产品定位，似乎一直有着比较模糊的界限。侯迅认为，美丽说是通过达人分享编辑推荐的方式实现购买，有些偏媒体性质；蘑菇街则偏向社区管理用户 UGC（user generated content，指用户原创内容）方式实现，有点偏社区；侯迅坚持认为，对于口袋购物来说，只有基于人工智能的方式才能向用户提供更想要的商品，因为人工智能需要发现引擎技术作为推动，发现引擎则是电商时代满足用户需求的关键。

所谓发现引擎技术，可简单概括为，当用户用传统搜索引擎（百度、谷歌）搜索产品时，结果通常在第一页，而淘宝则通常不在第一页，用户在逛淘宝时并不是特别有目的性，而是期待"不期而遇"的邂逅。更关键的是，每个人逛街的目的都不一样，审美也不同，需求也不一样，但几亿人的搜索结果都是一样的，如何满足大量用户的个性化需求？

侯迅认为，能解决这一匹配问题的只有算法。通过对全网的数据挖掘，根据用户的购物行为统计，能了解用户的个性化需求，这种记忆式的推荐方法，能让用户感到随着产品使用时间越长越舒心。口袋购物通过人工智能筛选进入淘宝店铺，然后针对单个用户的个性化需求，有选择性地推荐给用户。也许正是凭借人工智能筛选方式，据侯迅介绍，在泛淘宝系 5 000 多个应用中，口袋购物的交易转化率已经达到了 7.4%，单个 UV 贡献值每月突破 5 元，位列同行中第一。

对于未来轻电商的技术发展趋势，侯迅曾表示："当广告足够精准时就是一款产品。"可看出，人工智能推荐仍然是口袋购物最重视的研发方向。也许某一天，当我们打开一个购物应用，通过机器筛选推送过来的商品都是最符合我们购物需求的时候，那才是轻电商的终极形态。

4 口袋购物：移动互联网背景下的轻电商

随着智能手机的快速普及，移动购物人群将与日俱增，庞大的移动用户和移动互联网的快速发展为移动电子商务提供了强大的动力。

当前，电子商务与移动互联网迅速发展，在它们的双重支撑下，移动电子商务尽管刚刚起步，却呈现出爆发式增长态势，它的价值和广阔前景已经受到了广泛认可，成为具有极大发展潜力的新兴产业。2010 年 11 月，58 同城网推出了针对 iPhone 和 Android 手机的移动客户端，相关数据显示，58 同城网有 30% ~ 40% 的订单是通过非桌面浏览器来完成的。随后，凡客诚品推出的凡客手机客户端和手机凡客网也逐渐上线，而交易额的增长速度超出了所有凡客人的想象。良好的政策支持和巨大的市场潜力，吸引了整个产业链的目光。传统的电子商务企业纷纷涉足移动电子商务业务，亚马逊、淘宝、当当、京东商城等都推出了相应的手机客户端或手机版网页。

网上的商品种类繁多，让用户眼花缭乱，而口袋购物极具人性化的服务则能为他们提供更好的用户体验。它能根据用户的个人喜好寻找商品，并能在各大移动电商平台的同种商品之间进行比价，替用户节省不必要的开支，并为他们一站式购买淘宝、天猫、京东、凡客、苏宁等商城的商品提供了可能，打破了各大移动电商之间信息比对的障碍，使用户不再局限在某一家电商平台上购物，大大增加了用户购物的选择范围。

4.1 移动终端设备大规模发展

移动电子商务主要是以智能移动终端为主要实现载体，近几年来智能移动终端的普及化发展也为移动电子商务的高速发展打下了坚实基础。曾经有人提出疑问："移动终端的价格高是否会影响移动电商的高速发展?"目前随着手机等移动终端技术的发展，市场上，上千元左右的智能机比比皆是，几家移动运营商也通过补贴的方式，推出充话费送智能机的活动，大大降低了智能机的入门门槛，加速了手机智能化的发展趋势。

同传统电子商务一样，移动电子商务也面临着支付、信用、配送等问题，尤其令人关注的是移动支付的安全问题。移动支付市场潜力巨大，移动运营商、银联、第三方支付平台、移动支付终端及芯片制造商纷纷踏入该领域。目前，口袋购物支持淘宝官方 API 接口，可用支付宝在线购买，较好地保证了购物过程的安全性。

4.2 轻电商的导流应用

随着电子商务行业的兴起，一种被称为"社区化的电子商务"网站也逐渐兴起，其中代表性的网站即为蘑菇街和美丽说。它们并不向用户售卖物品，却能从交易中赚取收入；它们不必自建物流，也不用操心供应链，却能以极其轻盈的姿态在笨重的电商模式下游刃有余。口袋购物与这一类网站有很多相似之处，但也有着本质的区别。最基本的区别是，蘑菇街、美丽说是基于人的推荐，而口袋购物基于人工智能推荐。

我们都知道，在淘宝的海量店铺中，仅仅通过一个搜索框和几个关键字去寻找心仪的商品是一件比较费时费力的事情，蘑菇街、美丽说采用用户分享推荐的模式，使商品经过了人为喜好的过滤，再加上标签进行分类，每位用户都能借此更容易地寻得所求，所以广受欢迎。然而，随着蘑菇街、美丽说上的分享越来越多，从大量来自他人的推荐中找到令自己倾心的商品也开始显得并不那么容易。口袋购物的优势就体现出来了，它最初的立意点是分析钻石买家的收藏店铺，通过对全淘宝数据的深度挖掘，将结果呈现给用户，并且记录用户的访问、收藏、购买行为，分析用户的喜好并推送推荐商品，使用越久，推荐越精准。这是一个个性化数据不断积累的过程，通过对人的行为不断地分析和商品推荐的验证，越来越接近人的喜好。

5　背水一战押宝微店

口袋购物更加强调智能化的推荐技术，通过对用户浏览、点击、收藏、购买等行为的数据分析和挖掘，向用户推荐商品，希望搭建一个基于移动端的千人千面的购物平台。什么是千人千面的购物平台？王珂曾解释道，比如有段时间，口袋购物有1 000多个用户收藏了风衣，但是没有买。团队通过数据分析，联系了一批淘宝的风衣卖家，找到其中给出条件最好的一家，专门针对这1 000人搞了一次团购，卖出了300多件风衣。根据行业数据统计，电商一般的转化率只有1%~2%，而此次的转化率居然达到了30%。这就是口袋购物基于数据分析和挖掘，实现高效率"导购"的模式。

面对互联网上数以十亿计的海量商品和参差不齐的服务水平，导购的出现戳中了用户的痛点，生逢其时，一开始就获得了爆发性的增长。而且，基于兴趣与爱好对用户进一步的细分，卡住了电子商务的用户端并实现了很好的黏性，这也就使得这一商业模式具有很好的延展性。假以时日，导购网站可以补足后端交易和供应链环节，转型成为一个电子商务交易平台，从而彻底摆脱对淘宝高度依赖的天然缺陷。只不过淘宝很快就醒悟了，祭出了封杀大旗，在导购网站还不足以形成气候的时候，斩断了他们的后路。

在遭遇了淘宝接连几次的封杀后，大家认识到，在目前这个阶段导购这条道路行不通，开始寻求出路。美丽说、蘑菇街先后转型成为面向时尚女性的垂直电商，而口袋购物则将命运压在了微店上。

在经过了半年多的研发和内测之后，口袋购物于2014年1月份推出了名为"微店"的移动电商APP，并收购了微店的整套域名。微店的作用是帮助商户在微信上开店，主要面向中小卖家（包括个人），门槛极低，只需通过手机号、身份证号等信息验证即可注册店铺。

从本质上来看，微店就是搭载在微信、微博、QQ等社交平台上的微型淘宝。用户不仅能突破地域和时间限制，在移动端管理店铺和购买商品，更重要的是可以将商品一键分享至上述社交平台，利用卖家的社交关系链和社会化流量实现商品的销售。

由于极低的开店门槛和完全免费的政策支持，微店推出之后就获得了极大的关注，发展迅速。截至2015年第一季度，微店用户单季度增长超过900万，微店已经覆盖197个国家，吸引了超过2 626万家店铺入驻。

6　未来的路怎么走

在获得巨额融资之后，口袋购物将投入重金用于为微商引流，并向微商开放口袋购物旗下一系列垂直市场APP——口袋购物、今日半价、美丽购、代购现场、美铺（与美图秀秀合作），以及微店联盟等各种集聚买家客流的市场。微商可以选择适合自己的市场，申请入驻，获得更大的客流。

这样，从作为淘宝生态体系补充的导购网站，到以微店为核心搭建自身商业生态的卖家交易平台，口袋购物完成了商业模式的转型，也为自己找到了一条全新的发展道路。未来如果微店能得到很好的发展，淘宝对其的重要性将会越来越小。

淘宝当年大败eBay依靠的是更接地气的系统平台和免费的策略，而口袋购物的微店则在移动端将在这两项策略做到了极致，不仅开店门槛极低，开店系统一分钟即可上手，而且开店和交易全免费，并准备对卖家推广进行大量的补贴。

但是，现在处于近乎垄断地位的淘宝逐渐地由开放走向了封闭，封杀导购、封杀微信等，小心地守护着由淘宝构筑起来的巨大流量池，因为这是其生存基础。而移动端去中心化的特性决定了更加开放才是出路。口袋购物也希望能够通过更加开放的系统将平台越做越大，从而实现对淘宝的逆袭。

7 后记

智能手机的深入普及推动了移动互联网的快速发展，由此移动化成了各行各业面临的头等大事。由于其背后海量的用户和巨大的产业价值，移动电商更是热点中的热点。不过我们目前看到的移动电商，更多来自于淘宝、京东等大平台由 PC 端向移动端的迁移。虽然这也给我们带来了很多方便，但是移动端的特性并没有得到充分发挥。

微商以及微店的移动电商发展前景广阔，但这一切还只是纸面上的设想，移动电商能在多大程度上改变用户的消费习惯还不清楚。移动端虽然和消费者有了更多的触点，占用了消费者更多的时间，但其操作、搜索的便捷性以及产品展示效果等，由于屏幕的限制，无法和 PC 端相提并论。如何在移动端提供优质的购物体验，让消费者更加习惯在多场景下购物将是微商面临的一项大考。此外，大量广告的无序推送已经引发消费者的反感，如何实现商业的长远有序发展，将是所有微商需要面对的另一个问题。

对于口袋购物来说，梦想是远大的，但是颠覆之路绝不轻松。有多少消费者能够接受微商这种购物形式，如何在发展中规范好微商的行为，是决定其能走多远的关键因素。

总之，微商的发展让人们看到了在淘宝之外的另一条移动电商的大道。各路人马扩军备战，而谁最终能提供更加优秀的用户体验，谁就有可能在竞争中胜出。因为虽然零售的形式一直在变化，但用户体验才是生意的本质，这一点从来没有改变。

Pocket Shopping——A New Model of Light E-commerce for Mobile Internet Based on Big Data

Abstract：The Beijing Pocket Fashion Science and Technology Co., Ltd operates a variety of mobile applications such as Pocket Shopping, Micro E-commerce Stores which can recommend goods based on personalization and precision. The main function of these Apps is to recommend accurately desired products to the user, then introduces customer traffic to large e-commerce shopping platform such as Taobao and Jingdong, and these Apps get their payment of traffic or commissions. Nowadays, people's life and the Internet becomes more and more closely in the aspect of shopping, work, leisure and so on. With the Internet platform, e-commerce industry develops rapidly, operates with no stores, reduces operating costs, breaks down geographical limitations, overcomes the siege from the cracks, shows a good momentum of development. The rise of mobile Internet and social networks takes big data into a new era, the mobile Internet has become the future trend of development. The value of big data in user behavior has emerged. In the era of big data, the smart e-commerce based on mobile Internet must achieve the perfect combination of big data and mobile Internet, innovate continuously, find the target users precisely, dig user needs deeply to provide personalized service.

Keywords: Big data; Mobile Internet; Smart e-commerce; Personalized service

案例使用说明

口袋购物：基于大数据的移动互联网轻电商新模式

一、教学目的与用途

（1）本案例适用于信息系统与信息资源管理和电子商务的课程教学。

（2）本案例适用对象主要为 EMBA 和 MBA 学员，适合有一定工作经验和管理阅历的学员和管理者，可用于企业高管人员的培训和企业内训；同时，也适用于工商管理专业本科生与硕士研究生。

（3）本案例的教学目是以口袋购物为线索，帮助学生从不同角度、不同层次进行分析，使学生对基于大数据的移动互联网轻电商产生更为感性的认识，并将其成功经验借鉴于实际工作中。

二、启发思考题

（1）你如何看待移动互联网轻电商这一新模式的出现？哪些因素促进了

这一模式的兴起？移动互联网轻电商具有哪些新特征和优势？大数据时代，移动互联网轻电商又将面临哪些机遇和挑战？

（2）你如何看待口袋购物的成功？用户在手机上购物与 PC 端有何不同？口袋购物的最大特点是解决购物的个性化需求，这一点是通过哪些技术做到的？

（3）口袋购物作为电商导购，最大的瓶颈就是完全依附于淘宝，生存环境存在很大的不确定性和被动性。如果淘宝自己开始发力导购，那么对第三方导购网站的生存将会产生极大的威胁。口袋购物应如何应对这一问题？

（4）获得新一轮巨额融资之后，接下来口袋购物将投入大量资金，用于为微商引流，并向微商开放口袋购物旗下一系列垂直市场 APP。这样从作为淘宝生态体系补充的导购网站，到以微店为核心搭建自身商业生态的卖家交易平台，对于口袋购物这一商业模式的转型，你如何看待？

三、分析思路

教师可以根据自己的教学目标（目的）来灵活使用本案例。在引导学生分析时，可以在上述思考题的基础上逐步深入，讨论以下几个核心问题。

（1）从移动互联网占据了用户大量的碎片化时间，导致用户不断从 PC 端向移动端迁移，也带来了用户购物习惯改变的角度考虑，移动互联网轻电商的兴起，未来的移动电商市场会出现更多样化的购物场景以及购物途径，这可能创造出新型的商业模式，以及更具有颠覆性的企业。但是移动电商也必将面临这样的问题：消费者购物习惯的培养。通常情况下，对于移动端的购物 APP，用户在这个时间段没有强烈的购物目的，而是感性消费，商家必须抓住这种消费心理的差异性进行创新。同时，手机和移动设备的操作便捷性、搜索便捷性、产品展示的效果等无法与 PC 端相比，如何保证在移动端提供优质的购物体验？

（2）口袋购物是一款移动平台的推荐购物类应用软件，主打个性化和精准化的商品推荐，从技术角度（数据挖掘、人工智能等）分析口袋购物成功的关键。

（3）口袋购物瞄准智能手机用户和移动电商的发展趋势，通过分析用户收藏、点击、浏览等行为发现用户的个性化需求，并按照用户的喜好推荐产品，为用户节省移动购物时的选择时间并激发用户的消费需求。但是未来口袋购物仍面临很大的问题，例如口袋购物并没有自己的交易平台，APP 进入门槛很低，难以在技术上形成有效壁垒，一旦移动导购概念被热捧，跟进者会一拥而上，届时口袋购物可能面临成百上千的同质化竞争。

（4）随着微博、微信等移动社交平台的兴起，寄生在这些平台上的微商群体越来越多，他们不再以淘宝等平台为中心，而是通过社交平台，利用互动与分享直接联系到客户，从而带来销量，口袋购物也押宝微信，但未来的颠覆之路绝不轻松。

四、理论依据及分析

1. 客户关系管理理论

客户关系管理（customer relationship management，CRM）由 Gartner Group 提出，其定义是企业与客户之间建立的管理双方接触活动的信息系统，它告诉企业谁是对它最有利的客户，并激发其制定保留老客户的市场战略以及吸引新客户。进入网络时代，企业的客户关系管理应该是利用现代信息技术手段，在企业与客户之间建立的一种数字的、实时的、互动的管理交流系统。

CRM 就是要通过采用信息技术，使企业市场营销、销售管理、客户服务和支持等经营环节的信息有序、充分、及时地在企业内部和客户之间流动，实现客户资源的有效利用。其核心思想是把客户群体看作企业宝贵的外部资源，并尽可能地纳入企业的控制范围内，以增加客户价值为中心，有效满足客户的个性化需求，改善客户关系和提高企业的市场竞争能力。CRM 的实施将提高企业销售管理效率，通过多种渠道挖掘和识别市场机会，提高客户满意度，保持与客户的良好关系，降低企业运作成本，为企业创造长期持续的利润来源。客户关系管理被定义为一种企业模型，作为它的主要目标，模型具有识别、预测和理解潜在客户和现有客户的需求，来提高客户保留度、增长率和利润率。CRM 包括一系列用于客户和合作伙伴生命周期的成功管理的业务和技术功能：从营销和获取客户，到客户服务和客户保留。如图 2 所示。

在电子商务提倡以人为本、缩短企业与客户距离的主旨下，传统的 CRM 系统和电子商务有了密切的结合点。互联网的发展使全球的电子商务环境发生了很大的变化，由于网络基础建设的不断完善和经济的发展，全面电子商务的大环境已经建成。现在，越来越多的企业开始利用互联网的优势，充分挖掘客户需求，为客户提供量身定制的产品和服务，建立以客户为中心的商务系统，综合调动企业最优资源，实现客户满意。电子商务时代的客户关系管理（E-CRM）便在互联网飞速发展的今天应运而生了。

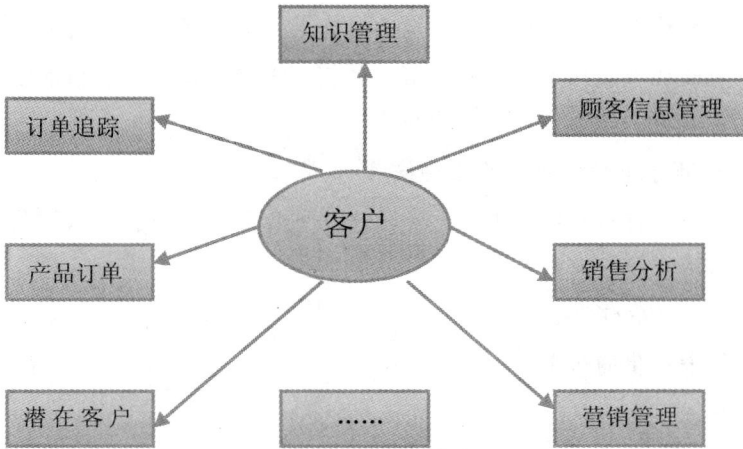

图2　以客户为中心的客户关系管理

E-CRM 模型中，E-CRM 首先是一种管理理念，是提高企业竞争力的一种手段和商务模式，技术是支持其实施的基本要素。在技术层面之上是以实现客户价值增值为中心的 E-CRM 平台。客户数据存于数据仓库中，在发生客户交互时，根据不同顾客的爱好和特点提供个性化的服务；在为顾客服务的同时，系统也会通过对顾客行为的追踪分析更新顾客的数据记录。建立 E-CRM 系统的目的是实现顾客价值的增值，降低企业运营成本，提高效益，因此，这些活动的展开都是紧紧围绕"客户价值"这一中心的。

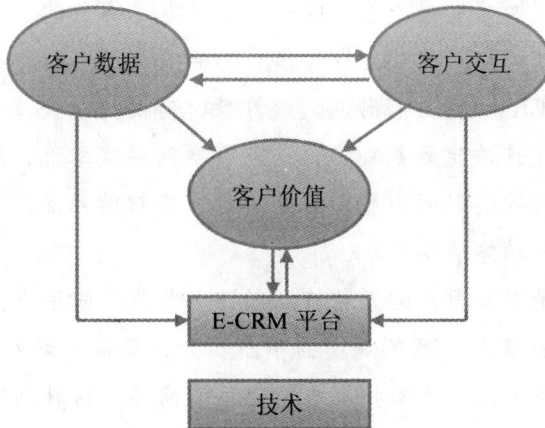

图3　E-CRM 模型的基本构成

通过 E-CRM 平台，企业将有以下几项重要效益：

①提供更迅速、更有效的客户服务，在第一时间满足客户的需求；

②更为确切地掌握客户动向及需求，挖掘客户的潜在价值增加收益；

③节省人力、物力，提高服务效率。

2. 电子商务个性化推荐的主要技术

一般来说，推荐系统在电子商务活动中的作用可以概括为以下几点：

①帮助用户检索有用的信息；

②促进产品的销售；

③提供个性化的服务；

④提高用户忠诚度。

随着互联网的普及以及网络硬件设备的提高，数据量呈现了几何式的增长，全世界每天的网络数据以 PB 级单位在增加，深刻揭示了用户信息膨胀的到来。目前，互联网正在经历大数据（big data）的发展背景。大数据的特点包括：大量化、多样化和快速化。而在大数据时代，定制化、个性化和差异化成了企业的核心竞争力，数据分析的两大趋势和挑战是：数据量的膨胀和数据深度分析的需求增长。

大数据指的是所涉及的资料量规模巨大到无法透过目前主流软件工具，在合理时间内达到撷取、管理、处理并整理成为帮助企业经营决策等更积极目的的资讯。大数据是需要新处理模式才能具有更强的决策力、洞察发现力和流程优化能力的海量、高增长率和多样化的信息资产。

随着移动互联网的发展，移动电子商务是电子商务的发展趋势。推出移动端电子商务是趋势更是需求，智能移动终端给移动电子商务带来了巨大的商机，然而移动电子商务具有时间的碎片性，需要决策快，也就是说，用户需要在短时间内快速决定购买商品，这就需要商品成本低，能快速决策。因此，电商需要在有效的时间内整理好用户可能喜欢的商品，以短信、网页或其他方式发送给移动终端客户。

个性化推荐是根据用户的兴趣特点和购买行为，向用户推荐用户感兴趣的信息和商品。随着电子商务规模的不断扩大，商品个数和种类快速增长，顾客需要花费大量的时间才能找到自己想买的商品。这种浏览大量不相关信息的过程无疑会使消费者不断流失。为了解决因为浏览信息而导致用户流失的问题，电子商务个性化推荐系统应运而生。电子商务个性化推荐系统是基于海量数据挖掘基础上的一种商务智能平台，能够辅助电子商务企业为用户提供个性化的产品推荐和购买决策。电子商务企业的个性化推荐系统为用户推荐产品，网站会智能地完成商品选择的过程，最大限度地满足客户的个性化需求。电子商务个性化推荐是基于以下几方面来推测客户将来可能的购买行为：网站最热卖商品、客户所处城市、客户过去的购买行为和购买记录。

推荐手段和方法是个性化推荐系统的主要组成部分，不同的个性化推荐系统使用的推荐方法也不相同，个性化的推荐服务对消费者有较好的引导作用。目前使用的推荐技术主要有基于内容的推荐方法、基于协同过滤的推荐方法和基于数据挖掘技术的推荐算法。

（1）基于内容的推荐技术

基于内容的个性化推荐方式，主要的功能是实现对用户个性化数据的过滤，是一种通过筛选有用数据的信息过滤方法。基于内容的个性化推荐，第一步是要建立好用户模型，对用户的兴趣做出正确的预测。想要建立用户兴趣模型，必须通过软件工程和商务智能等技术来实现。基于内容的个性化推荐产生的实质是发现不同用户之间兴趣相同的过程，此过程主要是通过用户兴趣模型来预测，通过匹配用户之间的兴趣相似度来做出产品推荐。

基于内容的个性化推荐的最大优势是建立在推荐产品的属性特征上，而不单独依赖于用户对产品的主观评价，这样能更客观准确地给出产品推荐。在基于内容的个性化推荐系统中，根据与用户相关的特征属性来定义推荐产品，以用户评价产品的特征为依据，通过机器语言挖掘用户的兴趣，发现用户与预测项目的相似度。基于内容的过滤主要分为基于新产品的和基于新用户的过滤两类，两者的区别具体如下：

①基于新产品的内容过滤。产品上线以后，电子商务系统会根据新产品的特征与原有产品进行匹配，然后进一步将新产品特征与数据库中的用户兴趣进行匹配。进而产生用户的个性化推荐列表，并且根据消费者的反馈信息及时地做出产品的推荐调整。

②基于新用户的内容过滤。用户注册成功后，电子商务系统将通过商务智能提取用户个性化特征。主要有以下几种提取方法：一是向用户提出问题，咨询用户兴趣；二是通过用户的注册信息获得用户的私人数据；三是通过用户的浏览行为和购买行为进行智能提取。在获得用户的个人信息之后，电子商务系统会把用户信息和系统原有用户特征数据进行相似度匹配，并对现有

的用户进行分组，根据用户所在的组进行分类，然后再做进一步的修正学习。

（2）基于协同过滤的推荐技术

协同过滤技术是数据过滤技术中应用最成熟的技术之一。协同过滤技术中最核心的是最近邻居技术，本技术是利用用户的兴趣来计算不同用户之间的相似程度，使用目标用户的最近邻居用户，按照对产品评价的加权值的高低来对推荐产品进行排序，以此把前 N 项产品对目标用户进行推荐。目前协同过滤个性化推荐技术现在已成为个性化推荐技术的主要研究方向。基于内容的信息过滤技术是基于产品自身的特征，而基于协同过滤的技术主要依赖于用户的个性化信息，通过分析用户的独特兴趣，找到和用户兴趣一致的用户组，根据兴趣相似用户组对产品的评价做出个性化推荐。此种方式的推荐，和日常生活中亲朋好友的推荐类似。协同过滤技术是从用户的兴趣出发做出个性化的产品推荐，借助商业智能等手段，所以推荐的自动化程度很高。个性化推荐系统从用户的购买行为及浏览日志等不同的渠道获取，而不需要用户根据自己的兴趣或者需求再次搜索产品，又将进一步提高个性化推荐的精准程度。

基于协同过滤的推荐技术，依据不同的推荐方法可以分为两类：

一是基于用户的协同过滤技术。此过滤技术的思想是认为人与人之间的行为存在某种程度的相似性，也就是说两个不同的人具有相同的购买行为，具备了可以购买相同产品的可能性。

二是基于项目的协同过滤技术。此过滤技术的思想是根据产品之间的某种关联程度来分析用户购买该产品的可能性。

基于协同过滤的技术与传统的信息过滤技术相比，其主要的优势有以下几个方面：

一是协同过滤技术与其他过滤技术相比，最大的优点在于对个性化推荐的产品没有特别的要求，协同过滤技术可以处理非结构化的复杂对象。

二是协同过滤技术具有推荐新产品的能力，也就是说协同过滤技术可以计算相似用户的爱好兴趣，进而发掘目标用户的潜在需求，对目标用户或许感兴趣的产品做出推荐。

三是协同过滤技术可以有效地利用其他相关用户的评价数据，在反馈信息较少的情况下，提高个性化学习的速度和精准度。

（3）基于数据挖掘技术的推荐方法

数据挖掘主要是从大量的数据中抽取出潜在的不为人知的信息，根据得到的信息预测发展趋势，提高市场决策能力。数据挖掘综合了多学科的知识，包含模式识别、统计学、人工智能等。现在数据挖掘的很多办法也用到推荐系统中。

随着网络技术的发展以及电子商务的应用，数据库中大量存储用户的信息例如用户的注册数据、评分数据等，另外服务器中也保存着用户访问网站的日志文件，如果对这些数据做出分析，可以挖掘出很多有用的价值，将其应用到推荐系统之中，可以大大地提高推荐系统的准确性。电子商务推荐系统中的数据挖掘主要包括关联规则挖掘和分类挖掘两类：

①关联规则挖掘。关联规则的数据挖掘主要是在大量数据中发现项目之间的联系。主要是应用基于关联规则的算法生成具体的推荐模型，然后生成推荐列表。这种推荐算法的特点是可以在离线模式下产生推荐模型，因此满足了推荐系统的实时性要求。

②分类挖掘。主要是根据用户的输入信息划分为不同的类别。分类挖掘可以通过机器学习的方法来实现，例如可以使用聚类、Bayesian 网络。聚类的主要作用是把用户资料库中的用户划分为不同的用户群，建立不同的模式代表不同的用户群，并且表现出各个群的特征。在推荐系统中，也就是把有相似购买行为和习惯的用户划分到相同的群中，推荐产生的过程就是分析群中其他用户的购买习惯，浏览习惯、评价等来预测目标用户的兴趣爱好。这种方式首先要进行的是聚类的划分，这个过程是比较缓慢的，一般是在离线的环境中进行的，一旦聚类形成，在线推荐的效率和精确度将大大提高。

数据挖掘方法的优点是：随着电子商务推荐系统用户数量和商品数量的增加，电子商务网站中有大量的注册、交易、浏览等信息，另外服务器上还有大量的日志文件，使用传统的方法很难准确地做出预测，但是利用数据挖掘的方式可以有效地处理大量的非注册用户的行为模型。相比于以前的推荐模式，这种方法更加方便，可信度也更高。更重要的是，基于数据挖掘的方法推荐系统没有新用户和新产品的问题。世界上没有完美的东西，基于数据挖掘的也是如此，在应用到推荐系统的过程中，往往一些直观的、可度量的知识却被忽略，而用很长的时间去进行数据的挖掘，浪费了大量的时间和资源。

个性化推荐系统是模拟现实中用户和商家的交易，以推荐系统为交易的平台和媒介。个性化推荐系统中最为出名的是旅馆推荐系统。在这个系统中，当有客户来临时，系统先向用户推荐房间，并把推荐的理由以及以往用户的评分显示给客户，让客户对房间有更加直观的印象。同时，客户也可以对旅馆的风格、价位等提出自己的意见，系统会自动保存，并动态推荐适合客户兴趣爱好的房间。个性化推荐系统主要是依赖客户的反馈，因此可以更加及时动态地了解客户的兴趣爱好，推荐的效率比较高。但是这种交互式的推荐系统需要专门的技术人才应对客户模糊的反馈，以此做出预测，因此需要耗费大量的人力、物力和时间。

五、关键要点

（1）随着互联网的普及以及网络硬件设备的提高，数据量呈现出几何式的增长，全世界每天的网络数据以 PB 级单位在增加，深刻揭示了用户信息膨胀的到来。目前，互联网正在经历大数据的发展背景。随着移动互联网的发展，移动电子商务是电子商务的发展趋势。推出移动端电子商务是趋势更是需求，智能移动终端给移动电子商务带来了巨大的商机。口袋购物正是在这样的背景下应运而生。

（2）口袋购物是一款面向移动用户的智能导购 APP，它要做的是帮用户做购物决策。口袋购物想解决的问题，是在海量的商品数据库里，快速帮用户找到与需求最匹配的商品。现在导购型的手机 APP 不少，而口袋购物的差异性优势在于，以大众化工具来做个性化推荐，而且绝对的技术派。个性化推荐技术在移动互联网轻电商的发展中起到至关重要的作用。

（3）现在处于近乎垄断地位的淘宝逐渐地由开放走向了封闭，封杀导购、封杀微信等，小心地守护着由淘宝构筑起来的巨大流量池。从作为淘宝生态体系补充的导购网站，到以微店为核心搭建自身商业生态的卖家交易平台，口袋购物完成了商业模式的转型。

六、建议课堂计划

本案例可以作为专门的案例讨论课来进行。以下课堂教学建议，仅供教学参考。

整个案例课分两个阶段，课堂时间控制在 70 分钟。

第一阶段（40 分钟）

1. 分组讨论（30 分钟）

阅读案例，讨论前面提出的 4 道启发思考题。

2. 各小组发言，报告讨论结果，分享观点（10分钟）

引导学生总结案例，在黑板上记下各组的观点，汇总看法。

第二阶段（30分钟）

1. 分组讨论，对案例中涉及的相关知识点进行梳理和总结（10分钟）

通过案例总结分析大数据时代移动互联网轻电商的特征、机遇和挑战，了解移动互联网轻电商设计的相关技术。

2. 各小组发言，报告讨论结果，分享观点（10分钟）

引导学生总结，在黑板上记下各组的观点，汇总看法。

3. 最后总结与归纳（10分钟）

在教师的引导下，指导全体学生进一步归纳对案例的观点和看法，总结案例所蕴含的理论原理和关键知识点。

华谊兄弟财务策略

摘要： 2004—2009 年经历数次股权变更后，华谊兄弟传媒股份有限公司成功登陆创业板，华丽踏上资本快车，筑梦全娱乐的中国华纳兄弟。从公司最初设立时的 500 万元发展到 124 219.63 万元注册资本，华谊兄弟用 10 年时间实现了资本的高速扩张。2009 年 10 月，华谊兄弟在深交所上市，至 2014 年底，公司累计融资现金流入 74.45 亿元、现金净流入 22.62 亿元；累计投资现金流出 31.24 亿元、投资现金净流出 11.61 亿元；上市后年平均营运资金 14.08 亿元。本案例以华谊兄弟上市前后基本情况、现金流状况、总体经营情况、主要业务主要产品、公司核心竞争优势为背景，系统梳理了公司资金来源、资金流向、营运资金和分红派利策略，旨在研究探讨公司财务策略，深刻理解掌握公司的理财主线。

关键词： 财务策略；资本；现金流

引言

2009 年金秋十月，华谊兄弟传媒股份有限公司（以下简称华谊兄弟，股票代码 300027）成功登陆创业板，募集资金总额为 1 200 360 000 元，扣除各项发行费 52 121 313.55 元，公司募集资金净额为 1 148 238 686.45元。"投资华谊兄弟，是梦想这家公司有一天会成为中国的华纳兄弟。"王中军毫不讳言其打造中国的华纳兄弟的梦想。登陆创业板对接资本市场，华谊兄弟给王中军、王中磊带来了巨大的财富效应，持股明星也身家倍增。华谊兄弟迈出成为中国最大的民营娱乐集团第一步的同时，王氏兄弟也在思考创业板 11.48 亿元的现金净流入如何助力华谊兄弟实现梦想。2014 年 6 月 7 日，在华谊兄

---

1. 本案例由中国传媒大学经济与管理学院王晓艳副教授撰写，作者拥有著作权中的署名权、修改权、改编权。

2. 本案例资料除标注外均来自于华谊兄弟传媒股份有限公司公开披露的年度报告。

3. 本案例只供课堂讨论之用，并无意暗示或说明某种管理行为是否有效。

弟成立 20 周年的庆典上，王中军说，华谊要成为一家全娱乐公司，而不仅仅是电影公司，影视、互联网游戏、实景娱乐将成为驱动华谊前进的三驾马车。

1 背景资料

1.1 华谊兄弟基本情况

华谊兄弟原名浙江华谊兄弟影视文化有限公司，是经浙江省东阳市工商行政管理局批准，于 2004 年 11 月 19 日正式成立的有限责任公司，领取了注册号为 3307831002904 的"企业法人营业执照"，注册资本 500 万元。其中，北京华谊兄弟投资有限公司出资 450 万元，持股比例 90%；刘晓梅出资 50 万元，持股比例 10%。公司注册地为东阳市横店影视产业试验区 C1-001。2005 年 9 月—2009 年 7 月，经过数次股权转让变更后，王中军持股 34.847 6%，王中磊持股 11.028 6%，其他 73 位自然人股权比例为 54.123 8%。于 2009 年 7 月 20 日完成工商变更登记。

2009 年 9 月 29 日，经中国证券监督管理委员会《关于核准华谊兄弟传媒股份有限公司首次公开发行股票并在创业板上市的批复》（证监许可〔2009〕1039 号文）核准，公司向社会公开发行人民币普通股（A 股）4 200 万股（每股面值 1 元），发行价每股 28.58 元。此次发行募集资金净额为 1 148 238 686.45 元，其中增加股本 4 200 万元，增加资本公积 1 106 238 686.45 元。至此，公司股本增加至 16 800 万元，于 2009 年 11 月 17 日完成工商变更登记。公司股票代码为 300027，于 2009 年 10 月 30 日在深交所正式挂牌交易。

1.2 华谊兄弟上市前后现金流状况

截至 2014 年 12 月 31 日，华谊兄弟现金及现金等价物余额为133 116.29 万元，是公司上市前 2008 年 12 月 31 日现金及现金等价物的 16.48 倍。2014 年，华谊兄弟现金及现金等价物净增加 19 376.20 万元，较 2008 年增加了 443.35%。

华谊兄弟上市前后现金流状况见表 1。

表 1　华谊兄弟 2008—2014 年现金流量净额（元）

项　　目	2014 年	2013 年	2012 年	2011 年	2010 年	2009 年	2008 年
经营活动现金流量净额	−21 025 474.41	511 289 862.29	−248 964 690.63	−231 262 044.00	91 355 403.89	52 140 546.42	−61 122 829.31
投资活动现金流量净额	231 912 510.43	−419 678 232.66	−397 302 443.51	−316 178 063.50	−232 948 052.58	−26 381 883.74	−43 869 936.60
筹资活动现金流量净额	−12 416 383.23	404 258 362.29	756 551 418.68	232 100 000.00	−82 608 130.00	964 232 558.96	140 653 522.80
汇率变动对现金流量净额的影响	−4 708 638.08						−
现金及现金等价物净增加额	193 762 014.71	495 869 991.92	110 284 284.54	−315 340 107.50	−224 200 778.69	989 991 221.64	35 660 756.89

1.3　华谊兄弟上市后总体经营情况

为了应对全球金融危机引发的全球经济恶化，2009 年国家采取了扩张性宏观政策，使经济下滑的趋势得到控制。为了鼓励文化产业的发展，刺激中国文化消费的增长，2009 年国家出台了《文化产业振兴规划》以及其他支持文化产业发展的文件。在国家大力发展和支持文化产业的利好环境下，公司利用各种优势，加大市场拓展力度，实现了经营业绩的稳定增长。华谊兄弟上市前后总体经营情况见表 2。

表 2　华谊兄弟上市前后总体经营情况表（元）

项目	2014 年	2013 年	2012 年	2011 年	2010 年	2009 年	2008 年
一、营业总收入	2 389 022 826.74	2 013 963 791.47	1 386 401 582.40	892 383 406.70	1 071 714 030.96	604 137 674.61	409 346 801.78
二、营业总成本	1 635 716 023.36	1 565 138 884.51	1 188 446 413.39	653 546 488.04	890 213 662.97	499 828 556.14	322 162 473.84
投资收益	425 849 259.41	373 926 030.22	56 175 197.55	5 944 709.87	1 034 903.51	−2 717 091.36	−1 297 741.57
三、营业利润	1 179 156 062.79	822 750 937.18	254 130 366.56	244 781 628.53	182 535 271.50	101 592 027.11	85 886 586.37
四、利润总额	1 279 102 251.11	897 765 393.77	320 984 628.76	273 306 930.70	190 340 079.76	115 403 383.61	83 937 571.69
减：所得税费用	244 733 992.33	224 616 374.07	80 276 400.37	67 886 682.63	40 330 383.84	31 427 789.88	15 873 035.56
五、净利润	1 034 368 258.78	673 149 019.70	240 708 228.39	205 420 248.07	150 009 695.92	83 975 593.73	68 064 536.13

截至 2014 年，华谊兄弟业务进展总体情况良好。2014 年实现营业收入 238 902.28 万元，比 2008 年同期增长了 483.62%；2014 年利润总额为 127 910.23 万元，比 2008 年同期增加了 1 423.87%；2014 年净利润为 103 436.83 万元，比 2008 年同期增长了 1 419.69%。2014 年归属于华谊兄弟股东的净利润为 89 666.23 万元，比 2008 年同期增长了 1 217.37%。

1.4　华谊兄弟主营业务及主要产品

截至 2014 年底，华谊兄弟以及下属控股子公司的主要业务分为三大板块：影视娱乐、品牌授权与实景娱乐、互联网娱乐。影视娱乐板块主要包括电影的制作、发行及衍生业务；电视剧的制作、发行及衍生业务；艺人经纪服务及相关服务业务；影院投资管理运营业务。品牌授权与实景娱乐板块主要依托"华谊兄弟"品牌价值，投身于实景娱乐项目。互联网娱乐板块主要包含新媒体、游戏及其他互联网相关产品。2014 年，华谊兄弟影视娱乐实现收入 120 118.11 万元，毛利率 44.36%；品牌授权与实景娱乐实现收入 23 397.22 万元，毛利率 100%；互联网娱乐实现收入 77 811.50 万元，毛利率 74.00%。

1.5　华谊兄弟核心竞争优势

2014 年度华谊兄弟核心竞争力得到显著提升。华谊兄弟核心竞争优势在于强大的内容制作能力、庞大的知识产权库及对影视、文化、在线娱乐等资源的整合能力。目前，华谊兄弟已经培养和聚集了一批优秀的娱乐业人才，打造了较为完善的集影视、艺人经纪、娱乐营销等为一体的原创内容制造链条，创造性地开发了一套适合市场和公司发展状况的品牌授权及实景娱乐运营模式，率先建立了包括游戏、新媒体、粉丝社区、在线发行等模块在内的互动娱乐系统，形成了一套行之有效的运营管理机制，积累了一批长期稳定的战略合作伙伴，从而确立了公司在产业链完整性、运营机制完善性、"华谊兄弟"企业品牌、专业人才的培养和储备以及合作伙伴资源丰富性等全方位竞争优势，进一步引领影视娱乐、品牌授权及实景娱乐、互联网娱乐等娱乐元素、模式、平台、资源等在华谊兄弟平台上与公司业务的高效结合，打造了相对完善的娱乐生态圈。

（1）产业链优势。华谊兄弟是目前国内唯一一家将影视娱乐、品牌授权及实景娱乐和互联网娱乐三大业务板块实现有效整合的娱乐传媒企业，是业内产业链最完整、娱乐资源最丰富的公司之一。在华谊兄弟统一平台的整体运作下，电影、电视剧等娱乐原创内容的制作，电影公社、文化城等娱乐内容的衍生发展，游戏、粉丝社区等娱乐通道的进一步拓展之间形成了显著的协同效应。一方面，影视娱乐板块能够为华谊兄弟贡献优质的原创内容，不断丰富公司的知识产权库。另一方面，品牌授权及实景娱乐板块、互联网娱乐板块的快速发展，不但能够为华谊兄弟原创内容提供流转最大化和价值最大化的可能，也可以根据线下、线上用户的需求反哺影视娱乐板块，三大板块互惠互利、互为促进。华谊兄弟在发展上述三大业务板块的同时，也已经开始有序推进国际化战略，进一步扩大和完善公司的产业链。

（2）运营体系优势。华谊兄弟通过多年的丰富实践，将国外传媒产业成熟先进的管理理念与中国传媒产业的运作特点及现状相结合，将公司各业务环节以模块化和标准化的方式进行再造，主要包括"收益评估+预算控制+资金回笼"为主线的综合性财务管理模块、强调专业分工的"事业部+工作室"的弹性运营管理模块以及强调"营销与创作紧密结合"的创作与营销管理模块等。

通过贯穿始终并行之有效的财务管理、组织管理、创作管理（服务管理）、营销管理和人才管理等管理措施，确保各业务模块在具有一定管理弹性的基础上得以标准化运作，进而保证整个业务运作体系的规范化和高效率。

（3）公司品牌优势。基于华谊兄弟所拥有的品牌优势，公司已开展品牌授权业务，并在2014年内实现了一定规模的收入和利润，这是华谊兄弟充分挖掘自身品牌价值，提升公司盈利能力，进一步巩固品牌优势地位的一项积极举措。

（4）专业人才优势。华谊兄弟目前业已建立了包括王中军、王中磊、冯小刚、张国立、顾长卫等在内的一批优秀的影视业经营管理和创作人才队伍，同时拥有包括姚晨、AngelaBaby、冯绍峰、张涵予等知名艺人在内的国内最强大的签约艺人队伍，构成了公司突出的人才优势，这也是公司的核心竞争力之一。

（5）合作伙伴优势。华谊兄弟在多年的业务发展中积累了一批长期稳定的战略合作伙伴，除了各大电影院线、电视台、视频网站以及国际电影公司外，也相继与腾讯、阿里、平安等互联网生态和金融类的公司携手，战略合作伙伴的信任和支持，在一定程度上构成了公司领先地位的资源保障。

2 华谊兄弟资金来源

2.1 华谊兄弟上市前后资金来源状况

截至2014年12月31日，华谊兄弟资金来源总计981 864.16万元，与公司上市前 2009 年 1 月 1 日相比增长了 1 668.80%，是公司上市同期首日资金总量的 17.69 倍。

华谊兄弟上市前后资金来源状况见表 3。

表 3 华谊兄弟上市前后资金来源状况（元）

项目	2014/12/31	2013/12/31	2012/12/31	2011/12/31	2010/12/31	2009/12/31	2008/12/31
短期借款	784 884 351.75	668 022 269.30	593 159 983.95			5 000 000.00	165 000 000.00
应付账款	310 770 430.13	501 039 579.87	496 102 331.76	194 537 763.84	253 731 119.75	92 671 236.87	63 359 111.19
预收款项	305 145 070.78	76 885 881.17	87 660 631.36	137 734 859.97	81 579 715.87	97 437 854.26	48 728 532.91
应付职工薪酬	24 141 077.68	4 508 904.11	4 229 088.61	3 008 798.49	2 523 799.67	1 821 784.88	724 593.28
应交税费	425 335 471.14	256 161 045.25	93 175 747.93	69 891 490.66	41 425 734.00	23 877 640.11	12 203 927.01
应付利息	17 956 869.55	27 137 644.88	22 922 355.67	2 688 524.58		11 357.50	445 087.50
应付股利	—						
其他应付款	302 655 951.99	109 571 638.15	23 436 803.55	47 948 102.36	72 318 903.47	5 815 907.54	3 589 498.75
一年内到期非流动负债	142 173 786.55	—	—				—
其他流动负债	600 004 912.77	600 000 000.00	300 000 000.00	300 000 000.00			13 039 145.99
长期借款	848 778 257.04	502 185 670.00	300 000 000.00				
长期应付款	460 619.96	—	—				
递延所得税负债	363 643 147.61	506 445 979.92	92 527 585.66				
递延收益	12 571 078.64	1 936 040.79					
股本	1 242 196 297.00	1 209 600 000.00	604 800 000.00	604 800 000.00	336 000 000.00	168 000 000.00	126 000 000.00
资本公积	830 306 372.68	1 631 908 054.31	988 550 613.88	709 822 056.90	979 120 914.66	174 638 663.68	68 399 977.23
其他综合收益	881 338 245.86	—	—				
盈余公积	247 448 197.71	136 508 445.23	67 946 535.18	39 544 584.51	31 795 511.98	12 608 141.17	9 906 709.36
未分配利润	1 836 126 647.53	964 456 051.52	458 428 881.87	333 124 308.84	205 174 876.52	125 556 884.72	43 705 723.00
少数股东权益	642 704 777.09	15 983 289.56	5 004 185.87	20 656 914.16	18 154 139.18	3 099 805.87	—
负债和股东权益总计	9 818 641 563.46	7 212 350 494.06	4 137 944 745.29	2 463 757 404.31	2 021 824 715.10	1 710 539 276.60	555 102 306.22

2.2 华谊兄弟融资大事记

华谊上市之后，除了继续保持自身在传统影视娱乐的领头羊地位，收购浙江常升影视制作有限公司，参股江苏莱耀影城管理有限公司等投资布局，还将触角伸向了文化旅游行业和互联网行业，进行了实景娱乐和互联网娱乐领域的布局。在四个一线城市投资建设文化城、主题公园和电影公社，收购主营网络游戏业务的广州银汉科技有限公司和电影 O2O 平台卖座网，全面开启了综合娱乐集团的建设之路。华谊兄弟频繁的投资举措促使强大的资金压力接踵而至，上市后 11.48 亿现金净流入无法满足需求。

2.2.1　华谊兄弟留存收益

华谊兄弟上市以来留存收益见表4。

表4　华谊兄弟 2009—2014 年净利润与留存收益状况

年份	净利润（万元）	发放的现金股利（万元）	当年留存的净利润（万元）	当年留存收益占净利润的比重（%）
2009	8 397.56	5 040.00	3 357.56	39.98
2010	15 001.00	6 720.00	8 281.00	55.20
2011	20 542.00	9 072.00	11 470.00	55.84
2012	24 070.80	9 072.00	14 998.80	62.31
2013	67 314.90	12 096.00	55 218.90	82.03
2014	103 437.00	12 421.96	91 015.04	87.99

从表4的华谊兄弟当年留存收益占净利润的比重可以看到，当年净利润中留存下来的资金占比从2009年的39.98%持续上升到了2014年的87.99%。

2.2.2　短期融资券

2011年11月17日，华谊兄弟在银行间债券市场成功发行了总额3亿元、票面利率8%、期限366天的短期融资券，从此开启了华谊利用短期融资券方式筹集资金的序幕。截至2014年12月31日，华谊发行了总计18亿元的短期融资券。各短期融资券的基本情况：

2011年11月17日，发行了2011年度第一期短期融资券，总额3亿元，期限为366天，发行价格为100元/百元面值，发行利率为8.00%，计息方式为到期一次还本付息。此次募集资金用于补充电影和电视剧业务的流动资金缺口。

2012年2月17日，发行了2012年度第一期短期融资券，总额3亿元，期限为366天，发行价格为100元/百元面值，发行利率为7.50%，计息方式为到期一次还本付息。此次募集资金用于补充电影和电视剧业务的流动资金缺口。

2013年1月15日，发行了2013年度第一期短期融资券，总额3亿元，期限为365天，发行价格为100元/百元面值，发行利率为5.30%，计息方式为到期一次还本付息。此次募集资金中的3 000万元用于补充电影和电视剧业务的流动资金缺口，其余2 700万元用于偿还金融机构借款。

2013年4月19日，发行了2013年度第二期短期融资券，总额3亿元，期限为 365 天，发行价格为 100 元/百元面值，发行利率为 4.83%，计息方式为到期一次还本付息。此次募集资金全部用于偿还金融机构借款。

2014 年 6 月 18 日，发行了 2014 年度第一期短期融资券，总额 3 亿元，期限为 365 天，发行价格为 100 元/百元面值，发行利率为 5.69%，计息方式为到期一次还本付息。此次募集资金全部用于偿还金融机构借款。

2014 年 9 月 5 日，发行了 2014 年度第二期短期融资券，总额 3 亿元，期限为 365 天，发行价格为 100 元/百元面值，发行利率为 5.50%，计息方式为到期一次还本付息。此次募集资金全部用于偿还金融机构借款。

2.2.3 金融机构借款

2012 年 6 月 29 日，华谊兄弟向国家开发银行股份有限公司北京市分行借款人民币 3 亿元，借款期限 3 年，本次借款由华谊兄弟实际控制人王中军、王中磊及其全资子公司北京华谊兄弟娱乐投资有限公司提供担保，并以华谊兄弟《1942》《狄仁杰前传》这两部电影的票房分账权益为质押。

2013 年 3 月份，华谊兄弟全资子公司华谊兄弟影院投资有限公司向中国工商银行股份有限公司借款人民币 1.5 亿元，借款期限 3 年，本次借款以华谊影院管理公司的票房等经营收入为质押。

2014 年 4 月份，华谊兄弟向中国进出口银行浙江省分行申请不超过人民币 3.3 亿元的银行授信，借款期限 5 年，截至 2014 年 6 月 30 日，已借款 19 567.68 万元，此次借款主要用于向广州银汉科技有限公司原股东支付现金对价。

上市以来，华谊兄弟的有息负债规模和资产负债率不断上升。从表 5 可以看到，华谊兄弟的资产负债率从 2009 年 12 月 31 日的 9.20% 上升到了 2014 年 12 月 31 日的 42.15%，其中最高的年份达到 48.65%，并且已经连续 3 年保持在 40% 以上，高于境内传媒上市公司 30%[1] 的平均资产负债率。从向金融机构借款，即短期借款、长期借款的绝对值来看，2010 年及 2011 年均为 0，而 2012—2014 年这三年不论是短期借款还是长期借款均呈持续增长之势。金融机构借款（长期借款与短期借款之和）占负债的比重在 2011—2014 年这三年里也一直保持在 35%~45% 之间。

---

[1] 根据 27 家境内上市传媒公司 2011—2014 年的财务数据计算的结果。

表 5 华谊兄弟 2009—2014 年资产负债率及有息债务情况

时间	资产负债率（%）	短期借款（万元）	长期借款（万元）	金融机构借款占负债比重（%）
2009 年 12 月 31 日	9.20	500.00	–	2.21
2010 年 12 月 31 日	22.34	–	–	–
2011 年 12 月 31 日	30.68	–	–	–
2012 年 12 月 31 日	48.65	59 316.00	30 000.00	44.36
2013 年 12 月 31 日	45.12	66 802.23	50 218.57	35.96
2014 年 12 月 31 日	42.15	78 488.44	84 877.83	39.47

2.2.4 定向增发

2014 年 5 月，通过向广州银汉科技原股东定向发行股份 15 323 204 股（股份对价 22 387.20 万元），并支付现金 447 743 991.24 元的方式收购了广州银汉科技有限公司 50.88% 的股权。为了解决本次并购所需支付的 4 亿多元现金对价，华谊兄弟又定向增发了 1 272 万股股票，每股发行价格 17.60 元，扣除承销费用（含保荐费用）1 000 万元，最终定向募集到的配套资金为 213 872 000 元。在此次并购中，华谊总计定向增发了 28 043 204 股股票用于购买广州银汉科技的股权和募集配套资金。

3 华谊兄弟资金流向

3.1 华谊兄弟资源分布状况

截至 2014 年 12 月 31 日，华谊兄弟上市前后资源分布状态见表 6。

表 6 华谊兄弟上市前后资源分布状态（元）

项目	2014/12/31	2013/12/31	2012/12/31	2011/12/31	2010/12/31	2009/12/31	2008/12/31
货币资金	1 829 139 779.65	1 137 400 910.54	641 530 918.62	531 246 634.08	846 586 741.58	1 070 787 520.27	80 796 298.63
应收票据	5 950 940.80						
应收账款	1 612 272 623.95	1 147 184 254.61	1 000 731 038.19	409 681 179.50	457 684 217.74	195 226 464.59	178 621 878.49
预付款项	920 933 693.18	462 454 255.70	386 344 838.64	398 922 421.64	106 324 538.99	101 686 385.43	25 667 358.08
应收利息	0		–	220 485.13	945 104.55	689 266.67	–
其他应收款	50 135 569.06	67 155 413.18	53 164 456.56	6 712 428.52	19 599 948.84	9 375 145.42	8 786 351.45
存货	816 278 580.05	574 800 806.17	700 506 566.74	543 295 126.52	226 277 380.41	281 961 671.10	231 926 218.55
其他流动资产	14 859 306.81	4 152 439.06	11 591 700.61	12 202 619.10	4 196 471.07		
可供出售金融资产	1 694 698 114.33	2 189 270 592.00	588 416 400.00				

续表

项目	2014/12/31	2013/12/31	2012/12/31	2011/12/31	2010/12/31	2009/12/31	2008/12/31
长期应收款	67 097 244.71	41 228 230.53	32 190 530.53	14 021 730.53	9 526 730.52	6 042 299.99	–
长期股权投资	784 173 203.84	877 909 185.95	385 995 099.07	318 846 218.57	183 686 459.25	4 651 555.74	14 722 258.43
固定资产	354 438 522.50	316 594 061.41	272 795 803.85	117 378 103.42	68 673 518.92	30 715 809.66	6 968 855.62
无形资产	74 112 107.84	1 502 666.68	–	20 000 000.00	–		
开发支出		–	–			7 091 857.74	
商誉	1 486 062 784.84	353 569 777.77	32 694 922.45	77 194 922.45	77 194 922.45	2 311 299.99	–
长期待摊费用	19 986 590.05	4 461 100.02	3 716 311.89	3 679 500.41	6 593 186.21		5 392 400.00
递延所得税资产	88 502 501.85	34 666 800.44	28 266 158.14	10 356 034.44	14 535 494.57		2 220 686.97
其他非流动资产							
资产总计	9 818 641 563.46	7 212 350 494.06	4 137 944 745.29	2 463 757 404.31	2 021 824 715.10	1 710 539 276.60	555 102 306.22

3.2　华谊兄弟资金流向大事记

3.2.1　实景娱乐

华谊兄弟的实景娱乐项目开始于 2011 年。2011 年 5 月 13 日，华谊兄弟发布了拟与深圳市坪山新区城市建设投资有限公司及其他投资方在深圳合作开发"华谊兄弟文化城"项目的公告；两周之后的 5 月 27 日，又发布了拟与苏州工业园区管理委员会及其他投资方在苏州合作开发电影主题公园的公告；紧接着，2011 年 7 月 11 日，华谊兄弟出资设立了全资子公司——华谊兄弟（天津）实景娱乐有限公司（以下简称天津实景娱乐），一个月之后，华谊兄弟使用 1.1 亿元超募资金向天津实景娱乐追加投资，由此拉开了华谊兄弟进行影视主题公园、影视文化城等项目建设的序幕。目前，华谊兄弟的实景娱乐项目已建设完成的有海南"观澜湖·华谊·冯小刚电影公社"项目，并已于 2014 年 6 月 7 日开业，实现盈利；其余 3 个实景娱乐项目，即苏州华谊兄弟电影主题乐园项目、上海嘉定华谊兄弟文化城项目和深圳坪山新区华谊兄弟文化城项目仍在建设当中。

（1）苏州华谊兄弟电影主题公园项目

2011 年 5 月 27 日，华谊兄弟发布了拟建设苏州电影主题公园项目的公告，该项目由华谊兄弟与苏州工业园区管理委员会及其他投资方合作开发，计划用地约 66.76 公顷，主要用于建设一个集文化旅游为一体的、融入中国文化的影视主题乐园，核心内容规划了以华谊兄弟公司经典电影为主题的游乐区域，并设有角色体验和互动游戏项目，以及配套设施。根据规划，该项目建成后将由影视主题公园和华谊·悦榕庄度假村两部分组成，原计划将于

2015 年建成，但据有关信息显示，该项目于 2014 年 9 月才准备动工[1]，这可能是受到项目实施时所需土地获批进展、国家对建设主题公园项目的政策规范限制等影响所致。

该项目的具体运作是由华谊影城（苏州）有限公司（以下简称苏州影城）负责的。苏州影城由华谊兄弟与阳澄湖半岛开发建设有限公司、万通投资控股股份有限公司、苏州广大投资集团有限公司于 2011 年 7 月 12 日合资成立，注册资本 5 亿元。2012 年 2 月，万通投资控股股份有限公司将其持有苏州影城 10% 的股份转让给了华谊，因此，目前华谊兄弟持有苏州影城 45% 的股权，是控股股东，阳澄湖半岛开发建设有限公司和苏州广大投资集团有限公司分别持有其 30%、25% 的股权。

该项目采用咨询服务和品牌授权的合作模式。根据华谊 2011 年第 56 号公告，华谊兄弟通过其全资子公司华谊兄弟（天津）实景娱乐有限公司与华谊影城（苏州）有限公司签署《许可使用协议》和《服务协议》，授权苏州影城使用"华谊兄弟"品牌及电影资源，并向苏州影城提供咨询顾问服务，苏州影城按协议约定向实景娱乐支付许可使用费和服务费用。自苏州影城成立之日起至 2011 年 12 月 31 日止，天津实景娱乐向其提供影城宣传、推广和营销相关的咨询服务，服务费用 1 000 万元人民币。许可使用费在苏州影城开业前按固定金额，开业后的许可使用费按影城收入的一定百分比收取。2011 年年报显示，苏州影城在 2011 年向天津实景娱乐支付了许可使用费及服务费用共计 2 800 万元人民币。

（2）上海嘉定华谊兄弟文化城项目

建设上海嘉定华谊兄弟文化城项目的计划开始于 2011 年 6 月，该项目计划占地 66.67 公顷，主要经营影视剧拍摄制作、文化艺术交流策划、动漫设计、公关活动组织策划等文化创意类服务，以及服装、道具、摄影器材等的租赁及其他与影视相关的周边产业。该项目计划在 2011 年动工，并于 2013 年建成，然而据有关媒体报道，这个项目至 2014 年 9 月仍没有动工[2]。

该项目的建设及运作由上海嘉华影视文化产业发展有限公司（以下简称上海嘉华影视）负责。上海嘉华影视由华谊兄弟与许戈辉、上海嘉定工业区

---

[1] 中国房地产报：http：//www.china-crb.cn/resource.jsp？id=23751。

[2] 中国房地产报：http：//www.china-crb.cn/resource.jsp？id=23751。

发展（集团）有限公司于 2011 年 6 月 27 日合资成立，注册资本为人民币 1 亿元，其中华谊兄弟认缴 4 000 万元，许戈辉认缴 4 000 万元，上海嘉定工业区发展（集团）有限公司认缴 2 000 万元。但截至 2014 年 12 月 31 日，实收资本只有 2 000 万元，其中华谊兄弟和许戈辉各实缴金额 800 万元，分别持有其 40% 的股权，上海嘉定工业区发展（集团）有限公司实缴 400 万元，持有其 20% 的股权。

该项目采用品牌授权的合作模式，根据华谊 2011 年第 57 号公告，华谊兄弟通过其全资子公司天津实景娱乐与上海嘉华影视签署《商标许可使用协议》，授权上海嘉华影视使用"华谊兄弟"品牌，并按协议约定向天津实景娱乐支付许可使用费。2011 年年报显示，上海嘉华影视在 2011 年向天津实景娱乐支付了许可使用费共计 400 万元人民币。

（3）海南"观澜湖·华谊·冯小刚电影公社"项目

2012 年 5 月 24 日，华谊兄弟发布了拟建设"观澜湖·华谊·冯小刚电影公社"项目的公告，该项目计划建设以电影场景（包括电影《1942》《唐山大地震》《非诚勿扰Ⅰ》《非诚勿扰Ⅱ》等）为主体的商业街区、影视摄影棚及其配套设施，以及预留的电影场景商业发展区域和配套商业项目，计划建设用地 63.33 公顷左右。该项目已于 2014 年建设完成并于同年 6 月 7 日正式开业，实际占地 93.33 公顷，包括 1942 民国街、社会主义老北京街和南洋街，以及 8 000 平方米的全球最大的摄影棚，既满足国内日益增长的拍摄电影的需求，亦打造了个性化的旅游地产。

该项目的开发经营由海南观澜湖华谊冯小刚文化旅游实业有限公司负责。海南观澜湖华谊冯小刚文化旅游实业有限公司由天津实景娱乐与北京一帆风顺影视文化工作室（该工作室系冯小刚所有）、海南骏豪旅游发展有限公司于 2012 年 9 月 14 日合作成立，注册资本为 2 亿元人民币。天津实景娱乐出资 7 000 万元持有其 35% 的股权，冯小刚出资 1 000 万元持有其 5% 的股权，海南骏豪旅游发展有限公司出资 1.2 亿元持有其 60% 的股权。

在整个电影公社项目开发建设期间，华谊兄弟为海南观澜湖华谊冯小刚文化旅游实业有限公司提供该项目的电影相关资料和策划创意服务，并收取策划创意服务费用共计 1 000 万元人民币。2012 年年报显示，该项目公司在 2012 年已向天津实景娱乐有限公司支付了 400 万元人民币的服务费。

（4）深圳坪山华谊兄弟文化城项目

2011 年 5 月 13 日，华谊兄弟发布了拟与深圳市坪山新区城市建设投资有限公司及其他投资方在深圳坪山新区合作开发"华谊兄弟文化城"项目的公告，该项目计划建设用地约 65 公顷，主要着力于发展电影及电视节目拍摄、后期制作、配套服务、广告制作、设计、主题旅游及其他文化创意设计等产业。

2012 年 9 月 17 日，天津实景娱乐与深圳坪山城投及珠江投资公司共同设立了深圳华谊兄弟文化创意产业有限公司，负责投资建设和运营深圳坪山新区"华谊兄弟文化城"项目。深圳华谊兄弟文化创意产业有限公司注册资本 2 亿元，天津实景娱乐出资 8 000 万元持有其 40% 的股权，深圳市珠江投资发展有限公司出资 8 000 万元持有其 40% 的股权，深圳市坪山新区城市建设投资有限公司出资 4 000 万元持有其 20% 的股权。

该项目的合作模式与上海嘉定华谊兄弟文化城项目相同。根据华谊 2012 年第 77 号公告，华谊兄弟通过其全资子公司天津实景娱乐与深圳华谊兄弟文化创意产业有限公司签署《商标许可使用协议》，授权其使用"华谊兄弟"品牌，并按协议约定支付许可使用费。2012 年年报显示，深圳华谊兄弟文化创意产业有限公司在 2012 年向天津实景娱乐有限公司支付了许可使用费共计 1 000 万元人民币。

（5）实景娱乐项目的盈利情况

华谊兄弟（天津）实景娱乐有限公司主要财务数据见表 7。

表 7　华谊兄弟（天津）实景娱乐有限公司主要财务数据（万元）

年份	资产总额	净资产	营业收入	营业利润	净利润
2011	17 236.97	16 357.29	3 800.00	3 230.39	2 357.29
2012	18 491.73	17 753.18	4 306.60	3 988.37	3 517.45
2013	42 057.25	20 216.55	4 150.94	6 041.36	5 628.32
2014	51 262.81	39 775.07	2 641.51	720.85	1 024.00

如表 7 所示，2011 年，天津实景娱乐实现营业收入 3 800 万元，营业利润 3 230.39 万元，净利润 2 357.29 万元。营业收入主要来源于向上海嘉华影视文化产业发展有限公司和华谊兄弟（苏州）影城有限公司两家公司收取的"华谊兄弟"品牌授权使用费。2012 年，天津实景娱乐实现营业收入 4 306.60

万元，营业利润 3 988.37 万元，净利润 3 517.45 万元。营业收入主要来源于向深圳华谊兄弟文化创意产业有限公司、海南观澜湖华谊冯小刚文化旅游实业有限公司、华谊影城（苏州）有限公司、上海嘉华影视文化产业发展有限公司 4 家公司收取的品牌授权使用费。2013 年，天津实景娱乐实现营业收入 4 150.94 万元，营业利润 6 041.36 万元，净利润 5 628.32 万元。营业收入同 2013 年一样，来源于向 4 家项目公司收取的品牌授权使用费。2014 年，天津实景娱乐实现营业收入 2 641.51 万元，营业利润 720.85 万元，净利润 1 024.00 万元。营业收入主要来源于向深圳华谊兄弟文化创意产业有限公司和华谊影城（苏州）有限公司这两家公司收取的品牌授权使用费。

纵观天津实景娱乐自 2011 年 7 月 11 日成立至 2014 年 12 月 31 日的营业收入可以看到，其呈现先增长后下降的趋势（见图 1），2012 年较 2011 年增长 506.6 万元，增幅 13.33%；2012 年之后开始呈下降趋势，其中 2013 年比 2012 年下降 155.66 万元，降幅 3.61%；2014 年比 2013 年下降 1 509.43 万元，降幅 36.36%。2011 年的品牌授权源于上海嘉定文化城和苏州主题公园两个项目，2012 年和 2013 年除了上述两个项目外还增加了深圳坪山文化城和海南电影公社项目，2014 年海南电影公社建设完成并投入运营，上海嘉定项目一直没有动工，基本处于搁置状态，品牌授权收入来源于深圳坪山文化城和苏州主题公园两个项目。

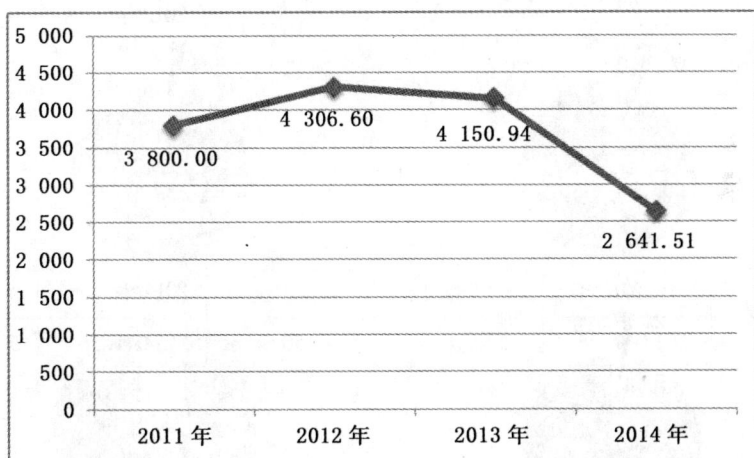

图 1　天津实景娱乐公司营业收入（万元）

从表 8 可以看到，2011—2013 年其品牌授权及实景娱乐板块的营业收入与天津实景娱乐公司的营业收入一致，但 2014 年华谊兄弟年报上品牌授权及实景娱乐板块的营业收入达 23 397.22 万元，而天津实景娱乐的营业收入只有

2 641.51万元, 两者相差20 755万元。对于2014年品牌授权及实景娱乐项目较2013年增长463.66%, 2014年第四季度华谊业务拓展迅猛, 陆续签约多个新项目, 并取得品牌授权费。

表8　华谊兄弟2011—2014年主营业务收入（万元）

主营业务分产品	2011年	2012年	2013年	2014年
影视娱乐	83 933.82	135 211.87	194 894.24	120 118.11
品牌授权及实景娱乐	3 800.00	4 306.60	4 150.94	23 397.22
互联网娱乐	2 680.07	1 030.57	2 342.21	77 811.50

华谊兄弟的品牌授权及实景娱乐较之影视娱乐版块——电影的制作、发行及衍生业务, 电视剧的制作、发行及衍生业务, 艺人经纪服务及相关服务业务——在主营业务中所占的比例并不多, 从图2华谊兄弟三大主营业务板块占营业收入的比重可以看到, 2011—2013年, 品牌授权及实景娱乐占全部营业收入的比重在2%~4%之间, 影视娱乐版块则一直保持90%以上的比重; 2014年, 品牌授权及实景娱乐的业务收入大幅度增长, 其占营业收入的比重也增长到了11%。

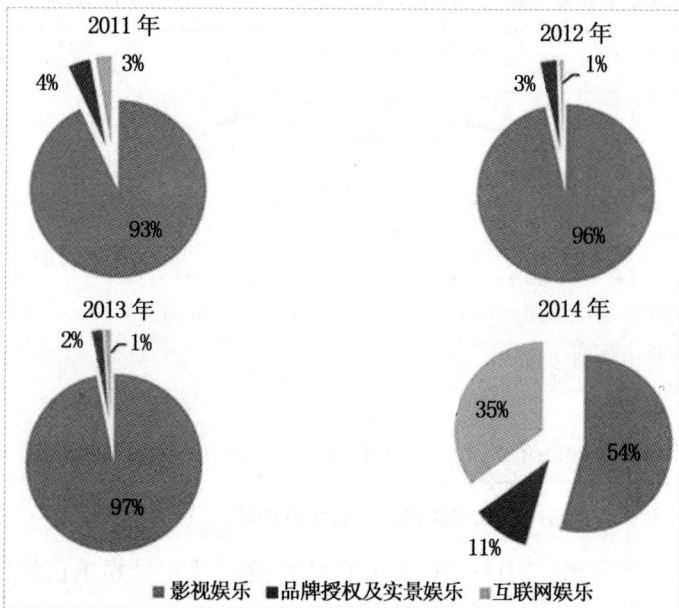

图2　2011—2014年华谊兄弟三大主营业务板块占营业收入的比重

与华谊兄弟实景娱乐项目相关的四大项目公司运营情况见表9～12。

表9 华谊影城（苏州）有限公司主要财务数据（万元）

年份	资产总额	净资产	营业收入	营业利润	净利润
2011	3 257.31	3 254.12	—	−994.51	−745.88
2012	35 504.28	34 201.95	—	−69.56	−52.17
2013	86 406.55	49 855.09	159.29	−79.32	653.14
2014	88 448.89	49 478.70	217.51	−183.99	−376.39

表10 上海嘉华影视文化产业发展有限公司主要财务数据（万元）

年份	资产总额	净资产	营业收入	营业利润	净利润
2011	1 523.58	1 510.88	—	−652.17	−489.12
2012	2 410.71	1 501.47	—	−13.55	−9.41
2013	2 401.29	1 499.42	—	−2.73	−2.05
2014	年报中未公布相关数据				

表11 海南观澜湖华谊冯小刚文化旅游实业有限公司主要财务数据（万元）

年份	资产总额	净资产	营业收入	营业利润	净利润
2012	4 012.68	3 967.35	—	−32.65	−32.65
2013	48 036.95	25 328.76	22 780.77	6 740.96	5 361.41
2014	84 372.03	25 429.72	10 818.22	238.61	100.96

表12 深圳华谊兄弟文化创意产业有限公司主要财务数据（万元）

年份	资产总额	净资产	营业收入	营业利润	净利润
2012	1 999.97	1 999.97	—	—	—
2013	3 903.44	3 903.44	—	−126.41	−96.53
2014	173 796.61	25 829.13	—	−96.17	−74.31

从表9～12可以看到，除已建成并投入运营的"观澜湖·华谊·冯小刚电影公社"项目的项目公司——海南观澜湖华谊冯小刚文化旅游实业有限公

司——已实现盈利外，其余 3 个项目——华谊影城（苏州）有限公司、上海嘉华影视文化产业发展有限公司、深圳华谊兄弟文化创意产业有限公司，由于仍在建设当中，因而均处于亏损状态。虽然多数项目公司仍处于亏损状态，然而这并不影响实景娱乐给华谊兄弟业绩做出的贡献。公司通过在深圳、上海、海南、苏州这几大一线城市建设文化城、影视主题公园等实景娱乐项目，可以从中获取持续稳定的品牌授权使用费，从而提升公司业绩，截至 2014 年，公司已从实景娱乐项目获得了 14 899.05 万元的营业收入。

3.2.2 互联网娱乐

（1）投资掌趣收购银汉

华谊兄弟不仅投资实景娱乐，同时也将触角伸展到了网络游戏领域，布局其"三驾马车"之一的互联网娱乐。

2010 年 6 月 21 日，华谊兄弟斥资 1.485 亿元获得了北京掌趣科技有限公司 22% 的股权，正式进军网络游戏领域。掌趣科技主要从事手机游戏、页面网游、社区网游等业务，是国内领先的移动游戏的开发商和发行商，自主开发了《潜伏》《三国格斗》等游戏产品，并代理国外游戏公司的手机游戏产品。2011—2012 年，掌趣科技分别实现营业收入 18 364.45 万元、11 730.89 万元，为华谊带来了很好的收益。2012 年，掌趣科技上市，华谊所持有的股份迅速升值，2015 年第一季度财报显示，其持有的掌趣科技股份在 2015 年 3 月 31 日价值达 267 184 万元，并且从 2013 年 5 月至 2015 年 3 月，华谊陆续出售掌趣科技共 3 180 万股股票，为其带来了 10 亿余元的投资收益[1]。

2013 年 7 月，华谊决定通过发行股份及支付现金的方式斥资 6.7 亿元收购广州银汉科技有限公司 50.88% 的股权，并于 2014 年 4 月正式成为银汉科技的控股股东。

广州银汉科技有限公司成立于 2001 年 11 月 15 日，其主营业务为移动网络游戏的研发、运营服务。银汉科技是中国最早专注于提供移动增值服务和移动网络游戏开发与运营服务的企业之一，自成立以来依靠其强大的策划、研发与运营实力，已在国内移动网游行业占据着重要位置。十多年来，先后出品了《天地剑心》、《幻想西游》、《幻想武林》、《西游 Online》和《梦回西

---

[1] 根据华谊兄弟 2013 年第 39、44 号公告，2014 年第 6、9 号公告，2015 年第 15 号公告粗略计算得到的结果。

游》等多款深受玩家好评的移动网游产品。银汉科技于 2014 年 5 月 16 日纳入华谊兄弟财务报表的合并范围，自 2014 年 5 月 17 日—12 月 31 日实现利润总额 27 659.77 万元，净利润 23 502.44 万元，其中归属于华谊兄弟的净利润为 11 958.04 万元。

近年来，随着通信技术的升级与革新、移动端设备的丰富、人们移动化生活习惯的形成以及娱乐消费观念的转变，移动网游行业迎来了高速增长，这两家游戏公司为华谊兄弟带来了良好的收益。

（2）收购卖座网

华谊兄弟 2014 年第 51 号公告称，拟通过全资子公司华谊兄弟（天津）互动娱乐有限公司以 26 636.15 万元人民币收购深圳市华宇讯科技有限公司（以下简称卖座网）51% 的股权。

深圳市华宇讯科技有限公司成立于 2004 年 12 月 16 日，注册资本 4 000 万元，经营范围主要为：通信设备及电子产品的技术开发；票务代理、软件的技术开发、网络技术开发；经济信息咨询、家政服务；企业管理咨询、商务信息咨询、投资咨询等。其经营管理的卖座网自 2010 年正式运营，是一个电影 O2O 平台，面向互联网用户和集团客户提供在线订座等观影服务，目前已与全国 80 多个城市的 700 多家星级影城进行了合作。

随着国民经济的发展，人们对精神产品的消费需求日益增长。在线购票网站以其价格优惠、方便快捷的优势成了消费者观影购票的首选。最近两年在线票务市场迅速发展，2015 年 3 月在线售票的交易额已超过线下销售[1]。卖座网 2013 年实现营业收入 5 896 万元，净利润 -730 万元；2014 年实现营业收入 4 001 万元，净利润 -268 万元。

3.2.3　影视娱乐

华谊兄弟在积极布局实景娱乐和互联网娱乐版块的同时，对影视娱乐版块的布局也从未懈怠。2013 年 9 月 2 日，华谊发布公告称，拟通过其全资子公司浙江华谊兄弟影业投资有限公司以 2.52 亿元人民币的股权转让价款收购浙江常升影视制作有限公司 70% 的股权。从图 3 可以看到，2011—2013 年，华谊的电影及衍生业务呈井喷式增长，2012 年增速达 198%，2013 年增速达76%。相比之下，电视剧的增长趋势却不尽如人意，2012 年较上年反倒下降

---

[1]　光大证券：http://www.lj168.com/yjy/news_ search，1010329. shtm。

了 0.64%，2013 年也仅有 36% 的增速，并且从营业收入的绝对值来看，电视剧与电影业务的差距在不断扩大。

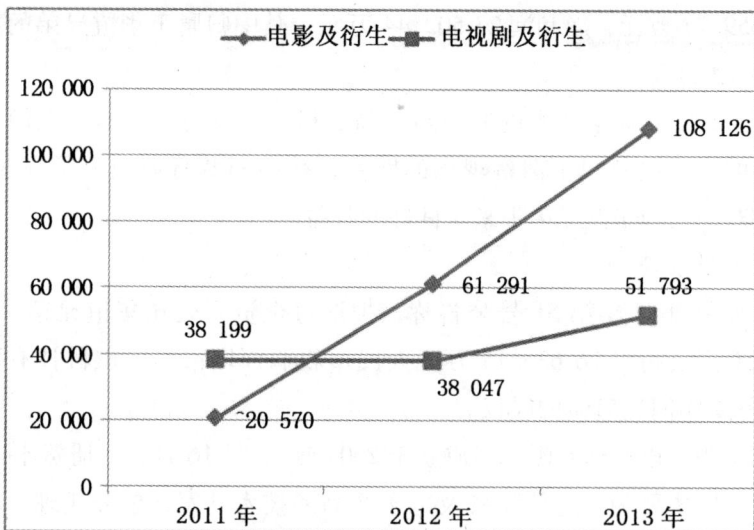

图 3　2011—2013 年华谊兄弟电影及电视剧营业收入情况（万元）

浙江常升影视制作有限公司成立于 2013 年 5 月 23 日，注册资本 1 000 万元，在华谊兄弟收购时仅成立 3 个多月，其股东是成立于 2005 年 6 月 9 日的北京国立常升影视文化传播有限公司，前身是张国立在 1996 年创立的国立导演工作室。收购浙江常升影视的交易中规定，张国立要将其原公司即北京国立常升影视文化传播有限公司的制作业务、发行业务全部转入浙江常升影视。

张国立工作室自成立以来创作了《康熙微服私访记》《铁齿铜牙纪晓岚》《布衣知县》《金婚》等 20 多部、共计 600 多集优秀的电视连续剧。表 13 显示，浙江常升影视 2013 年实现营业收入 8 950 万元，净利润 3 116.26 万元；2014 年实现营业收入 11 140.35 万元，净利润 3 430.23 万元。华谊兄弟影视娱乐板块财务数据显示，2014 年营业收入 120 118.11 万元，较 2013 年的 194 894.24 万元下降了近 7 亿元。

表 13　浙江常升影视制作有限公司主要财务数据（万元）

年份	资产总额	净资产	营业收入	营业利润	净利润
2013	20 333.30	4 117.11	8 950.00	4 155.35	3 116.26
2014	22 246.33	7 547.34	11 140.35	3 290.05	3 430.23

4 华谊兄弟营运资金状况

4.1 营运资金规模

华谊兄弟 2010—2014 年营运资金规模见表 14。

表 14　华谊兄弟 2010—2014 年营运资金规模（万元）

项目	2010 年	2011 年	2012 年	2013 年	2014 年
流动资产	166 161.44	190 228.09	279 386.95	339 314.81	524 957.05
流动负债	45 157.93	75 580.95	162 068.69	224 332.70	291 306.79
流动比率	3.68	2.52	1.72	1.51	1.80
营运资金	121 003.51	114 647.14	117 318.26	114 982.11	233 650.26

表 14 数据显示，2010—2013 年，华谊兄弟营运资金规模均保持在 12 亿元左右，2014 年营运资金规模大幅上升至 23.37 亿元。2010—2011 年，华谊兄弟流动比率在 2.5 以上，处于较高水平；2012—2014 年的流动比率有所下降，但一直维持在 1.5 ~ 1.8 之间。

4.2 营运资金结构

2010—2014 年流动资产结构见表 15、图 4。

表 15　华谊兄弟 2010—2014 年流动资产结构[1]（%）

项目	2010 年	2011 年	2012 年	2013 年	2014 年
货币资金	50.95	27.93	22.96	33.52	34.84
应收账款	27.54	21.54	35.82	33.81	30.83
预付账款	6.40	20.97	13.83	13.63	17.54
存货	13.62	28.56	25.07	16.94	15.55

---

[1]　各项目占流动资产的比重。

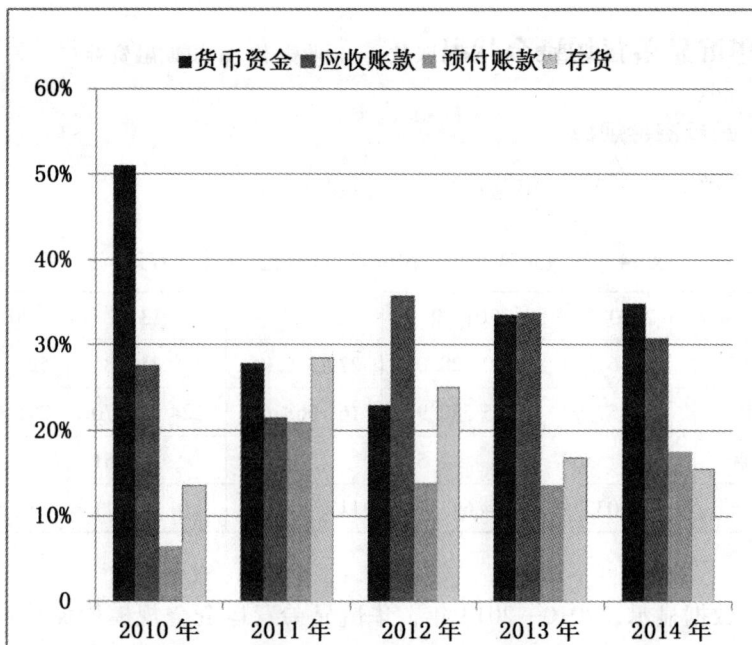

图 4　华谊兄弟 2010—2014 年流动资产构成

2010—2014 年，华谊兄弟在流动资产 4 个主要的项目中，货币资金和应收账款的占比一直保持在较高的水平。2010 年，货币资金占到了流动资产比重的 50.95%；2011—2014 年，货币资金的占比在 22% ~ 35% 之间。

2010—2014 年流动负债结构见表 16、图 5。

表 16　华谊兄弟 2010—2014 年流动负债结构[1]　（%）

项目	2010 年	2011 年	2012 年	2013 年	2014 年
短期借款	0	0	36.60	29.72	26.94
应付账款	56.19	25.74	30.61	22.29	10.67
预收账款	18.07	18.22	5.41	3.42	10.48
短期融资券	0	39.69	18.51	26.69	20.60

---

[1]　各项目占流动负债的比重。

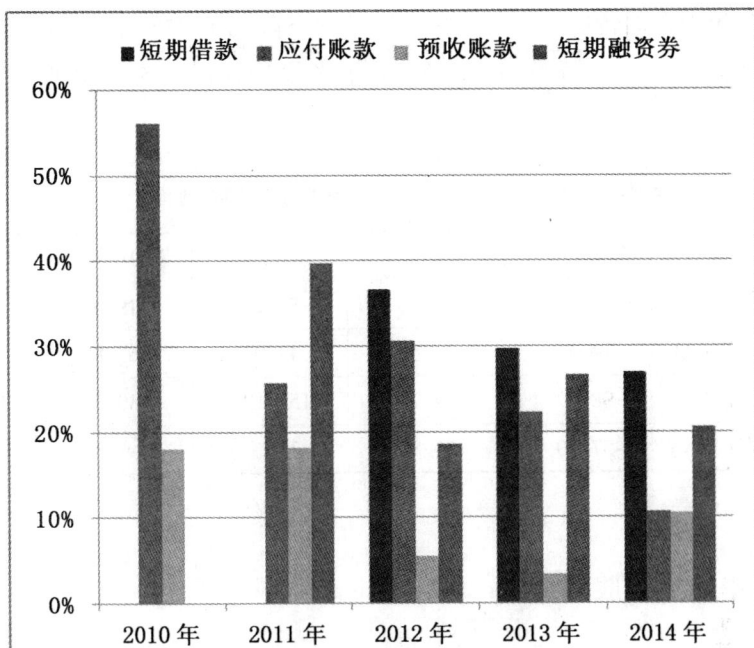

图 5　华谊兄弟 2010—2014 年流动负债构成

表 16 和图 5 显示，2010 年华谊兄弟商业信用占比 100%；2011 年开始借助短期融资券；2012 年起，短期借款占比显著上升。从趋势上看，2010—2014 年，华谊兄弟对应付账款和预收账款的依赖程度呈现明显下降，短期借款和短期融资券显著上升。

4.3　营运资金效率

华谊兄弟 2010—2014 年营运资金周转情况见表 17。

表 17　华谊兄弟 2010—2014 年营运资金周转速度（天）

项目	2010 年	2011 年	2012 年	2013 年	2014 年
存货周转期	164.01	372.81	331.56	231.35	271.91
应收账款周转期	111.18	177.38	185.66	194.64	211.25
应付账款周转期	111.78	217.16	184.11	180.89	158.68
现金周转期	163.41	333.04	333.12	245.10	324.48

华谊兄弟的应收账款和应付账款的周转速度大抵相似。2010 年现金周转期最短，只有 163 天，2011 年和 2012 年的现金周转速度相近，周转期为 333

天，2013 年现金周转速度有所加快，周转期下降到了 245 天，2014 年的周转期又上升为 324 天。再看 2010—2014 年光线传媒的现金周转期，如表 18 所示。

表 18　光线传媒 2010—2014 年营运资金周转速度（天）

项目	2010 年	2011 年	2012 年	2013 年	2014 年
存货周转期	26.66	64.34	81.24	119.52	158.66
应收账款周转期	14.41	24.58	44.91	67.87	126.10
应付账款周转期	98.57	104.77	157.19	189.26	167.67
现金周转期	−57.50	−15.85	−31.04	−1.87	117.08

5　华谊兄弟股利政策

5.1　华谊兄弟上市后的分红情况

2010 年 4 月 19 日，华谊兄弟召开 2009 年度股东大会审议通过的《公司 2009 年度利润分配方案》，以资本公积金向全体股东每 10 股转增 10 股，于 2010 年 4 月 28 日进行了权益分派，转增后总股本增至 336 000 000.00 股，于 2010 年 7 月 13 日完成工商变更登记。

2011 年 3 月 31 日召开的 2010 年度股东大会审议通过的《公司 2010 年度利润分配方案》，以资本公积金向全体股东每 10 股转增 8 股，于 2011 年 4 月 15 日进行了权益分派，转增后总股本增至 604 800 000.00 股，于 2011 年 7 月 8 日完成工商变更登记。

2012 年 3 月 28 日召开的 2011 年度股东大会审议通过的《公司 2011 年度利润分配方案》，以公司总股本 60 480 万股为基数，每 10 股派发现金红利 1.5 元（含税，扣税后，个人、证券投资基金、QFII、RQFII 实际每 10 股派 1.35 元）。

2013 年 3 月 19 日召开的 2012 年度股东大会审议通过的《公司 2012 年度利润分配方案》，以公司总股本 60 480 万股为基数，每 10 股派发现金红利 1.5 元（含税，扣税后，持有非股改、非新股限售股及无限售流通股的个人、证券投资基金股息红利税实行差别化税率征收，先按每 10

股派 1.425 元）。

2013 年 9 月 23 日召开的 2013 年度第二次临时股东大会审议通过的《2013 年半年度资本公积金转增股本预案》，以资本公积金向全体股东每 10 股转增 10 股，于 2013 年 10 月 10 日进行了权益分派，转增后总股本增至 1 209 600 000.00 股，于 2013 年 11 月 11 日完成工商变更登记。

2013 年 9 月 23 日召开的 2013 年第二次临时股东大会决议通过及中国证券监督管理委员会证监许可〔2014〕342 号文《关于核准华谊兄弟传媒股份有限公司向刘长菊等发行股份购买资产并募集配套资金的批复》，公司采取非公开发行股票方式向自然人刘长菊、摩奇创意（北京）科技有限公司、深圳市腾讯计算机系统有限公司及其他特定对象发行股份 28 043 204 股。变更后的注册资本为 1 237 643 204.00 元人民币，于 2014 年 6 月 23 日完成工商变更登记。

2014 年 3 月 27 日召开的 2013 年度股东大会审议通过的《公司 2013 年度利润分配方案》，以公司总股本 120 960 万股为基数，每 10 股派发现金红利 1.00 元（含税；扣税后，持有非股改、非首发限售股及无限售流通股的个人、证券投资基金股息红利税实行差别化税率征收，先按每 10 股派 0.95 元）。

2014 年 11 月 13 日公司召开的第三届董事会第八次会议审议通过了《关于首期股票期权激励计划首次授予第二个行权期可行权的议案》，首次授予第二个行权期的起止日期为 2014 年 10 月 31 日起至 2015 年 10 月 30 日止，可行权数量合计 5 406 700 份。截至 2014 年 12 月 31 日止，已行权数量为 4 553 093 份，行权后公司注册资本变更为 1 242 196 297.00 元。

2015 年 3 月 27 日召开的 2014 年度股东大会审议通过的《公司 2014 年度利润分配方案》，以公司现有总股本 1 242 548 634 万股为基数，每 10 股派发现金红利 0.999 716 元（含税；扣税后，持有非股改、非首发限售股及无限售流通股的个人、证券投资基金股息红利税实行差别化税率征收，先按每 10 股派 0.949 730 元）。

5.2 华谊兄弟现金股利支付情况

华谊兄弟自 2009 年 10 月 30 日上市以来，各会计年度的现金股利支付情况主要如下：

2009 年度，以公司总股本 16 800 万股为基数，向全体股东每 10 股派 3 元人民币现金（含税）；

2010 年度，以公司总股本 33 600 万股为基数，向全体股东每 10 股派 2 元人民币现金（含税）；

2011 年度，以总股本 6 480 万股为基数，向全体股东每 10 股派 1.5 元人民币现金（含税）。

2012 年度，以总股本 6 480 万股为基数，向全体股东每 10 股派 1.5 元人民币现金（含税）。

2013 年度，以总股本 12 960 万股为基数，向全体股东每 10 股派 1 元人民币现金（含税）。

2014 年度，以总股本 1 242 548 634 股为基数，向全体股东每 10 股派 0.999 716 元人民币现金（含税）。

公司各会计年度每股现金股利的派发情况如图 6 所示。华谊兄弟每年派发的每股现金股利总体呈下降趋势，2011 年与 2012 年每股现金股利相同，2013 年与 2014 年每股现金股利近似相等。

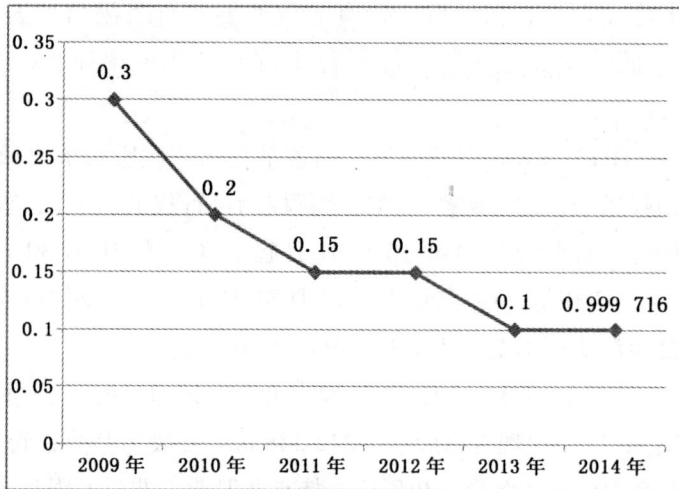

图 6　华谊兄弟 2009—2014 年度现金股利概况图（元/股）

华谊兄弟 2009—2014 年基本每股收益分别为 0.64 元、0.44 元、0.34 元、0.4 元、0.55 元、0.73 元，与每股现金股利相比如图 7 所示。

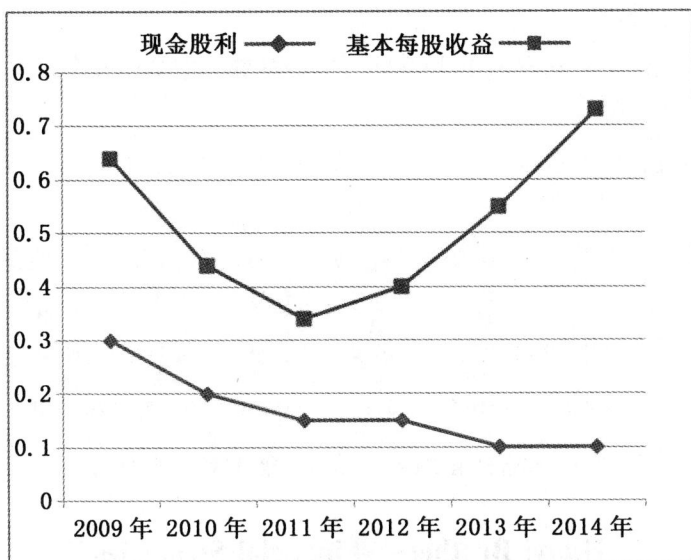

图7 华谊兄弟2009—2014年度现金股利与基本每股收益对比图（元/股）

从图7可以看到，华谊兄弟2009—2011年每股现金股利与基本每股收益的变化趋势及变化速度较为接近，2012—2014年，基本每股收益呈较快上升趋势，但每股现金股利总体却略有下降。

华谊兄弟的股利支付率[1]如图8所示。2009—2014年分别为46.88%、45.45%、44.12%、37.50%、18.18%、13.69%。上市后的前三年，华谊兄弟股利支付率接近[2]，且股利支付率达45%，而同期深市A股的平均股利支付率分别为28.45%、28.05%和27.61%[3]。2012—2014年股利支付率大幅度降低到20%以下。

---

[1] 华谊兄弟现金股利政策，股利支付率＝每股现金股利/基本每股收益。

[2] 非严格意义上的固定股利支付率政策，因这三年股利支付率非常接近，近似于固定股利支付率政策。

[3] 深圳证券交易所：http：//www.szse.cn/main/investor/fxjy/39748405.shtml。

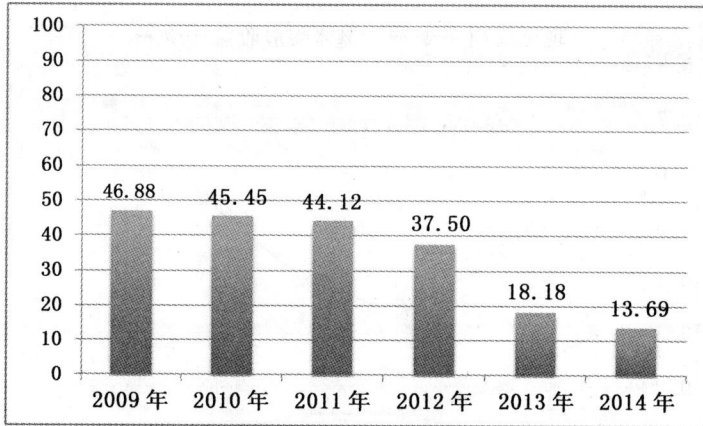

图8　华谊兄弟2009—2014年度股利支付率（%）

Huayi Brothers' Financial Strategies

Abstract：2004—2009 after several ownership changes, Huayi Brothers Media Corporation was successfully landing the gem, gorgeous on the capital Express, dream entertainment, Warner Brothers, China. From the company's first development immediately 5 million yuan to 1 242.20 million yuan registered capital, Huayi Brothers for 10 years to achieve rapid expansion of capital. In October 2009, Huayi Brothers has been listed on the Shenzhen Stock Exchange until the end of 2014, total financing 7.445 billion yuan of cash inflow, the net cash inflow 2.262 billion yuan total investment cash outflow of 3.124 billion yuan, net outflow of investment cash – 1.161 billion yuan; average annual operating funds after listing 1.408 billion yuan. This case with the Huayi Brothers general information, cash flow before and after listing, the general operating conditions, the main business products, the company's core competitive advantage as a backdrop, sorts out the company's sources of funding, capital flow, working capital and dividend benefits strategy, designed to study the company's financial strategy, profound understanding focusing on the financial management of the company.

Key words：Financial strategies；Capital；Cash flow

案例使用说明

华谊兄弟财务策略

一、教学目的与教学用途

1. 教学目的

财务管理、财务分析是 MBA 教学活动的核心内容之一，是管理层认识、了解和掌握企业、机构、组织运营情况和运营结果的重要理论方法体系，并以其极强的专业属性著称于 MBA 课程体系。本案例以华谊兄弟为研究对象，通过华谊兄弟投资、融资、营运资金调配、分红派利等相关财务策略分析，完整地展现了公司财务管理活动主线，解析以影视剧制作为核心业务的传媒类公司的典型经营事件，启发学生对同类或同行业公司的类似思考，有助于了解、认识和掌握起步成长期传媒公司的发展特点和规律，据此进一步理解和掌握财务管理决策理论方法体系，客观分析评价传媒类公司财务状况、经营成果和现金流量。

2. 教学用途

本案例适用于财务管理、工商管理专业本科、硕士的财务管理、财务分析主线教学案例讨论，以分析评价公司资本运作效率与效果，以及资源配置对盈利性和风险性、分红派利政策选择等。

二、启发思考题及分析思路

1. 华谊兄弟为什么要上市？为什么要在创业板上市？公司上市需要具备哪些条件？

【分析思路】从华谊兄弟上市前现金流入手，分析公司投资需求和资金保证程度以及融资制约因素；从主板、中小板、创业板、新三板上市应具备的条件和上市主体自身条件入手，分析公司上市路径的选择。

2. 华谊兄弟上市前后资本结构有哪些变化？资本结构变化对华谊兄弟未来经营活动会有哪些影响？企业融资策略的制定需要考虑哪些因素？不同融资渠道有何优势和劣势？

【分析思路】根据华谊兄弟上市前后各年度资本结构数据，分析其资本结构变化特征；以不同资本特征为基础，分析华谊兄弟资本结构变化对华谊兄弟未来经营过程和经营结果产生的现实的和潜在的影响；理解和掌握不同融资渠道的优势和劣势，分析制定企业融资策略需要考虑的现实性、可能性、规模、成本、风险、组合等。

3. 华谊兄弟上市前后资源配置发生了哪些变化？影响这些变化的因素是什么？企业制定投资策略需要考虑哪些因素？评价投资决策成败的依据是什么？如何评价投资项目？

【分析思路】从华谊兄弟上市前后的资产结构变化，分析其资源配置对公司盈利性、风险性的影响；企业制定投资策略需要考虑公司战略、主营业务和主要产品布局、区域发展、内部投资和外部投资的匹配、短期收益和长期发展；运用专业方法指标体系评价投资项目和投资决策成败。

4. 华谊兄弟上市前后营运资金有哪些变化？如何看待华谊兄弟营运资金的盈利性和风险性？影响公司营运资金策略的因素有哪些？如何提高营运资金使用效率？

【分析思路】理解和掌握营运资金概念和范畴，根据华谊兄弟上市前后流动资产、流动负债的结构变化分析其营运资金的变化；在深刻理解营运资金、掌握长短期资本特征、公司偿债能力的基础上，分析华谊兄弟营运资金的盈利性和风险性；弄清楚营运资金的构成、效率进而分析评价制定营运资金策略的影响因素，以有效选择提高营运资金效率的途径。

5. 华谊兄弟上市以来股利分配政策有何特点？公司分红派利策略需要考虑哪些因素？华谊兄弟股利政策对公司未来运营有何影响？如何评价公司股利政策？

【分析思路】了解公司分红派利政策有哪些，在理解和掌握公司不同的股利政策特点的基础上，分析华谊兄弟上市以来分红派利政策选择的理由和特点；从投资需求、融资能力、获利空间、未来发展、股东意愿等基础上研究制定适合于公司自身特点的分红派利策略，并据此分析评价制定华谊兄弟股利政策的合理性和对公司未来运营的影响。

三、参考资料

2009—2012 年度华谊兄弟传媒股份有限公司年度报告。

图书在版编目（CIP）数据

管理案例教学实务指南/孙道军等编著． —北京：中国市场出版社,2015.7

ISBN 978－7－5092－1408－4

Ⅰ．①管… Ⅱ．①孙… Ⅲ．①管理学–案例–教学研究–高等学校 Ⅳ．①C93

中国版本图书馆 CIP 数据核字（2015）第 239712 号

管理案例教学实务指南
GUANLI ANLI JIAOXUE SHIWU ZHINAN

编　　著：孙道军　郑苏晖 等

责任编辑：宋　涛（zhixuanjingpin@ 163. com）

出版发行：中国市场出版社

社　　址：北京市西城区月坛北小街 2 号院 3 号楼 （100837）

电　　话：（010） 68034118/68021338/68022950/68020336

经　　销：新华书店

印　　刷：河北鑫宏源印刷包装有限责任公司

开　　本：170mm×240mm　　 1/16

印　　张：25　　　　　　　　 字　　数：420 千字

版　　次：2015 年 7 月第 1 版　　　印　　次：2015 年 7 月第 1 次印刷

书　　号：ISBN 978－7－5092－1408－4

定　　价：58. 00 元